"史"记中国汽车

（2024卷）

吴迎秋◎主编

新华出版社

图书在版编目（CIP）数据

"史"记中国汽车（2024卷）/ 吴迎秋主编 .
北京：新华出版社，2025. 4.
ISBN 978-7-5166-7912-8

Ⅰ . F426.471

中国国家版本馆 CIP 数据核字第 20259VT082 号

"史"记中国汽车（2024卷）
主编：吴迎秋

责任编辑：周丹丹　王江子　朱景玥　　　封面设计：今亮后声

出版发行：新华出版社有限责任公司
　　　　　（北京市石景山区京原路 8 号　邮编：100040）
印刷：河北鑫兆源印刷有限公司

成品尺寸：170mm×240mm　1/16　　　印张：28.5　字数：404 千字
版次：2025 年 5 月第 1 版　　　　　　印次：2025 年 5 月第 1 次印刷
书号：ISBN 978-7-5166-7912-8　　　　定价：188.00 元

微店

视频号小店

抖店

京东旗舰店

请加我的企业微信

微信公众号

喜马拉雅

小红书

淘宝旗舰店

扫码添加专属客服

《"史"记中国汽车》
编委会

主   编   吴迎秋

执 行 主 编   贾   翔

编委会成员   吴迎秋   李鸿武   贾   翔   张   坤

专家顾问委员会（排名不分先后）

国务院发展研究中心原副主任	侯云春
中国国际贸易促进委员会汽车行业分会会长	王 侠
中国汽车流通协会会长	肖政三
国家信息中心原副主任、正高级经济师	徐长明
中国汽车技术研究中心有限公司党委委员、副总经理	周 华
中国电动汽车百人会副秘书长	师建华
中国国际贸易促进委员会机械行业分会会长	周卫东
中国电工技术学会秘书长	韩 毅
清华大学中国经济思想与实践研究院院长、教授、经济学家	李稻葵
清华大学壳牌清洁能源中心主任、燃烧能源中心副主任、教授	帅石金
清华大学汽车碰撞试验室主任、教授	张金换
同济大学汽车学院汽车安全技术研究所所长、教授	朱西产
天津大学内燃机燃烧学国家重点实验室原副主任、教授、博士生导师	姚春德
北京航空航天大学交通科学与工程学院学术委员会主任、教授	徐向阳
中国质量认证中心交通与车辆首席技术专家、教授级高级工程师	谢鹏鸿
中国政法大学新闻传播学院原院长、教授	沈卫星

北京大学新闻与传播学院副院长、教授　　　　　　　　　　　　　　刘德寰
北京大学经济学院 EDP 讲席教授、中国市场学会营销专家委员会秘书长　薛　旭
清华艺科院美育实验室学术委员会主任　　　　　　　　　　　　　　高登科

本书编辑部成员

丁　灿　樊江朝　于　果　申　林　王一萍　马　琳
王　博　刘　璐　任　毅　李　毅　王延东　张天洋

序

吴迎秋

　　《"史"记中国汽车》（2024卷）终于出版了，它完成了我心底的一个愿望。

　　眨眼间，我已经在汽车新闻战线奋战了四十多年。这些年，我最大的收获，就是成为了一名见证者。看着中国汽车产业从蹒跚起步到崛起腾飞，亲历那些关键节点，记录着每一次变革的瞬间。作为一名老兵，我一直希望用笔去捕捉这些变化，与大家一同分享。然而，时间久了回望过往，仍觉记录零散、不够完整。所以，才有了撰写这样一本书的念头。

　　中国汽车的故事，近年来尤为精彩。有些变革大家感同身受，有些则稍纵即逝，有些或许只停留在表象，未能深入理解其中的脉络与逻辑。而这本书要做的，就是将这些事件串联起来，以更完整、更系统的视角呈现其本来面貌。万事开头难，今天这本书终于与大家见面了，我们把过去一年围绕汽车的大事小情都梳理了出来，把那些容易被忽略的细节都记录了下来，尽可能地还原事件的全貌，把事情的来龙去脉讲得更透彻一些。

　　这本书还有一个重要的作用，就是帮助大家理解过去，也思考未来。今天的中国，已经成为世界汽车产业的中心。有人说，中国汽车已经领先世界五年，这样的评价放在过去是难以想象的。曾几何时，我们是看着跨国公司在中国一步步成长的，甚至在很长一段时间里，包括媒体在内，我们对汽车行业的认知、对产品的理解、对技术的发展、对潮流的判断，都或多或少受到跨国公司的影响，可以说是被它们"洗脑"过来的。而如今，局势彻底改变了。中国新能源汽车走到了世界的前列，不管如何主观、客观去评价，无论如何这都是一场深刻的变革。那么，这样的变化是如何发生的？

未来又将如何演进？这本书或许能为大家提供一些线索，如果能在这个过程中起到一点作用，那是我们的莫大荣幸。

《"史"记中国汽车》（2024卷）不仅仅是一本书，在它的背后，还有寰球汽车收藏馆的规划，我们希望将二者结合在一起。书是记录，馆是见证，相辅相成。每一件收藏的物件都承载着时代的信息，它不仅能让我们更直观地感受到当时的情境，还能促使我们重新思考那些曾经发生的事情。这几年，我们一直在探索和尝试，就是想把这两个维度融合，让它们相互补充，形成更完整的历史记忆。

当然，这本书最核心的价值依然是还原事件，真实是第一位的。但与此同时，我们也在构建自己的价值体系。即便我们竭尽全力，仍觉自己还不够专业、不够严谨，所以我们尽可能保持开放的视角和心态。我们邀请了行业内诸多权威领导、专家担任专家顾问委员会成员，大家从不同的视角贡献智慧，共同思考。《"史"记中国汽车》（2024卷）不仅关注中国，也放眼全球，力求在更宏大的框架下审视中国汽车产业的成长与变革。

坦白说，编写这本书并不容易，也充满纠结。有些内容该不该写？某些事件如何表述？人物与事件该如何评价？但我们始终坚守一个原则：立足事实，记录真实，而非主观评判。因为许多时候，不同时期、不同立场的观点，本身就是推动行业前行的动力。回望过去，每个阶段的讨论、争议，最终都成为产业发展的养分。当下，中国汽车产业正经历着深刻的变革。各种新科技、新产品、新现象背后，伴随着的是新思维、新观点甚至是新的价值观的碰撞。是与非、对与错、好与坏站在不同的角度和立场结果可能是对立的。作为见证者、记录者，我们要做的首先是从行业、产业建设者的角度和立场出发，剩下的留给时间和历史去验证了。我们不做破坏者，我们尽心尽力了。这就够了。

最后，我要感谢所有为这本书付出努力的人。感谢专家顾问委员会的专家们，感谢编辑部的每一位同仁，感谢所有支持、帮助、推动这本书成型的朋友们。老实说，在这本书启动之前，我一直在犹豫，要不要写？能不能写成？甚至担心自己无法完成这项任务。但无论如何，好与不好，今天我们终于把它呈现出来。至于它能起到什么样的作用，那就交给时间，也交给大家去评判。

当然，这本书一定还有很多不足的地方，而这些不足让我更加坚定——要坚持做下去。一本书是不够的，我们要每年都做下去，我甚至在想，坚持十年、五十年，甚至一百年，这将会是什么样子？这是一件宏大的事情，需要不断有人参与进来，需要更多新的人接力，把它写下去。我们也诚挚邀请行业内外，愿意投身这项"辛苦但有意义"的工作的有识之士，共同参与这本书的编纂。而对我们而言，唯一要做的，就是坚持，把这件事长久地做下去。

今年是第一本，明年、后年，我们都要继续。

荐词·寄语

李书福（浙江吉利控股集团董事长）

历史是一面镜子，记录着过往的一切。

历史是一堆尘埃，尘封着曾经的是非真假，尘封着许多人间故事。

昨天的悲欢离合、商海沉浮，就是今天的历史。

今天的宏大叙事，江湖闯荡正在形成明天的历史。

《"史"记中国汽车》（2024卷）是对中国汽车发展历史的责任担当，在尘封的世界里整理出有价值的历史性事件，为中国汽车发展史打造一面镜子。

衷心祝愿《"史"记中国汽车》（2024卷）顺利出版，为中国汽车工业史的创作做出忠实而生动的贡献。

王侠（中国国际贸易促进委员会汽车行业分会会长）

这是一本系统、全面地记录和展现新时代中国汽车产业发展全貌的书籍。它不仅记录了行业发展过程中的很多重要事件，还力图揭示这些事件背后的深刻含义。当今的中国汽车产业正处于高速发展、快速变革的时代，新老思想在这个阶段发生了激烈碰撞。融媒体的高度发达，让我们能立刻看到行业里的各种"精彩故事"，但是它们又往往很快被淹没在了更新的"故事"之中，被人遗忘。汽车行业需要有人将之选取、记录、总结、传承下来。多年之后，当人们将这一系列书历年所记录的故事串起来看的时候，就能很清晰地理解中国汽车产业何以崛起、何以走向世界、何以改变人们的生活。

徐长明（国家信息中心原副主任、正高级经济师）

当下，中国汽车产业正经历着改革开放以来最大的变革时期。从新能源技术开始到智能科技竞争的高潮，从供应链到研发体系，从制造端到用户触达的一线，中国汽车用新技术、新思维、新方法，尝试着打造新汽车。毫无疑问，这段历史值得行业记录、研究、回味。可以说，这本书的出版非常及时，也很必要。这本书，不仅能带我们看清这场变革的细节，更能让我们深刻理解把握汽车产业的发展趋势和方向，非常值得留存和收藏。

周华（中国汽车技术研究中心有限公司党委委员、副总经理）

70多年来，中国汽车工业经历了从无到有、从小到大、从弱到强，从引进、跟随、追赶、超越到引领，经历了无数的风雨和挑战。这是一部中国汽车人波澜壮阔的奋进史画卷。《"史"记中国汽车》（2024卷）是一部深刻记录中国汽车工业发展历程的著作。书中不仅详细描绘了技术突破与产业升级的轨迹，还展现了无数汽车人奋斗的动人故事。通过这部作品，读者不仅能了解中国汽车工业的辉煌成就，更能感受到民族工业崛起的坚韧与智慧。无论是汽车爱好者，还是对中国现代化进程感兴趣的读者，这本书都是一次不可错过的精神之旅。

师建华（中国电动汽车百人会副秘书长）

本书以一种第三方的视角，客观、翔实地展现了2024中国汽车产业的发展脉络。通读全书，不仅能清晰地了解2024中国汽车行业发展的重要时点，也能清楚地看到行业发展的主要历程。特别值得一提的是它没有回避行业问题，对一些引起行业内激烈讨论的、争议性很大的事件，也做了客观公正的表述。这是很难能可贵的。仅此一点，这本书就具有了重要的史料价值，是人们研究和了解智能新能源汽车时代，中国汽车产业发展历程的重要资料。

周卫东（中国国际贸易促进委员会机械行业分会会长）

汽车工业是机械工业的重要组成部分。新一轮科技革命与产业变革对机械、汽车行业发展有着深刻影响，汽车行业与机械行业息息相关。这本书记录了汽车行业一年来发展的点点滴滴，从中，也展现出机械行业的技术进步与发展。可以说，这本书不仅对汽车行业内人士具有专业价值，对于汽车相关行业，乃至行业以外的人了解中国汽车都有很好的史料价值。

韩毅（中国电工技术学会秘书长）

这本书从历史的角度，对汽车行业发展轨迹和年度内汽车行业发生的重大事件和重要参与人物都集中翔实地进行了记录体现。它解决了日常行业新闻散、信息碎片化，不容易了解行业发展全貌的困惑。它类似于大事记，但又不同于大事记。它对影响行业发展的事件及人物进行了深入客观点评。这本书的出现，对深度了解汽车行业的现状有很大帮助，对关注汽车行业发展的人士具有收藏价值。

亲爱的老吴：

很荣幸能为您的新书撰写寄语。作为中国汽车行业德高望重的新闻工作者和资深评论家之一，您是中国汽车工业近几十年蓬勃发展的亲历者和记录者。您撰写的《"史"记中国汽车》（2024 卷）必定气势磅礴、精彩纷呈：一则中国汽车工业的发展本身就波澜壮阔——其发展速度、深度和广度在全球汽车工业史上都前所未有；再则，在这段恢宏的历史中出现的几代中国汽车人锐意进取、勇于创新、大胆突破，呈现出了中国汽车工业发展的态度、风度及温度。

我很荣幸在过去的 12 年中和您一起见证了中国汽车工业的高速发展和深远转型，并和同事们一起陪伴梅赛德斯 - 奔驰品牌深度地见证、参与并惠益其中，和来自中国及全球的汽车品牌共创共享发展机遇。我也很珍惜与您建立的深情厚谊，感谢您给我们提出的宝贵建议，每次和您交流我都获益匪浅。

行业大潮滚滚向前，如今的中国市场千帆进发、百舸争流。梅赛德斯 - 奔驰也正在用"中国速度"不断创新，以"奔驰标准"坚守初心。我们愿意继续为中国汽车工业的发展添砖加瓦，为广大客户提供令人向往的品牌体验。

愿我们热爱的汽车工业日新月异、愿我们坚守的汽车精神青春飞扬！深深地祝福给予我美好记忆的中华大地，以及我在这里遇见的每一位朋友！

敬颂

春祺！

唐仕凯

2025 年 3 月 21 日

目 录
Contents

第三章　3月

第四章　4月

第五章　5月

第六章　6月

第七章　7月

第八章　8月

第九章　9 月

第十章　10 月

第十一章　11 月

第十二章　12月

回望 2024 中国汽车

后　记

第一章

1月

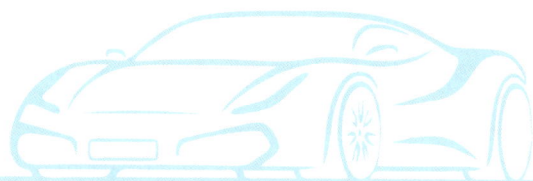

1.【1月1日】元旦，部分车企发布限时优惠，开启全年价格战预演

1月1日，包括比亚迪、长安汽车、赛力斯、理想汽车等在内的多家车企相继公布2023全年销量成绩。就在同一天，包括特斯拉在内的7家车企官宣下调旗下车型的售价或推出限时现金优惠的促销政策。2024年1月1日，特斯拉官方宣布Model 3后驱现车保险补贴6000元，同时推出低息金融政策，限时购买Model 3/Y最高可省2.3万元。哪吒汽车紧随其后，宣布下定哪吒AYA/哪吒X/哪吒S/哪吒GT，即可享受5000元哪吒新年专享红包好礼；一汽丰田推出"全系直补"政策，全系车型可享受购置税限时直补，至高5999元；吉利帝豪L HiP冠军版也推出了5000元的新年补贴，可叠加至高1.4万元的现金补贴；领克09则直接降价，全系车型官方指导价下调1万元，调整后起售价为24.79万元。此轮车企推出的限时促销政策多集中在2024年1月1—31日，部分延续到了2024年春节前。业界普遍认为，这是2024年价格战的预演。

2.【1月11日】2023年中国汽车行业登顶3000万辆，出口创全球第一

1月，根据中国汽车流通协会乘用车市场信息联席分会发布的信息显示，2023年，我国汽车产销量首次双双突破3000万辆，占全球汽车产销量的33%，创历史新高。2023年全年累计厂家汽车销量3009万辆，累计增速12%。其中，出口522万辆，同比增长56%，中国成为世界第一汽车出口国。同时，中国汽车产业2023行业收入100976亿元，同比增12%；利润5086亿元，同比增5.9%。

（1）新能源汽车高速增长，推动中国品牌崛起

2023年累计批发新能源乘用车887万辆，同比增长36%。中国新能源乘用车厂家销量渗透率35%，其中12月达到41%。2023年中国新能源乘用车国内零售全年776万辆，年度渗透率35.7%，提升8.1个百分点。新能源汽车的快速发展，有力地推动了中国汽车品牌的崛起和产业格局的变革。

2023 年中国品牌乘用车市场份额在汽车产业对外开放 40 多年来首次突破 50%，零售渗透率达 53%，相对于去年同期增加 4.6 个百分点。自主品牌在新能源市场和出口市场获得明显增量，头部传统车企转型升级表现优异，比亚迪、奇瑞、长安、吉利等传统车企品牌份额提升明显。

【点评】行业专家综合分析认为，中国品牌这两年在国内的市占率不断提高，背后有两方面的原因：一是新能源汽车产销量规模增大，自主品牌在其中的占比很高；二是出口市场在快速增长，这个市场基本上也是以中国品牌为主。中国品牌主流的车企在电动化、智能化方面的转型速度明显要快于合资品牌，每年中国车企都推出大量的车型，这些车型价格并不高、性能也非常好，得到了国内外消费者的认可。这都是中国品牌经过不断地积累、磨炼，来提高自己市场竞争力的非常好的表现。

（2）出口市场表现强劲

2023 年，中国汽车出口 522 万辆，同比增长 56%，出口额 1016 亿美元，增速 69%，居全球第一。2023 年汽车出口均价 1.9 万美元，同比 2022 年的 1.8 万美元，均价小幅提升。数据显示，2023 年，整车出口量前十企业中，上汽、奇瑞、吉利、长安等依旧领先，分别出口 109.9 万辆、92.5 万辆、40.8 万辆、35.8 万辆；从增速上来看，比亚迪出口 25.2 万辆，同比增长 3.3 倍；奇瑞出口 92.5 万辆，同比增长 1 倍；长城出口 31.6 万辆，同比增长 82.5%。中国车企抓住了俄罗斯等机会市场的机遇，加快在欧洲等地区的布局，使得汽车出口量大幅增加。然而，也需注意到，贸易出口只是汽车全球化发展的一部分，中国在汽车的全球化进程中，与美国、日本、德国等国相比，在海外主要市场直接生产等方面仍处于落后状态，且面临着如欧盟反补贴调查等诸多挑战。

【点评】行业专家综合分析认为，出口全球第一存在一定特殊性。2023 年汽车出口有一个比较特别的现象。2023 年中国出口俄罗斯市场的汽车可能会到 90 多万辆，而前年（2022 年）中国向俄罗斯的出口只有 16 万辆，2023 年整个出口销量里面有 80 万的增量是俄罗斯市场带来的。这是一个机会市场，2024 年可能不会继续存在。2023 年中国汽车出口量前十的国家中，俄罗斯、西班牙市场表现较强，同比分别增长5.5倍和1.3倍。另外，对于2023年中国成为全球汽车出口第一大国，需要理性看待。贸易出口只是汽车出口的一小部分，真正的国际化是要在海外的这些目标市场去直接生产。例如，日本2023年的海外生产可能会在一千七八百万辆，德国、美国采用直接贸易模式的出口也不多，更多的出口是在海外生产。在这些方面，中国还是处于落后的状态。如果中国车企未来在海外市场的直接投资能够顺利展开并取得成绩，才能说明中国汽车产业的国际化取得了成功。

（3）行业集中度进一步提高

2023年汽车销量排名前十位的汽车生产企业（集团）的总销量占汽车销售总量的85.4%。十大汽车集团中共有七家销量超过了200万辆，前两名依旧是上汽集团和一汽集团。比亚迪、长安、吉利控股、奇瑞控股四大集团实现排名上升，其中比亚迪以同比增长超60%的速度登上第三的位置，长安、吉利控股、奇瑞控股排名分别升至第四、第七、第八。从增速上来看，与上一年度相比，比亚迪股份和奇瑞控股销量增速更为明显，吉利控股、北汽集团和长城汽车销量呈两位数增长，长安汽车、中国一汽和广汽集团销量小幅增长，其他企业销量呈不同程度下降。从完成率上看，仅有比亚迪、吉利控股完成了全年销售目标，长安、广汽、奇瑞控股完成率超过了90%。

根据中国汽车流通协会的数据显示，狭义乘用车市场前十家车企销量占该类型市场总销量的58.6%。

2023年乘用车零售市场销量排名前十的车企和销量

1. 比亚迪：累计零售销量为270.6万辆，同比增长50%，占市场份额12.5%

2. 一汽-大众：累计零售销量为184.7万辆，同比增长3.8%，占市场份额8.5%

3. 吉利汽车：累计零售销量为141.2万辆，同比增长14.4%，占市场份额6.5%

4. 长安汽车：累计零售销量为137.2万辆，同比增长7.7%，占市场份额6.3%

5. 上汽大众：累计零售销量为123.1万辆，同比下降1%，占市场份额5.7%

6. 广汽丰田：累计零售销量为90.1万辆，同比下降7.3%，占市场份额4.2%

7. 上汽通用：累计零售销量为87.0万辆，同比下降16.1%，占市场份额4%

8. 奇瑞汽车：累计零售销量为81.1万辆，同比增长12.9%，占市场份额3.7%

9. 一汽丰田：累计零售销量为 80.2 万辆，同比增长 0.3%，占市场份额 3.7%

10. 长城汽车：累计零售销量为 76.0 万辆，同比增长 0.2%，占市场份额 3.5%

市场竞争进一步加剧。新势力竞争激烈，以小鹏、蔚来、理想等为代表的初代国内造车新势力迎来成立 10 周年，市场上还涌入了小米、鸿蒙智行等 "新新势力"。2023 年，理想汽车领跑新势力年度销量，鸿蒙智行旗下诸品牌合计位居次席，蔚来、小鹏、小米、极氪、深蓝等保持较好销量势头，而哪吒、飞凡、极星等新品牌则滑向市场边缘，新势力、新品牌的淘汰赛加剧。传统车企竞争格局进一步变化，上汽等具有传统优势的车企，受到新能源汽车发展的冲击，市场地位有所动摇，比亚迪等新能源新贵快速崛起。同时，价格战愈演愈烈。

（4）中国市场潜力依旧巨大

中国汽车流通协会乘用车市场信息联席分会的分析认为，根据 2022 年的数据显示，全国汽车保有量达到 3.12 亿辆，按全国 14.12 亿人口对比可以看到，乘用车千人保有量为 195 辆，商用车的千人保有量为 26 辆，总体全国人民的汽车千人保有量为 221 辆。对比国外汽车发达国家和地区，如欧洲、日本、美国等，目前国内 195 辆的千人乘用车保有量仅约为五个人拥有一辆车，仍属相对偏低水平。另外，中国汽车消费市场结构丰富，中西部县域市场还存在巨大的小微型入门级汽车的需求，因此，这也是目前拉动消费的机会。总的来看，中国电动车的高速发展带来了重大机遇，市场需要有效的产品供给和政策支持，来推动小型车的普及发展。

3.【1月】工信部出台汽车芯片标准体系建设指南，五部委联合推动"车路云一体化"试点

（1）工信部印发国家汽车芯片标准体系建设指南[1]

1月8日，工业和信息化部印发国家汽车芯片标准体系建设指南。

计划到 2025 年，制定 30 项以上汽车芯片重点标准，明确环境及可靠性、电磁兼容、功能安全及信息安全等基础性要求，制定控制、计算、存储、

功率及通信芯片等重点产品与应用技术规范，形成整车及关键系统匹配试验方法，满足汽车芯片产品安全、可靠应用和试点示范的基本需要。

计划到2030年，制定70项以上汽车芯片相关标准，进一步完善基础通用、产品与技术应用及匹配试验的通用性要求，实现对于前瞻性、融合性汽车芯片技术与产品研发的有效支撑，基本完成对汽车芯片典型应用场景及其试验方法的全覆盖，满足构建安全、开放和可持续汽车芯片产业生态的需要。

（2）五部委联合发布《关于开展智能网联汽车"车路云一体化"应用试点工作的通知》[2]

1月15日，工信部、公安部、交通运输部、自然资源部、住建部五部委联合发布《关于开展智能网联汽车"车路云一体化"应用试点工作的通知》（以下简称通知），从2024年至2026年开展"车路云一体化"应用试点。

《通知》明确"车路云一体化"试点的商业化运营主体，探索基础设施投资、建设和运营模式，支持新型商业模式探索。在保障数据安全的前提下，鼓励数据要素流通与数据应用，推进跨地区数据共建共享共用。其中提出，提升车载终端装配率。分类施策逐步提升车端联网率，试点运行车辆100%安装C-V2X车载终端和车辆数字身份证书载体；鼓励对城市公交车、公务车、出租车等公共领域存量车进行C-V2X车载终端搭载改造，新车车载终端搭载率达50%；鼓励试点城市内新销售具备L2级及以上自动驾驶功能的量产车辆搭载C-V2X车载终端；支持车载终端与城市级平台互联互通。

4.【1月12日】欧盟启动反补贴调查，派员走访比亚迪、上汽和吉利

欧洲当地时间1月12日，据参与反补贴调查的人士表示，欧盟委员会调查人员将在未来几周内前往比亚迪、吉利控股集团和上汽集团三家中国汽车制造商的所在地进行调查。调查计划在1—2月进行。另一位消息人士称，调查人员不会访问特斯拉、雷诺和宝马等在华生产的非中国汽车品牌。

2023 年 10 月，欧盟委员会发布公告，决定对进口自中国的纯电动汽车发起反补贴调查。随后，欧盟委员会宣布通过抽样方式确定选择比亚迪、吉利和上汽三家中国车企启动调查。调查计划持续 13 个月。此次来访正是反补贴调查的一部分。欧盟委员会贸易发言人表示，欧盟委员会选择的三家车企是具有代表性的调查样本，它们已完成对调查问卷的答复环节。欧盟委员会的文件称，调查将在 4 月 11 日前进行核查访问环节。

5.【1月13日】北汽集团发布 2023 年业绩，销量同比增长 17.6%，营收超 4800 亿元

1 月 13 日，北汽集团公布了 2023 年度经营业绩，全年实现整车销量超 170.8 万辆，同比增长 17.6%，实现营业收入 4803 亿元，在京产值 2924 亿元。其中，自主乘用车销量 19 万辆，同比增长 69.1%；自主商用车销量 63.4 万辆，同比增长 36.7%；出口 19 万辆，同比增长 73.5%。

值得注意的是，2023 年，北汽集团自主业务北京品牌完成品牌战略、技术品牌、用户生态三大焕新，品牌回归一个"北京"，围绕用户"家庭、户外、乐趣"三大核心需求，布局"悦野、悦旅、悦己"三条产品线，立足积木 2.0 整车技术、无疆越野技术、先机智能技术、魔核动力技术四大平台，重点打造"一起，趣生活！"的"北京朋友圈"用户生态。2023 年"北京"品牌销量突破 16 万辆、同比增长超 60%，新魔方、新 X7、BJ60、全新 BJ40、全新 EU5 PLUS 等新一代产品持续发力。

【点评】说说北京汽车的代表性

岁末年初，大家都在评论各个车企的表现。有人说到了北汽，认为它是一个有代表性的企业。言外之意，北汽值得一说。这有点令人意外，过去的一年，相较新势力车企和华为等活跃在舞台中央的企业，北汽好像没怎么被人关注。

说北汽是有代表性的企业，它"代表"了什么？我想首先还是要从国有

车企这个身份上去寻找。需要注意的是，国有车企今天依然是汽车行业的主力军。它们的表现在很大程度上决定了中国汽车产业的表现。这些年来，舆论场对国有车企是有看法的，这跟如今大家都认为国企需要改革创新的判断是一致的。国企改革的话题过往说了很多，似乎说出了一些现象和思考，却又总觉得说不在点子上。北汽这两年的努力和变化也在朝着解决问题的方向往前走。过去的一年北汽的发展又比上一年好了不少，这是事实。他们自己也觉得付出的努力是有回报的。这几年，北汽也基本上都是这样走过来的。在我看来，北汽的变化和成绩是值得肯定的，但一定有人不这么看。北汽的"盘子"太大了，说好说坏都容易以偏概全。这说明评价一个国企不是一件容易的事，需要更全面地看国有车企的改革。这可能是有人认为北汽具有"代表性"的一个原因吧。

如果从"变化"上看一个国有企业的好或不好，首先要看它是否在"变"，毕竟，它从出生起就是被"安排"好的，但是现在不变肯定是不行的，如果变了还能产生好的结果，不论变化大小，这一定是好的。过去一年，"北京汽车"这个板块的变化就不小，而且还产生了良好的效果。2023年上海车展，北汽发布全新的"北京汽车"品牌，将多年来一直没有解决的品牌混乱状况进行了一次清晰的梳理。有了北京牌，不仅将越野车、乘用车、新能源车、字母北京标从过去的"一锅浆子"理出个头绪来了，外界评价这一次北汽有了"灵魂"和核心。过去一年，北京牌汽车卖了16万辆，应该是这个变化带来的。从五指分开，变成了收拢成拳，北汽出拳的力度和速度自然就有了。2023年，给汽车媒体的感觉是北京汽车板块活动特别多，效果也比过去好很多。这样的例子不少，内部人也说这种变化带给团队的改变是员工干劲起来了。用"变化"的眼光看发展，可以让我们对国有车企认识更客观。这样的客观在当下非常重要。

有人说国企的改革在于"破"，也有人说国企改革应该立足于"变"。这应该是说北汽话题"代表性"的另一个意思。在我看来，北汽这些年的总体工作思路偏向后者。这跟国企的特点和北汽的实际有关。船大难掉头、掉头需谨慎是一个原因，把握机会、踏准节奏是另一个不容忽视的问题。

很多人对国有车企缺乏信心，因为他们看到的总是"慢半拍"。其实这说明了两个方面的问题：一方面是机不可失，时不再来；另一方面尝试变化却找不好节奏，变化之后却没有得到好的结果。前些年的北汽就存在这样的问题。相信现在的国企都知道不变肯定是不行的道理，但变了之后接下来怎么变，并且行业本身也在变，企业的变化还得跟得上行业的变化，这可能是国企接下来通过"变"分出高下的一个转折点。企业不仅要自己跟自己比，更要跟外界比。这可能不是靠一个"破"和一个"变"就能说明白的事。

国有企业也是企业，企业就得按市场规律办事，它是有商业逻辑的，用最少的成本卖最多的车并获得利润，这是终极目标和道理。该做的要大胆去做，该说的、该发声的，要大声说出来。这方面，北汽过去做得是不够的。但2023年他们在这方面变化不小，这也是一种自信的表现。有人说，2023年北京汽车开始能说得清楚，干得明白了，到处都能看到北京汽车的广告，听到他们的吆喝声了。这是他们找到"变"的感觉了。希望他们能坚持这样的感觉，并且还可以找到更多、更新的"变"的感觉。

再说回北汽的"代表性"，还是那句话，国企改革的"变"是必须的，但"变"也是很难的，不仅要跟上行业市场不停地"变"，还要从根本上"变"。只有这样，北汽这样的国企才有希望获得更好的发展。

6.【1月】车企加速科技创新

1月2日，小鹏汽车公告，广东小鹏与广东汇天订立合作框架协议，广东小鹏及广东汇天同意在飞行汽车的研发、制造、销售及售后服务方面进行合作，广东小鹏将为广东汇天提供研发服务、技术咨询服务及销售代理服务。

1月10日，在2024年国际消费电子展（CES）展会上，小鹏汇天联合创始人、副总裁王谭宣布，公司分体式飞行汽车"陆地航母"将于2024年四季度开启预订，并计划于2025年四季度开始量产交付。如果顺利实现，意味着"陆地航母"将成为全球首款面向个人用户量产交付的分体式飞行汽车。

1月16日，比亚迪发布智能化领域最新技术，其中整车智能化架构被命名为"璇玑"，由"中央大脑"、车端 AI 和云端 AI、车联网、5G 网、卫星网及传感链、控制链、数据链、机械链组成。其中，"中央大脑"可实现对多种 Soc 芯片的兼容，还能通过芯片解耦带来算力的扩充。主控芯片 AI 模块为通用的 GPU 架构，搭配模块化设计，能够实现存算的任意分配，按照功能需求调整算力方式，做到无缝切换和适配未来的算法模型，让汽车的功能可以实现快速迭代和进化。据悉，该"中央大脑"由比亚迪自研、自产。

第二章

2 月

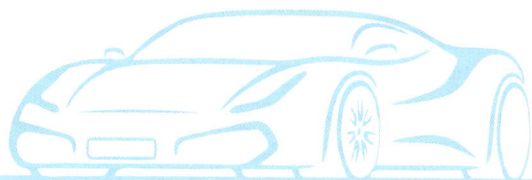

1.【2月8日】福特电动汽车部门亏损严重

当地时间 2 月 8 日消息，据外媒报道，福特在 2023 年度第四季度电话财报会议上表示正重新考虑电气化战略，同时将基于新的低成本平台开发小型电动汽车。当日，福特汽车公布了其 2023 年第四季度的业绩，其中，电动汽车部门 Model E 第四季度的亏损达到了 15.7 亿美元。而整个 2023 年亏损高达近 47 亿美元，超出之前亏损 30 亿美元的预期。

福特汽车 CEO 吉姆·法利（Jim Farley）称，其 Model E 部门严重亏损的原因是因为定价过高，消费者不愿为电动车型支付额外价格。过去两年，福特汽车正在内部秘密开发低成本电动汽车平台，未来将推出更多平价小型电动汽车。

福特 CFO 约翰·劳勒（John Lawler）表示，福特汽车推迟了在肯塔基州的第二家合资电池工厂，缩小了密歇根州新建磷酸铁锂电池工厂的规模，也没有继续在土耳其建立合资电池工厂。当前正在进一步调整电池装机容量以匹配需求，重新评估新电池化学品的垂直整合。劳勒还提到，福特的下一代 EV 车型将在资本回报合适后再推出。长期而言，电动汽车仍将是福特战略的一部分。劳勒认为，福特迟早需要实现电动汽车的盈利，因为特斯拉和部分中国车企已实现这一目标。

2.【2月18日】部分车企老总新春寄语，表达对 2024 年的担忧

2 月 18 日部分车企老总发表新春寄语，表达了对竞争加剧的担忧。吉利汽车集团 CEO 淦家阅、长安汽车总裁王俊、小鹏汽车董事长何小鹏在春节后的第一个工作日，不约而同地表达了对 2024 年竞争加剧的担忧。

2 月 18 日，春节后第一个工作日，吉利汽车集团 CEO 淦家阅发表了新春寄语，他表示，2024 年又将是汽车市场一个"最卷"的年。"卷"价格，"卷"产品，"卷"服务，"卷"流量……一切都到了"见真章"的时候。同一天，长安汽车总裁王俊也发布了新春祝福，他认为，新的一年，前进

的征程依旧充满挑战，市场竞争形势严峻。

也是在 18 号，小鹏汽车董事长何小鹏发布内部信。何小鹏认为，2024 年是中国汽车品牌进入"血海"竞争的第一年，也是淘汰赛的第一年。此前业界普遍预测，今年汽车行业的淘汰赛将进一步加速，分化继续加剧。

3.【2 月】高合被传停工停产

2 月 18 日，网传高合汽车内部宣布，公司全面进入停工停产阶段，时间暂定为 6 个月。2 月 19 日，高合汽车一家第三方劳务公司遣散派遣至高合汽车工厂的外包员工，一百余名外包员工都被解除合同。

2 月 21 日有媒体报道，高合汽车江苏盐城工厂代理厂长透露，包括其本人在内的工厂管理层，没有拿到应得的工资、报销等款项。该代理厂长称，目前高合创始人丁磊仍在上海，且正与公司的管理层就投融资层面事项进行商谈。在现场，有包括比亚迪、理想汽车、光束汽车、国新新能源等在内的不少车企，通过 HR 建群等方式，邀请有意向离职 / 换工作的原高合汽车盐城工厂员工进行面试。

2 月 28 日，网传长安汽车洽购高合汽车 51% 股权，并称已经谈妥，长安出资会带动青岛与沙特资金到位，由此盘活高合汽车。长安汽车董事长朱华荣回应表示："在谈，离'妥'还远。"与此同时，高合汽车内部人士表示，丁磊于 2 月 27 日在重庆与朱华荣见面商谈，并运送了高合汽车产品给长安汽车团队体验。

2 月 29 日，高合汽车在内部发布员工公告称，考虑到短期资金紧张和重组时间存在不确定性，将为在停工停产期间想要离职的员工提供协商快签渠道，解除劳动合同。公告内容显示，高合汽车将为 3 月 1 日前签署了协议的员工，支付经济补偿金、代通知金和未结薪资等。不过，补偿金无法立即发放给员工。公告称，结合高合汽车目前的资金状况，补偿金将在 2024 年 9 月至 12 月期间，以每月 25% 的支付比例补偿到位。

4.【2月19日】比亚迪降价，其他车企跟进，2024年价格大战打响

2月19日，比亚迪官宣旗下插混车型秦PLUS荣耀版和驱逐舰05荣耀版上市，起售价为7.98万元。相较于上一版本冠军版车型，这两款新版本车型价格均下降了2万元，并喊出"电比油低"的口号，这意味着国产新能源汽车混动车型价格首次下探7万元区间，成为市场上绝大多数同级别燃油车的强劲竞争对手。随后五菱、长安、哪吒、吉利、现代、别克等品牌陆续跟进。据统计，这一轮价格战，降价幅度大，扩散范围广，终端渠道的宣传措辞也极为直接，竞争凸显白热化。同时，豪华品牌也在市场压力下开始降价。

上汽通用五菱率先跟进，上汽通用五菱品牌事业部副总经理周钘直接在社交平台上喊话，"一个字，跟！"根据官方信息显示，作为对标车型上汽通用五菱星光150km进阶版插混轿车售价降至9.98万元，相较于此前的10.58万元降低了6000元，与比亚迪驱逐舰05 120km版本价格基本一致。

长安汽车也加入了降价行列，长安启源A05和长安逸动PLUS畅享版也给出了最新优惠政策。其中，长安启源A05售价降到7.89万元起，入门款综合优惠达1.1万元，与比亚迪秦PLUS血拼入门价格，高配车型优惠更是高达2.3万元。

吉利汽车则推出了吉利帝豪L HiP龙腾版，新车的入门价格直接下调2万元，只需要8.98万元起。

哪吒汽车当日就官宣全系最高直降2.2万元。其中哪吒X全系直降2.2万元，新增400 Air版，售价9.98万元起，将起售价拉低至10万元内；哪吒S全系直降5000元，现售价15.48万元。

这次开年的价格战不仅围绕新能源品牌，燃油车品牌也宣布跟进降价。北京现代宣布旗下A级轿车伊兰特车型降价幅度达2.4万元，起售价为7.58万元，将价格也压低至10万元区间。同时，上汽通用旗下的别克品牌也宣布将限时对部分车型降价优惠或置换补贴，别克君越、威朗Pro、昂科威Plus车型优惠幅度在3.5万—6.5万元，价格下探到10万—15万元区间。

据统计，5万—15万元区间的市场，传统燃油车占比最高。而这次比亚

迪秦 PLUS DM-i、帝豪 L HiP 等混动车型的到来，对该级别燃油车造成的冲击非常大。轩逸和朗逸为代表的紧凑级轿车压力非常大，不得不以降价维持优势地位，两者都已杀入 8 万元以内市场，此外还有卡罗拉、宝来等。根据第三方平台显示，日产轩逸终端起售价低至 7.56 万元，优惠幅度超过 3 万元；丰田卡罗拉有经销商优惠也接近 3 万元；大众宝来、桑塔纳两款油车售价更是已低至 6 万元。

在价格相近的情况下，插混车型更具购买优势，荣耀版车型将继续助力秦 PLUS 瓜分朗逸、轩逸、速腾等燃油车的市场份额。在社交媒体上，比亚迪集团品牌及公关处总经理李云飞表示，比亚迪插电混动的价格可以做到比同级燃油车还要低，此举将彻底拉开与燃油车的大决战，"接下来，谁还会买燃油车呢"。2023 年，比亚迪董事长兼总裁王传福就明确表示，未来 3—5 年，比亚迪会打价格战，或是细分领域的价格战，公司已为此做好了充分的准备。整个 2023 年，中国车市特别是新能源市场，各种直接或变相的降价促销就没有停止过，各品牌不惜代价强撑，只为拿到下半场的门票。

2024 年春节刚过，这场"开年即决战"的态势，似乎已成为整个汽车行业竞争的缩影。2024 年度价格战和市场争夺战的激烈程度可见端倪。

【点评】"血海"2024，"价格战"就是"实力战"

"2024 年，又将是一个'最卷'的年。'卷'价格，'卷'产品，'卷'服务，'卷'流量……一切都到了'见真章'的时候。""今年是中国汽车品牌进入'血海'竞争的第一年，也就是淘汰赛的第一年。"在新年开工首日，吉利汽车集团 CEO 淦家阅、小鹏汽车董事长何小鹏发出了这样的警示。告别了欢快的新春佳节，汽车市场的"寒气"远未消去，这也为新能源汽车的发展蒙上了一层阴影。

此前，在 2023 寰球汽车年度盛典上，国家信息中心原副主任、正高级经济师徐长明曾经对未来几年的汽车市场进行了"预言"。在他看来，未来几年，平稳的市场发展是主流，更大的变化是结构变化，新能源汽车增长和电动车销量未必体现在这两三年，绝对量可能还会有所下降。下一步企业的警示，怎么能够跟上行业大势，跟上国家主导新能源汽车大方向，是非常重要的。

从产业驱动的角度来看，电驱成就了新能源汽车，同时也成为了人们出行过程中"痛定思痛"的一大遗憾。但值得注意的是，"今天"的新能源汽车与"昨天"新能源汽车不可同日而语，毕竟它建立在了30%渗透率的用户基盘和科技进步的基础之上。高压平台、快充、换电、智能网联等技术的逐个应用，都证明了新能源汽车的不断进步。更加节约的出行成本、更加友好的交互方式、更加舒适的驾乘体验，以上因素都是消费者能够看得见、摸得着的改变。

从另一方面来看，世界范围内汽车能源变革的趋势不可逆转，这也让今天的汽车格局发生了很大的变化，汽车迭代速度变快，智能化、场景化成为了消费者关注的重要话题，这是科技进步的必然结果。它的不断进化不是为了改变汽车作为工具的属性，反而是不断优化体验，并且伴随着产业格局的进一步演变带来颠覆性的改变。新能源汽车的发展已经是主流，更是中国汽车工业由"弱"到"强"的必由之路。

以此为时间节点，新能源汽车有关"价格"和"盈利"的两个问题需要被重新审视。

说到价格，很多人想到的就是"价格战"，这个代名词几乎贯穿了2023年汽车行业的始终，面向2024年，徐长明认为，汽车的价格避免不了存在一定的"竞争"，这也会让整体的新能源汽车之争变得更加激烈。

所谓的"价格战"，从本质上来看，是在合理的市场环境之下，增强企业竞争力的重要手段之一，尤其是在中国汽车产业颠覆与转型的关键时期，符合市场发展的必然规律，无须恐惧。但实际运作中，"价格战"不意味着"血淋淋"，也不意味着"贴身肉搏"，企业更不要盲目追随，需要一定的节奏和策略。

第一，进行规模化发展，包括对研发成本的投入、对供应链的掌控、对销售节奏的把握，等等，占据产供销一体化的有利位置；第二，缩短研发周期，紧跟时代步伐，打造更具竞争力、更具时代特色的产品或者品牌，结合规模效应，共同摊薄成本压力；第三，坚持用户中心的理念，不进行简单地堆料、堆服务，而是深入研究用户需求。这不仅体现在价格层面，更体现在了消费认知的层面，电比油便宜、电比油方便、电比油好用的趋势将更加明显，高性价比的产品将更容易获得关注。

直观来看，"降价"对企业所带来的变化的确会导致利润的下滑，缺乏体系创新精神的企业势必会在"降价"的竞争中被淘汰。"价格战"不可避免，主动"卷"比被动"卷"更有先发优势。总而言之，"卷"所带来的绝对不只是"流血"，车企应该主动参与到"降价"之中去，同时在可控的范围内提高产品品质，以谋求更大的市场空间和话语权，在"价格战"的背后同样也是企业的"实力战"。

而谈到盈利，任何企业的发展都要经历这个"痛苦"的阶段，在此方面，中国车企有着足够的行业基础：第一，国家政策的笃定。无论是此前的"大额补贴"还是此后的"补贴退坡"，都正向推动了新能源汽车的快速发展；第二，中国新能源汽车的创新力。在经历了多年的发展与布局之后，中国汽车在新能源、智能化等方面的技术领先已经成为了不争的事实，这些都成为了中国汽车独有的"护城河"。

盈利是终极目标，但"不赚钱"并不意味着新能源汽车不行，在进行了一段时间的实践之后，自主品牌中比亚迪、理想、埃安已经实现了这个目标。当然，这个过程一定是漫长且艰辛的，这也就需要企业保持理性的态度，更需要"良币"驱逐"劣币"的坚定决心。未来一年，也将是行业快速出清的一年。

中国汽车流通协会乘用车市场信息联席分会秘书长崔东树发文表示："我相信以中国的强大的创新能力和产业制造体系，强大的供应链，世界新能源车是充满希望的，不要被眼前的暂时低迷困惑了。世界汽车工业大变革已经以电动车起步并持续，新能源车是中国汽车工业由大变强的必由之路。世界新能源车是改变世界的巨大推动力，这个趋势是不可逆的、是不停滞的、是改变人类生活的巨大推动力。"

综上来看，新能源汽车仍然任重道远，胜利的曙光就在"明天"。

5.【2月22日】奔驰宣布调整电动化计划

"全球推行汽车电动化是一种趋势，但此时却不是所有市场都能适用。"

当地时间2月22日，有外媒报道梅赛德斯－奔驰集团董事会主席、首席执行官康林松（Ola Källenius）在公布企业年度业绩后表示，奔驰的电动化将在原有基础上推迟五年。到2030年时，奔驰的电动汽车销售占比将达到50%。同时康林松还向投资者公布了未来十年的产品规划，重新加速发力传统车型，持续更新、生产传统内燃机车型，保持战略聚焦、战术灵活。按照奔驰原来的电动化目标，其规划在2025年电动车销量占比达到一半，且所有新推出的汽车都将只采用纯电动设计，直到2030年实现完全电动化。

最近几年，奔驰的电动化动作十分积极。早在2020年就提出"电动为先"的战略方向；2021年发布"全面电动"战略，加速向新能源时代迈进；2023年更是在中国提速"全面电动"转型。因此，在产品、技术、战略的快速布局下，2023年全年，梅赛德斯－奔驰公司累计卖出了24万辆纯电动汽车。

即便奔驰的电动汽车整体规模不断扩大，在中国的纯电车型实现了年度交付同比增幅超过100%，但奔驰方面仍认为当前电动汽车市场的实际需求无法跟上，尤其在2023年第四季度中，由于电动化领域的大量投入，使得营业利润和净利润都有所下滑。

除了奔驰之外，大众、雷诺等企业也因电动化进程效果不佳，而不得不调整策略和投资计划。雷诺、Stellantis强调了削减电动汽车成本方面的努力，大众宣布将暂缓第四家电动汽车电池工厂的选址工作。而在此前，梅赛德斯－奔驰的首席财务官Harald Wilhelm就表示，电动汽车需求减弱、价格竞争激烈，使得这一市场成为一个"相当残酷的领域"。

当前新能源汽车正处于一个关键的十字路口，特别是对于欧洲市场来说，目前进入了一个"平台期"。此时市场缺乏对电动汽车车型的高额补贴，消费者对电动汽车的价格敏感度进一步提升，以及电动车的成本无法实现大幅度压缩，都是阻碍电动汽车大规模发展的重要因素。对此，康林松在

2023年底就表示，欧洲的电动汽车市场发展已经较为成熟，但到2030年时，纯电动车型可能仍不会占据主导地位。毕竟当前欧洲纯电动汽车的销量占比仅为11%。

6.【2月23日】路特斯在美国纳斯达克敲钟上市

2月23日，路特斯科技与境外特殊目的并购公司 L Catterton Asia Acquisition Corp 完成合并，顺利在美国纳斯达克交易所敲钟上市，将发行不超过1.81亿股普通股，并以美国存托股票（ADS）形式挂牌交易，股票代码"LOT"。这一与保时捷、法拉利齐名的跑车品牌正式敲响上市之钟，也意味着李书福在资本棋局上又一次完成落子。

这已经是李书福手中吉利大体系下的第8次IPO了。在此之前，吉利汽车、沃尔沃汽车、钱江摩托、汉马科技、力帆股份、亿咖通、极星7家上市公司通过不同方式都顺利实现上市，分布于港股、A股、美股以及瑞典股市。

2月23日，路特斯科技在美国纳斯达克交易所敲钟上市。

不仅如此，在路特斯身后，吉利旗下还有多个业务品牌排队等待上市。比如极氪汽车，早在2023年底，就曾向美国证券交易委员会公开提交IPO招股书，计划在纽交所上市，拟发行不超过9.26亿股普通股。如果能够顺利上市，极氪将创下新能源汽车品牌的最快上市纪录。

与此同时，轻奢汽车品牌smart汽车、网约车公司曹操出行、商用车独角兽远程新能源以及纯电皮卡品牌吉利雷达，都有着关于IPO的计划和动作。届时，吉利旗下各业务板块将围绕造车主业形成数十家上市公司的庞大阵容。

在行业观察人士看来，在当前新汽车时代，推动业务和资本的结合，利用资本的力量助推企业的成熟，是所有汽车企业不约而同的选择。而吉利显然是走得最靠前的那一个。

一方面，在资本层面的落地能够帮助企业快速寻求资金支持，减轻在研发、销售等方面的市场压力，提供远超一级市场的支持。比如对于路特斯而言，在美股实现敲钟的利好是不言而喻的：一是强化路特斯的品牌地位与市场需求，实现跑车市场竞争与资本化之间的双向赋能；二是提升路特斯的国际化竞争优势，释放路特斯本身的全球化属性；三是卡位市场，打造出全球电动跑车第一股，突出路特斯的核心价值和投资聚焦点。

另一方面，行业分析人士指出，智能汽车业务必须要跟资本发生碰撞，这是因为资本对于汽车市场的敏锐洞察，将会帮助业务修正方向，找到最佳的发展路径。

不过，不同于许多车企以整体集团的身份接受资本市场的审视，比如比亚迪、长城等，吉利的上市路线则是将不同业务板块分隔，以更小的单元直接对接资本市场。在国泰君安证券首席汽车分析师张欣看来，吉利的这种上市路线尽管在某种程度了稀释了自身在资本市场的故事性和估值性，但相比之下，其核心优势在于提升各业务板块对于市场的反应程度，彼此之间的信息反馈也会更加清晰和直观，从而创造良好的经济效益和社会效益，达成1+1＞2的效果。

具体而言，独立上市的业务板块可以借助资本市场凝聚资源，进而更好地独立发展，并支持母公司业绩与规模的增长；另外，独立上市在提升子公司流动性的同时，也能够进一步推动母公司流动性的提升，促进其股价和估值的成长，形成资本的策应和联动效应。

并且，对于独立上市的品牌来说，也意味着独立，自负盈亏、各凭本事，尤其是在当前新能源汽车行业进入转型升级的关键时期，新一轮淘汰期开启，独立上市可以使得上市品牌专注于自身经营，提高造血和抵抗风险的能力，充分刺激和发挥出组织的积极性和创造性。

事实上，很多大型企业或集团都更加倾向于这种各子业务线独立的上市路线。比如大众集团将保时捷独立推向资本市场，阿里巴巴"1+6+N"组织架构的调整，都是出于这一层面的考量。

【点评】谁能拿到新汽车决赛圈的"入场券"？

伴随着第一声钟声响起，2月23日，路特斯科技与境外特殊目的并购公司 L Catterton Asia Acquisition Corp 完成合并，顺利在美国纳斯达克交易所敲钟上市。将发行不超过1.81亿股普通股，并以美国存托股票（ADS）形式挂牌交易，股票代码"LOT"。

据了解，这是2023年以来，特殊目的收购公司相关交易获得的最大规模融资之一。

在路特斯科技 CEO 冯擎峰看来，纳斯达克敲钟将成为公司发展的"关键转折点"。"我们期待成为上市公司后，提速业务增长，携手 L Catterton 共同引领全球豪华纯电动汽车市场的电气化转型。"

回看路特斯的上市之路，从2023年1月与 LCAA 合并计划的流出，到4月获得1.2亿美元融资，再到11月再获7.5亿美元融资，有关路特斯上市的消息不断刺激着汽车行业与资本市场的敏感神经。在这一系列从容、有序的动作背后，其实不难勾勒出一个电动汽车品牌在新汽车时代的成长和智慧。

路特斯的新，是新势力的新

随着新汽车时代推向纵深，人们往往习惯于以成立时间来定义何为"造车新势力"，以是否具备互联网的思维和眼光来判断是否同类。常常忽略了造车新势力的本质并非在于时间上的"新"，而是是否能够始终以创新为核心驱动力，把握住时代最新的发展航向。

在外界的普遍认知中，路特斯的形象其实并不"年轻"。相比于许多新兴甚至老牌汽车品牌，路特斯的"绝对年龄"都要高得多。甚至冯擎峰本人也曾在多个场合表示，路特斯更像是一个有着75年造车经验的"老者"的再次创业。

但现实是，比起很多名为"新势力"的造车企业，路特斯表现得更像是一家真正的造车新势力。从2018年开启Vision80计划宣布全面面向电动化和智能化，到ELETRE、EMEYA等电动化车型的相继落地，再到在充电机器人、智能驾驶等多个技术领域的全面铺开，路特斯始终站在新汽车电动化和智能化转型的最前沿。

路特斯的电动化"三重奏"

路特斯的新不仅在于对于时代特征的把握，更重要的是，它提供了一个全然不同的打法。既彻底告别了保时捷、法拉利这种传统豪华燃油跑车品牌在新汽车时代欲迎还拒的姿态，又在品牌建设、价值认同等方面与多数新势力品牌形成必要的区隔。

具体来看，在Vision 80战略指导下，路特斯的优势有三：高端化、差异化、全球化。以这三方面为核心驱动力，路特斯在演绎一场新汽车时代的"路特斯范本"的同时，也为行业带来了新的思考。

在路特斯看来，高端化的品牌基因始终是其最珍贵的财富。当前，很多新势力所标榜的高端化往往是单薄而片面的。在配置、价格上内卷，但并未在高端化品牌的打造上真正投入。在路特斯中国总裁毛京波看来，"豪华品牌的本质是价值而不是价格。"这也是路特斯一直以来坚持的。

在过去的75年里，路特斯与保时捷、法拉利之间形成了深刻的市场认知，但在新汽车时代的浪潮下，路特斯又能够率先掉转车头，迅速完成转化，成为第一个面向电动化、智能化转型的企业。并且在顺利实现美股上市后，路特斯还成功卡位"全球电动跑车第一股"，这种差异化的特征又能够使得资本利好更加突出。

另外，路特斯坚持"中英双引擎"战略布局，借助高度互补、高度共享的模式，整合中、英甚至全球资源，面向全球市场打造超高端纯电智能汽车。

与此同时，在电动化、智能化转型的道路上，路特斯有着非常清晰的目标，即全球纯电豪华汽车市场的第一品牌。

可以看到，基于吉利的路特斯正在新的汽车时代爆发出无穷的潜力。如果说放在其他企业手中，路特斯像一块冰块，越做越小，到最后可能会一无所有；那么放在吉利手中，路特斯则是一个雪球，越滚越大。这是因为两者在新汽车时代的基因是契合的，并且，借助吉利在体系、新能源转型方面的积累，能够最大限度地挖掘出路特斯身上的这股"新"的能量。

握紧"决赛圈"的钥匙

在行业观察人士看来，新汽车的竞争已经不知不觉来到了"决赛圈"。

进入2024年以来，高合停产、比亚迪"掀桌"，价格战空前惨烈。谁的牌多，谁的牌新，谁的差异化更明显，愈发成为谁走谁留的关键评判标准。

在这个过程中，资本的认可和肯定是一个关键。在这个时间节点提前卡位上市，不仅能够快速获得大量融资，减轻资金压力和对母公司的依赖，并且还可以进一步强化品牌地位和市场需求。在某种程度上，无异于在愈加残酷的决赛中提前拿到"入场券"。

当然，"入场券"并不等于免死金牌，路特斯在美股的正式上市也同时意味着必须要以更加独立的姿态直面市场的考验，始终以创新的精神、扎实的战略决策不断提高自身的盈利能力、资金水平，实现企业可持续的生存与发展。

7.【2月23日】美国制造业联盟敦促美国政府阻止从墨西哥进口低价中国汽车

当地时间2月23日，据路透社报道，美国制造业联盟（Alliance for

American Manufacturing）表示，美国政府应阻止从墨西哥进口低成本的中国汽车和零部件，并警告称这可能会威胁到美国汽车公司的生存能力。

美国制造业联盟在一份报告中表示："向美国市场引入低价的中国汽车，最终可能会对美国汽车行业造成灭顶之灾。"美国制造业联盟认为，美国应该努力防止总部设在中国的公司在墨西哥生产的汽车和零部件从《美国—墨西哥—加拿大协定》中受益。"美国应该关闭为中国汽车进口敞开的商业后门，以免导致美国大批工厂倒闭和工人失业。"美国制造业联盟还在报告中指出，根据该协定，墨西哥生产的汽车和零部件有资格享受美国的优惠待遇，并有资格获得美国 7500 美元的电动汽车税收抵免。

对此，中国驻华盛顿大使馆回应称，中国汽车出口"反映了中国制造业的高质量发展和强大的创新能力……中国汽车工业的跨越式发展为世界提供了高性价比、高质量的产品"。

一个由美国两党议员组成的小组敦促拜登政府对中国制造的汽车加征关税，并研究如何阻止中国公司从墨西哥向美国出口汽车。一群立法者敦促美国贸易代表 Katherine Tai 提高对中国汽车征收的 27.5% 的关税，并表示她的办公室"还必须准备好应对即将来自墨西哥等其他贸易伙伴的（中国）汽车出口浪潮，因为（中国）汽车制造商希望在（中国）以外地区战略性地建立业务"。

汽车创新联盟（Alliance for Automotive Innovation）首席执行官 John Bozzella 已表示，美国拟议的环境法规可能会让中国"在美国电动汽车电池供应链中获得更强的立足点，并最终进入我们的汽车市场"。2023 年 12 月，美国财政部发布了电动汽车税收抵免的指导方针，旨在让美国电动汽车供应链远离中国。

此前，美方曾对中国电动汽车企业有意在墨西哥建厂投资的情况对墨西哥提出担忧，中国商务部新闻发言人就此表示，中墨务实合作是两个主权国家之间的事情，是双方企业基于国际规则和市场原则开展的正常商业活动，任何第三方无权干预。

8.【2月28日】苹果放弃十年造车计划，转向人工智能

2月28日，苹果宣布取消电动汽车项目，将团队转向生成式人工智能，公司正逐步结束长达十年之久的电动汽车探索计划。苹果在内部披露这一消息，首席运营官杰夫·威廉姆斯（Jeff Williams）和负责这项工作的副总裁凯文·林奇（Kevin Lynch）共同做出了这一决定。他们告诉员工，该项目将开始逐步结束，负责汽车的团队中的许多员工将被转移到执行官约翰·吉安纳德里亚（John Giannandrea）领导的人工智能部门，这些员工将专注于生成式人工智能项目，这是公司越来越关键的优先事项。苹果汽车团队还拥有数百名硬件工程师和汽车设计师，他们有可能申请加入其他团队工作。

此前1个月，苹果刚刚宣布考虑将汽车发布的时间推迟到2028年，并将自动驾驶水平从L4降低为L2+。2月底，则彻底放弃造车。有意思的是，苹果的这一决策得到了资本市场的认可，消息传出后，该公司股价一度反弹转涨。

回溯苹果造车历程，可谓一波三折。

2014年，苹果的造车项目"泰坦"确立，由iPod和iPhone设计师史蒂夫·扎德西奇（Steve Zadeshy）领导。当时，他们的目标是要造一辆行业颠覆性的、没有方向盘的完全自动驾驶汽车，预计2019—2020年度期间上市。

2015年，史蒂夫·扎德西奇退出项目。宝马、奔驰等汽车大厂也拒绝苹果的邀请。同年，苹果在美国加利福尼亚州购买土地，意图自建工厂未果。

2016年，苹果硬件工程高级副总裁鲍勃·曼斯菲尔德（Bob Mansfield）接手，造车项目改变策略，据称将以打造"完全自动驾驶软件"为目标。

2017年，特斯拉因经营困难欲出售给苹果，遭苹果CEO库克拒绝。同年，苹果买下克莱斯勒的一条试车跑道，以测试自动驾驶系统。苹果还拿下加州自动驾驶汽车测试许可证。年内，造价100万美元、搭载14颗威力登雷达的第一辆测试车上路。

2018年，曾任特斯拉Model 3项目总工程师的道格·菲尔德（Doug Field）接手该项目，称要造一款能尽快交付给用户的车。

2019 年，因对项目进度不满，道格·菲尔德（Doug Field）离职。因受前一年 iPhone 销量大跌，资金链趋于紧张的影响，泰坦项目裁撤 200 人。6 月，苹果收购自动驾驶公司 Drive.ai。

2020 年，泰坦项目向美国专利局提交一份关于自动驾驶车辆在变道时的安全解决方案的专利申请。

2021 年，凯文·林奇（Kevin Lynch）成为新的项目领导人，宣称希望 2025 年推出首款自动驾驶汽车。苹果欲联合韩国现代汽车，由现代汽车提供工厂，推进造车项目。之后，因现代汽车不愿仅做组装代工方而无果。

2022 年，苹果推迟首款车上市时间至 2026 年，并放弃完全自动驾驶 L5 路线，转为高速 L4。

2024 年 1 月，苹果再次延迟首款车上市时间至 2028 年，放弃 L4 路线，转为 L2+。2 月，苹果宣布取消造车项目。

10 年间，该项目不仅耗资巨大，达数十亿美元，有人甚至称高达 100 多亿美元，而且还很"耗费"高管，从 2014—2021 年间共换了 4 任项目负责人。同时，泰坦计划的技术难度一降再降，从完全自动驾驶 L5，到高速 L4，到 L2+；新车推出时间也一推再推，从 2019—2020 年间，到 2026 年，再到 2028 年，直至最后项目取消。

十年造车路，苹果在快速推出整车、高水平自动驾驶技术之间反复横跳，浪费了大量时间和资源，"虎头蛇尾"直至烂尾。但必须承认的是，苹果还是提出过不少具有颠覆性的创新点，比如，应用高度自动驾驶，取消方向盘和踏板，仅保留一个中控屏幕作为安全冗余，用于紧急状况下的人为驾驶，通过在 A12 仿生处理器基础上改造而来的 C1 芯片，以及"革命性"的传感器等。

苹果放弃造车项目，除了自研进度拖沓错过了最佳的时间窗口，美国电动车市场不景气，资本市场对美国造车新势力——智能科技新创汽车公司业务越来越不看好之外，人工智能 OpenAI 大模型 Sora 的崛起让苹果最后下了"壮士断腕"的决心——比起自己并不擅长的造车业务，苹果在人工智能大模型的软件方面有着更大的优势和更多的资源。AI 技术已经被视为未来科技创新的关键，苹果聚焦擅长的领域，瞄准下一个风口被认为是顺理成章的事。这也就不难理解，苹果宣布放弃造车计划后，资本市场给予积极反馈的原因了。

9.【2月29日】小鹏与大众签订战略技术合作联合开发协议并订立联合采购计划

2月29日，小鹏汽车在港交所公告，与大众汽车集团签订战略技术合作联合开发协议及订立联合采购计划，将加速两款 B 级纯电动汽车的联合研发。作为联合开发协议的重要组成部分，小鹏汽车与大众汽车还就双方车型及平台的共用零部件订立了联合采购计划。通过整合双方规模优势以及依托大众汽车集团世界级的供应链能力，联合采购计划旨在合力降低平台成本，充分发挥战略合作的协同效应，提升双方共同开发的 B 级纯电车型的产品力。

第三章

3 月

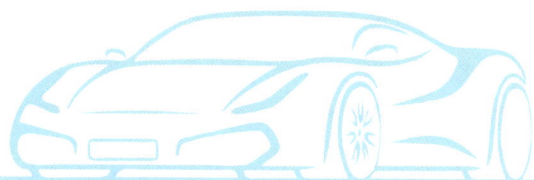

1.【3月】3月伊始价格战白热化，"贴身肉搏"持续全年

春节假期刚过，比亚迪率先出击，推出 7.98 万元的秦 Plus DM-i 荣耀版车型，打响了 2024 年的价格战。进入 3 月，价格战迅速升级至白热化阶段，不仅新能源车，连传统的燃油车也在跟进降价。据不完全统计，仅 3 月上半月，就有十多家车企通过推出现车直降、新车降价、置换补贴、保险贴息、权益大礼包等多种形式，加入这场价格大战中，金额从数千元至数万元不等。

此后，每月车市价格战几乎均呈现贴身肉搏的惨烈状态。

3 月 1 日，特斯拉官宣至 3 月 31 日（含）前提走 Model 3/Y 最多可享优惠 3.46 万元。

3 月 1 日，吉利汽车宣布到 3 月 31 日前，消费者购买吉利旗下的帝豪、星越 L、星瑞、博越、缤越、缤瑞、豪越、ICON、熊猫车系的品牌，最高可以获得 4.7 万元的现金优惠，另外还有最高 10 万元的免息贷，最高 1 万元的置换补贴。

3 月 1 日，上汽大众途昂家族推出限时优惠，2024 款途昂四驱豪华及途昂 X 四驱豪华指定车型降价至 27.99 万元和 26.5 万元。此外，途昂家族 2.0T 车型享 2000 元现金抵用或 3 年无忧保养。

3 月 1 日，长安启源宣布 Q05 125km 长续航版降价至 9.69 万元。同日，长安汽车还推出 Lumin 车型最高优惠 1.2 万元及 0 息金融礼。

3 月 1 日，奇瑞集团旗下四大品牌奇瑞、星途、捷途、iCAR 联合官宣百亿补贴置换政策。各类车型以旧换新抵扣金额从 6000 元至万元不等。

3 月 1 日，上汽飞凡 F7 推出限时购车优惠政策：2024 年 3 月 31 日前，除入门级的 F7 都市版不变外，其他版本价格下降 2 万—3 万元，并提供免费升级原价 7000 元舒适升级包。

3 月 1 日，上汽智己 LS6 推出"春季限时购车权益"，至 3 月 31 日下定可享"现金立减礼＋增换购好礼＋豪华增配礼"，至高价值 5.78 万元。

3 月 1 日，东风纳米官方宣布至 4 月 30 日前，购买纳米 01 车型可享受

至高 7000 元补贴政策，起售价降至 6.98 万元。

3 月 2 日，零跑汽车官宣旗下的多款新车上线，其中 C10 起售价较预售价下调 2.7 万元；全新 T03 起售价比老款车型便宜了 1 万元。此外，零跑还表示，2024 年 3 月 1 日到 4 月 30 日期间，23 款零跑 C01 全系现金至高优惠 3.2 万元，23 款零跑 C11 全系现金直降 1.9 万元，23 款零跑 T03 200 轻享版现金直降 1.5 万元。

3 月 3 日，小鹏汽车宣布 2024 年 3 月 31 日前旗下 G6、P7i、2024 款 G9 开启限时官降。小鹏 G6 全系降价 2 万元；小鹏 P7i 共有 6 款车型参与限时优惠活动，个别车型最高优惠幅度达 5 万元，其余车型优惠幅度在 2 万—2.5 万元之间。

3 月 3 日，广汽埃安旗下 AION Y Plus 310 星耀版正式上市，比其他型号起售价降低 1 万多元。3 月 5 日，埃安宣布旗下 AION S MAX 星瀚版官降 2.3 万元。3 月 7 日，广汽埃安宣布旗下 AION V Plus 全系至高官降 2.3 万元。

3 月 4 日，比亚迪元 PLUS 荣耀版正式上市，共 5 款车型，新车全系售价下调了 1.6 万元。3 月 6 日，比亚迪海鸥荣耀版上市，与老款比亚迪海鸥相比，荣耀版在此基础上又降了 4000 元。

3 月 7 日，岚图汽车宣布开启 3 月"十亿"补贴活动，全系至高享现金钜惠 5 万元。据介绍，此次活动持续至 3 月 31 日，参与该活动的车型覆盖了岚图梦想家、新岚图 FREE、岚图追光车型。

3 月 10 日，领克汽车宣布即日起至 3 月 31 日，针对旗下 2023 款燃油车型进行全系价格调整，涵盖领克 01、领克 03（不含 03 ++）、领克 05、领克 06、领克 09，均为旗下主销燃油车型，官方指导价下调 1 万元。

3 月 11 日晚，阿维塔 11 千里智驾款上线，限时 25 万元起。与在售的 2024 款阿维塔 11 相比，此次千里智驾款将阿维塔 11 的入门门槛下调 5 万元。

3 月 11 日，上汽名爵官方发布了限时优惠政策，针对燃油车推出置换补贴，针对新能源车给予现金优惠，活动截止到 3 月 31 日。全系车型置换优惠从 8000 元至 2 万元不等。

……

2.【3月4日】美国政府将对中国制造智能网联汽车开展国家安全风险审查

3月4日，美国总统拜登宣布，将对中国制造的智能网联汽车展开调查，声称这些汽车可能收集美国敏感数据，对美国的"国家安全"构成威胁。据美媒报道，美国商务部发表声明称进行调查是必要的，因为来自中国的智能网联汽车，"可能"收集有关美国公民和基础设施的敏感数据，并将这些数据传回中国。声明还称，中国可以远程访问这些汽车，或致车辆失灵。美国商务部长雷蒙多在接受媒体采访时重复了这一立场，甚至将中国汽车描述为足以搜集"生物识别信息"的"间谍"工具。

商务部新闻发言人就美国政府拟对中国制造的智能网联汽车开展国家安全风险审查表示，中方注意到有关情况。美方以"国家安全"为借口，意图阻碍中国汽车正常出口，中方对此表示严重关切。近年来，美方对中国汽车加征高额关税、限制参加政府采购、出台歧视性补贴政策，现在又打着国家安全旗号，意图设置非关税壁垒，是典型的保护主义做法，会扰乱和扭曲全球汽车产业链供应链，也会损害美国消费者的利益。中国电动汽车产业的发展为全球汽车行业绿色转型、应对气候变化做出积极贡献。中方将持续评估美方审查后续情况，必要时将采取有力措施，坚决维护自身合法权益。

3.【3月5日】国资委将对三家汽车央企进行新能源汽车业务的单独考核 [3]

3月5日，国务院国资委主任张玉卓在十四届全国人大二次会议首场"部长通道"集中采访活动上表示，从国资监管来讲，主要是要激励企业大胆创新，破除一些影响高质量发展的体制机制障碍。国有车企在新能源汽车方面发展还不够快，不如特斯拉和比亚迪，我们将调整政策，对中央这三家汽车企业进行新能源汽车业务的单独考核。

"因为我们注意到，汽车行业全世界都是这样子，燃油车在还很有优势的情况下，企业布局新能源汽车，一开始投入会比较大，如果对它考核当期利润，就不太容易去全速推进。"张玉卓表示，出政策就是要破除这个障碍，考核它的技术，考核它的市场占有率，考核它未来的发展。张玉卓提到的中国三大汽车央企，分别为中国第一汽车集团有限公司（简称一汽集团）、东风汽车集团有限公司（简称东风集团）和重庆长安汽车股份有限公司（简称长安汽车）。

2024 年政府工作报告中，多次提及新能源汽车。其中提到，我国新能源汽车产销量占全球比重超过 60%；继续巩固扩大智能网联新能源汽车产业领先优势；鼓励和推动消费品以旧换新，提振智能网联新能源汽车、电子产品等大宗消费。

这三家车企集团在中国汽车行业中占据重要地位。数据显示，三家央企 2023 年销量总和约占整个汽车市场的 30%。不过，2023 年，一汽集团、东风集团、长安汽车的新能源汽车销量分别为 24.04 万辆、52.37 万辆和 48.09 万辆，在全国新能源汽车市场中的占有率分别仅为 2.5%、5.5% 和 5.1%。

4.【3 月 6 日】全新第 9 代凯美瑞上市，击破的究竟是什么？

3 月 6 日，全新第 9 代凯美瑞正式上市，官方售价区间为：17.18 万—20.68 万元。其中，智能电混双擎车型为 17.98 万—20.68 万元，第一次将主流合资混动中高级轿车推进 17 万元区间。必须承认，这是一个超乎所有人预期的数字。

伴随着过去一段时间新能源汽车的高速发展，逐渐蚕食掉合资车企燃油车尤其是 B 级车的市场份额。以及特斯拉、比亚迪、吉利等车企的轮番降价加配，纯电车型与插电混动车迅速完成对 B 级燃油车的"平替"。在这样的背景下，一个普遍的共识是：合资车正在失去原有的溢价能力。而今天，9 代凯美瑞的上市打破了这样的"共识"，并开始重塑整个燃油 B 级车的市场结构。

从 1982 年诞生至今，凯美瑞的全球累计销量已经突破 2300 万辆，畅销 100 多个国家和地区。尤其是在 2006 年进入中国市场以后，凭借着领先的驾乘体验和较高的性价比，创造了无数个名为"凯美瑞"的奇迹。2006 年，第六代凯美瑞一炮而红，在短短不到一年时间里登上中型轿车月销量冠军的宝座；2023 年，销量达到了 22.6 万辆，再度蝉联国内 B 级车销量冠军，在国内市场连续三年销量突破 20 万辆。可以说，每一代的凯美瑞都代表着那个时代销量与体验关系最佳的诠释。也因此，无论对于丰田还是广汽丰田来说，凯美瑞都是一款绝对核心的、不容有失的产品。而对于这样一款重要的产品，广汽丰田给出的定价策略，也让外界看到了广汽丰田在当前市场新变化的思考和应对。一方面，当前合资车企整体都面临着自主品牌的"反攻"和挤压。2023 年，自主品牌的市占率已经达到 55%，非豪华外资品牌市占率甚至被挤压至 30%，各个细分市场都面临着不同程度的"压制"。有行业人士预测，这种趋势还将持续，非豪华外资品牌的市场份额可能会进一步压缩到 20%。面对这样的"趋势"，合资车企必须有所作为，提前进行适应和预判。另一方面，在新能源和自主品牌的双重"围攻"下，日系车在中国市场正呈现出明显的"滑落"。2023 年 10 月，广汽三菱败退中国市场；本田自 2020 年达到在华销量高峰 162.7 万辆之后开始逐年下滑，连续三年未能止跌；日产同样在中国市场节节败退，2023 年跌破百万辆大关。包括广汽丰田在内的所有日系车企都面临着在华业务与布局的深度重构，而价格上的调整和变化只是广汽丰田行动的"第一步"。与此同时，聚焦到 9 代凯美瑞所处的 B 级车市场来看，同样存在着相似的困境。前有海豹 DM-i、吉利银河 E8、极氪 007 等新能源车型的搅局，动摇整个 B 级车市场的价格体系，后有迈腾、帕萨特、雅阁等传统合资 B 级车的集体下沉，整个 B 级车市场面临前所未有的价值和价格上的重塑。

并且，随着整个汽车市场价格战愈演愈烈，过往的价格体系显然已经无法适应新的变化。在速度和规模相对领先的情况下，9 代凯美瑞作为细分市场的头部玩家，率先进行价格调整，本质上是一种"先手"策略，逼着对手跟着自己的节奏走。总的来看，理解了当前凯美瑞在合资、日系以及 B 级车不同层面的现实处境，也就理解了 9 代凯美瑞的定价逻辑。

在回归合理价格区间的同时，广汽丰田并未放弃对于产品价值、品牌价值的坚守，凯美瑞的每一次换代，都是对中高级轿车创新迭代的引领，以及用户体验跃迁的实现。第 9 代凯美瑞在动力、座舱、安全、操控、舒适五大纬度上进行了全方位升级。动力方面，第 9 代凯美瑞推出汽车版和混动版两种车型。其中，后者搭载了丰田全新 2.0L 第五代智能电混双擎技术，可以实现毫秒级的响应速度、电车般的加速体验以及超过 1000km 的超长续航，其综合效率比较之上一代还有所提升，油耗低至 4.2L/100km，属同级最低。座舱层面，第 9 代凯美瑞在车机系统上进行了再升级。基于电动化、智能化的发展趋势，第 9 代凯美瑞首次应用了高通骁龙 8155 芯片，车机算力提升了 4 倍。在硬件系统的加持下，自然语言交互的处理精准度实现质的提升，并支持 3D 面容登录，自动解锁多种功能。手机交互涵盖了市面上的主流生态，在实现智能座舱再升级的同时，也更加符合中国消费者的使用习惯。

除此之外，第 9 代凯美瑞还首次上车了 Toyota Safety Sense 3.0 增强版，新增和优化了多项智能驾驶辅助功能，如 PCS 预碰撞安全系统、LCA 变道辅助系统等。更为关键的是，相比于其他合资汽车品牌，广汽丰田第 9 代凯美瑞的核心价值还在于将一项成熟且领先的技术，即智能电混双擎，做到真正意义上的普惠。

【点评】价格战面前，新一代凯美瑞打了个样

全新第 9 代凯美瑞上市了。没出意外，广丰方面给出了个惊喜价。此前，许多人都在猜：价格战当下，第 9 代凯美瑞会不会借此"跟进"？今天，17.18 万元至 20.68 万元的价格算是一次正式的回应了。

在中国汽车市场，价格定位越来越重要，也越来越敏感了。尤其是"中国特色"的价格战，可以让营销定位、品牌定位、用户定位、产品定位等"一夜间"全面"白瞎"。这一定是包括广丰在内的所有汽车厂都挠头的事。

第 9 代凯美瑞如何定价？考验广汽丰田的应变能力。我注意到，此次凯美瑞上市，他们喊出了"全面再定位，重新定义中高级轿车价值体系"。让自己站在更高的位置上来面对当下，肯定是广丰方面首先想到的。既让价格调下来，又不让自己失位，这个策略是费了一番心思的。广汽丰田没有完全跟着别人的节奏和套路出牌，并且想让别的同行进入到自己的逻辑和语境中来的用意，在旁人眼里是感觉得到的。退一步讲，当前市场竞争已经来到了白热化的阶段，用"刺刀见红"形容一点也不夸张。第 9 代凯美瑞的价格，其实是适应了市场的变化，全面提升价值的同时让更多消费者有机会可以感受到凯美瑞的出色产品力，不失为一种合适的策略。

当前，价格竞争是摆在每个车企面前难解的课题。如何在这刺刀见红的价格战面前胜出，既要斗勇，更讲斗智；既要胜在当下，更要赢得未来。关键要从差异化上想办法，找出路。这里的核心是要有差异化的东西。显然广汽丰田在这方面是有自己的东西的。

不知道大家注意到没有，发布会上，广汽丰田方面宣布，第9代凯美瑞已经收到的9136辆订单中，智能电混双擎的比例跃升到了80%。这绝对是值得一说的事。在过去几年纯电动热潮中，丰田始终没有简单盲从，坚持走混动之路，不断升级了五代智能电混双擎技术，得到了市场和消费者的不断响应和青睐。今天证明，在走纯电还是混动的路径选择上，后者更受欢迎。这也形成了第九代凯美瑞的一个差异化优势，让广丰喊出了"重新定义中高级轿车价值体系"有了十足的底气。

"大厂原生品质"是此次广丰打出的另一张差异化的牌。这些年看多了太多的眼花缭乱的新汽车、新配置，一些传统车企一直在拿品质回应"后进入者们"的新产品，总觉得说服力不强。但此次广丰方面说出的"大厂原生品质"给人的感觉确实不一样了，他们特别强调自己在看不见的地方"拥有难以超越的'原生'优势"。丰田全球年销超千万辆，广汽丰田年产销突破100万辆，累计200亿公里智能行驶里程，2000万智能电混双擎电动化用户拥有的庞大数据，为品控提供支撑，打通了从产品设计、零部件到整车制造的同步开发，全程管理。这样的背书在消费者那里不动心都难。

"中国特色"的价格战一个最令人忧心的特点就是"往死里整"，既整死别人，也整死自己。今天，纯电动车企没有一个赚钱的。这一定不是好事。过去的价格战是为了多卖车，今天的价格战是为了还让自己"活着"，而最终一定会死掉。打到这个份上，一定要看清是这几年产品、技术同质化埋下的"祸根"。要改变这个状况，差异化非常重要。要创造差异化，要抓住差异化，没别的路可选。广丰第9代凯美瑞上市，看似一个新车投放，实则从另一个层面给我们提了个醒。

5.【3月8日】奔驰回应电动化战略延期质疑——奔驰的电动化仍然"坚定"前行

梅赛德斯－奔驰集团董事会主席康林松在2月的股东大会发言表示，公司已经调整先前设定的目标，不再计划在2030年前在主要市场全面转为电动汽车销售，此外做好长期生产燃油车准备，同时保证继续改进其燃油车。消息一经发布，立刻引起了行业的广泛讨论和猜想，做好"长期生产燃油车"且"继续改进其燃油车"的准备，是不是就意味着奔驰要放弃电动化？

3月8日，奔驰对此消息进行了回复，并表示梅赛德斯－奔驰仍在坚定推进转型的相关举措：梅赛德斯－奔驰对电动化转型的坚定决心不变；梅赛德斯－奔驰始终致力于满足客户的不同需求；在中国，梅赛德斯－奔驰将继续推动电动化转型，给客户带来丰富豪华产品选择……

一段时间以来，以奔驰为代表的跨国车企获得了不少的关注，其中关注的焦点也主要聚焦在了以下两点：第一是新能源汽车的快速发展让汽车市场格局发生了翻天覆地的变化。过去，以奔驰为代表的跨国车企是市场的绝对领导者，汽车应该是什么样完全由他们说了算，现在，面对全新的竞争赛道，中国汽车品牌已经崭露头角，它们在新能源、智能化等方面的领先获得了全球市场的广泛认可。第二是受传统观念的影响，部分跨国车企在决策力、战略布局等方面并没有果敢坚毅的态度，这也导致其中的一些企业丧失了一部分的市场先机。

也正因如此，人们关注跨国车企的目光往往都是挑剔的，它们的一举一动似乎都能被人无限放大。

实事求是地说，早在2019年，梅赛德斯－奔驰就提出了"2039愿景"，目标是最晚到2039年，实现乘用车新车产品阵容在整个价值链和车辆整个生命周期内的净碳中和。在实际的操作过程中，梅赛德斯－奔驰也按照此规划进行了更为广阔的布局，其取得的成就包括纯电车型的持续推出和技术不断加码，这些都是梅赛德斯－奔驰向电动化转型迈出的坚实步伐。

在过去4年间，这家跨国车企也推出了不少令人震撼的电动化产品。目前，奔驰已凭借 EQ 系列产品，实现了对豪华电动轿车及 SUV 等两大车身类型的覆盖。在过去的 2023 年，梅赛德斯 - 奔驰累计卖出了 24 万辆纯电动汽车，其中就包括 22.2 万辆梅赛德斯 - 奔驰车型和 1.8 万辆 Smart 车型。

面对全面电动化转型的道路，奔驰一直以来都是十分坚定的那一个。电动汽车的普及是一个逐步过渡的过程，它需要不断地创造"新鲜血液"，同时也需要不断地积累经验。

根据规划，2030 年起，梅赛德斯 - 奔驰根据市场条件提供客户需要的产品，无论是纯电车型还是电动化内燃机车型。在不具备条件的市场，将继续带来电动化的内燃机车型；预计在 2030 年前，梅赛德斯 - 奔驰的新车销量中新能源车型占比最高将达 50%。

不仅如此，为了进一步丰富豪华的内涵，梅赛德斯 - 奔驰将在各主流细分市场推出插电式混合动力车型，力争在豪华插混细分市场份额领先。

6.【3 月 13 日】奥迪、上汽合作项目首款车型将于 2026 年推出

3 月 13 日，大众汽车集团管理董事会主席奥博穆（Oliver Blume）在大众汽车集团年会上表示，奥迪与上汽集团合作项目联合开发的车型将于 2026 年推出。2023 年 7 月，上汽集团宣布与奥迪签署谅解备忘录，双方将结合各自优势，加快上汽奥迪全新电动车型开发，以满足中国用户对高端电动智能网联汽车的需求。

7.【3 月 14 日】全国工商联汽车经销商商会和 38 家省市商协会共同呼吁尽快完善汽车经销商退出机制

3 月 14 日，全国工商联汽车经销商商会联合 38 家省市商协会共同呼吁尽快完善汽车经销商退出机制。全国工商联汽车经销商商会发表了《关于加强汽车流通行业营商环境建设　尽快完善汽车经销商退出机制的呼吁》（以下简称《呼吁》）。

近年来，中国汽车市场保持了持续发展态势，同时汽车市场的结构性变化也在加速演进。新能源汽车爆发式增长，自主品牌占比持续攀升，汽车经销模式更加多样，价格竞争愈演愈烈，不断有汽车品牌出现破产停产情况，这些变化对汽车流通行业和广大汽车经销商带来了直接影响和冲击，最直接的表现就是部分汽车经销商不得不主动或被动地退网、关停或更换汽车品牌经营。

在当前汽车销售模式下，汽车经销商无论是主动或被动选择退网、关停或更换汽车品牌经营，其在资产贬值、库存车辆及售后备件处理、主机厂返利、客户权益、员工遣散等方面都面临一系列现实问题。近两年，各地方屡屡出现汽车经销商因退网、关停等与汽车主机厂发生矛盾冲突的问题。汽车经销商业界认为出现这类问题主要有两个方面原因：一是现有的政策法规不足以对汽车经销商提供清晰、有力的进入和退出保护，对汽车主机厂渠道建设特别是经销商退出机制缺少明确要求和监管；二是从调研和经销商反映情况看，主机厂破产或停产时没有优先考虑经销商和客户的利益，汽车主机厂大多对经销商退网持消极态度，对退网经销商关注的返利兑现、往来款项结算、库存车辆及售后备件处理、客户权益保护等方面没有标准相对一致和规范的处理机制，退网流程复杂、拖拉。

全国工商联汽车经销商商会代表全国汽车经销商提出呼吁：

1.建议主管部门高度重视汽车流通行业营商环境建设和健康可持续发展问题。结合行业发展现状尽快对现有政策法规进行修订完善（比如《汽车销售管理办法》），加强对汽车经销商合法权益的保护，营造更加公平的营商环境；敦促汽车主机厂区分不同情况，制定相对规范一致的经销商退网流程和相关问题补偿、处理标准，形成公开、透明、规范的经销商入网、退网机制。

2.呼吁汽车主机厂建立公平、透明、简单、高效的经销商退网机制。正确看待经销商的退网、关停或更换汽车品牌经营情况，充分考虑退网经销商面临的资产贬值、装修投入损失等客观情况，妥善处理好退网经销商的库存车辆及售后备件处理、返利兑现、客户权益保护、员工遣散等现实问题；出现破产、停产情况的汽车主机厂，要充分考虑经销商损失补偿问题，切实保护好经销商的合法权益。

3.呼吁汽车主机厂高度关注经销商生存问题。主机厂要真正重视经销商、善待经销商、保护好经销商，制定简单、公平、可预期的商务政策，重视经销商关注的返利兑现、销量目标、考核标准、滞销车型搭售、备件、各类附件搭售等问题，落实"以销定产"减轻经销商库存压力，改善经销商生存条件，实现共赢发展目标。

8.【3月14日】东风奕派eπ007上市：以"国家队"姿态，诠释"后来居上"

3月14日，东风奕派旗下首款产品，电动轿跑eπ007正式上市，共推出四款车型，售价区间15.96万—19.96万元，同时官方宣布纯电版现金限时优惠3万元。此前，东风奕派eπ007自1月18日开启预订，仅15个小时订单已突破1万辆。此次发布会上，一向低调务实的东风呈现出极具攻击力的姿态，东风汽车集团有限公司党委常委、副总经理陈昊高调喊出："央企一出手，便知有没有。"

对于东风奕派来说，首款车型就选择杀入主流市场，除了勇气和信心，更重要的是作为"国家队"选手的实力使然。陈昊表示：eπ007无论是到来的时机、运用的技术，还是产品的品质，都是那么的"刚刚好"。

从时机来看，在今年"两会"期间，国务院国资委"喊话"东风集团在内的三家中央汽车企业，称将对其新能源汽车业务进行单独考核，并着重考核技术、市场占有率和未来的发展。这样KPI的考核不仅体现了国家对于汽车产业高质量发展的重视程度，也更加坚定了中央汽车企业的战略定力和发展信心，有利于企业的新能源转型"放开手脚，大干快干"。

从品牌本身来看，东风奕派有着"国家队"的信任背书，背靠着东风集团的强大的技术实力、供应链优势和遍布全国的经销商体系，能为用户提供高品质产品和全程无忧的优质服务。

从技术发展来看，基于东风五十余年的造车底蕴沉淀以及新能源、智能化技术的研发，"后发者"eπ007在技术上更加成熟，也更容易打造差异化竞争优势，打破中国中高级轿车市场的沉闷格局，给用户带来全新的体验。

eπ007 诞生自东风定制化开发的东风量子架构，由斩获 CTCC 三冠王的"工程师赛车手团队"亲自操刀，不仅全系标配同级少有的隐藏式车门把手、全景穹顶天幕、电动掀背尾门等配置；并提供同级唯一电动剪刀门、蝶影光毯投影灯、电动尾翼等选配项目，以"人无我有"的优势进一步满足年轻一派追求个性的需求。

此外，eπ007 还拥有新能源动力技术宝藏——马赫 E 动力，提供同级领先的电动四驱，电机功率高达 400kW，让 eπ007 具备跻身零百加速 3 秒级的"轿跑水平"，11.9kWh/100km 低能耗同级领先；增程车型，一箱油续航 1200km。并且 eπ007 在上市前已经累积了 1000 万 km 级的试验里程，整车扭转刚度达到 40000N·m/rad，达成全球超五星安全标准，更斩获"中国十佳车身"技术大奖。在智能驾驶维度，eπ007 全系标配 eπ PILOT- 智能辅助驾驶，支持 AEB 紧急制动、ACC 自适应巡航、LKA 车道保持等功能。更可选配智驾领航升级包，实现"高速 NOA 领航辅助驾驶""LAPA 超视距记忆泊车"等同级少有的高阶驾驶辅助功能。

值得一提的是，eπ007 还标配行业首款抗病毒皮质方向盘，可选婴儿级有机硅软包内饰材质，全方位打造豪华、舒适、健康的移动空间。

这一系列超越同级的配置正是基于东风奕派把客户感知作为技术创新源点，深度洞察逐步升级的市场需求，为 eπ007 打造出超越同级的卓越体验，全方位满足用户对于安全、性能以及舒适性等层面需求。

在过去，央企的新能源转型总留给外界"船大难掉头"的印象，然而一旦当这艘巨轮找准方向，就必然将以不可阻挡的势能加速猛冲。从目前的品牌发布、产品规划以及战略规划上也足以看出东风做好了在新能源赛道发起猛攻的准备。

2023 年，东风全面启动东风乘用车新能源"跃迁行动"，先后推出了东风纳米、东风奕派两大商品品牌，与东风风神品牌一同构筑起面向主流市场的"东风"品牌。这一战略举措通过集中研发，让产品竞争力更强、新车推出速度更快。仅仅几个月后，东风纳米 01 和东风奕派 eπ007 正式上市，东风风神首款插混 SUV 官图亮相，也足以证明东风新能源转型过程中的成果斐然。

按照规划，未来三年，奕派、风神、纳米三个品牌将加速投放 11 款新品，覆盖消费者全场景的需求。2024 年将实现东风自主乘用车主力品牌全新车型 100%电动化。到 2025 年，实现新能源汽车年销量突破 100 万辆，其中，"东风"品牌三大产品系列新能源突破 70 万辆。海外出口方面，东风自主品牌出口销量目标占比不低于 10%。

经过全面的革新，东风新能源形象已经逐渐立体化，实现了全赛道、全品牌布局。作为东风汽车进军主流新能源市场的先锋主力，东风奕派必将凭借强大的技术研发和越级的产品实力助力东风提速冲刺新征程。

【点评】"央企一出手，便知有没有"，几个意思？

东风新能源汽车 eπ007 上市，被大家关注的不仅有价格。东风汽车集团有限公司党委常委、副总经理陈昊在台上的一句"央企一出手，便知有没有"，在舆论场很快被热议。大家都在分析其中的含义。

将自己定位于央企、国家队，包括东风汽车在内的许多央企都说过。这几年新汽车浪潮涌来，特别是后进入汽车行业的造车新势力们纷纷走向舞台中央的时候，央企这块招牌似乎不那么吃香了。而这次陈昊的一句话引来了热议，一定有许多值得一说的东西在其中。

东风出手，eπ007 有什么？人们自然会想到产品、技术。这在上市活动对于产品、技术的介绍中多少可以听出有那点意思。但给人感觉更多的是，东风汽车方面直面新能源、智能化汽车竞争的底气和自信，较过去强了不少。一个新车上市，集团层面领导除了陈昊，另一个党委常委、副总经理尤峥也到场，这样的"高配、高规格"站台，在过去不多见。干新能源汽车，东风汽车的确晚了、被动了，这使得他们总是被外界挑剔的眼光"放大了看"。最早的一款新能源车"岚图"就是一路这么走过来的。而最近一段时间给我们感觉，东风汽车方面不愿意再被人拧巴地关注，开始频频亮相、发声，直到如今陈昊敢于放话。这样的变化背后是"岚图"近几个月来终于在新能源汽车销量排行榜上被看到了。这应该是东风eπ敢于亮相、说话的底气了。

这里必须要说的一个，可能还没有人注意到的意思。刚刚结束的全国"两会"上，国资委领导提到了今年要对汽车央企干新能源汽车设KPI考核。很多人都关心考核的内容。大部分人都担心央企完成不了KPI。这样的担心是当下新能源汽车快速发展的背后纯电汽车无一例外的赔钱。商业逻辑上走通新能源特别是纯电动汽车的发展路径已经成为摆在每一个车企面前的难题，更何况央企？这样的解读可能浅了。我们相信国资领导说的KPI是有深刻含义和目的性的。让新能源汽车快跑，又让新能源汽车赚钱，才能让中国新能源汽车可持续发展。这应该是包括国资委在内的中央部门的出发点。如何做到？面临着挑战。曾经的造车新势力现在难以交出令人信服、满意的答卷，即使是个别发展较快的车企也遭到很多的质疑。一句话，当下围绕新能源汽车如何发展，说法很多，办法很少，令人信服的没有。作为国家队的央企有责任在这个时候拿出一张系统的答卷来，这可能是那个KPI的核心所指。退一万步讲，这么重要的一个产业，国家花了这么多的人力、物力和资源培养出来的产业，央企国家队被别的所有制企业"占了大便宜"，面子上无论如何是过不去的，这个责任不仅央企国家队要承担起来，包括地方国企也要承担起来。无独有偶，过几天，一汽、长安也准备搞活动，看看他们怎么说吧。"三大央企"同时出手，是不是他们都读出了KPI背后的一些味道了？不能不让人产生联想。

新能源汽车发展不容易，远未到今天就说格局、论高下的时候。这是我几年前就说过的话。最近一段时间，一些新能源车企碰到了问题，一些人怀疑新能源汽车的路是否对。这是把新能源汽车想简单了。我一直认为要将新能源汽车定义为"新汽车"绝对不是换一个能源动力的事。这是一个全新的汽车，需要靠综合实力、需要不断投入、需要持续创新才能成功。从这个角度看，新势力可能缺钱，央企、国家队不差钱。竞争比拼就像打牌，首先看的是谁手里的牌多。论牌的数量，央企国家队肯定比别的车企多，只不过以前效率上的拉胯，让别人抢了话筒。今天，陈昊们站在话筒前发声了，他们一定也意识到了自己过去被动的一个重要原因了。当然，说和做毕竟不是一码事，从现在开始，让我们通过一个又一个像eπ007这样的新车，看看他们最终做得怎么样。

9.【3月15日】中国电动汽车百人会论坛（2024）举办

中国电动汽车百人会论坛（2024）于3月15—17日在北京钓鱼台国宾馆举行。2024年"两会"政府工作报告中强调，要"巩固和扩大智能网联新能源汽车发展优势"。论坛围绕这一主题，邀请来自全球政府部门和汽车、能源、交通、城市、通信等领域的行业机构和领先企业代表，分别就全球汽车产业发展新形势，汽车产业绿色低碳转型新路径，智能网联汽车发展新方向，车城融合发展新策略，动力电池产业创新，大算力、大模型、大数据等技术应用，充电基础设施建设，商用车电动化智能化转型，汽车服务化生态构建及汽车市场与消费新变化等多个话题展开热烈讨论。

2024年的论坛是百人会举办的第十届论坛，百人会也迎来成立十周年的日子。百人会副理事长张永伟表示，回顾中国电动汽车大发展的十年，我们越来越清晰地认识到，在保障汽车动力技术、智能技术不断创新的同时，需要跳出汽车发展汽车，推动汽车产业与城市交通、能源、道路、新质技术等更深度融合。

中国科学技术协会主席万钢在高层论坛上表示，发展新能源汽车是我国从汽车大国迈向汽车强国的必由之路。我国在新能源汽车领域以持续的科技新引领，带动产业高质量转型升级，培育高素质人才成长，催生高水平开放市场，形成了具有全球影响力的新质生产力。

国家发展改革委主任郑栅洁在主旨演讲中表示，我国新能源汽车产业发展任重道远但前景光明、空间广阔，期望广大行业企业秉持敢为人先的创新意识、锲而不舍的奋斗精神，大力推动提质、降本、扩量，加强技术创新和换道技术布局，持续深化国际合作，有效应对和化解各类显性和潜在的风险挑战，巩固和扩大新能源汽车发展优势。

科学技术部副部长张雨东表示，科技部将大力布局前沿和颠覆性技术，加大对全固态电池、智能网联等前沿技术的支持力度。

工业和信息化部副部长单忠德在论坛上表示，将遏制盲目投资和重复建设、开展集团化管理试点，支持优势企业提质降本、兼并重组、做强做大。

商务部副部长盛秋平表示，将深入开展汽车以旧换新，加大财政金融支持力度，打好政策组合拳，着力建立起"去旧更容易，换新更愿意"的有效机制，推动汽车换能，进一步提高新能源汽车节能型汽车销量的占比，统筹支持全链条各环节，更多惠及消费者。

国务院国有资产监督管理委员会苟坪副主任表示，近年来，国资央企把握技术进步和产业变革趋势，谋划实施新能源汽车转型发展战略。对于未来，"凡是有利于把央企新能源汽车搞上去的政策与举措，我们都要大胆探索。"

住房城乡建设部副部长秦海翔表示，住建部有力有序推进新型城市基础设施建设，用更智能的路支持更聪明的车，以更多应用新场景合力创造新的投资和消费，并将一体推进智能网联、智能交通、智能城市建设，靠智能、靠共享、提效率、提效能，解决道路堵、停车难问题，推动城市高质量发展。

中国电动汽车百人会副理事长、中国科学院院士欧阳明高在论坛上表示，实现汽车强国要靠"四化"，即电动化、智能化、低碳化、全球化。关于智能化，欧阳明高表示，要抢抓人工智能革命机遇，全力攻克下一代智能化核心技术全自动驾驶技术。加快人工智能在新能源汽车设计、制造、管理、回收全生命周期大范围应用，实现全行业提质、降本、增效。目前全社会都在关注新能源汽车，针对新能源汽车也出现了种种质疑，他希望通过此次论坛向新能源汽车客户及消费者传递理性的声音。

长安汽车总裁王俊认为，世界新能源汽车产业高质量发展的势头不可逆，"中国为全球新能源汽车产业发展探索了一条成功之路，不仅培育出了全球最大的新能源汽车消费市场，也通过持续技术创新，不断培育新质生产力。此外，我们还形成了较为先进的、成熟的智能网联新能源汽车产业模式"。

比亚迪股份有限公司董事长兼总裁王传福认同王俊的观点，认为新能源汽车是不可逆转的趋势。他表示，新生事物在中国市场变革的速度和效率比国外要快，我国新能源汽车处于从量变到质变的关键期。伴随研发力度的持续增强，新车的投放数量快速提升，我国新能源汽车变革进度持续深入，正在突破迭代的临界点。他强调，新能源汽车是一条荆棘之路，行业已进入惨烈的淘汰赛阶段。

同样作为先进企业代表，吉利控股集团总裁、极氪智能科技 CEO 安聪慧也分析了新能源汽车市场激烈竞争局面："有人掀桌子，也有人下桌子，有一些跨国车企集团放慢了电动化的脚步，甚至有人担心新能源汽车会不会变成中国的独角戏。"对此，安聪慧认为，智能网联新能源汽车代表的是更先进的新质生产力，和传统燃油汽车之间绝非是简单的替代关系，而是全方位的进化。

10.【3月】一汽集团总经理、东风汽车总经理、北汽集团董事长人选获任命

（1）刘亦功任中国一汽集团董事、总经理、党委副书记 [4]

3月15日，中国第一汽车集团有限公司召开领导班子（扩大）会议。受中央组织部领导委托，中央组织部干部局有关负责同志宣布了党中央关于中国第一汽车集团有限公司总经理任职的决定：刘亦功同志任中国第一汽车集团有限公司董事、总经理、党委副书记。相关职务任命，按有关法律和章程的规定办理。

空缺长达半年之久的一汽集团总经理的人选，最终尘埃落定。资料显示，刘亦功出生于1968年4月，1992年加入一汽－大众汽车有限公司，先后担任一汽－大众冲压车间主任、财务管理部会计科科长；2009年，刘亦功调任四川一汽丰田汽车有限公司担任中方总经理兼党委书记；2012年，任中国一汽组织人事部副部长；2014年，调任中国一汽纪委副书记、监察部副部长；2017年9月，任一汽－大众汽车有限公司董事、总经理；2020年11月，刘亦功升任中国一汽党委常委、副总经理。2023年10月，中国一汽成立红旗品牌运营委员会，时任一汽副总经理的刘亦功担任红旗品牌运营委

员会总裁。2024年3月任一汽集团董事、总经理、党委副书记。

（2）周治平任东风汽车集团董事、总经理、党委副书记[5]

3月27日，东风汽车集团有限公司召开领导班子(扩大)会议。受中央组织部领导委托，中央组织部有关干部局负责同志宣布了党中央关于东风汽车集团有限公司总经理任职的决定：周治平同志任东风汽车集团有限公司董事、总经理、党委副书记，免去其中国第一汽车集团有限公司副总经理、党委常委职务。相关职务任免，按有关法律和章程的规定办理。

由此空缺5个多月的东风公司总经理一职，随着周治平的走马上任，终于明确了下来。资料显示，周治平出生于1971年1月，1992年8月参加工作。历任中国兵器装备集团公司发展计划部摩托车处副处长（主持工作）、长远规划处处长，发展计划部副主任，资本运营部主任兼南方工业资产管理有限公司副董事长、总经理，中国兵器装备集团公司职工董事，重庆长安汽车股份有限公司董事、党委书记、工会主席，中国长安汽车集团有限公司董事长、党委书记、总裁，中国兵器装备集团公司总法律顾问兼审计风控与法律部主任。2021年9月，周治平任中国第一汽车集团有限公司党委常委、副总经理，后兼一汽奔腾轿车有限公司董事长，兼任红旗新能源营销中心总经理，红旗品牌运营委员会执行副总裁等职。2024年3月，任东风汽车集团总经理。

（3）张建勇任北汽集团党委书记、董事长[6]

3月27日，北汽集团召开干部大会。按照市委、市政府决定，张建勇任北京汽车集团有限公司党委书记、董事长，姜德义不再担任北京汽车集团有限公司党委书记、董事长职务。

资料显示，张建勇生于1976年。2003年加入北汽集团，历任北汽控股资产财务部经理助理、财务部副经理及财务部经理；2010—2015年，张建勇先后担任北汽集团财务副总监、北汽集团财务部部长等职务；2013—2014年间，张建勇兼任北汽国际发展有限公司副总经理；2017年，张建勇升任北汽集团副总经理。2022年11月，张建勇出任北京市国资委党委委员、副主任。2024年3月，任北汽集团党委书记、董事长。

11.【3月27日】工信部等四部门鼓励飞行汽车发展，探索商业化应用场景[7]

3月27日，工业和信息化部、科学技术部、财政部、中国民用航空局印发《通用航空装备创新应用实施方案（2024—2030年）》。其中提出，加快提升通用航空装备技术水平，提高通用航空装备可靠性、经济性及先进性。鼓励飞行汽车技术研发、产品验证及商业化应用场景探索。针对农林作业、工业生产等应用需求，不断提升产品竞争力和市场适应性。

就在此前一天，中国一汽在深圳启动飞行汽车岗位招聘或进行多种构型研究。3月26日据媒体报道，中国一汽已启动与飞行汽车相关的岗位招聘工作，工作地点均位于深圳。具体的招聘内容显示，一汽红旗（研发总院）高端汽车集成与控制全国重点实验室招聘多名先进智能驾驶前沿技术研究高级主任、研究主任、研究主管，方向均为飞行汽车。

12.【3月27日】商务部等14部门印发《推动消费品以旧换新行动方案》的通知[8]

3月27日，商务部等14部门印发《推动消费品以旧换新行动方案》的通知。在"开展汽车以旧换新"方面，将加大财政金融政策支持力度、突出汽车领域标准牵引、完善报废车回收拆解体系、促进二手车放心便利交易、培育壮大二手车经营主体及推动汽车流通消费创新发展六部分内容，其中汽车金融等首次被纳入以旧换新行动方案。

13.【3月28日】小米SU7火爆上市，24小时大定破8898辆

3月28日晚，受到业内外广泛关注的小米汽车旗下第一款车——小米SU7正式上市并公布价格。据小米创始人、董事长兼CEO雷军介绍，小米汽车有标准版SU7、SU7 Pro、SU7 Max三款车型。标准版售价21.59万元，Pro版售价24.59万元，Max版售价29.99万元。据了解，从3月25日起，

小米 SU7 在 29 个城市 59 家门店启动线下静态看车。上市后 24 小时，小米汽车官宣大定破 8898 辆。而此时离雷军宣布造车整整三年：2021 年 3 月，小米正式宣布下场造车；2023 年 12 月，小米汽车首款量产车型小米 SU7 正式对外亮相；2024 年 3 月，小米 SU7 正式上市。伴随着小米 SU7 的上市，互联网上掀起了"米粉"的"狂潮"。这在其他传统汽车企业看来，是不可想象的。

此次发布会上，雷军共展示了 4 个系列、9 种颜色、4 款内饰、4 套轮毂轮胎的小米 SU7。该车标准版续航里程在 CLTC（全称为"China Light Vehicle Test Cycle"，即中国轻型汽车行驶工况，是由中国主导并实施的汽车测试标准。2021 年 10 月 1 日起生效）标准下为 700km。Max 版采用 101 度麒麟电池，能最大实现 810km 的长续航。

对于用户关心的充电问题，小米 SU7 全系标配碳化硅，全系配备峰值效率 99.6% 的碳化硅电控、碳化硅车载充电机、碳化硅压缩机。小米 SU7 标准版，峰值电压 486 V，采用全域碳化硅设计的"超级 400V 高压平台"，15 分钟充电 350km。小米 SU7 Max 版更加强大，全域碳化硅"真 800V 高压平台"，峰值电压 871V，15 分钟补能 510km。

雷军在发布会上表示，未来十年，将是智能化的十年。智能化将成为这个时代的决胜点。雷军给小米 SU7 定的目标是"50 万元以内最好看、最好开、最智能"。其中，智能将是小米汽车最核心的竞争力之一。

雷军在 2023 年底小米汽车技术发布会上专门介绍了智能驾驶的技术构架和算法，小米智驾专属团队已经突破 1000 人，年底计划增加到 1500 人。在发布会现场，雷军重申，2024 年，小米汽车目标是进入智能驾驶行业第一阵营。据介绍，小米智驾系统分为两套方案，分别是 Xiaomi Pilot Pro 和 Xiaomi Pilot Max。其中，Pro 是纯视觉的方案，Max 是视觉 + 激光雷达的方案。"我们始终坚持两套方案全部自研，采用完全同源的技术，比如同样的 11 颗摄像头组合、NVIDIA DRIVE Orin 算力平台，全栈自研算法，让不同版本的车都能享受我们最新的成果和更好的体验。"此外，小米 SU7 全系标配智能辅助驾驶，支持代客泊车辅助、智能泊车辅助、机械库位（极窄车位）泊车等。

小米澎湃智能座舱在设计之初就将手机、平板视为座舱的一部分，实行多端一体化原生设计。继承 Xiaomi HyperConnect 跨端互联框架能力，当车主同账号的手机、Pad 进入车内时，能与中控屏无感连接，自动完成识别、安全认证、连接等一系列复杂步骤，直接在融合设备中心里实现跨设备互控。即使不是小米生态用户，使用 iPhone、iPad 也能获得智能化体验。小米澎湃智能座舱支持接入无线 CarPlay，且后排支架兼容 iPad，可通过小米汽车拓展屏 App 实现后排控车。

雷军表示，"智驾＋智舱＋生态"将会成为小米汽车参与竞争的技术制高点。小米的"人车家全生态"，前所未有地将所有智能终端连接在一起，无感互联、能力协同，让大家体验到无处不在的智能生活。

雷军在发布会上强调："从做手机跨界到做车，这两者还是有很大的不同，因为我们已经拥有了 14 年的大规模的制造经验，比当年新势力造车要容易很多，而且我们已经拥有了非常强的智能科技和智能生态的积累。但是造车还是非常的复杂，投入大、周期长，行业又极度的内卷，自始至终我们对造车都充满了敬畏之心。我们一定会竭尽全力把车做好，同时我们还是非常的自信，有信心、有能力、有决心把小米 SU7 做成 50 万以内，最好看、最好开、最智能的轿车。"

根据雷军此前接受采访透露，小米 SU7 的研发投入超过 100 亿元，工程师超过 3400 名。根据小米集团 2023 年财报，2023 年小米汽车的费用达 67 亿元。雷军表示，为了做好车，小米为此决定十倍投入，通过 15—20 年的努力，成为全球前五的汽车厂商。

第四章

4 月

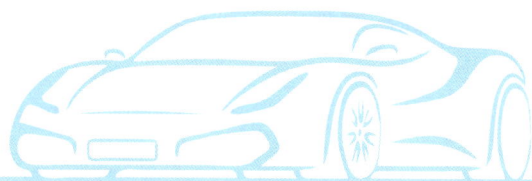

1.【4月1日】林肯中国总裁换人

4月1日，福特汽车（中国）宣布，贾鸣镝出任林肯中国总裁，向福特中国总裁兼首席执行官吴胜波和林肯全球总裁黛安·克雷格（Dianne Craig）汇报。现林肯中国总裁朱梅君将于5月1日正式退休。贾鸣镝此前长期在上汽集团体系内任职，曾任上汽大众汽车有限公司销售与市场执行副总经理兼上海上汽大众汽车销售有限公司总经理、上汽大众汽车有限公司奥迪品牌事业部总经理、上海汽车工业销售有限公司副总经理等职。

2.【4月7日】商务部部长王文涛在巴黎召开在欧中资电动汽车企业圆桌会[9]

4月7日，商务部部长王文涛在法国巴黎主持召开在欧中资电动汽车企业圆桌会。欧盟中国商会和一汽、上汽、吉利、长城、比亚迪、奇瑞、蔚来、小鹏、赛力斯、宁德时代、国轩高科、蜂巢能源等十余家企业代表参加会议。与会代表介绍了在欧投资经营、应对欧盟电动汽车反补贴调查有关情况，会议围绕中国企业优化全球布局、深化中欧电动汽车产业务实合作等进行交流。

王文涛部长表示，中国电动汽车企业依靠持续技术创新、完善的产供链体系和充分的市场竞争快速发展，不是依靠补贴取得竞争优势，美欧等关于"产能过剩"的指责毫无依据。中国电动汽车产业的发展为全球应对气变和绿色低碳转型做出了重要贡献。中国政府将积极支持企业维护自身合法权益。王文涛部长指出，面对外部挑战和不确定性，企业要练好内功，坚持创新驱动，加强风险管理，重视绿色发展，与当地企业深化合作、共谋发展，坚定做全球绿色转型的参与者和贡献者。

另据路透社4月7日报道，消息人士称，此次讨论主要还是集中在欧盟委员会对华电动汽车反补贴调查上。该调查旨在确定是否对出口产品征收关税，以保护欧洲汽车制造商。在此次调查中，法国成为对华电动汽车反补贴调查的主要推动者，以此来保护自身汽车产业。路透社4月7日援引知情人士消息称，王文涛在巴黎会见了雷诺首席执行官、欧洲汽车制造商协会（ACEA）的代理主席卢卡·德·梅奥（Luca de Meo）。后者曾直言受到来自中国电动汽车企业的挑战，"中国在新能源汽车价值链上非常有竞争力。"

3.【4 月 8 日】路特斯公布 2023 年财务报告，交付首年即达 15% 毛利率

4 月 8 日，路特斯正式对外发布了其 2023 年财报。

根据财报显示，路特斯在 2023 年全年实现了 6.79 亿美元（约合 49 亿元人民币）的营业收入，首年实现了 15% 的毛利率。根据财报，仅在 2023 年第四季度，路特斯实现了 3.61 亿美元的营收，环比增长 92%。

交付方面，路特斯在 2023 年累计交付了 6970 辆车，在公司 76 年的历史中创下了年度交付纪录，其中电动车型占总交付量的 63%。2023 年第四季度，路特斯的交付量环比增长近 110%，主要得益于纯电车型 Eletre 在下半年生产和销售规模的扩大。

销售渠道方面，在 2023 年，路特斯持续扩展全球业务，全球门店数量增至 215 家，为产品全球推广打下了基础。路特斯表示，预计在 2024 年，公司将加速在新市场推出其领先的产品组合。公司已经推出了首款纯电超跑轿车 Emeya 繁花，并计划于 2024 年第三季度在欧洲进行交付。同时，路特斯科技还推出了 Lotus Chapman Bespoke 高级定制服务，为客户提供不同级别的高级定制。

在充电服务方面，公司在中国建设了 65 个超充站，为车主提供便捷的充电服务。同时，公司计划将纯电超跑 SUV Eletre 车型逐步引入更多市场。路特斯表示，在超豪华领域，路特斯是最先进入的，目前能够满足用户的产品还不够丰富。当前有更多厂商即将进入这一市场，一方面是看好这个市场；另一方面也能刺激市场增长，这是路特斯希望看到的，希望大家共同把蛋糕做大。

路特斯科技 CEO 冯擎峰在财报发布后对外表示："我们对 2023 年取得的初步进展和成绩感到高兴，交付量的增长反映了我们品牌实力和产能的提

升。我们期待未来一年进一步加速我们的增长，并继续致力于为我们的客户、合作伙伴和投资人创造长期价值。"

【点评】路特斯需要的是耐心

根据路特斯发布的财报，2023年该公司毛利率达到15%无疑是个好消息。此前，舆论场总有声音对其说这说那，让不少人感觉路特斯干得不好，然而，数据却是最好的回答。看起来，路特斯的起步还是不错的。

怎么看路特斯的业务发展？不同的层面、不同的角度对它的看法肯定是不同的。也许在一些人眼里，路特斯有70多年的历史，有与保时捷、法拉利齐名的三大豪华超跑品牌的光环加持，一出手就能让用户动心。但没人注意路特斯的特殊情况，在我看来，如果路特斯从一张白纸做起可能会更容易一些。

我一直认为路特斯就是造车新势力。此次财报发布后，专业分析师将其与中国的造车新势力作对比，并对路特斯给出了正面的评价。换言之，如果资本市场将路特斯放在传统汽车行列，估计它连上市的资格都没有。路特斯将自己定位于豪华超跑品牌第一个全面转型电动化的企业，并突出自己的科技属性，让资本市场对其未来的发展充满了想象。换句话说，今天用销量来判断其行不行其实不是第一位的事情。

对于路特斯来说，走在正确的道路上比什么都重要。三年前，冯擎峰提出路特斯"Vision 80"计划的时候，很多人都作了解读，其中就事论是的多。实际上，"Vision 80"计划最核心的信息是重新启程的路特斯要走一条与众不同的发展道路。它的概念是新的，理念是新的，打法是新的。这也是我将它定位于造车新势力的一个原因。冯擎峰是在传统汽车企业成长起来的，他操刀过研发，负责过销售，他要的是在传统积累的基础上"玩一把"新的、有挑战的事。今年年初，在美国拉斯维加斯国际消费电子展（CES）上，路特斯带去了让许多"汽车人"耳目一新的科技产品，如果这些新科技和新产品能与路特斯汽车紧密结合起来，一定会大大改变人们对路特斯形象的看法。传统赛道上多一个不多，少一个也不少，路特斯要的是属于自己的唯一。

这与舆论场的某些声音是完全相反的。

面对中国市场的路特斯需要耐心。我注意到一段时间以来，舆论场有一些批评的声音，给路特斯尤其是其销售团队带来了不小的压力。但从另一个角度讲，这样的批评甚至是尖锐的批评也是正常的。谁让路特斯在新征程上选择了一条别人没走过的、最难走的路，别人不理解甚至是误解都是正常的，因为路特斯做好自己才是当下最重要的。

就在财报发布前不久，一年一度的路特斯日以别开生面的方式拉开了帷幕。我将这个路特斯日称为"抛帽子节"。在这个节日里，来自全国各地的路特斯车友们，包括现场刚刚成为路特斯品牌的车主们，大家一起向空中抛出印有路特斯 Logo 的帽子。这是路特斯历史上延续下来的，也是路特斯特有的，体现了路特斯品牌在消费者中特有的魅力。值得一说的是，这些车友都是自费买"门票"来的，为的是欢聚，为的是在赛道上撒欢跑上几圈，路特斯的品牌黏性和特点是很多别的品牌所没有的。2023 年同一时间，上海 F1 赛道上的热闹场景给大家留下了深刻印象，唯一不同的是 2024 年参与路特斯日的车主大大增加了，仅仅一年多的时间，路特斯受关注的程度已经大幅提高了。不少人说起路特斯日热闹的场景，都会将它与现在许多车企办活动"要掌声"的现象作对比，赞扬路特斯营销做得有声有色。这是路特斯团队在过去一年努力的结果，理应得到肯定。对于路特斯来说，一定要将做好自己这件事坚持下去。

造新汽车对于造车新势力来说不容易。2023 年我说过新汽车已经进入下半场，现在，这个下半场竞争加速了，我们已经闻到决赛前的硝烟了。这样的变化带来了这场竞争的新特点：如果没有钱，再好的产品和技术，可能连获得决赛门票的机会都没有。2024 年 2 月，路特斯登陆美股，在同行拼命挤 IPO（首次公开募股）"班车"、想尽一切办法搞钱的时候，路特斯被资本市场加持了。这从侧面说明了路特斯已经拿到了决赛的门票，剩下的就要看它进入赛道最后几轮的比拼成绩了。第一轮比拼就是"三项全能"，即体系化、差异化、国际化。而这对路特斯来说似乎是有利的，希望冯擎峰和他的团队能抓住这一次机会更进一步。

4.【4月8日】网传丰田与华为、Momenta 三方联合打造智驾方案

4月8日，网传丰田全球车型智能驾驶方案有可能采用"丰田＋华为＋Momenta"三方联合方案模式。自动驾驶技术公司 Momenta 和华为分别提供软件和硬件方案，三方深度合作并整合。

华为目前在汽车领域有三种合作模式，分别为零部件模式、华为提供解决方案的 HI 模式以及华为深度参与产品定义和销售的智选模式。按上述传闻，丰田或采用华为参与程度相对较低的第一种模式。二者此前的合作集中在智能座舱领域，不久前丰田针对中国市场推出第九代凯美瑞，该车型搭载与华为联手打造的车机系统。

丰田与 Momenta 也早有合作。早在 2020 年 3 月，Momenta 就与丰田达成战略合作关系，为后者提供基于摄像头视觉技术的高精度地图及实时更新服务。2021 年 3 月，丰田作为战略投资方之一参与领投 Momenta 的 C 轮融资，加深了双方的合作关系。本次选择的合作伙伴 Momenta 和华为此前均已经和丰田有合作基础，这在一定程度上可以节约磨合成本。

丰田对自动驾驶变局的预判显得较为滞后。丰田汽车董事长丰田章男多年前曾经表示，只有自动驾驶汽车在马拉松公路比赛中击败了人类最棒的赛车手以后，丰田才会开始考虑将这项技术民用化。仅数年，市场格局的变化令丰田意识到自身在快速发展的自动驾驶行业已然落后。2018 年，丰田开启自动驾驶的大规模投资与研发，公开计划投资额度超过 220 亿美元。同年，丰田向 Uber 投资 5 亿美元在自动驾驶领域扩大合作。丰田还向自动驾驶初创公司小马智行投资 4 亿美元。彼时已经处于自动驾驶行业快速迭代期，丰田在接下来的几年面对更激烈的竞争环境，需要拿出足够重磅的落地成果。

针对部分日系车企与华为合作的传言，4 月 24 日，华为智能汽车解决方案 BU 市场与销售服务部总裁迟林春表示，华为车 BU 与很多车企都有合作，肯定希望把产品赋能到各个车企。"我们与很多车企签了合作定点之后，很多车企不愿意现在就去宣布，最终将以官方发布为准。不管是合资品牌、

自主品牌，或者海外品牌，我们推出多种合作模式也是为了方便客户选择我们的产品。"

5.【4月】大众投资 25 亿欧元深化中国布局，携手小鹏开发全新电子电气架构

4月11日，大众中国宣布，大众汽车集团将投资 25 亿欧元进一步拓展位于合肥的生产及创新中心。在强化本土研发实力的同时，4月17日，大众汽车集团与小鹏汽车签署电子电气架构技术战略合作框架协议。后续，将在合肥基地生产两款与小鹏汽车共同开发的大众汽车品牌车型，其中首款车型为中型 SUV，计划于 2026 年投产。

大众汽车集团负责中国区业务的管理董事、大众汽车集团（中国）董事长兼首席执行官贝瑞德表示："依托'在中国，为中国'战略，大众汽车集团深度聚焦客户需求，以更快的发展速度、更强有力的本土研发，加速中国业务的调整步伐。"

据称，大众在中国本土化研发的新车型将加速其在华产品矩阵的电动化进程。至 2030 年，大众汽车集团旗下品牌将在中国市场提供超过 30 款纯电动车型。由集团全资控股、位于合肥的大众汽车（中国）科技有限公司（以下简称 CVTC）是落实产品本土化的中枢。该公司将与其大众在华合资企业紧密合作，承担核心开发任务。CVTC 正在开发集团首个专为中国市场打造的电动汽车平台 CMP。从 2026 年起，集团将依托该平台开发不少于 4 款面向紧凑级入门市场的电动车型。

4月17日，小鹏汽车与大众汽车集团正式签订电子电气架构技术战略合作框架协议。据悉，双方将为大众汽车在中国的 CMP 平台和 MEB 平台，联合开发行业领先的电子电气架构。该架构被称为 CEA（China Electrical Architecture）。这是小鹏汽车、CVTC、CARIAD 中国（CARIAD 是大众汽车集团旗下的软件科技公司，CARIAD 中国是其在中国的子公司）的联合项目。预计将从 2026 年起应用于在中国生产的大众汽车品牌电动车型。

贝瑞德表示："未来，通过合肥的生产及创新中心，新技术走向市场的速度将提高约30%，对该中心的持续投资，体现了我们迅速强化本土创新实力的决心。"此前贝瑞德曾表示："缩短30%是指用30到36个月完成整个产品的开发，这在中国市场会带来非常显著的变化。对于如何将产品开发周期大幅度缩短30%，首先，我们进一步优化设计流程，使其更加高效。其次，在生产、投产准备方面，我们直接与中国本土的供应链建立深度合作，从而更加高效、快速地进入生产阶段，取代以往的在德国本土进行开发、在中国生产的模式。更加重要的是，我们可以直接在中国面向中国市场的产品做出决策，并加以实施，这也是我们能大幅度缩短产品开发、交付周期的主要原因之一。"

6.【4月11日】极狐汽车技术品牌达尔文2.0发布

4月11日，北汽蓝谷极狐汽车发布达尔文2.0技术体系，该体系基于IMC架构打造，包括极光电池、极锋动力、灵韵底盘、灵智智能、极享座舱、极盾安全、极净健康等技术板块。同时，极狐宣布，高端全数字化平台"北极星"即将面世。

在性能方面，极狐汽车通过"极光"电池、"极锋"动力与"灵韵"底盘，有机融合了新能源汽车及传统燃油车的优势性能。极光电池底部标配加装了独创的"玄武护甲"，运用航天级的材料及工艺，形成了7层防护，强度达到1500MPa，兼顾了绝缘、保温、导热、防腐等四大功能，充分考虑到环境的复杂性。搭载极锋动力第四代前、后双电机的极狐阿尔法S5，总功率超过了530匹马力，轮端扭矩达到了7000N·m，零百加速时间仅需3.7秒。采用了全域测试场景和大师调校的灵韵底盘，还通过智能制动系统、智能转向系统和智能悬架系统，以及与米其林联合定制的专属运动轮胎，实现了在高速行驶和紧急避险时的稳定性和安全性。

在智能座舱方面，搭载了全新的灵智OS系统，具备理解能力、决策能力、关联能力和生成能力四大核心能力，可以提供数字助理般的服务体验。

在硬件配置上，极狐汽车采用了行业领先的 34 个高性能感知硬件，实现了全天候、全向的环境感知，确保智能驾驶系统的安全与可靠。软件算法方面，极狐汽车还通过创新的 BEV + Transformer + Occ 方案，提升了障碍物识别率，并引入交互博弈算法，优化行车路径规划，提升了通行效率。

此外，极狐汽车在智能驾驶领域始终处于领先地位。现已获批国内首批 L3 级自动驾驶公开道路测试牌照，并积极参与国家级智能网联汽车准入试点申报工作。

当天，同时首发的还有北汽集团自主研发的纯电动高端旗舰平台北极星平台。作为达尔文 2.0 技术体系的全新平台，北极星平台深度融合了奔驰 MRA 豪华后驱平台在工程设计、模块开发等部分的同源设计和达尔文 2.0 技术体系全新框架，未来将主要承载 C 级及以上的中高端产品开发。

7.【4月15日】长城汽车董事长魏建军直播实测无图城市 NOA

4 月 15 日，长城汽车董事长魏建军在河北保定首次通过直播方式，向网友展示长城汽车无高精地图全场景 NOA。测试从长城哈弗技术中心出发，在河北保定城区挑战无图城市 NOA。

保定是长城汽车的"大本营"，作为中国的二线城市，路况复杂多变，全场景 NOA 测试环境充满挑战。在直播过程中，车辆从保定市中心复杂的"六道口"到狭窄的街道，相继进行交通灯识别与路口转弯、障碍物识别与灵活绕行、全场景变道与车道线管理等驾驶场景实测。据长城汽车官方提供的测试数据，此次智驾总里程 16.6km，平均时速为 24.7km，其中复杂路段行驶 11.5km，成功通过 33 个路口，行人避让 / 绕行 7 次，车辆避让 / 绕行 12 次，导航变道 21 次，效率变道 10 次。

据长城汽车智能化副总裁吴会肖介绍，"无图"所指的是去高精地图。数据显示，截止到 4 月，市场上智驾系统高精地图对所有道路的覆盖率仅为 6%，也就是说有 94% 的道路无法依靠高精地图实现精准智驾。在这一背景下，越来越多的车企选择"无图智驾"，已经有包括小鹏汽车、理想、阿维塔、

4月15日，长城汽车董事长魏建军在保定直播无图城市 NOA 测试。

广汽、华为等多家车企跟进"无图智驾"方案。据了解，长城汽车全场景 NOA 的大脑源自 SEE 一体化智驾大模型，是国内首个上车的一体化智驾大模型，只要不断"投喂"数据，就能持续进化，为 L2 进化至 L4 奠定了技术基础。长城汽车最新一代 Coffee Pilot Ultra 智能驾驶系统实现了 100% 去高精地图，推出无高精地图全场景 NOA，能够覆盖高速、城区、乡镇等各种驾驶场景。

此外，值得关注的是，此次智驾测试，也是首个国内车企老总亲自参与的首场 NOA 无图智驾直播活动。对车企来说，直播已经成了一项重要的营销宣传业务，谁掌握了互联网传播的玩法，谁就拿到了泼天的流量。此次魏建军亲自"下场"直播，不仅是对外展示长城汽车智驾技术，更是其在营销层面的转变。"长城汽车还是太传统"，在 4 月 15 日的直播过程中，魏建军多次发出这样的感叹。

2024 年 3 月 26 日，魏建军开通微博，并毫无征兆地发出首条博文："来到微博，我非常期待看到大家的分享，用户的声音永远是我们前进的动力。"在 4 月 15 日的直播中，魏建军也称接下来其将会增加直播的频次。直播已经成为了一种新的营销方式，与过去的车企直播不同，像魏建军这样的车企"一把手"走到了台前，更真实的现场直播成为了必选项。

对车企来说，2024年不仅要卷技术、卷价格，还得卷流量。接下来一段时间，很多车企大佬都被卷下场做直播。

8.【4月20日】奇瑞与 Ebro-EV Motors 公司签署合资协议，正式落户西班牙

4月20日，奇瑞汽车同西班牙汽车公司 Ebro-EV Motors 签署协议，将在西班牙巴塞罗那成立合资企业生产新型电动汽车。奇瑞将成为首家在欧洲生产汽车的中国车企。

该生产基地位于2021年关闭的原日产工厂，奇瑞投产后，将创造1250个就业岗位。西班牙首相桑切斯对此表示欢迎，称"双方联合生产汽车的协议不仅仅是一个重大商业项目，也是加泰罗尼亚地区和整个西班牙正在经历的再工业化进程的象征"。

在产能规划上，项目预计将于2024年三季度启动，奇瑞将于今年生产欧萌达5等车型，预计到2027年年产量将达到5万辆，2029年增至15万辆。在国际市场，欧萌达已经成为奇瑞集团旗下的一个子品牌，有欧萌达5、欧萌达5四驱版、欧萌达GT等多个版本，在全球30多个国家销售。从销量来看，2023年上半年，欧萌达累计批售量超6万辆，其中近九成由海外市场贡献。

对于奇瑞来说，海外市场的重要性不言而喻。2024年一季度，奇瑞集团累计出口汽车约25.34万辆，同比增长40.9%。而当下奔赴欧洲建厂已经在不少车企的规划中。此前比亚迪曾宣布将在匈牙利建厂，上汽集团也正在欧洲寻找本地生产基地。一个重要原因是日益增多的贸易壁垒的威胁。近年来中国的汽车出口市场格局重塑，欧洲已成为中国汽车最大的出口目的地，但与之相对的是，越来越多的国家为保护本土汽车产业和培育本土电动汽车供应链而施加重重阻力。

9.【4月24日】7部门进一步出台细则落实以旧换新刺激消费政策 [10]

4月24日，商务部、财政部等7部门联合印发《汽车以旧换新补贴实施细则》，《细则》明确了补贴范围和标准。自《细则》印发之日至2024年12月31日期间，报废国三及以下排放标准燃油乘用车或2018年4月30日前注册登记的新能源乘用车，并购买符合节能要求乘用车新车的个人消费者，可享受一次性定额补贴。其中，对报废上述两类旧乘用车并购买符合条件的新能源乘用车的，补贴1万元；对报废国三及以下排放标准燃油乘用车并购买2.0升及以下排量燃油乘用车的，补贴7000元。

10.【4月24日】华为发布智能汽车解决方案新品牌"乾崑"

4月24日，华为智能汽车解决方案发布会上，华为车BU CEO靳玉志发布了智能驾驶为核心的全新智能汽车解决方案品牌——华为"乾崑"，以及十大新品，包括乾崑智驾、乾崑车云、乾崑车控、鸿蒙座舱多个领域。

其中，乾崑ADS 3.0智驾系统和新一代鸿蒙座舱Harmony Space，无疑是最重磅的两大板块。截止到4月24日，共有包括东风、长安、广汽、北汽、赛力斯、奇瑞、江淮在内的7家车企，共计10个品牌的车型使用了乾崑智驾方案。

乾崑ADS 3.0智驾系统，拥有全新架构、安全再进阶、全场景贯通和泊车跨代领先等特点能力。智驾系统最核心的识别和感知能力，乾崑ADS 3.0从BEV网络升级到GOD大网，即不再区分白名单物体，通过融合感知，真正像人一样理解所有目标障碍物和场景，实现有路就能开的智驾体验。同时，ADS 3.0搭载的全向防碰撞系统（CAS），也升级为CAS 2.0，在AEB（自动紧急刹车系统）智驾横评测试中，搭载CAS 2.0全向防碰系统的问界M9，在行人横穿、左转遇行人、探头电瓶车等场景下，全面领先对比车型。泊车场景下，ADS 3.0支持全场景泊车，包括异形、斜列、自定义等，车位可见即可泊，泊车速度比老司机提升 20%。此外，还支持离车即走泊车模式，选定目的地车位后，下车即走，车辆可自主驾驶泊入车位。

高精度 4Dmm 波雷达作为智驾系统的核心传感器，其利用波导天线、4T4R 和超宽带，全面提升目标探测能力和环境建模能力。高速、城区快速路上探测距离提升 35%，城区混行、泊车时精度提升 4 倍，前车急刹、跟车起步、鬼探头场景下延时降低 65%。

新一代华为鸿蒙座舱 Harmony Space，具备智慧车机、智慧音响、智慧显示三大性能特点。千悟大模型上车鸿蒙座舱，其千悟视觉功能可实现舱内毫米级精准感知，主驾自适应调节，包括后视镜、方向盘、HUD 高度等。同时，千悟视觉支持全舱骨骼级人体感知，多模态融合控车，挥手即可控制遮阳帘、车门、空调风向等，车内体感交互创出新高度。

在车身和底盘智能控制方面，此次华为推出了 XMOTION 2.0 车身运动系统控制和 iDVP 2.0 智能汽车数字平台。

XMOTION 2.0 车身运动系统控制可通多维协同、6D 车身全姿态控制，利用多传感器融合、毫秒级感知、厘米级运动估计、双前馈 + 反馈主动预控制，实现更加安全、更易操控、更加舒适。并且，该系统拥有爆胎稳定控制，最高支持 120km/h，抑制高速直行、转弯爆胎室失稳风险；高速避障稳定控制，麋鹿测试成绩超 84km/h，实测智界 S7 已达 83km/h；自适应滑移协同控制，湿滑路面车辆不打滑、不推头、不甩尾。

iDVP 2.0 智能汽车数字平台是华为推出的全球首款五合一车控模组，该模组整合了 MCU（微控制单元）+ MPU（微处理器）+ LSW（限位开关）+ PHY（以太网芯片）+ IO，可以将整车控制性能提升 4 倍，时延降低 5 倍。华为目前已联合 100 + 软硬件伙伴，引入 800 + 标准 API，今年会有 10 + 款车型使用。

此外，在车云服务领域，华为发布了乾崑车云服务 3.0，以及乾崑"云鹊"大模型解决方案。而在光影领域，华为推出了乾崑 XHUD 2.0 抬显、XPIXEL 百万像素智慧大灯，以及 XSCENE 光场屏三大新品。

11.【4月25日】阔别四年北京车展火热回归，智能化趋势明显、流量潮席卷行业

4月25日，时隔四年，北京车展回归，以"新时代　新汽车"为主题的2024（第十八届）北京国际车展开幕。本届北京车展上，中国汽车产业多年累积的新技术、新产品和消费热情得到了全面释放。近500家国内外知名汽车零部件企业参展。涵盖中国、美国、德国、法国、日本、韩国、荷兰、比利时、意大利、瑞士、马来西亚、新加坡、越南等13个国家（国际展商占比24%）。全球首发车117辆（其中跨国公司全球首发车30辆）、概念车41辆、新能源车型278款。就展区面积而言，"新能源及智能网联"内容的展区，占据了全部展示面积的51%。4月25—27日，开展前3天的专业场观众就达4.9万人次，其中海外观众占比37.6%。

本届车展得到了从上到下、从国内到海外的全方位关注。不过车展上，最受关注的，不仅有一众车企发布的新车、新技术，更有不少科技公司所展现出的未来趋势。同时，由周鸿祎、雷军等大咖兼流量网红所掀起的流量狂潮，大大吸引了公众和社会的眼球，以至于本来应该是主角的车企反而失色不少。

从车展所展现的技术趋势看，人工智能大模型上车进程加快，汽车智造进一步深入，涵盖智能辅助系统、智能座舱等多范畴。据不完全统计，已有超过10个品牌的汽车搭载大模型。

4月24日，华为发布智能汽车解决方案新品牌"乾崑"时介绍，新一代鸿蒙座舱将搭载"千悟引擎大模型"，该模型以盘古大模型、MindSpore异思计算框架和昇腾AI基础硬件平台等为基础底座。

4月25日，商汤绝影面向量产的端到端自动驾驶解决方案UniAD在北京车展上完成上车演示首秀，还展示了多模态场景大脑为核心的AI大模型座舱产品矩阵以及全新座舱3D交互演示。

同日，该公司还与哪吒汽车官宣全面深度合作，开发基于商汤绝影系列原生态大模型能力的高阶之家解决方案。

也是25日，小鹏汽车宣布AI天玑系统全球首发，基于端到端大模型，

小鹏汽车的 XNGP 高阶智驾辅助系统，将完成感知大模型升级和规控大模型上车。

车展上，理想汽车宣布 AD Pro3.0 将于不久后通过 OTA 推送，全面升级大模型架构。广汽集团发布"智行 2027"行动计划，继续推进"广汽 AI 大模型平台""广汽星灵电子电气架构"和"广汽网联大数据平台"三大技术基础。

科大讯飞也推出了"飞鱼情景智能座舱系统"，该系统通过深度整合大模型，归纳、推理、上下文理解以及复杂内容生产等核心功能，与多样化车内使用场景现实密切结合。

知名零部件供应商法雷奥也展示了包含动力系统和热管理方面的硬件和软件解决方案，以及多样化的创新出行方案；市场上最全面的传感器组合、新一代域 / 区域控制器以及集成人工智能（AI）算法的软件；车辆内部和外部照明方面的硬件和软件解决方案等。

此外，飞行汽车进展可观，正加速落地。小鹏汇天的"陆地航母"分体式飞行汽车首次亮相；广汽透露其飞行汽车示范运行方案也在逐步推进中。此外，宁德时代的电池搭载也有新突破。我国低空经济市场发展潜力巨大，随着国家政策的逐步明确，飞行汽车领域制造落地稳步推进，这一产业有望继续迎来快速发展。

而本届车展最吸引公众关注的话题，莫过于"雷军 + 周鸿祎"搞出的车展网红热潮。北京车展开幕首日，周鸿祎在探访猛士展台，顺着车梯爬到了一辆猛士 917 顶部，引发舆论关注讨论。网友戏称其为"车展最老车模"并将之与 2023 年上海车展车顶维权事件关联到一起。这张周鸿祎坐在车顶的照片，一时间广为传播。据统计，本届北京车展期间共计 331 个车展相关热搜。从热搜话题量来看，小米、理想、比亚迪成为话题焦点；从热搜话题内容来看，车企大佬们亮相互动、明星 CEO 成为流量密码。企业高管走向台前，高管之间的互动更是成为新的流量入口。其中，而雷军、周鸿祎成为"顶流"，二人热搜约占车展全部热搜的四成。车企老总们对于"流量"和"销量"的纠结就此开启。

【点评】北京车展反思 1："热"车展背后的"冷"思考

"这届北京车展人太多了。"

而根据顺义区官方资料，北京车展 10 天内，22 万平方米的北京车展共吸引观众 89.2 万人次到场参观，相当于把半个昌平区的人口搬了一遍。

而在媒体持续不间断地探馆直播中，人们发现车展俨然成为了一个"五一"假期全家出游的目的地。在展馆内随处可见带孩子、带老人的观众，排队的男卫生间，不到 12:30 就售罄的盒饭套餐，热到发烫的星巴克咖啡机……原本一个买车人与汽车爱好者的半专业性展会，突然一下成为了一个全民狂欢的游乐场。

所有人的感觉是：这届北京车展真的火了，不仅火在了线下，也火在了线上。

绿衣雷布斯、红衣周教主、长安老朱、长城老魏……今年的北京车展，缺车模、缺概念车，但唯独不缺炒作话题。

北京车展的风向标作用从未像今天这样明确。它在一片欢腾之中猝不及防地向我们展示了当前正在发生的巨变。

每个人对于车展的看法都是不同的。有人看个乐呵之后扬扬得意地躺在了功劳簿之上，有人却已经听到了身后越来越急的追赶之声。

"流量"和"销量"可以兼得吗？

不完全统计：今年的车展是高管们"金句"最多的一届。

不是高管们爱说了，是高管们爱上台了。

回看本届北京车展，留在大家记忆中的可能没有各家的重磅新车，但一定有周鸿祎和雷军前后簇拥的场景。哪怕是扫地的大叔蹭到他们的热度都会获得前所未有的关注度。

但这是全部吗？发布会和车展这样的机会并不是每天都有，那么当车展结束，当市场短暂地进入平静期，又该从哪里制造并获得流量？又该如何转化流量为实际的市场表现？

对此，长安汽车董事长朱华荣在媒体沟通会上带来了"人间清醒"的回答，今年是营销大变革的一年，企业做"三好学生"还远远不够，要做"全能冠军"，既要培养长安汽车的"雷布斯""余大嘴"，更要围绕给客户创造价值，长期地打造好产品、打造好服务，增强长期可持续的流量，而不是昙花一现的形态和状态。

对于企业来说，营销模式和传播方式的变化并不是纯粹为了流量和销量做事情，而是从中感知到用户的需求和情绪变化以及各种各样市场信息的流动，高管"亲自下场"是要与用户建立广大的连接，推动品牌的长期发展。

找到"流量密码"只是整体营销体系中的其中一步，只有形成差异化的"产品＋营销＋服务"组合拳，并且不断改善盈利能力提升规模化效益才是实现可持续发展的关键。

要"原创"还是要"模仿"？

"××车这不是和××车一样吗？"这样类似的发言似乎越来越频繁地出现在关于新车的讨论中。

综观现在的汽车设计，似乎不论产品定位和级别都在陷入"同质化"的怪圈，乏善可陈的贯穿式的尾灯、饱受吐槽的隐藏式门把手以及越来越大"冰箱彩电大沙发"几乎成为"标准化"的造车模板。

不得不承认，在过去尤其是在燃油车时代，通过"模仿"确实可以在短时间内赢得关注，能够减少产品设计和研发的周期和成本，尤其是模仿"爆款"大概率也可以"复制"成功的经验。但在现阶段，中国汽车工业已经走到了国际先进水平的行列，在整个中国新能源汽车面向全球化竞争的时代背景下，车企不仅越来越难找到"模仿"的对象，甚至还会因"山寨"而原地踏步。

在内卷硝烟中，车企究竟是要"短平快"地模仿产品还是要啃下技术硬骨头的原创产品？此次车展上，也有车企给出了不一样的"答案"。本届车展吉利以"原创 自信"为主题，带来了自研的 GEA 全球智能新能源架构、银河 11 合 1 智能电驱、AI 数字底盘、碳化硅混合驱动集成、天地一体化卫星科技等数十项造车科技。

不过此次车展上，也有一些新的变化。比如日本人拿着皮尺，跪在地上测量红旗汽车；几个韩国车企的代表在北京车展上踮起脚尖、全神贯注、目不转睛地盯着咱们的新能源汽车……

这一次的北京车展或许是个风向标。当大家看到络绎不绝的外国人跑过来，聚精会神地注视着中国汽车的时候，我们更应该挺起胸膛有底气地说这是中国人的原创。

吃完烤鸭的外国人会不会转身筑起篱笆墙？

据不完全统计，本届北京车展媒体日中，有超过三分之一的人为外籍人士。

就连北京网友们都不禁感慨："第一次在车展上见到这么多外国人！"

不少带着质疑而来的外国企业高管、友商、媒体朋友，也在展会上表达出对于中国汽车技术的认可和赞赏，但这份"看好"背后则是外国厂商的焦虑。

中国人看到的是人山人海，但也许在这些蓝眼睛的外籍人士眼中，我们呈现出来的景象是：中国新能源汽车高举着旗帜冲上世界汽车高地，随时可能猛虎下山冲向自己。

他们紧张吗？不紧张是假的。德国汽车工业协会主席穆勒在北京发表了欢迎中国汽车到德国的演讲。转身回到国内就联络德国汽车企业，大喊"狼来了"。

事实已然如此。我们不能左右老牌汽车强国对中国汽车的看法，但我们可以清晰地认知到，中国汽车走向世界的道路并非一帆风顺。好在，我们对此有清晰认知。

"媒体大人们"该醒了

媒体记者同行们可能不曾想到：在公众日买票进入做直播、拍短视频的博主、UP主大有人在。他们可能没有汽车媒体记者专业的长枪短炮，最智能化的设备无非是手机，但他们却能轻松说出专业汽车媒体说不出的、观众爱听的评价。

一千个人心中有一千个哈姆雷特，汽车也是。流量平台时代，分发依赖算法。这意味着无论圈内圈外，每一个人关于汽车产品的声音都可以被算法识别。

先抛开被一些专业媒体记者嗤之以鼻的流量不谈。汽车媒体有门槛吗？有，你需要了解各种企业品牌车型的知识。但你说汽车媒体有门槛吗？只要是他说出了他真实的感受，他就传递了对于产品的态度，一个显性的传播闭环就完成了。"因为他从客观上影响了喜欢听他讲话的那群人。"

当车展现场，那些媒体老爷们眼中不入流的草根们已经完全可以独立输出车型个人见解。车展上那些对于车型一知半解、配置介绍一笔带过草草了之、使用手机随便拍摄并且进行拼凑性剪辑的汽车媒体们，90%以上已经没有了存在价值。

【点评】北京车展反思2：汽车合资进入了"垃圾时间"？

在2024北京车展上，新汽车的热与合资展台的冷再一次形成了反差。中国汽车的合资是否已经进入了"垃圾时间"这个话题摆在了人们面前。

汽车合资的确到了一个十字路口，这是毋庸置疑的。过去合资靠CKD（全散件组装）、许可证赚钱。现在车开始卖不动了，合资公司不赚钱了，CKD、许可证也赚不到钱了。合资的动力在哪？过去，合资产品是香饽饽，是市场上人们争相拥堵的热门。现在，在新能源、智能化的时代下，合资产品在很多消费者看来是落伍了，就像此次北京车展上出现的令人尴尬的场面那样，大部分合资企业展台成为"陪客"。合资还有啥"奔头"？

认为汽车合资进入"垃圾时间"还有一个佐证。这几年在中国淡出合资的斯特兰蒂斯（标致、雪铁龙、吉普）、雷诺，包括调整重心的起亚等，2023年在全球都发展得不错。而在中国，合资多多少少还是面临着一些中国车企的挑战。既然如此，又何必在这么"卷"的中国合资？

我相信，并不是所有合资车企都出现了这种情况。像奔驰、宝马、奥迪、大众、丰田等一众跨国公司不仅仍在中国坚持，有的车企还加大在中国的投入。宝马全球董事长几天前在北京车展展台亮相，第二天就在沈阳签署200亿元的投资项目。在中国还有没有必要谈合资？答案还是那句话：合资还会有，但跟从前不一样。合资对跨国车企而言一定有好处，但如果不改变思维方式，好处一定得不到。

如何看接下来的合资？德国大众是最早的，也是最大、最成功的合资主体，以它为例具有一定代表性。

贾健旭在2023年2月出任上汽大众总经理。彼时，这个曾经创下了中国汽车合资企业年销量200万辆纪录的合资企业，正经历着企业发展受阻下滑的时刻。几个月后，他在与媒体首次沟通时，不仅提到了"保油车、促电车、上奥迪"的工作目标，还提到了上汽大众要守住"底线"。换句话说，如果"底线"没了，合资企业就可能没了。专业人士说，对于年销量为200万辆的车企来说，它的底线就是年销量不能低于80万辆。而在2022年，上汽大众的重头戏大众品牌年销量为120万辆。中德合资的上汽大众遇到了合资以来的最严峻时刻。

面对这样的困境，调整是德国大众方面首先想到的方法。此次北京车展前，我与德国大众董事、大众中国的一把手贝瑞德有过一次交流。在交流前，我找来了这两年德国大众在中国做出一系列调整的资料。我的感觉是，德国大众（包括奥迪）是跨国车企中围绕新能源、智能化"动作"最大的企业。花了很多钱，找了很多合作伙伴。用一句话总结：撒下了太多的种子，他们希望在未来的几年里结出丰硕的果子，扭转在中国出现的被动局面。

这样的想法很好，放低了身段，也花费了真金白银。但方法是否可行，外界的看法不一。这其中就有一个如何看待在中国合资的问题。在一些人看来，德国大众如果充分调动已有的两个合资企业即"南北大众"，特别是上汽大众的积极性，它在中国调整后的效果可能会更好。

再次见到贾健旭是在不久前，上汽集团今年第一季度销售量为26.5万辆，同比增长11.4%；新能源汽车销售量为2.8万辆，同比增长171.3%。这样的数字在合资公司里是"头一份"，增长率也是"头一份"。但贾健旭却认为企业发展得"太慢了"。他认为："当下的技术变化与发展太快了。两年后技术就迭代了，三年后技术就彻底更新了，五六年这个技术已经完全落后了。"我特别注意到他紧接着的话："如果有时差的话，这个东西就有问题了。"相信他的话是对合资企业员工说的。但在我看来，他也是说给德国大众方面听的，只不过用了一句调侃的话委婉地表达了这一层意思。上汽大众这个企业要想走得更快，跟上中国新汽车变化的步伐和节奏，合资双方还要进一步找到更多的共识。贾健旭还表达了对企业当下状态的第二个感受——"缺"。缺什么？很显然是缺当下消费者最想要的产品和技术。产品和技术在过去的合资企业中都是从外方拿来的，现在"缺少了"，说明了德国大众在这一波新汽车浪潮面前落后了，这也是德国大众全方位在中国广撒网找合作的原因：它要补上这个"缺"。在这个"补缺"的问题上，德国大众还是更相信自己。在产品、技术上以我为主是德国大众的自信。很多人看不懂德国大众在中国最新合作的一系列项目的原因也在这。甚至有人发问：德国大众"舍近求远"的做法是否缺乏对合资中方的信任？对于这个问题，贾健旭是聪明的。他认为，当下合资企业拾遗补阙是必要的。德国人的强项拿出来为我所用，中国人的强项也要拿出来为我所用。关键还要动脑筋拿，要找到不足在哪里，要知道从哪里能找到强项去补这个缺。这样才能说好"in China for China"的故事。不说安徽大众这个项目的对与错，明眼人一看就知，德国大众方面的此次调整很多都是围绕着安徽大众来的。当然，在与贝瑞德交流时，他是不认同这个说法的。跟贝瑞德接触过的人都说他"很中国"，这应该是一个好的开始。

汽车合资这件事真的变了。就像贾健旭说的那样："合资企业，中国人解题的能力很强。以前是外方出题中国人解题。现在市场给我们出了超纲题，出了超过合资企业考试考纲的题。"这个题需要中外双方一起来答。解题的过程就是合资不断进化的过程，这个过程很精彩，绝对不是"垃圾时间"。无论如何，以中国这么大的市场，以今天中国新能源、智能化技术领先三至五年的优势，特别是像德国大众这样的在中国销量、利润占据很大份额的跨国汽车公司，他们不可能真的离开中国。更何况德国大众是与中国合资最紧密的车企之一，他应该比别的同行更懂中国、更懂合资，更懂合资带来的好。基于这一点，它最终一定会将中国的合资合作做好。淡出中国的跨国车企只不过是在今天没有找到解题的答案而已。据了解，一个在外界看来已经退出中国市场的品牌企业，已经在谋划新的以中国为中心的最终反哺全球的业务模式。这真的很有意思。

【点评】北京车展反思 3：燃油车的下一步变革在哪里？

这两天，北京车展的火热成为了舆论的焦点。行业内外在密切聚焦、议论当前中国新能源汽车。以至于产生了一种印象，是不是我们真的要重新思考燃油车的未来。

燃油车的未来在何方？这不仅是一个技术问题，更是一个社会经济文化问题。当然，这其中背后的利益纠葛有更多的行业专家分析过，我们不做过多赘述。但仅仅从消费者体验的角度来说，燃油车和当前的纯电动汽车已经产生了较为明显的差别。

在不久前，寰球汽车的同事们在公众日去了北京车展。在直播中，很明显感到的一个现实情况是：大部分的消费者当前正在"传统燃油汽车可靠性保障"和"新能源汽车新鲜体验的诱惑"之间摇摆。

通往新汽车的道路可能不止一条，但创新是永恒的主旋律。没有创新意识就没有当前令用户耳目一新的新能源汽车。这个道理反过头来讲，也同样适用于当前的燃油汽车。

燃油车不能再按照以前的道路走下去了。未来需不需要燃油车我们说不准，但一定不需要现在这样的燃油车。燃油车需要向电动化靠拢，路线可以商榷，速度可以调整，但不靠拢是不行的。

过去一段时间，以一部分国产品牌为代表的国内汽车市场PHEV（插电式混合动力汽车）卖得很好，引发了大家的讨论，也让部分的跨国品牌跃跃欲试。今年我在北京车展上就听到不下十余家跨国品牌，提出了自己的PHEV策略。确实，考虑到用户使用习惯和企业转型步伐，PHEV是传统燃油车迈向电气化的一种技术路径与解决方案。但这是唯一路线吗？我想肯定不是，至少现在来看不唯一。如果唯一，就不会有过去两田HEV（混合动力汽车）和增程式汽车的热销。

2023年，吉利推出了中国星智能双擎。据专业人士介绍，这个技术在油耗、效率以及静谧性等技术指标方面超越"两田"，并且在技术成熟度和先进性上面要比他们更先进。其中，中国星智能双擎全系标配的混动专用4缸发动机可以达到44.26%的热效率，释放120kW最大功率、255N·m最大扭矩，几乎无能量损失，从技术上实现油耗节省。有专业机构进行了横向对比，同级别混动车发动机热效率仅仅能够达到40%左右，动力比中国星智能双擎差了40%。在结构类型上，中国星智能双擎突破了过去传统日系油电混动的构型，使用了3挡DHT变速箱，能够始终维持在最经济、最合理的运转区间内。可以说，同级混动车没有中国星智能双擎动力好，同级纯燃油又不如中国星智能双擎省油，中国星智能双擎在动力和油耗这个层次上，达到了完美的平衡。当然，中国星智能双擎产品在智能化层面上更不用说了，现在自主品牌哪个拎出来都是远超"两田"的水平。

市场的表现也印证了技术的优越性。资料显示，中国星·高端系列上市至今累计销量突破100万。其中星瑞稳居10万—15万元自主家轿销量冠军，单月最高市占率达5.75%，最近更是强势跻身4月第三周全品牌A级燃油轿车市场前三和自主第一；星越L同样月销量屡创新高，最高单月销量突破2万辆，4月前两周跑赢合资勇夺全品牌A级SUV销量第一。

之前有人讲过一个道理，说丰田玩了几十年，做混合动力就离不开丰田。现在看来，以吉利中国星智能双擎为代表的中国混动技术，不仅是离开了丰田，还在一些主要性能指标上甩开了丰田。让全球主流HEV技术形成了两种取向，一种是丰田方案，一种是中国星智能双擎方案。这是创新思考，原创的力量。如果说过去几年纯电动技术中国走在了世界前列，现在我们也可以说在未来改良燃油车的路线（混合动力）上，我们也可以走到世界前列。在今年年初的寰球年度车测评现场，以北京航空航天大学交通科学与工程学院徐向阳教授为代表的多位行业权威专家就认为，过去在混合动力领域，一直由日系车占据着市场的垄断地位。如今，包括吉利汽车在内的许多中国汽车品牌企业聚焦混动技术，不但推出了具有竞争力、创新力的混动产品，还建设了混动技术品牌，并形成了中国汽车混动技术品牌集群，打破了日系车的垄断，这是一种新时代的技术突破。

多说一句，在今年的北京车展上，吉利显得很"低调"。这种"低调"背后恰恰是吉利潜心技术的底色。中国汽车的未来，需要的是不断的突破，不断的原创。中国星智能双擎完全按照全新车型开发，这不是随随便便一家车企就能做到的。全新开发意味着抛去过去的思想包袱，需要拿出更多的技术、资金、人才等资源的支持，这背后都是大吉利的体系力在做支撑。

吉利已经深刻洞察到了未来汽车的发展规律，未来是产品技术营销等领域"通通原创"的时代，他们吃过拿来主义的亏，所以在今天原创性的技术上，吉利始终走在中国品牌的前列。这也是中国星智能双擎能赢得市场的最核心原因。

新汽车是一场革命、一场彻彻底底的全新革命。既然是革命，就不是请客吃饭，而是要流血牺牲。改变是必须的。谁还幻想"燃油车不需要变，未来有自己的一片市场"，一定会被现实教训。传统燃油车向新汽车迈进，HEV 可能不是唯一的方向，但可能确实最有利于企业的方向：既满足了市场需要，也平衡了企业的巨大投入。

新汽车的旗帜在飘扬，在这片天空中容得下更多的精彩。任何有利于节能减排，有利于让消费者感受到汽车技术进步带来红利的技术，都应该值得被鼓励，更何况原创性的技术，更应该被鼓励。

12.【4月25日】吴迎秋专访奔驰全球董事、大中华区负责人唐仕凯：电动化决心没变，在扎根中国基础上，奔驰也要讲好自己的故事

4月25日，北京国际车展E4展馆的梅赛德斯－奔驰展台上21款车型和前瞻数字科技一字排开，G级越野车、迈巴赫、E级车都带来了电动化新产品。尤其是位于展台中央的一辆全新梅赛德斯－奔驰纯电G级越野车。而它在本届北京车展上的全球首秀，也明确传递出两个信号：奔驰坚定推进电动化转型，坚定扎根中国市场不动摇。

梅赛德斯－奔驰集团股份公司董事会成员、大中华区业务负责人唐仕凯在车展上接受了寰球汽车集团董事长吴迎秋的采访。采访中，唐仕凯表达了几个关键的认识：梅赛德斯－奔驰推动电动化转型的决心没有变；中国是梅赛德斯－奔驰最重要的市场；在加大电动化投资、致力于让产品更适应中国需求的同时，梅赛德斯－奔驰也要讲好自己的故事。

针对放弃电动化的传言，奔驰无须自证，行动即是答案

时间回到今年3月份，基于奔驰此前的一份计划调整——"2030年纯

4月25日，奔驰全球董事、大中华区负责人唐仕凯与吴迎秋在专访前合影。

电动汽车和混合动力汽车占比将达到50%"，行业中随即出现了一股"唱衰"跨国车企电动化的论调，认为包括奔驰在内的多家跨国车企正在放缓甚至放弃电动化。奔驰没有急着陷入"自证"的陷阱，而是始终保持着自己的节奏。"到目前为止，奔驰旗下所有品牌都可以有纯电产品的选择"，唐仕凯表示。

尤其聚焦于全新纯电G级越野车，作为家族诞生45年来的首款纯电量产车型，它的出现，不仅创造性地填补了全球豪华纯电越野细分市场的空白，满足了用户对于硬派越野的期待和向往；更意味着整个奔驰顺利完成了从奔驰到AMG，从迈巴赫到G级越野车的全品牌的电动化，这无疑进一步展现了奔驰坚定电动化转型的决心。

首款量产纯电迈巴赫EQS纯电SUV也在本次车展中正式上市。如果说迈巴赫是奔驰豪华的巅峰，那么全新迈巴赫EQS纯电SUV的问世则正式开启这一"至臻豪华"品牌序列的电动化时代。

此外，唐仕凯还强调："我们注意到在不同市场当中，特别在不同细分市场，发展速度是不一样。我们要在战略聚焦的同时，保持战术的灵活。"

比如本次车展首秀的全新梅赛德斯－奔驰长轴距插电式混合动力 E 级车，以及正式上市的全新梅赛德斯－AMG GLC 43 4MATIC SUV 及轿跑 SUV，都是考虑到中国市场在混动、插混方面的增长趋势，以及整个汽车市场对于燃油、纯电等多技术路径的多元化选择。

可以看到，奔驰的电动化车型阵容正在加速扩充，以更完善、多元的产品矩阵满足不断进化的市场需求。

当然，除了产品方面的发力之外，奔驰在配套设施的完善上也同样值得关注。2023 年 10 月，全球首批梅赛德斯－奔驰超级充电站在中国宣布启用；截至目前，梅赛德斯－奔驰的公共充电服务已经在全国介入超过 65 万根公共充电桩，覆盖全国 360 多个城市及高速公路快充网络。

2023 年底，奔驰还与宝马宣布签署合作协议，双方将以 50∶50 的股比在中国成立合资公司，共同运营向公众开放的超级充电网络。在引发互联网关于补能体系争夺战的同时，也使得市场更加期待两者之间的合作将为奔驰带来的正面效应。

在中国要"行稳行快"

而在提到中国市场时，唐仕凯表现得则要更加亢奋。在他看来，中国是奔驰最大的单一市场，也是重要的战略支点之一。在刚刚过去的 2023 年中，奔驰在中国的销量达到 76.5 万辆，占奔驰全球销量份额 29.58%，也让中国在 2023 年再次成为奔驰的第一大区域市场。他认为，"在中国，奔驰不仅要行，还要行得快、行得稳。"

不过，对于这份"成绩单"，唐仕凯表现得颇为谦逊。包括针对此前梅赛德斯－奔驰集团股份公司董事会主席康林松的频繁访华，"他来到中国既是了解市场，也是学习借鉴，把对中国的信心带回斯图加特"，他表示，"我们深知过去的辉煌未必会给我们带来新的荣光，我们必须在变革中加强学习、加强在中国研发的部署。"

因此，我们可以看到，以京沪创新"双引擎"为布局，奔驰在中国约有 2000 名研发人员从事研发工作，在前瞻设计、电动化、智能座舱、自动驾驶、整车测试等各领域全面发力。过去五年，奔驰在中国的研发投入总计达 105

亿元人民币。

不久前，梅赛德斯 - 奔驰在上海的研发中心也再度升级，并正式启用全新大楼，进一步提速在华的智能化创新研发与布局。

唐仕凯表示："目前，中国研发团队正在我们的一些国际研发项目中发挥着主导作用，包括插电混动车型的全新电池组、全新后排娱乐系统，以及为搭载 MB.OS 操作系统的新车型打造的智能互联和自动驾驶功能。"

2025 年，MMA 平台包括 CLA 车型会开始在华投产。"我们将充分挖掘 MB.OS 架构的潜力，提供中国专属的版本和专门针对中国市场的功能。"

此外，唐仕凯还透露，接下来奔驰会进一步加强与中国科技企业、高校以及其他合作伙伴的交流、协同，积极拥抱中国在软件开发、高精尖人才和供应商合作伙伴等方面的优势。比如车辆上下匝道，以及城区端到端的导航辅助驾驶等。通过中国市场的创新，反哺甚至引领奔驰在全球汽车市场的风潮。

"奔驰还是那个奔驰"

在本届车展中，还有一个令人印象深刻的细节是，一位媒体人在沉浸式打卡奔驰展台的过程中，脱口而出的一句，"奔驰还是那个奔驰"，让在场的很多媒体人感同身受。

从穿越时空的经典越野图腾到至臻纯电豪华迈巴赫 EQS 纯电 SUV，再到全新梅赛德斯 -AMG GLC 43 4MATIC SUV 及轿跑 SUV，一个显而易见的信号是：奔驰不会失去其豪华、高端的调性。在坚定电动化转型、中国市场的同时，梅赛德斯 - 奔驰也要讲好自己的故事。

对此，唐仕凯表示："我们电动化的战略是不变的，会继续加大电动化领域的投资；我们致力于让产品更适合中国市场，更加高科技、更加智能，同时更要保持原汁原味的奔驰特性。"

比如，在开发驾驶辅助系统并保持充足技术储备的同时，奔驰坚持对新技术的应用经过全面综合的评估和全方位的测试，宁愿在推出时间上慢一点，也要确保安全。这正是出于奔驰对于品牌 DNA "安全为先"的坚持。可以看到，在加速快跑的同时，奔驰也有着自身不变的价值标准。

正如奔驰始终强调的那样，永不过时的豪华设计、耐久性、安全和高品质，是奔驰传承百年的基因。不断在守正和创新之间寻求平衡，才是百年奔驰的造车之道，这些根本性的东西不会变。

豪华绝不是一蹴而就的，而是在漫长的岁月中磨砺而成。随着奔驰电动化、聚焦中国战略的持续深入，以自信从容、仪式感和品质感为核心，奔驰的品牌潜力和品牌势能将持续释放。

13. 【4月26日】吴迎秋独家对话宝马集团董事长齐普策：宝马没有活在旧时代

北京车展期间，寰球汽车集团董事长吴迎秋与宝马集团董事长齐普策进行了单独交流和独家采访。

齐普策认为，今日中国的动向决定明天世界的方向。对于创新，宝马有自己的理解，并不意味着一家企业把所有先进技术都装到车里，就自然而然能卖个好价钱，这个想法并不是一个好战略。在行业变局当中，宝马不只是希望能够活下来，还希望能够活得好。齐普策表示，宝马对竞争持开放态度，也会拥抱竞争。汽车品牌要想做起来还是挺难的，汽车行业是很复杂的，入行容易，活下来难。并希望集百家之长，把合作企业的技术集成到车里面，新功能起点是用户体验，从体验角度来讲哪一种技术和功能对客户是最好的。齐普策认为，宝马没有活在旧时代，宝马的传统是永远在技术上挺立潮头，这个传统至今没变。同时，他不赞同"科技与狠活"多多益善，而是希望技术能足够智能，同时又要能够退居次席，客户需要的时候才出来，这也就是"隐形科技"的概念。最后，齐普策强调，在中国为中国，也不惧怕在中国市场中的任何竞争，而是会拥抱竞争。

以下为北京车展采访实录：

吴迎秋：最近我看到董事长随德国总理来到中国，到访重庆、上海和北京，您有哪些收获或者心得可以聊一聊吗？

齐普策：有一句话，今日中国的动向决定明天世界的方向。这次随舒尔

4月26日，宝马集团董事长齐普策与吴迎秋在专访前合影。

茨总理到访重庆、上海和北京，可以说是一个学习之旅，让我们了解到新质生产力的含义是什么、取得了什么样的发展，可以了解到中国制造实力已经与创新能力实现对接和融合。

当今世界人类面临许多共同的挑战，只有通过创新和高科技结合才能够解决，这就意味着国与国之间、利益相关方之间要不断加强合作。在任何技术领域，让德国企业和中国企业形成协同效应，是克服诸多挑战的最佳方式。

基于总理的访问，我们也看到自由贸易以及知识分享对于世界发展而言至关重要。我们的立场也是支持自由贸易、自由市场以及自由市场准入，特别是对于汽车行业的未来发展而言，这都是至关重要的。任何对于市场准入的限制，以及欧盟反补贴的调查我们都不赞成，我们希望拥抱竞争。在欧盟进口纯电动车当中，有超过一半是由外资企业在中国生产，包括我们销往世界的BMW iX3，以及未来光束汽车将要在中国生产、销往全球的MINI车型都是如此。

吴迎秋：现在汽车行业发展变化很快，过去董事长也在很多场合做过一些判断，今天利用这个机会我也想请您谈谈对于行业大变局的看法。2030年全球汽车格局大概会是什么样子？到那个时候宝马是否还能够保持今天的市场地位？

齐普策： 综观全球汽车行业，特别是中国汽车行业，都正在经历大变局。中国技术进步巨大。一方面，技术取得巨大的进步；另一方面，现在我们看到行业有一种风气，似乎是功能制胜的阶段，"看得见"的新功能似乎是最重要的。这种情况下，我们需要多想一步，这些功能是否真的是客户所需。宝马认为汽车行业成功取决于三大能力：

第一，聚焦于客户体验的系统集成能力。这包括两个要点：一是有能力将各家的先进技术进行系统集成，也就是企业要有能力在系统层面集成各种各样的技术，融合技术伙伴的创新。二并不是说技术上能够实现的所有功能最终都要上车，而要从客户所用所需的视角审视我们应该提供哪些功能，这是宝马品牌严格遵守的一条原则。

第二，如果想基业常青，需要全球化适应能力。未来，我们想做到在中国为中国、在欧洲为欧洲、在美国为美国——针对不同区域市场的整合、集成能力就更加至关重要。

第三，我们的目标是成为一家可持续的公司，这意味着我们需要有能力去控制整个供应链。也就是说，我们要能够去掌控所有上游合作伙伴的相关信息，统计记录各方面环境足迹、排放，尤其是二氧化碳的排放，能够从各个维度、各个环节来全面了解制造、产品、成品以及供应链各个方面的排放和足迹情况。我们的审视范围远不止于产品端，而是产品＋工厂＋供应链，形成一个全面完整的足迹视图，在未来十年尤其迈向2030年目标的阶段，这种能力具有决定性的意义。

以上三大能力的叠加，就是系统集成能力、全球化适应能力、掌控供应链并推进可持续发展能力，这三大能力自然导出结论——技术开放性，我们要想满足所有要求，就需要理解所有相关的技术。一方面，这样才能满足全球不同市场不同客户需求；另一方面，这样才能够优化我们的碳足迹，最大程度推进减碳和可持续发展。因此，所有的能力都是非常重要的。

吴迎秋： 刚才谈到的是格局，您觉得谈格局之前还要讲究三方面的能力，请问宝马将以哪三方面的能力立足于2030年之后的车坛？

齐普策： 我无法判断谁还能够继续在市场当中留下来，这完全是推测。如果说有这三大能力，就是系统集成、全球掌控、循环永续，这样的话才有可能不断扩大规模。竞争这么激烈，如果没有能力完成工业化、规模化，就很难留下。在汽车行业中，创新并不意味着一家企业把所有先进技术都装到车里，就自然而然能卖个好价钱，这个想法并不是一个好战略。

吴迎秋： 刚才您讲到全面的能力，也就是说现在新汽车不是过去简单的汽车升级，它还涉及新能源、新技术、新人车关系和运用场景，包括营销。那究竟新汽车对什么的认知程度决定了企业的战略？我们注意到这次宝马也提出了"新世代"的说法，宝马对于新汽车有自己的认知和坚持，您怎么看待新汽车的那些核心竞争力？

齐普策： 历史积淀是个优势，不是一个负担。2023年宝马的研发投入规模是前所未有的，今年也会保持同样级别的研发投入力度，我们的研发涉及ADAS、电驱系统、UI/UX等方方面面的技术，技术开发出来以后还要去集成到一款车里面。我们创新技术的集大成者就是在2025年，也就是明年即将推出的新世代车型。新世代车型会展示出下一代汽车有怎样的可能性，而且这些技术集成不只是用于电动车，而是体现在各种驱动形式的车型上。这就是我们对新汽车的诠释。我们非常有信心这些新技术能够推动宝马在全球的布局和发展，到2030年将上升到一个新的层次。在行业变局当中，我们不只是希望能够活下来，还希望能够活得好。

我刚才讲的并不只是将来时，也包括现在。中国市场2024年一季度整体纯电动车市场增长15%，豪华纯电汽车市场增长0.9%，宝马纯电动车增长18%。我们不只是能够跑赢豪华车这个级别，而且还跑赢了纯电汽车市场的总体增长。市场证明，我们的产品和技术策略是可行的。

吴迎秋： 我想谈一下中国市场现在的几个现象。第一，合资企业空心化；第二，"蔚小理"这样造车新势力、新兴企业控制舆论场；第三，大家对汽车全球化产生了跟过去不一样的判断和认识。在这样情况下，BBA(奔驰、宝马、奥迪）这些曾经代表着先进技术的品牌，在电动化时代好像似乎不那么先进了，尤其年轻人不再崇尚 BBA 这样的品牌。我们也知道企业盈利能力跟品牌溢价能力是成正比的，这是一个问题两个方面。随着电动化汽车的占比逐渐提高，电动化品牌力的问题就变得很关键，一个方面是我们的做法，一个方面新势力有自己的品牌力和盈利能力，这样的变化是不是引起了您的关注？

齐普策： 这几年来，不管是新势力还是诸多其他的企业，都在进入汽车市场当中。贬低传统品牌，抬高自身品牌，也成为一种比较普遍的现象。我们当然也会认真去对待竞争。但是，宝马在纯电市场上的增速也是快于中国整体市场的，可以说事实胜于雄辩。我们会跟他们共存下来，让市场实践检验我们的技术是不是更先进、续航是不是更优秀、品质是不是更精良、客户是不是会去买账、是不是有历史的汽车品牌真的不如新的品牌好。

我们对竞争持开放的态度，也会拥抱竞争，汽车品牌要想做起来还是挺难的，汽车行业也是很复杂的，入行容易，活下来难。我们在中国市场有3200名研发人员，在关注着竞争的态势，从某种意义上来讲，宝马是一个中国品牌，不是一个进口品牌，我们家在中国，在中国为中国，也不惧怕在中国市场当中任何的竞争，我们会拥抱竞争，把竞争作为我们学习的过程，而且有十足的信心能够在市场当中保持强劲的竞争地位。

在新的时代，即使在中国，我们一定能够先人一步在竞争中取得领先，这个方面谁也不应当低估宝马的意志和能力。

吴迎秋： 现在大家有一种说法，全球市场只有两种市场，一个是中国，一个是其他。要想继续在中国成功，必须打破常规。反过来看也有人说目前宝马在中国基本上还是在增强过去的体系，而没有创新一个全新的模式来推动，比如以供应链为例，大众和小鹏合作提升数字化能力，小米直接入股电驱核心零部件供应商，宝马的下一步是不是有这方面的打算呢？

齐普策： 这要谈到宝马作为系统集成商的能力。我们与中国许多科技企业展开了合作。我们希望能够集百家之长，把它们集成到车里面，新功能的起点是用户体验，不是说看哪个功能能够上热搜，而是从体验角度来讲哪一种技术和功能对客户是最好的。

　　"新势力"这样的说法让人体会到之前已经存在的企业是所谓老势力。然而所谓的"老势力"在市场竞争这么激烈的情况下，还是取得了成功。随着新世代推出，我们还有更大的雄心壮志。我们不是在过去基础上书写新篇章，而是从头写一本新书。

　　宝马有着强大的规模化能力，现在行业格局之下，无法推进规模化就难以活下去。现在看新势力这么多，可以想一下五年之后还有多少家能活下来，我不能给您判断谁能活下来，可以想象有多少家能够活下来，不进行规模化就很难生存。宝马没有活在旧时代，我们的传统是永远在技术上挺立潮头，这个传统至今没变。

　　吴迎秋：宝马在中国消费者心目当中是一个豪华品牌，但是电动车上来之后，豪华的概念在模糊，现在小米定了21.59万的价格，大家也认为它是豪华品牌，这样这种模糊的概念可能对宝马品牌来说是有影响的。刚才讲到新世代概念，新世代能不能支撑起宝马豪华定位，怎么才能给宝马注入撑得起高端品牌的内涵？

　　齐普策：宝马从来没有把自己称为是豪华品牌，劳斯莱斯算豪华品牌，宝马自身定位是高端运动品牌，给客户传递的是纯粹的驾驶乐趣，"豪华"这个词是有一些让人容易产生误解的。我们强项在于能够给客户永远提供最佳的创新解决方案。不管过去、现在还是未来，我们的目标都是给客户提供比竞争对手更好的车。

　　客户预期、感受、认知确实都在发生变化，因此我们才去研发新世代车型，实现跨越式的发展。您永远不会看到在宝马车里面没有驾驶座位、没有方向盘，我们的理念是要眼观前路，手把方向盘，心无旁骛，这是我们的追求。我们反对"科技与狠活"多多益善，我们希望技术能足够智能，同时又要能够退居次席，客户需要的时候才出来，这也就是"隐形科技"的概念。

　　我们希望汽车的中心是驾驶者，而不是大屏幕。我们希望在这个方向上引领行业下一个阶段的发展。我们觉得高科技是好的，但是过分的高科技是危险的，会有过犹不及的情况干扰到驾驶者，使他们心烦意乱。汽车并不是轮子上的iPhone——这是一个过于简单粗暴的简化。

第五章

5 月

1.【5月6日】长安福特、通用中国高层变动

5月6日，福特中国宣布，艾小明即日起正式出任长安福特汽车有限公司总裁，向长安福特董事会汇报。现长安福特总裁何晓庆于2024年6月1日正式退休。在此之前，其将以资深顾问身份协助与艾小明的交接。艾小明在制造业和电子消费行业有超20年的工作经验，有助于加速推进长安福特向电气化、智能化转型。

5月7日通用汽车宣布，现任全球商业运营副总裁史蒂夫·希尔（Steve Hill）将出任通用汽车全球高级副总裁兼通用汽车中国公司总裁。根据声明，史蒂夫·希尔是通用汽车全球营销专家，曾担任包括美国销售、服务和营销副总裁以及客户服务和售后全球副总裁等重要职务。他将于6月1日起接替柏历（Julian Blissett），全面负责通用汽车在华业务。

2.【5月】反对欧盟征收反补贴税斗争升级，中国拟对大排量车征税 [11]

5月7日，上汽集团回应欧盟反补贴调查，拒绝提供涉及商业敏感信息。上汽集团表示："我们全面配合欧委会，已经按照WTO和EU规则，提供了所有与反补贴调查相关的必要信息。值得指出的是，诸如电池配方等商业敏感信息，应该不属于该范畴。"

此前有媒体报道，欧委会向调查中被抽样的三家中国电动汽车制造商发出"警告"，称它们没有提供关于补贴、运营和供应链方面的"足够"信息，可能导致欧盟做出对这些企业"更不利裁决"。欧委会称，在没有这些信息的情况下开展调查，欧盟委员会将不得不启用"可获得事实"（Facts Available）规则，从而最终导致对进口产品征收更高的关税。

5月23日，中国宣布考虑对大排量或2.5L以上进口汽车加征关税。商务部新闻发言人表示："中国坚定走绿色低碳发展道路，始终鼓励和支持各行业向绿色低碳方向转型升级、实现高质量发展，包括汽车行业在内的各领域专家也在就此开展研究，为应对全球气候变化建言献策。""当前

个别国家和地区，背离绿色发展理念，违背市场经济原则和世贸组织规则，在新能源汽车领域出台了一些限制措施，我们认为这些措施只会损害本国消费者利益，影响全球绿色转型和应对气候变化的努力。"

欧盟中国商会在社交媒体平台 X 上发布的一份声明中表示，根据"业内人士"消息，中国或考虑对大排量发动机的进口汽车提高临时关税税率。在欧盟中国商会发布声明的第二天，梅赛德斯－奔驰、宝马，甚至保时捷的股价在早盘交易中均下跌超过 2%。这是因为中国大部分汽车进口都聚集在豪华车领域，其中，大排量车型又是"主力"。根据报道，2023 年，中国进口约 25 万辆发动机排量大于 2.5L 的汽车，占进口汽车总量的 32%。

根据《中华人民共和国消费税暂行条例》的规定，我国对高能耗高端日用品，如轿车、摩托车等物品征收所得税。税种构成汽车进口税 = 基础进口关税（15%）+ 消费税（1%—40%）+ 所得税（13%）。进口汽车进口税率为恒定 15%；消费税按照排量不同征收，其中 2.5L 以上消费税率分别为 12%（2.5L—3.0L）、25%（3.0L—4.0L）以及最高 40%（4.0L 以上）。

3.【5 月】中国汽车密集布局全球市场

5 月 7 日，广汽埃安泰国工厂 185 保税区协议正式签署。作为广汽集团在海外的第一个保税工厂，保税区 185 获批后所有生产零件进口关税为 0；且保税区内生产的电动车与本土生产电动车同等享受东盟成员国内互免关税待遇及清关便利，是保障东南亚本地化生产的重要前置条件。5 月 23 日，广汽埃安宣布，继成功登陆马来西亚后，公司中亚出口基地启动，并完成塔吉克斯坦首批 1000 辆交付。根据规划，未来该公司将以东南亚为核心，辐射全球市场，且接下来 1—2 年，在中亚、西亚、美洲、非洲、欧洲等地建立全球七大产销基地。

5 月 9 日，比亚迪宣布拟在欧盟投资数十亿欧元。当地时间 5 月 9 日，比亚迪欧洲汽车销售事业部总经理舒酉星表示，比亚迪目标到 2030 年超越大众汽车、特斯拉和 Stellantis，成为欧洲市场最大的电动汽车销售商。舒西星称，比亚迪正准备"在欧盟进行巨额投资"，规模可能达到数十亿欧元，涉及工厂、分销网络和市场营销。舒西星透露，比亚迪将把基于海鸥车型的低成本电动汽车引入欧洲市场，其售价应低于2万欧元。

5月11日，小鹏汽车宣布，与澳大利亚True EV公司达成独家合作协议，正式进军澳大利亚市场，后者将作为小鹏汽车在澳洲市场的独家进口、分销及零售商，提供品牌展厅和全程客户支持。小鹏汽车将在2024年第四季度面向澳洲市场正式推出小鹏G6。

5月14日，零跑和Stellantis共同宣布，双方合资公司"零跑国际"正式成立，该合资公司由Stellantis集团和零跑汽车分别持股51%和49%。零跑国际总部位于荷兰阿姆斯特丹。按照计划，该合资公司将自2024年9月起首先在欧洲开启销售T03和C10两款电动车型；自2024年第四季度起，将上述车型投放到印度和亚太（不含大中华区）、中东和非洲及南美市场；在今年年底前，将其在欧洲的销售网点扩展至200家。

5月16日，小鹏汽车在巴黎举行小鹏G9上市发布活动，正式进入法国市场。2024款小鹏G9在法国售价59990—73990欧元，折合人民币约为47万—58万元，计划2024年7月开启交付。同日，小鹏汽车还展出了小鹏G6，并计划于下个月在法国上市。基于在丹麦、挪威、瑞典、德国等国的销售表现，小鹏汽车希望于今年底在法国新能源汽车市场所在车型区间实现3%的市场份额。

5月30日，吉利控股集团宣布其位于马来西亚的AHTV产业园（Automobile High-Technology Valley）计划在2035年形成50万辆整车的生产能力，其中50%出口；同时，打造100万套零部件供应链体系，其中50%服务于全球市场。据悉，整车方面，该产业园将不仅引入吉利旗下汽车品牌，同时也吸引其他国际汽车品牌入驻或为其提供代工制造。2023年4月，吉利控股集团与马来西亚DRB-HICOM集团签署深化合作框架协议，双方将围绕马来西亚丹绒马林汽车高科技谷（AHTV）建设展开更广泛深入合作，助力马来西亚新能源产业发展。

5月31日，雷诺发布声明称，根据雷诺和吉利汽车2023年7月11日签署的协议，并在获得相关部门批准后，双方的动力总成合资公司——HORSE 动力总成公司（HORSE Powertrain）正式成立。HORSE 动力总成总部将位于英国伦敦，由 Matias Giannini 担任 CEO，雷诺和吉利汽车各持股50%。声明称，预计该公司年收入将达到近 150 亿欧元，动力总成装置年产量约 500 万套，为全球合作伙伴提供包括混合动力系统、内燃机、变速箱和电池解决方案在内的完整动力总成技术组合。

4.【5 月 10 日】极氪在纽交所上市

当地时间 5 月 10 日，极氪智能科技正式在美国纽交所挂牌上市，股票代码为"ZK"。成立第四年的极氪由此成为继"蔚、小、理"、路特斯之后又一家在美上市的中国新能源汽车公司。上市首日，开盘价为每股 26 美元，截至收盘每股报 28.26 美元，相比 21 美元的发行价，上涨 34.57%，市值达69.98 亿美元。

极氪自 2021 年 3 月独立运营以来，一直在寻找合适的上市时机，并三次向美国证券交易委员会递交 IPO 招股书。2022 年 12 月受大环境影响而暂时搁置，2023 年 11 月又因"时机不成熟"再次搁置。这一次是极氪第三次尝试 IPO，终于顺利登陆美股。

由于此时美股市场持续疲软，也由于华尔街对中国新能源汽车在未来的市场竞争中的表现还在进一步观望。客观地说，募资金额和市场估值与此前的计划是存在一定差距的。2021 年 8 月极氪 Pre-A 轮融资 5 亿美元，英特尔资本、哔哩哔哩、宁德时代、鸿商集团和博裕投资等领投后估值为 89亿美元；2023 年 2 月极氪 A 轮融资 7.5 亿美元，Mobileye、越秀产业基金、宁德时代、通商基金、衢州信安智造基金投后估值为 130 亿美元。

尽管如此，极氪从 2021 年发布到 2024 年成功登陆纽交所，用时仅 3年时间，以"极氪速度"刷新了新能源车企史上最快上市纪录，开启了其快速发展的新阶段。对比之下，特斯拉用了 7 年，小鹏汽车用了 6 年，理想汽车用了 5 年，蔚来用了 4 年。吉利控股集团总裁、极氪智能科技 CEO

5 月 10 日，极氪在美国纽交所挂牌上市。

安聪慧表示："新能源浪潮，是全球汽车产业百年未有之变局。不同于传统车企和新势力，极氪将吉利控股集团的造车底蕴与全球资源，赋能于全新的独立品牌，这是极氪为全球新能源转型开辟的第三赛道，也是极氪在全球资本市场所凸显的长期价值。"

从公司成立至美股上市这 3 年间，极氪推出了五款全新车型：新豪华猎装轿跑全新极氪 001（包括其高性能版纯电猎装超跑极氪 001 FR）、原生纯电豪华 MPV 极氪 009（包括四座超豪华旗舰 MPV 极氪 009 光辉）、新奢全能 SUV 极氪 X、纯电豪华轿车极氪 007，以及在 2024 北京车展全球首秀的家庭全场景大五座极氪 MIX。截至 2024 年 4 月底，极氪累计交付车辆超 24 万辆。

根据招股书显示，营收方面，2021 年至 2023 年极氪的年营收分别是 65.28 亿元、319 亿元、516.7 亿元。销量方面，2021 年极氪 001 一款车型销量 5568 辆，2022 年 7.19 万辆，2023 年 11.9 万辆。毛利方面，2021 年至 2023 年极氪毛利分别为 10.38 亿元、24.72 亿元、68.5 亿元，毛利率分别为

1.8%、4.7% 和 15%。

值得注意的是，极氪在 2023 年能够实现 15% 的毛利率得益于母公司吉利成熟的供应链体系和制造工厂的帮助，并且极氪引以为傲的 SEA 浩瀚架构同样来自吉利五年耗资百亿的成果所得，这是极氪最大的倚靠，也是其他新势力并不具备的实力。

据招股书显示，2021 年至 2023 年极氪研发费用支出分别是 31.6 亿元、54.46 亿元、83.69 亿元，而截止到 2023 年末极氪在全国共建成 24 个极氪中心、240 个极氪空间、31 个交付中心和 45 个极氪 House，并且极氪也在全国布局了 882 个充电站，加上和第三方的合作在全国 340 个城市提供约 61 万根充电桩。如此大规模的研发投入和基础设计建设投入，导致 2021 年至 2023 年极氪净亏损分别为 45.14 亿元、76.55 亿元、82.64 亿元，三年累计亏损 204.33 亿元。

据透露，此次 IPO 募集资金约 45% 将用于研发更先进的纯电动汽车技术与扩大产品组合；约 45% 将用于销售、营销以及扩大服务与充电网络；约 10% 将用于一般企业用途，包括营运资金需求，以支持业务运营。

极氪是吉利控股旗下继吉利汽车、极星、沃尔沃、路特斯、亿咖通之后又一个成功 IPO 的公司。在美股上市，不仅意味着开启了加速发展的新历程，也意味着极氪已经有条件获得资本市场的支持，尽早实现财务转正。

【点评】让世界看到极氪

美国时间 5 月 10 日上午，极氪汽车在纽交所上市了。这一刻起，注定了极氪汽车在资本市场上被全世界关注。不仅如此，中国新能源汽车也再一次被放到了全球的目光下。纽交所是全球规模最大、交易量最活跃、影响力最大的股票交易平台。但一段时间以来，对于中概股似乎不太"友好"。最近，美国以及西方一些人对于中国的新能源汽车指东道西。这个时候极氪在美股上市多少有些敏感。

怎么看中国品牌新能源汽车的变化与发展，怎么看中概股？极氪在此时给西方、给世界提供了一个样本。不管极氪方面愿不愿意，它都会被摆在聚光灯下，甚至被放大了看。西方最终会得出什么样的结论，我们有待观察。但有些信息是准确无误地摆在那里的。此次极氪上市前股票认购远远超出了预期，这样的现象吻合了之前一位长期研究美国股市专家的说法。美股最近对中概股的态度发生了有意思的变化。对于来自中国的有好业绩和"健康"的股票，过去那样没人碰的现象在淡化。尤其值得一说的是，和以往一些中国新能源车企在美上市不同，极氪创下了从成立到上市时间最快的纪录。这其中，小鹏汽车用了6年，理想汽车用了5年，蔚来用了4年。极氪从2021年4月15日品牌发布，只用了三年就叩响了美股大门，是"史上最快的IPO"造车新势力。不仅如此，这三年中，无论是销量、毛利率，企业每年的业绩都在明显增长。极氪智能科技CEO安聪慧说，2024年极氪要完成年销23万辆，实现盈利。这在当下中国新能源车企普遍不挣钱的背景下极具价值。极氪的快速发展一定与它的产品、技术密不可分。在当下中国热闹纷繁、内卷现象十分严重的新能源汽车市场，极氪的极致性能、高价值形象已经被认同。此次美股上市也证明了资本市场对它的肯定。

中国的新能源汽车发展到今天，成为国际市场上极具竞争力的产业很不容易。这个过程中，极氪不是最早进入的，却是最具代表性的。它改变了在一些人心目中中国新能源汽车圈钱、烧钱、找钱的印象，开始回归理性发展。干新能源汽车的确没钱不行，但有钱也不一定行。一方面，它太"烧钱"了；另一方面，它太难了。将这两者放在一起更难。从"钱"的角度看中国新能源汽车的发展很耐人寻味。至少它有几个阶段可以拿来说一说。第一个阶段必须要提资本市场的推波助澜。曾几何时在美股上市的新能源车企，估值逆了天。导致很多人都涌进了新能源汽车这个领域，他们都是冲着钱，冲着一夜暴富去的。在这些人眼里，造车这件事并不重要，讲好故事才是最重要的事。

美股市场上，新能源汽车几千亿、上万亿我们都见过。这几年，风向变了。造车难，造新汽车更难。身处这股热潮的各个车企，特别是后进入者们都明白了，造汽车绝不是讲故事那么简单。不仅要钱，可能还要"命"。找钱续命成为了不少车企的核心任务。挤上IPO这条船是很多人想到的唯一路径。我们也看到了有的创始人甚至连"船票"还没拿到的情况下，已经做起了上船的梦。这个阶段应该是中国新能源汽车拐点的开始。有些新能源车企可能又回到了过去人们常说的怪圈中。越想钱，越拿不到钱，越没钱。其实道理很简单，干新能源汽车还是要回归原点。它讲的还是产品、技术和它背后的综合实力。这是当下大家的共识，它意味着中国的新能源汽车发展进入到了回归本源的阶段了。极氪的上市让我们看到了这样的回归。看一个公司的发展，一定要坚持长期主义。有心的人可能注意到，此次极氪上市，吉利汽车、Mobileye、宁德时代等都以公开发行价格继续认购，作为原有的投资者，他们一定是看到了极氪的长期价值。有人说，极氪此次估值偏低，恰恰说明了原有股东们看到了持续增值空间。

之前，几乎所有的中国新能源车企的股票都是高开低走，是否估值过高导致，这真是个值得关注的现象。如果是这样，极氪的股价这次是否会走高呢？这是可以看一看的事。极氪这三年的发展还有一个特点，就是它的节奏和计划性很强。这让它每年业绩保持向上，而不像有的企业那样呈波动状。特别是这两年，中国新能源汽车竞争激烈，甚至出现了浮躁的情况下，极氪给人的感觉是按照既定计划向前走。为什么选择这个时候在美股上市，其实跟它的国际化进程有关。极氪001、极氪X已经开始在欧洲发达国家市场推进，接下来将会全面在国际市场上铺开。这个时候在美股上市就是为自己的国际化身份背书，为拓展国际市场拿一张权威的"通行证"。随着极氪的上市，大家又说起了这是李书福、吉利的第9个上市公司。李书福的目的是什么？此前已经有人在猜测。专业人士说，大家往往将上市这件事看成"钱"这个表面上的东西，却很少有人去注意上市其实对企业来说意味着更加透明、合规。这个观点非常重要。尤其是当前个别车企中存在着的虚火、虚假问题下，资本市场作为一把把关的锁很有必要。吉利为什么有这么多的板块推向资本市场，是否意味着李书福对企业治理和发展有了更深的思路？这是值得大家关注的另一个话题。无论如何，极氪上市了。它走到全世界的面前了，不管美国资本市场如何变，做好极氪自己、让世界看到极氪的成长和中国新能源汽车的成长才是最重要的事。

5.【5月】汽车智能新能源技术创新步伐加快

5月10日，上汽荣威发布"DMH超级混动技术"技术品牌。DMH超级混动技术具有模块化、集成化、专属化三大技术特点。该系统按照模块化设计、系列化构型，通过一套系统匹配PHEV/EREV（增程式电动汽车）/HEV等不同混动路线，可覆盖全球不同用户的驾驶需求及油耗法规，同时，该系统拥有行业首创的"能量域"全域热管理、动力总成大脑PICU、发动机＋P1电机同轴结构等多项领先技术，以软件算法为核心，匹配混动专用高效发动机、变速箱、长续航电池等专用硬件，"软硬兼施"，做到超级融合。

5月17日，国轩高科发布采用全固态电池技术的金石电池，电芯能量密度达350Wh/kg，比传统的液态三元锂电池提升40%以上。国轩高科称，基于金石电池的电池包，可达到280Wh/kg的系统能量密度，单次充电续航可达1000km。国轩高科全固态电池项目总工程师潘瑞军称，该公司的全固态电池计划2027年小批量上车实验，如果测试顺利，随着产业链逐步建立，预计在2030年实现量产。

5月20日，小鹏汽车宣布，国内首个端到端大模型将量产上车，将实现智驾能力提升两倍，感知距离提升两倍，识别目标物50+；可认识待转区、潮汐车道，并可读路牌文字，推测交通参与者意图；在复杂场景的顿挫、卡死、安全接管均减少近50%。2024年第三季度，小鹏汽车将实现全国每条路都能开，全面实现无图，2025年在中国实现类L4级智驾体验。

5月25日，上汽集团在新能源技术发布会上表示，上汽全固态电池基于聚合物—无机物复合电解质技术路线，将于2026年实现量产。该全固态电池能量密度超过400Wh/kg，体积能量密度超过820Wh/L，电池容量能超过75Ah。计划到2027年，搭载全固态电池的智己新车将实现量产，并正式交付用户；后续，能量密度有望进一步提升至500Wh/kg。

5月30日，吉利汽车正式发布联合星纪魅族共同打造的"银河Flyme Auto"智能座舱系统，及联合Flyme Sound Inside的行业首个AI智能音响系统——"Flyme Sound无界之声"。其中，银河Flyme Auto采用的是吉利自研并量产的 7nm 车规级座舱芯片"龙鹰一号"，其内置了 8 核 CPU、14 核 GPU，支持 2.5K 高清视频播放，同时具备更高阶的 AI 应用持续拓展实力。据悉，银河 Flyme Auto 与 Flyme Sound 将在吉利银河全新产品上应用搭载，并根据不同车型需求作针对性开发定制。

6.【5 月 14 日】美国宣布将对华电动汽车、电动汽车电池等商品提高关税

当地时间 5 月 14 日，美方发布对华加征 301 关税四年期复审结果，宣布在原有对华 301 关税基础上，进一步提高对自华进口的电动汽车、锂电池、光伏电池、关键矿产、半导体以及钢铝、港口起重机、个人防护装备等产品的加征关税。

此次加税具体为电动汽车关税从 25% 提升至 100%；动力电池关税从 7.5% 提升至 25%；非电动汽车锂电池关税从 7.5% 提升至 25%（2026 年开始执行）；电池零部件关税从 7.5% 提升至 25%；天然石墨、永磁体及其他关键矿产关税从 0 提升至 25%（2026 年执行）。此外，半导体、太阳能电池、港口起重机、钢铁和铝，以及部分医疗产品均有不同程度的提升。

商务部新闻发言人回应称："中方坚决反对与严正交涉。""美方出于国内政治考虑，滥用 301 关税复审程序，进一步提高部分对华产品加征的 301 关税，将经贸问题政治化、工具化，是典型的政治操弄，中方对此表示强烈不满。世贸组织早已裁决 301 关税违反世贸组织规则。""中方将采取坚决措施，捍卫自身权益。"[12]

7.【5 月 19 日】沃尔沃 EX30 上市，在最懂沃尔沃的地方读懂"减法"真谛

5 月 18 日，一年一度的哥德堡半程马拉松正式举办，作为瑞典当地老牌的汽车制造商，沃尔沃也再一次深度参与到这场盛会当中。

第二天，沃尔沃高智感纯电 SUV EX30 中国上市发布会也在哥德堡正式举

行。不同于当前汽车行业中"流量为王"的惯性动作，沃尔沃的这场新车发布会堪称"一股清流"。没有竞品对比、拉踩，没有金句堆砌、情怀泛滥，只有品牌故事的娓娓道来，产品亮点的流畅表达。冷静、克制，却更显鲜活、生动。

这种独树一帜的发布会风格，一方面与北欧"性冷淡"的画风脱不开关系；另一方面也与马拉松这项运动所代表的内核一脉相承。在沃尔沃看来，人生就是一场场的马拉松，跨越一个接一个的难关之后，生活仍会给予你本来的模样。对于品牌来说，亦是如此。

而在哥德堡这个城市中，在这项简单、纯粹的运动中和沃尔沃这场视角独特的发布会中，我们也得以借助城市的隐喻、独特的叙事以及具象化的动作，真正窥见和读懂沃尔沃的价值和发展理念。

为什么是哥德堡

人们常说，读懂一个人，要先读懂他的故乡。同样的，想要读懂沃尔沃EX30以及它所蕴藏的独特韵味和豪华腔调，也先要回到瑞典哥德堡，这个沃尔沃诞生、成长的地方。这也是为什么沃尔沃要将EX30的中国上市发布会放在哥德堡的原因所在。

通过这样一场北欧溯源之旅，沃尔沃汽车希望向中国消费者展示纯正的北欧文化，以及沃尔沃汽车所倡导的价值理念。

漫步于瑞典哥德堡街头，安静、松弛是这座诞生400多年的滨海城市给人以最直观的印象。这种安静和松弛具象化在每一个来往的行人、每一栋建筑物和每一块羊角面包上。

甚至于在这里，还催生出了一种独特的生活理念——"Lagom"。它追求从平衡中寻找生活的满足感，指向一种"不多不少"的生活方式，内涵就是适度、公正和平衡。它不刻意营造美好的气氛，却适用于不同的情景和场合，主张一种"适度就是美德"的生活之道。

因此，我们可以看到，作为沃尔沃汽车有史以来"最年轻"的一款SUV，在冰箱、彩电不断加码的当下，EX30传递的是一种"为生活做减法　为人生做加法"的态度。

比如，与当前市场中主流汽车产品采用高饱和度车漆颜色不同，沃尔沃

EX30 从北欧自然风光中吸取了车身颜色灵感，致力于创造亮眼却不刺眼的视觉氛围；再比如，EX30 传承了沃尔沃一贯的功能设计哲学，以中央集成式座舱设计将功能集成到车辆的中心区域，使日常使用功能、收纳等操作都在一臂之内，让用车变成一种最省时、省力的事情。

如果说美式豪华象征着一种热烈、自信的豪华氛围；那么北欧豪华则恰好站在它的对立面，简约、冷静却不失魅力。相比于昂贵的价格、高高在上的姿态，沃尔沃希望传达的更像是一种生活态度的延伸、生活品质的提升。

恰如沃尔沃汽车集团全球高级副总裁、沃尔沃汽车亚太区总裁兼 CEO 袁小林所说："让出行回归本质，为美好留出更多的空间。这是 EX30 希望传递的态度，也是北欧文化真正的精髓所在。"

以人为本：沃尔沃 EX30 的豪华本质

那么，沃尔沃如何理解"豪华"呢？在 EX30 身上，我们同样看到了解答，那就是"以人为本"。对于沃尔沃汽车而言，"出行永远为人服务，科技发展的起点和终点也永远是人。"

在行业重新洗牌的当下，很多传统汽车品牌和新势力品牌都想重新定义"豪华"。材质用料的奢华、科技魅力的加持，抑或品牌价值的外溢，不同的人往往有着不同的理解。但在沃尔沃看来，一切都要回归简单，从而去触及那些最核心、最关键的答案。

当新时代的消费者越发成熟理性，更关注自己的真实需求，沃尔沃也同样逆流而上，没有落入当前汽车市场"大就是好"的窠臼，而是在川流不息的城市道路与狭窄拥挤的小巷中，打造出一台好开好用的都市精品车。据介绍，EX30 身形精致小巧，车身占地面积仅为标准停车位的 61%；无论是会车、挪车，还是掉头、入库等场景，EX30 都非常轻松。

与此同时，为了解决电动化时代用户在续航里程方面的焦虑情绪，EX30 做到了同级最优的 590km（CLTC 工况）续航表现，最快 26 分钟就可以将电池从 10% 充到 80%（直流快充），打造全城里程舒适圈。

在材料的选择上，沃尔沃 EX30 还行业首创地将高档成衣和奢侈品箱包中的丹宁材质用于内饰饰板，并从自然选材，将亚麻纤维、PVC 材料、天然羊毛等天然和可持续环保材质大量用于车内，在还原自然之美的同时，致力于用户的健康、安全，以及保护我们赖以生存的环境。

此外，进入电动汽车时代，沃尔沃也对近百年的安全基因做出了更新的表达。为融合电动化和智能化的时代趋势，沃尔沃将交通出行的安全从传统的主被动安全，进一步扩展为车内、车身、车外和人本四个不同的安全空间，力求构建一个面向新时代的、更加全面的安全体系。

以 EX30 为例，传承沃尔沃汽车百年安全积淀，沃尔沃 EX30 搭载"世界树智能安全体系 Safe Space Technology"；全车高强度钢应用比例达 71%，车顶可承重 10 吨重量。加上前文中提到的对于健康安全的守护，在全方位守护车内外人员的安全，满足用户对沃尔沃汽车最高安全标准的所有期待。

袁小林认为："随着社会的进步、科技的发展，安全在电动汽车时代不是被弱化掉了，而是更加重要了。"尤其当高度自动驾驶越来越成为现实，谁最先将人们从紧张、焦虑的情绪中抽离出来，谁就率先完成了电动汽车安全层面的市场教育。从这一层面来看，沃尔沃一定是先行者。

在沃尔沃看来，当品牌有了豪华的内核，其周身的要素就有了附着点。豪华的本质是极致，极致的起点是差异化的价值观，并在此基础上长时间地积累。而在"以人为本"的豪华秉性和内核的基础上，沃尔沃希望给到用户最独一无二的豪华感。

根植于品牌基因的"安全感"

回过头来看，沃尔沃从哥德堡习得的这种适度的、松弛的态度，也深深影响了沃尔沃在电动化转型方面的进程。

在很多人的刻板印象中，沃尔沃与许多传统豪华品牌一样，是一个动作缓慢的旧时代巨人。但只有到了哥德堡，才能真正感受到规律准则带给沃尔沃的影响。事实上，沃尔沃始终以一种富有张力但并不缓慢的节奏向着电动化进行转化。就像"大象"一样，从远处看似乎过分"悠闲"甚至"笨重"地前进着，但从近处，反而能感受到它惊人的速度。

而我们也可以看到，从 2017 年率先提出前面电气化战略，到 2021 年推动实现全系车型电气化布局，到今天，沃尔沃的电气化产品布局已经初显规模和竞争力，并在全球建立了一整套电机、电池、电控的整体研发格局。

官方数据显示，2023年，沃尔沃汽车的全球零售销量达到708716辆；其中，纯电动汽车达到113419辆，同比增长70%，约占全球总销量的16%。据袁小林透漏，在出色的产品力加持下，2024年沃尔沃的电气化转型还将持续加速。可以预见，作为聚焦主流SUV市场的EX30，将成为进一步推动沃尔沃电气化转型的有力车型。

需要强调的是，无论外界如何喧嚣，沃尔沃电动化的方向始终没有动摇。

更为关键的是，沃尔沃深知，电动化一定是一个长期的过程。在这中间，一方面，沃尔沃要平衡好"快"和"慢"之间的关系，即便战略上再时不我待，执行中一定要稳扎稳打，一定要花时间不断增强体系能力；另一方面，作为一个全球化的汽车品牌，沃尔沃又必须根据全球范围内电动化不同发展进程和节奏的市场，根据市场环境、基础设施建设和用户接受度进行适应性调整。

翻看词典，"沃尔沃"一词来自拉丁语，意为"滚滚向前"。透过过往的画面，其实不难看出，相比于以大众化的审美和流于常俗的机械化表达，更加偏好于做一个精神上的突破者和行动上的引领者的沃尔沃，正在成为一个文化品牌符号。而有关它的故事，还远远未达终章。

【点评】沃尔沃EX30上市想传递什么？

沃尔沃EX30上市了。一个面向中国市场的活动放在瑞典，主办方是花了一番心思的。瑞典哥德堡是沃尔沃的故乡，在这里搞活动，大家一定对沃尔沃的安全和北欧绿色自然以及潮流设计有强烈的直观感受。毫无疑问，在那样的环境里EX30这款"小而强"的车，这些标记和特点是立体化的、形象的。曾经网络上一句"开门是北京，关门是北欧"的调侃话，让大家记住了沃尔沃的好。今天，大家在蓝天碧海、满目葱绿的和谐大自然中见证EX30，连很多专程从国内赶来的网络大V们都连声称赞，给出了热烈的掌声。听得出来，与一些同行的上市发布会完全不同，这掌声是真实的。相信这是主办方要的效果。

上个月的北京车展以来，汽车行业的"卷"升级了，不仅卷价格，还开始卷流量。明星、网红轮番登场，整个舆论场完全被带了节奏。最有意思的是，很多车企老板都开直播、整流量，人人都想当"雷军"。一时间，关注产品技术的少了，比声量、互相串场造话题的多了。很多人觉得不正常，更有人认为这其实还是当前汽车行业同质化的一种表现，卷价格是如此，卷流量还是如此。产品都差不多，只有比嗓门、博流量赢眼球了。事实上，我们也发现好多车企的新车上市，不仅充满了噱头，而且现场许多掌声都是"要来的"。这样的现实应该被重视。汽车行业的这种"失真"如果长期下去，一定会破坏行业的健康发展。

我点赞此次沃尔沃 EX30 中国上市活动，因为它给当前喧嚣、浮躁的行业带来了一股新风。将活动放在了瑞典，不仅回归了品牌故里，也回归了以宁静淡泊、崇尚自然的北欧，很有新意，也很有针对性。这样的上市活动一定会被人记住，一定会有效果。我注意到，上市活动后，舆论场关注 EX30 这款车比关注价格的明显多了许多，这样的现象是一段时间来少见的。沃尔沃此次上市活动至少给我们带来两点启发。一是参与市场竞争，企业要从自身做起，回归产品、技术。先要将自身的家当数一数、理一理，看看自己有"几斤几两"。现在看，我们有的车企是"缺斤短两"的。这也是人们常常看到一些企业的市场表现忽高忽低稳定不下来的原因。高了就吹，低了就放大话，还是底气不足。有的企业本身可能还是有几把"刷子"的，由于被喧嚣带了节奏，没有梳理自身也开始"抢话筒"，结果没有啥市场效果，还被人当作笑柄。相对于这种现象，沃尔沃在中国应该是少数几个特例。这几年来，我们发现它很少成为网络、舆论场关注的热点、焦点，却一直保持业绩的稳步增长。就像很多人说沃尔沃汽车集团全球高级副总裁、沃尔沃汽车亚太区总裁兼 CEO 袁小林一样，"很低调却很有主意。"沃尔沃在中国一直在按自己的节奏发展。相信这一次 EX30 放在瑞典上市，一定是这种"性格"下的创意。

看得出来，此次上市活动，他们是做足了功课的。他们懂得哥德堡、北欧是别的同行不可能有的竞争优势。此次活动的场地，是沃尔沃新落成的"沃尔沃世界"，像体育馆一样的圆型建筑与自然浑为一体，处处散发着森林原木的香味，置身其中，人们会产生一种是将自然搬进了活动还是将车开进了自然中的恍惚。这种真情实感绝不是别的同行在国内的上市活动中所能花巨资搭建出来的，只有北欧有。特别要说的是，活动前一天是历史悠久、世界著名的哥德堡马拉松比赛，沃尔沃方面邀请了来自中国的参加上市活动的嘉宾和媒体参与其中。将北欧的自然风情与沃尔沃 EX30 结合在一起，大大加深了人们对这款即将在中国投放的新车的强烈印象。一位国内的跨界网络大 V 说，过去只知道沃尔沃的安全，现在还知道了沃尔沃的美。在发布会现场的门口，这位新媒体人穿着鲜艳的服装和黄色的 EX30 拍了很多"合影"。二是：品牌应该是企业文化、企业道德的反映，不是说大话、空话。在上市活动结束后，在与袁小林交流时，说到了当下行业中存在的一些问题现象，他表示：沃尔沃眼中的品牌，就是上百年始终坚持做一件事。这句话给我印象特别深刻。做企业一定要有品牌，做企业一定要有责任感。对员工、员工家属，对上下游合作伙伴要有责任，对社会要有责任，对地球环境要有责任，这种责任贯穿了沃尔沃近百年的历史。将沃尔沃 EX30 放在哥德堡，放在北欧美丽的自然与人文环境中上市，不仅强化了沃尔沃安全、环保的产品技术特征，也让人深刻感觉到北欧人与自然和谐相处的真实面貌，这是沃尔沃一直坚持的结果。

沃尔沃用 EX30 上市活动的创意，给今天的中国汽车行业提了个醒。造汽车绝不仅仅是将车造出来那么简单，不能赔本赚吆喝，不能"将毛巾拧出水来说毛巾有多好"当作营销话术，"将不赚钱当作良心话去说"更是不道德的。当下的中国汽车行业有点"热"，更有点"闹"，闹得有点浮、有点躁。北欧的地理人文环境至少可以让人冷下来、静下来、放下来。这可能是沃尔沃 EX30 给我们带来的启发。

8.【5 月 20 日】上汽集团、奥迪签署正式合作协议，全新纯电车型 2025 年推出

5 月 20 日，奥迪、上汽集团宣布签署正式合作协议，奥迪将与上汽集团联合开发专注中国市场的全新平台"智能数字平台（Advanced Digitized

Platform）"，并基于该平台打造全新一代高端智能网联车型。首批三款纯电车型覆盖 B 级和 C 级车细分市场，其中，首款车型将于 2025 年推出，比原计划的 2026 年有所提前。据悉，通过提升研发效率、优化开发流程等措施，新平台可将产品上市周期大幅缩短超过 30%。

此次合作，奥迪携手上汽集团将推出更符合中国市场的智能化电动车产品，加速品牌电动化转型。据官方介绍，共同开发的产品将拥有奥迪品牌的独特基因，包括清晰的设计语言、卓越的驾驶体验、极致的质量标准和前沿的纯电技术等。新产品将基于智能数字平台这一专注中国市场的全新平台打造。

此次与奥迪携手开发新平台，也实现了从"技术引进"到"技术输出"，推动中国汽车产业合资合作进入全新阶段。除此之外，上汽集团旗下"零束科技"也将为该合作项目提供行业领先的汽车智能技术。

值得关注的是，基于此次合作的联合项目管理团队已经成立，来自奥迪的宋斐明将担任 CEO，引领并推动合作落地。据悉，宋斐明此前担任奥迪汽车股份公司 A 级到 C 级细分市场电动车型系列负责人，在大众汽车集团拥有 25 年的工作经验。

5 月 20 日，奥迪—上汽开启合作新阶段。

大众汽车集团负责中国区业务的管理董事贝瑞德表示，将"秉持'在中国，为中国'战略，大众汽车集团正加快在华电动化进程。为实现这一目标，我们不断拓展并强化本土合作。我们快速扩展了基于全球平台的现有产品组合，带来专为中国市场定制的车型，满足全新客户群体的需求，积极把握市场增长机遇。此次，奥迪与上汽深化合作是我们落实'在中国，为中国'战略的又一重要里程碑"。

9.【5 月 27 日】保时捷中国与经销商发布联合声明：将一同应对市场变化

5 月 27 日，保时捷中国发布与全体经销商的联合声明。声明称，保时捷中国和全体授权经销商经过充分讨论，决定将一同寻求有效的方式来积极应对市场变化，在挑战中发现新机遇；讨论涉及诸多层面，包括但不限于商务政策、本土客户洞察、客户服务以及电动化转型等诸多关键领域。

此前有消息称，因销量下跌亏本卖车，保时捷部分中国经销商发起抗议和抵制。保时捷中国在声明中表示，保时捷中国和全体授权经销商始终保持着长期、互信的常态对话机制；在行业变革和转型期，汽车厂商始终要积极倾听经销商来自一线的声音，厂商与经销商只有更加紧密地合作并彼此支持，才能更好因地制宜地满足中国消费者的需求，实现可持续地多赢发展。

2023 年，保时捷全球共交付 320221 辆新车，同比增长 3.3%，北美、欧洲等多个区域市场实现销量同比提升。但中国地区交付量为 79283 辆，同比下跌 15%。在此前的 2023 年财报会上，保时捷表示，中国市场的下滑可能会在 2025 年前后结束。

保时捷方面正在大力推行电动化、电气化战略。目前保时捷在华已推出 Macan EV、全新 Taycan 两款纯电车型，第三代帕拉梅拉以及保时捷 911 则推出插电式混动车型。此外，保时捷还计划推出纯电 718、纯电卡宴以及一款比卡宴定位更高的纯电 SUV 车型。

除了产品加速电动化外，近两年来保时捷还在持续加大在华的研发布局。保时捷中国总裁及首席执行官柯时迈此前向记者表示，保时捷已经在中国建立了研发矩阵，包括保时捷研发中国分支、保时捷工程、保时捷数字科技等。保时捷希望能够做到在中国、为中国，创造出更多符合中国市场的内容，甚至在中国为全球市场输送价值。

"从全球背景来考虑，设计一款所有市场通用的车型也许不再适用，而是应该因地制宜。在数字化和互联性方面，中国与其他市场有很大的差异，这些也是现在中国厂商的核心竞争力所在。"柯时迈表示，在电气化、数字化、智能化等方面，中国电动车已经走在了世界前列。

10.【5月27日】工信部等3部门联合发布公告调整享受车船税优惠的节能、新能源汽车产品技术要求 [13]

5月27日，工业和信息化部、财政部、税务总局等3部门发布《关于调整享受车船税优惠的节能　新能源汽车产品技术要求的公告》（以下简称《公告》），明确了2024年7月1日起节能与新能源汽车减免车船税政策适用的技术要求。

2012年起，我国开始实施节能与新能源汽车车船税减免税政策，政策的实施对推广节能与新能源汽车、引导节能减排发挥了重要作用。2012年3月，财政部发布《关于节约能源　使用新能源车船可减免车船税政策通知》，对节能汽车减半征收车船税，对新能源汽车免征车船税。其中，纯电动乘用车和燃料电池乘用车不属于车船税征税范围，消费者缴纳车船税时可直接享受免税政策；其他新能源汽车车型和节能汽车分别需满足相应的技术要求和燃料消耗量要求，进入《享受车船税减免优惠的节约能源　使用新能源汽车车型目录》后方可享受免税政策。政策实施后，曾根据产业技术进步及标准更新情况，三次提升和完善相关技术要求。

本次《公告》，根据不同车型、不同技术路线技术发展现状及趋势设定差异化的技术指标调整方案，提升政策精准性和有效性。

节能乘用车和轻型商用车沿用此前燃料消耗量要求。乘用车方面，考虑到2026年将切换新的乘用车燃料消耗量限值要求，2024—2025年指标要求暂不做调整。轻型商用车方面，考虑到此前车型达标率较低，此次同样不做加严调整。

节能重型商用车指标要求适当调整。除客车外，其他重型商用车车型2024 年与 2023 年燃料消耗量要求基本相同，客车 2024 年燃料消耗量要求较 2023 年加严约 9%。2025 年考虑到工况切换对不同车型的影响，从数值上看不同车型指标要求变动不一，各车型指标要求总体在四阶段燃料消耗量限值基础上加严 5%。总体来看，重型商用车达标率控制在 10% 左右。

纯电动乘用车和燃料电池乘用车延续原政策要求。根据现行政策，纯电动乘用车和燃料电池乘用车不属于车船税征税范围，对其不征车船税。

插电式混合动力乘用车、新能源客车、新能源货车、燃料电池汽车指标要求调整为与减免车辆购置税指标要求一致。其中，插电式混合动力乘用车能耗要求进一步加严；新能源客车重点提升纯电动车型技术要求；新能源货车提升和完善了相关指标；燃料电池商用车技术要求依据示范政策更新和完善。

11.【5月28日】财政部下达《关于 2024 年汽车以旧换新补贴中央财政预拨资金预算的通知》[14]

5 月 28 日，财政部下达《关于 2024 年汽车以旧换新补贴中央财政预拨资金预算的通知》。通知显示，2024 年财政贴息和奖补资金 64.4 亿元，用于 2024 年汽车"以旧换新"中央财政补贴资金预拨。资金将用于支持符合补贴政策要求的老旧汽车报废更新，进一步扩大汽车消费。

根据财政部会同有关部门印发的《关于印发〈推动消费品以旧换新行动方案〉的通知》《关于印发〈汽车以旧换新补贴实施细则〉的通知》等文件规定，此次下达各省（区、市）2024 年财政贴息和奖补资金，用于 2024年汽车以旧换新中央财政补贴资金预拨。

此前，商务部、财政部等 7 部门联合印发的《汽车以旧换新补贴实施细则》明确，自细则印发之日至 2024 年 12 月 31 日期间，报废国三及以下排放标准燃油乘用车或 2018 年 4 月 30 日前注册登记的新能源乘用车，并购买符合节能要求乘用车新车的个人消费者，可享受一次性定额补贴。其中，对报废上述两类旧乘用车并购买符合条件的新能源乘用车的，补贴 1 万元；对报废国三及以下排放标准燃油乘用车并购买 2.0 升及以下排量燃油乘用车的，补贴 7000 元。

第六章

6月

1.【6月6日】内卷话题引发激烈争论，重庆车展论坛车企老总各持己见

6月6—8日，"2024中国汽车重庆论坛"正式开幕。论坛探讨变革中的行业现状，激辩汽车工业的未来。其中，最引人关注的是，部分老总对车市极度"内卷"现象发表了不同的观点，引起行业的高度关注和舆论热议。

中国贸促会汽车行业分会会长王侠认为，汽车变革下半场最终要以"技术战"和"价值战"决胜负，只会打价格战（只懂"卷价格"）没有未来；上汽集团副总裁、总工程师祖似杰认为，发展要坚持长期主义，市场竞争必须坚持法治；广汽集团董事长曾庆洪则明确表示，要有长期主义，而不是眼前去"卷"；吉利集团董事长李书福认为，无穷无尽的"内卷"，简单粗暴的价格战，结果就是造假售假、不合规的无序竞争。他们对"卷"持鲜明的反对态度。

而长安汽车董事长朱华荣认为，"卷"是良币驱逐劣币的正常过程；比亚迪董事长兼总裁王传福认为，"内卷"是一种"有益"的竞争；蔚来董事长、CEO李斌表示，"卷"是市场竞争的必然结果，"卷"的同时不能忘了合作。他们"卷"持一种积极的态度。

（1）王侠：汽车产业变革下半场，最终要以"技术战"和"价值战"决胜负，只会打价格战没有未来

中国国际贸易促进委员会汽车行业分会会长王侠认为，汽车产业变革进入下半场，下半场是以价格战开场，但最终要以技术战和价值战决胜。市场经济环境下，价格战是最常规的竞争手段，完全不打价格战是不可能的，但只会打价格战也是没有未来的。他说：

与汽车产业变革的上半场相比，下半场的画风似乎发生了突变。整个行业笼罩在焦虑和"卷"的氛围里，"卷"价格、"卷"配置、"卷"速度、"卷"流量，甚至"卷"老板。给人的感觉是，下半场按下了快进键，淘汰赛在加速，胜负似乎就在朝夕之间。但产业变革的大潮不会在这种简单粗暴的节奏中很快结束，对下半场的重要性、艰巨性和长期性必须有清醒的认识，甚至要重新认识。

首先，下半场不是收官战，或许比上半场还要漫长，甚至还有加时赛。一定要坚定地践行长期主义，打持久战。欧洲杯过几天就要开赛了，喜欢看球的人都知道，上半场率先进球的不一定就是最后的胜利者，逆转随时都可能发生。车企在上半场可以凭先发优势、资本优势或速度取胜，但下半场必须用体系能力、持续能力、应变能力和差异化的核心能力取胜。另外，虽然新能源汽车渗透率阶段性首次超过 50%、中国品牌乘用车市场占有率首次超过 60%，但新能源车和燃油车、中国品牌与合资品牌之间的竞争，离终局甚远，依然面临很多不确定性，各自都还有很大发展空间。

其次，下半场以价格战开场，但最终要以技术战和价值战决胜。市场经济环境下，价格战是最常规的竞争手段，完全不打价格战是不可能的，但只会打价格战也是没有未来的。下半场的主战场应该是技术战。上半场遗留下来的续航、快充、电池安全等还有待于继续突破，而在智能化的下半场，一个 L3 级智能驾驶让整个行业徘徊了多年，一个小小的芯片能引起全球供应链的紧张，背后折射出的都是核心技术的突破难题。技术路线的探索也还有很长的路要走，比如混动技术的潜力挖掘、固态电池和氢燃料电池的商业化、AI 上车，等等，都是潜力巨大的技术洼地。要通过核心技术突破带给消费者差异化的价值体验，而不能让价格战把我们拖回同质化竞争的老路，丧失了持续发展的能力。

再次，下半场的高质量发展，必须以建立新型、稳定、共赢的产业生态为前提。技术和产品的变革必然带来产业链的重组和利益链的重构，但技术的升级不能换来生态的降级，新的生产力必须有新的生产关系与之相适应。车企与车企、车企与科技公司、车企与渠道和平台、合资车企股东双方、中国车企与全球车企之间，都需要不断磨合，找到新的利益平衡点，建立合作共赢的新型伙伴关系。零和博弈不仅损害他人，也伤及自身，破坏良好的产业生态。

最后，全球化是下半场的迫切需求，但过程会充满艰辛和不确定性，需要用耐心和智慧来促成。近几年来，中国汽车出海持续走强，但也开始遭遇欧美的高关税壁垒，甚至被指责是产能过剩、低价倾销。事实是，中国

2022年底就结束了新能源汽车购置补贴政策，而美国、日本、德国等国的补贴还在继续；中国新能源汽车的产能利用率目前为76%左右，与美国不相上下；中国乘用车出口占总销量的比例只有15.9%，远低于德国、日本、韩国等国；中国品牌电动车在海外的售价也明显高于国内，而有些国际品牌电动车在中国的售价则要远低于欧洲市场。

全球化是经济领域专业分工、资源互惠的客观需求，不是以某些人、某些国家的意志为转移的。汽车产业的技术变革更加需要全球化，很难想象一个技术更加复杂、产业链更加宽广的智电汽车产业能够在割裂的碎片化的市场里发展。少数国家和地区的去全球化逆流不会成为主流，更不会改变历史的大潮。中国车企出海不会一路坦途，不要被已经取得的成绩冲昏头脑，要有迎接更多困难和挑战的心理准备。

（2）祖似杰：智能新能源汽车转型升级也是从工业文明向生态文明的转变，需要坚持长期主义，需要坚持法治精神的市场竞争

上汽集团股份有限公司副总裁、总工程师祖似杰指出，市场竞争有利于科技进步，有利于用户得到更好的产品，但是市场竞争的潜力必须坚持法治。通过良性的市场竞争，能够不断促进产品的进步，能够满足不同用户的使用需求，让用户的生活更加美好。他说：

智能网联新能源汽车是转型升级的主攻方向，传统汽车应该是工业文明的集大成者，过去的汽车是工业，所以它是工业文明的一个集大成者。智能网联新能源汽车是在工业文明的基础上，集机械、电子、计算、感知、决策、执行、储存、储能等生态要素一体的大后终端，是生态文明的集大成者。文明在升级，从工业文明迈向了生态文明。所以发展智能网联新能源汽车，首先工业文明的底子要好，生态文明的优势也要强，坚持长期主义实现新能源智能网联汽车的转型，实现工业文明向生态文明的升维，是上汽目前正在不断推进的重点工作，上汽正坚持市场导向的长期主义，坚持技术创新的长期主义，坚持合作共赢的长期主义。

他认为，发展智能网联新能源汽车也是一场持久战，并提出几个建议：一是坚持弘扬法治精神的市场竞争。市场竞争有利于科技进步，有利于客户得到更好的产品，但是市场竞争必须坚持法治。只有通过良性的市场竞争，能够不断促进产品的进步，能够满足不同用户的使用需求，让用户的生活更加美好。二是坚持尊重知识产权的自主创新。面向全球市场的竞争合作，通过持续的提升自主创新能力，特别是原创技术的研发能力，才能够实现我国智能网联新能源汽车的高质量发展。三是追求互惠共赢的开放合作。生态兴则文明兴，通过推动高水平的开放合作，促进新能源汽车生态的繁荣，以实现合作伙伴、友商、用户等市场主体的互惠共赢。

（3）曾庆洪：要有长期主义战略，而不是眼前去"卷"

广州汽车集团股份有限公司党委书记、董事长曾庆洪认为："长期主义对企业来讲是一种格局、是一种视野的体现，能够帮助企业在不断创新和价值的创造过程中，拒绝零和博弈。"他说：

长期主义对汽车行业来说尤其重要。什么叫长期主义？就是一个长期的目标，有坚持、有韧性发展下去。对企业来说更重要，对企业来讲是一种格局、是一种视野的体现，能够帮助企业在不断创新和价值的创造过程中，拒绝零和博弈。广汽也会坚持长期主义，有定力、有韧性、有格局、有长远性。企业目的是什么？盈利。盈利干什么？为国家做贡献，为社会做贡献，交税、就业。现在裁员裁了多少，告诉大家广汽也裁得不少。这样下去，对社会、对国家会怎么样？我们应该有一个大局、格局，长期主义的战略，而不是眼前去"卷"。上次我在这里讲，2023年我也提这个观点，我们要站在国家大局，长期主义、长期长远发展。

（4）李书福：无穷无尽的"内卷"，简单粗暴的价格战，结果就是偷工减料，无序竞争

吉利控股集团董事长李书福表示，健康的竞争才能实现高质量发展。中国汽车工业的"内卷"程度全球第一。如果市场化水平高，法律健全，执法严格，透明公平竞争这就是好事；反之，就是坏事。任何产业的健康发展都必须表现在投入产出比方面实现较好的经济效益，无穷无尽的"内卷"，简单粗暴的价格战，其结果就是偷工减料、不合规的无序竞争。对于汽车工业而言，依法健康竞争十分重要，只有依法健康竞争，才能实现可持续高质量发展。他说：

中国发展电动汽车的战略取向有三点：首先是能源安全，其次是大气质量及碳排放控制；最后是产业链升级。关于产业链升级，今天中国汽车工业确实取得了巨大进步，赢得了很多市场份额，但我们一定要冷静分析，在汽车产业链上还存在什么"卡脖子"的问题？汽车工业是全球性的产业，其产业链之长，世界各国相互依赖、相互合作程度之深是客观事实，我们不能回避这个客观事实。

健康的竞争才能实现高质量发展。中国汽车工业的内卷程度全球第一，价格战一浪高于一浪，也是举世无双，这种现象既是好事也是坏事。如果市场化水平高，法律健全，执法严格，透明公平竞争这就是好事；反之，就是坏事。任何产业的健康发展都必须表现在投入产出比方面实现较好的经济效益，无穷无尽的内卷，简单粗暴的价格战，其结果就是偷工减料、造假售假、不合规的无序竞争。对于汽车工业而言，依法健康竞争十分重要，只有依法健康竞争，才能实现可持续高质量发展，中国已经取得的电动汽车成果才能得到巩固，才能受人尊重。

（5）朱华荣：汽车行业呈现"新、智、合、卷"新趋势，而"卷"是良币驱逐劣币的正常过程，会有更多中国品牌"卷"成世界级品牌

长安汽车董事长、党委书记朱华荣认为，中国汽车行业在竞争中已经"卷"出新高度，"卷"是良币驱逐劣币的过程，"卷"本身意味着追求卓越，会"卷"出中国品牌的新高度，会"卷"出用户利益的最大化，为用户真正创造价值。他说：

中国汽车产业坚决贯彻落实习近平总书记和党中央的决策部署，推动汽车产业高端化、绿色化、智能化发展，取得了长足的进步。可以看到，总的产销量2023年突破了3千万辆，在新能源智能化领域呈规模性的高速增长，令人振奋。汽车行业也出现了一些新的发展趋势和形态。用四个字来总结那就是"新、智、合、卷"。

新，是指新时代产业发展新气象。可以看到在一系列科技进步推动下，汽车产业正在从提供交通工具向提供出行产品、服务和生态服务转变，汽车正在演变为具有移动多功能空间、智能计算终端、数据采集载体以及移动储能单元这样一个特征、可净化的，我们把它叫作"智能汽车机器人"，这个特征越来越明显。新汽车＋新生态的时代正在到来。

智，高科技数字赋能新未来。随着5G、AI芯片等一系列，我们把它叫"技术群"的突破。这一轮的技术不是单一技术的突破，而是一群一群的突破，汽车产业正在向数字化快速地转型。新能源汽车开了一个良好的先河，但它只是一个序章，数智新汽车才是真正的未来。除了数智产品，还有数智制造和数智管理，都具有这一特征。

合，及时全球化共赢发展新合作。尽管面临地缘政治、逆全球化等一系列挑战，但可以看到汽车行业的新合作仍然是精彩纷呈。当今世界汽车行业呈现多种类型的合作模式，每一种背后都有现实的企业和合作模式，都在共同地应对技术、成本等方面的挑战。长安汽车始终保持开放合作的精神和态度，与合作伙伴共同打造安全互信具有竞争力的产业链和供应链。世界汽车行业不仅没有逆全球化发展，而且更加积极、更加创造性地在拥抱全球化，拥抱全产业链加速合作、共赢发展。

"卷"，新竞争行业"卷"出新高度。最近行业"卷"出了四个"老汉"（指四位车企老总），都开始直播带货。昨天晚上我跟其他三位"老汉"报告，我说今天要讲我们四个，你的肖像权允不允许？他们几位说同意，没问题。我怎么来看这个问题？我是一个乐观主义者，我认为"卷"是良币驱逐劣币的过程，"卷"本身意味着追求卓越，会"卷"出中国品牌的新高度，会"卷"出用户利益的最大化，为用户真正创造价值。相信未来十年，必将会有更多的中国品牌"卷"成世界级品牌。

（6）王传福："内卷"是一种"有益"的竞争

比亚迪股份有限公司董事长兼总裁王传福表示，行业发展有喜有忧，有挑战有机遇，新能源汽车现在"卷"价格、"卷"技术、"卷"规模、"卷"流量，其实"卷"是一种竞争，是市场的竞争。但所有的企业家要拥抱、参与这种"卷"，在竞争中出海，为国家撑起中国品牌，打造世界第一品牌，这是自然规律。他说：

中国新能源汽车在国家战略的指引下获得了翻天覆地的变化。无论规模、质量、产业链、成本都发生了重大的变化。大家也看到国外很多势力，特别是政治家们对中国新能源汽车的发展很焦虑，甚至有的很害怕。国外政治家们担忧害怕，反而说明了我们自身真得做得不错，不强的话，别人的不会怕。中国自主品牌这几年，在技术的提升、产业链的建设、产品的开发、市场的营销方面获得了长足的进步。这些进步，证明了中国汽车工业的进步。

行业发展有喜有忧，有挑战有机遇，新能源汽车也是这样，前几天在网上看到"卷"的问题，"卷"价格、"卷"技术、"卷"规模、"卷"流量，等等。再过十年，再过五年回过来看是非常有趣的，其实"卷"是一种竞争，是市场的竞争，改革开放四十多年，中国发生了翻天覆地的变化，大家有目共睹。市场竞争的核心是什么？就是竞争。市场竞争就是过剩的经济，只有过剩才竞争，竞争才能产生繁荣。祖国四十多年繁荣昌盛伴随竞争，伴随市场的发展，才产生了这么多商品生活的改变，经济的腾飞本质上就是竞争。所有的企业家要拥抱、参与这种"卷"，在竞争中出海，为国家撑起中国品牌，打造世界第一品牌，这是自然规律。回想起来家电、手机产业是这样，工程机械、太阳能更是这样，所以大家不必焦虑，只有积极拥抱，积极参与才能真正在竞争中走出来。

（7）李斌："卷"是市场竞争的必然结果，"卷"的同时不能忘了合作

蔚来董事长、CEO李斌认为，中国汽车产业要"卷"产品、"卷"价值，不要简单"卷"价格。"卷"是正常的，是市场竞争必然的结果，但是"卷"的同时不要忘记合作，特别涉及基础设施，长寿命的电池以及出海等事情，中国汽车产业一荣俱荣。他说：

"卷"价格低级了一点，要"卷"价值。最近几位汽车CEO都在呼吁了，"卷"产品、"卷"价值，不要简单"卷"价格，"卷"是正常的，是市场竞争必然的结果，但是"卷"的同时不要忘记合作，特别涉及基础设施、长寿命的电池、出海等事情上都需要合作。

中国汽车产业一荣俱荣，最后不可能只剩下一两家，一定是一个集体的成功，不可能只是一家企业成功。蔚来在过去一年时间更加开放，特别是围绕换电、长寿命电池方面非常坚决开放合作。长安是跟我们第一家在充换电方面进行全面合作的企业，还有广汽，我们最近跟一汽也达成合作，包括吉利等，最近还有一些公司都还在谈的过程中。这样的合作对企业有好处，对用户使用成本有好处，对整个社会的成本资源也能够大大节约。

2.【6月8日】土耳其拟对所有中国进口汽车征收 40% 关税

6月8日，土耳其公布的一项总统决定显示，土耳其决定对进口自中国的汽车征收 40% 的额外关税，并将于 7 月 7 日开始实施。根据公报公布的规定，目前适用于电动汽车的 40% 税收将适用于所有燃料类型的车辆（此次新增征税范围除之前的电动车外，扩展到传统燃油车和混合动力车型），并且每车最低关税为 7000 美元（约合人民币 5 万元）。土耳其贸易部在该声明中表示，征收关税的目的是增加国内生产车辆的市场份额并减少经常账户赤字。

6月14日，外交部发言人表示，土方加征关税的做法不符合世贸规则，与中土关系稳固发展的势头也不符合。[15]

同日，商务部发言人也表示，土方仅对原产于中国的乘用车征收额外进口关税，使中国产品的待遇低于其他成员的同类产品，构成对中国产品的歧视，严重违反最惠国待遇原则，中方对此表示强烈不满和坚决反对。[16]

6月18日，中国机电商会发布关于土耳其对中国燃油及混合动力乘用车新增征收额外进口关税的立场文件。中国机电商会对此感到震惊和不解，这是土方继 2023 年 3 月对中国电动乘用车加征 40% 附加税，2023 年 11 月对中国电动汽车实施进口"许可证"等限制措施后，对中国汽车施加的又一项未经征询公众意见、违反 WTO 规则、歧视性的贸易限制措施。由此，中国对土出口全部乘用车均在加税范围内。土方此项措施将对中国出口企业造成重大损失，严重影响双边经贸关系及中国企业开展对土贸易与投资的信心。

3.【6月】欧盟初步裁定对中国电动汽车征收临时反补贴税

6月12日，欧盟委员会发布关于对华电动汽车反补贴调查的初裁，拟对进口自中国的电动汽车征收临时反补贴税。中方对此高度关切、强烈不满，中国产业界对此深感失望、坚决反对。6月12日，外交部发言人在回应有关欧盟将从下月起对从中国进口的电动汽车征收关税一事时表示，这起反补贴调查是典型的保护主义，欧方违背市场经济原则和国际贸易规则，损害中欧经贸合作和全球汽车产供链的稳定，最终也会损害欧洲自身的利益。[17]

6月12日，商务部新闻发言人表示，欧方的做法，涉嫌违反世贸组织规则，是赤裸裸的贸易保护主义行为，中方保留向世贸组织提起诉讼的权利，并将采取一切必要措施，坚定捍卫中国企业合法权益。[18]

6月12日，中国汽车工业协会、中国机电商会回应欧盟初裁对华电动汽车加征关税。中汽协发表声明表示，深感遗憾，坚决不能接受。中国机电商会声明称，表示强烈反对，中国机电商会作为本次调查的行业抗辩方，将在前期工作基础上，进一步通过各种手段坚决捍卫中国电动汽车企业合法权益。

6月12日，宝马、梅赛德斯－奔驰、大众汽车集团先后发表声明或表态。宝马表示，宝马集团对反补贴调查有着明确的立场；宝马集团董事长齐普策认为欧盟委员会对中国电动汽车加征关税是错误的决策。奔驰表示，奔驰始终支持基于世贸组织规则的自由贸易，包括所有市场参与者应享有同等待遇的原则。自由贸易和公平竞争将给各方带来繁荣、增长和创新。大众汽车集团则表示，自由、公平的贸易以及开放的市场是全球繁荣发展、保障就业、实现可持续增长的基础。

6月13日，上汽集团表示，对欧盟委员会的决定深感失望，相关措施不仅违背了市场经济原则和国际贸易规则，甚至可能对全球汽车产业链的稳定和中欧经贸合作产生较大不利影响。同日，吉利控股集团声明称，欧盟委员会对中国电动汽车加征关税是错误的决策，加征关税将损害欧洲自身利益，同时也会阻碍中欧经贸的发展。

6月14日，有消息人士透露，德国政府正在努力阻止欧盟对中国电动汽车征收新的关税，即使无法完全阻止，也希望尽可能放宽关税条件。德国经济部长哈贝克此前表态称，将尝试并希望能阻止欧盟的对华关税。

6月22日，商务部部长王文涛应约与欧盟委员会执行副主席兼贸易委员东布罗夫斯基斯举行视频会谈。双方商定，就欧盟对华电动汽车反补贴调查案启动磋商。[19]

4.【6月初】星纪元ET上市首月荣登同级纯电SUV销量第一

6月初公布的销售数据显示，星纪元ET上市首月荣登5月20万—25万中大型纯电SUV销量第一。自5月全球上市以来，星纪元ET完成了"出道即超能，上市即热门"的惊艳开局，订单量接连不断刷新，销售终端频传捷报。

星纪元ET的热销是星途星纪元围绕用户需求和市场趋势，不断创新和改进的结果。用户是星途星纪元从创立开始就一直所围绕的工作重心。

在星纪元ET正式上市前，星途星纪元便面向全国用户开启了行业内尚属首次的"百台新车，上市前众测"活动。这一活动甄选了热爱并乐于分享的用户抢先体验新车，不仅体现了星途品牌"为用户而生"的理念，更展示了星途对于自身产品实力的绝对自信。通过这一举措，星纪元ET在产品推出前得到了广泛的用户反馈，不断打磨产品细节，最终推出了一款真正满足用户需求、超越用户期待的汽车。用户的反馈被迅速应用于产品改进中，确保每一位未来车主都能享受到最优质的驾驶体验，星途品牌通过这种开放和互动的方式，不断拉近与用户的距离，在星纪元ET上市之前，就建立起了深厚的信任基础。

依靠"技术奇瑞"的底蕴和产品的硬实力，星纪元ET才有了独有的看家功底。"五大超级"核心实力无一不经受了严苛的测试考核。在"超级安全"层面，星纪元ET进行了行业内首次31.9米空中自由落体坠落试验，中汽中心专家全程见证跌落与拆车全过程。这在技术层面真实展示了星纪元ET的安全性能。在"超级智能"、"超级驾控"层面，奇瑞汽车股份有限公司董事长尹同跃又携手网红名人罗振宇等，一同完成了一场北京—天津城际高阶智驾长途挑战。不仅展示了星纪元 ET 的智能驾驶技术，还通过实时互动，让观众更加直观地了解了车辆的性能和特点。通过这种透明的展示方式，星途品牌进一步增强了用户对其产品的信任和认可。在"超级续航"层面，星纪元 ET 带来了 2141.4km 的傲人的续航性能。从安徽芜湖到广东湛江，再至广州上市发布会现场，长达 40 小时的征程，全方位验证了星纪元 ET 的续航实力和驾驶性能。

5.【6月12日】领克 Z10 哥德堡首发亮相，探寻原创之本

6月12日，领克的首款纯电轿车领克 Z10 在瑞典哥德堡首发亮相。

与中国汽车市场的"内卷"氛围完全不同，领克这次的新车发布会堪称行业中一场时尚大咖秀。领克 Z10 停放在舞台上属于它的一方位置上，

概念车 The Next Day 为领克 Z10 提供了诸多造型设计灵感。

没有刻意的彰显，没有华丽的词汇描述，整场活动在品牌的循序渐进和产品的线条解析中进行，给人一种"清冷""舒适""高级感"的初印象。这种独特发布会营造的氛围，就像大家走在瑞典的街头，看到金色的头发、匀称的身材，每个人都迈着不快不慢的步伐，穿着朴素的衣服，却无不用不拘一格的穿搭，诠释着瑞典人对时尚的态度和对生活的热爱与随意……相信这也是领克想要通过领克 Z10 传递出的品牌价值。回到北欧领克曾经诞生的地方，走进吉利欧洲创新中心综合园区（Uni3），用源于对生活本真追求、对生活的完美传递的瑞典时尚，读懂来自领克在电动时代的设计理念。

回到北欧时尚的"中心"

谈及时尚，北欧时尚一定是避不开的。北欧人的克制与理性，撞在时尚领域，诞生出以极简主义、轻快明亮配色、可持续发展理念为标签的北欧风格。

所谓的北欧风格在时尚界拥有足够的话语权，持续影响当代家具、服饰、汽车等一切与设计相关领域的流行趋势。而瑞典，无论是成熟家具品牌的自我定义，还是服饰设计对于慢时尚的坚守，他们都在表达以自然为本，以简约、舒适、实用诠释的北欧独有的时尚。

所以在瑞典，诞生了风靡全球的宜家家居，将北欧生活方式传递到各个国家；也诞生了 Fjällräven 北极狐背包品牌，其用可回收材料和"以自然为本"的生产方式，使产品更加环保，被消费者背到了世界各个角落；再如 Deadwood 将二手皮夹克作为原材料，翻新制作成新款夹克，其酷炫的机车风格夹克最受人们的追捧……

有人说读懂一个品牌，就一定要先了解它的诞生地。这句话放在领克身上毫无违和感，落在领克 Z10 这款产品上更是有过之无不及。毕竟在引领世界时尚风向的瑞典，领克的设计造型中心已经为中国及全球提出了一款又一款符合主流消费者用户审美的产品车型。

回到瑞典哥德堡，感受时尚潮流，是领克 Z10 将首发亮相放在哥德堡的原因之一。更为关键的是，在注重原创与创新的哥德堡，吉利近 7 年之前就设立了吉利欧洲创新中心，同时领克全球造型中心也坐落于此。从那时起，领克就站在了汽车时尚设计的最前端，意欲用布局简洁、造型实用的设计引领中国汽车产品的向上。

事实上领克也确实做到了。在领克01诞生之初，其极具辨识度的尾灯、动感的车侧线条、家族式的大嘴前脸设计就一时之间成为了高端豪华的代名词。时至今日，当领克Z10在领克成长起来的地方再出发，在线条细节、灯光设计上都能看到领克的领先之处。

领克Z10不像美系车型的硬朗，也不像日系车的复杂，简约明快之中蕴含着对生活的精致，这是现代社会所需要的一种生活态度，也是人们对汽车审美的一种长久趋势。

做一款不一样的电动汽车

"时隔三年，领克Z10终于亮相了。"这是业界对领克Z10到来的第一反应。

事实上，作为曾经被寄予厚望的领克Z10，确实早应该在2021年开启属于领克的电动汽车时代。从时间上看，这款电动汽车的到来或许有些晚了，但在如今电动汽车近乎风靡的时候，相比单纯市场上的竞争，领克Z10的意义远非于此。

很多人说领克Z10在造型上与极氪001有"异曲同工"之妙。但如果仔细观察就会发现，这款产品和极氪001走的是两种完全不同的路线，极氪001是一款猎装版车型，强调极致的电动驾驶乐趣，而极氪001在细节上更加倾向于潮流的时尚元素。

回过头来说，领克Z10的到来不单纯是为了增加一款电动汽车产品。放眼整个新能源汽车市场，电动汽车品牌、产品层出不穷，但随着近几年的发展，他们呈现出的一个主要特点就是设计、配置、技术的趋同。

如果说技术上的趋同是一种更新迭代，那在产品造型上，现在的电动汽车急需通过创新实现一种新的突破，带领中国汽车品牌走进新的时代，这远比单纯一款电动汽车的意义重要得多。

作为The Next Day概念车的量产版本，其诸多造型设计的灵感均来自The Next Day。从这个层面上再理解领克Z10，似乎就能明白带着全新形态而来的领克产品价值。

正如领克 Z10 所展现出来的，其以都市对立美学设计理念为灵感，贯穿式日间行车灯如破晓之光，多处采用的"双平行线"彰显出领克 Z10 的不同，成为最具辨识度的设计之一。LED 灯带配合犀利的线条转角造型，延续了 The Next Day 的设计特点。

再看车身侧面线条简洁流畅，腰线贯穿前后灯组，下方车门位置的筋线也起到造型提拉作用，塑造出更为宽厚的尾部造型。后车窗位置采用上扬设计，与车尾硬朗的阶梯转折、前脸进行很好地呼应。

在领克 Z10 的设计上，吉利汽车集团 CEO 淦家阅表示，领克在产品设计上正在打破传统、打破边界，现在的一切都可以被定义、被突破。领克 Z10 用明日之美的设计语言，将每一个线条、每一个细节赋予了领克的设计灵魂，这些都是完全不同于现在主流车型的，从而造就了领克电动汽车的独特魅力所在。

自主品牌必须重视原创

在汽车的产品设计中，可能不是所有人都认可领克是引领者，但一定都认为它是坚定的原创践行者。

正如领克 Z10 的设计专家表示，当下原创设计是如此有挑战性、如此稀缺，所以领克更有义务坚持原创。事实上作为中国高端汽车品牌的佼佼者，领克在过去的八年的时间以其独特的原创设计理念和前沿科技，引领着中国汽车产业的发展方向。

纵观当前中国汽车品牌的设计，尤其是电动汽车又开始呈现出一些"借鉴"之举。而行业中之所以出现这样的做法，是因为"模仿"一方面可以减少在造型设计方面的成本，另一方面也可以缩短时间，高效推出新车。

相比之下，领克 Z10 是"特立独行"的。据了解，从领克诞生以来，其每款车型的设计研发成本都达到了亿元以上，每一款产品都投入了超过其他品牌数倍的时间和精力，这也是领克 Z10 推迟而来的原因之一。

或许很多人认为领克没有必要这样做，但从企业发展的角度来说，领克的这笔投入是面向未来的，并不仅仅为了一款产品的造型设计，而是需要在具备天然优势的瑞典，让家族系列产品带有原创性的北欧风格，从而打造一种全球范围内最为领先的设计语言。

另外，从中国汽车品牌的发展层面来说，新车型、新技术层出不穷，而在这"越发坚实的里子"，"好看的皮囊"也是车企现在的重要考验。要知道，现在中国的电动汽车技术已经全球领先，但在技术之上，越来越多的自主品牌开始重视设计。这是行业发展的一种必然趋势，也是市场给中国汽车品牌提出的更高要求。

在领克看来，当品牌有了原创的内核，其周身的要素就有了附着点。豪华的本质是极致，极致的起点是差异化的价值观。而在差异化的基础上，技术与设计就像是一朵并蒂莲，一本双花，只有两花齐开的时候，才能诞生一辆让用户青睐的好车。

【点评】"原创"是中国新能源汽车的"魂"

最近一段时间，"原创"二字被很多车企提及。特别是在北京车展结束后，一些业内人士呼吁，不要让"模仿秀"破坏了中国新能源汽车的形象。这是值得我们高度重视的话题。

其实大家都明白"模仿秀"指的是哪个车企。很多用户争相买它在很大程度上是冲着它太像某个车型了。一时间，这个新出现在造车新势力阵容的车企成为大家关注的明星，它的产品成为市场上被消费者追逐的热门。当然，一个企业、一个车型被很多人热捧并不能将它简单归于某一个因素，这是综合各种因素的结果。但是，如果它与"模仿秀"沾上边，就一定会拉低企业和产品的含金量。在北京车展期间，我与一位跨国车企高层谈论最近备受关注的热门车型，他笑着说，这不就是很像某个车型的那款。他还说，看中国的一些新能源汽车，大家喜欢"模仿"德国某品牌车企的轿车造型，喜欢"模仿"英国某品牌的SUV造型。我能听懂他的言外之意，虽然中国新能源汽车非常好，但是很多车企都在"原创"这件事上有"硬伤"。

当然，这位跨国车企领导特指的是汽车的外观造型，但"原创"绝不仅是外观造型那么简单。中国新能源汽车在这些年的快速发展，得益于科技进步背景下车企对于汽车概念的重新认识，将智能化技术与新能源系统结合形成了新汽车的定义，这是中国新能源汽车的最大原创。这应该也是中国新能源汽车快速发展的"魂"。这种创新形成了中国新能源汽车在全球舞台上令人瞩目的表现，值得给予90分的评价。然而，如果将外观设计上的"模仿"行为作为评分的剩余10分，那么这10分的负面影响可能极大地削弱之前获得的90分。这一问题确实值得关注。

"模仿"，在中国汽车行业的历史上并不陌生。二三十年前很多中国品牌都这么干。敲敲打打、照猫画虎就攒出一个车来。那个时候的中国汽车质量不好、品牌形象不佳。今天，中国新能源汽车在新技术、新科技时代，创造出了全球领先的平台、架构，为很多新能源汽车企业带来了很好的发展基础和条件。无论如何，先进的平台、架构等技术路线，让许多后进入者找到了快速发展的路径。在中国汽车这几十年逐渐成熟起来的生产、制造、管理经验的基础上，形成了中国新能源汽车当下你追我赶的热闹场面。在这样的局面下，外观造型自然成为大家竞争的焦点。也就是说，在基本技术趋同的背景下，外观造型成为差异化的主要目标。这也是"模仿"再次兴起的一个诱因。

可以说，当下汽车行业的"卷"是同质化带来的。为了避免同质化，大家都在多个方面找答案。但"模仿"的路一定走不远、走不通。大家都在讲品牌，品牌是一个企业的文化核心，它贯穿于一个企业的方方面面，造型必须体现这样的文化。模仿外观造型就没有品牌，没有品牌一定走不远。原创才是中国新能源汽车的"魂"的第二个层面。"模仿"只有形似，神似才有灵魂。

"原创"这件事一定要讲，它影响了中国新能源汽车的形象，但是一定要讲清楚原创的全部含义。"模仿"一定谈不上原创，它是当前中国新能源汽车的一个不可避免的话题；"原创"这件事一定要做好，因为中国新能源汽车在国际市场上要得高分，就不能出现让10分拉低整张答卷分数的情况。"模仿秀"的出现说明企业要么没有差异化的实力，要么就是想走捷径，这是要不得的。

不久前，领克汽车在瑞典哥德堡举办了"首款纯电轿车首发品鉴"活动。外界感受到了三点信息：一是领克也要进入纯电行列了；二是新车在哥德堡亮相，强化了自己是沃尔沃与吉利合资的身份，毕竟很多人对领克汽车从哪里来不是太了解；三是领克要打差异化的牌。一般情况下，车企们的新车发布活动都在国内，找个"好地"，搭个"好场景"，讲个故事，说几句狠话，大大小小不外乎如此，都属同质化。但很多人还是没有想到更深一层，那就是领克更想传递的是它与众不同的"原创"。说到领克必须要强调一点，它是中国品牌汽车开始高端化的最早起步者。今天，大家渐渐关注一些新能源汽车高端品牌的时候，千万别忘了领克是"第一拨"。高端化之路不是那么容易走的。当年，与领克同步的其他几个高端品牌已经没多少人记得了，领克就是要告诉大家它坚持下来的原因是它独特的基因决定的，这个基因就是"原创"。领克强调"原创"是有源头的，在哥德堡，吉利欧洲研发中心就是领克的源头。此次纯电轿车 Z10 首发品鉴会在造型中心大厅举行，当几十个来自不同国家的研发人员从不同办公室一起走向观众的时候，大家一定会感受到"原创"的力量来自哪里。哥德堡是沃尔沃的故乡，在这里讲领克新一代电动车，观众对于现场吉利汽车集团 CEO 淦家阅说的那句"在安全方面，你可以永远相信领克"，一定会深信不疑。领克的这场哥德堡发布品鉴会告诉大家，原创不是凭空杜撰出来的。领克为什么在过去比当时的同行们走得更快更好，那一定是因为领克讲原创，它是有"源头"的。这个源头是文化、品牌，是真正属于自己的东西。这是领克认为原创是自己的"灵魂"的自信所在。在领克品鉴会之后，舆论对于全新电动车"领克 Z10"的评价非常积极，特别是针对其外观设计方面的肯定声音更是众多。这足以证明，中国新能源车企在外观造型上是可以有属于自己的精彩的。中国的新能源汽车不应该被"模仿秀"拉低了本可以属于自己的整体分值。从现在起，中国新能源汽车要将被落下的"10 分"补上！

6.【6 月 15 日】极狐阿尔法 S5 正式上市，张建勇亲自为用户交车

6 月 15 日，极狐阿尔法 S5 正式上市，售价区间为 17.68 万元—21.68 万元；6 月 18 日，极狐阿尔法 S5 开启了首批用户的交车，北汽集团董事长张建勇、宁德时代董事长兼 CEO 曾毓群以及麦格纳斯太尔全球总裁罗兰·普雷特纳

来到现场，将新车钥匙交到用户手中。

在短短 3 天的时间里，极狐汽车已经两次冲上了车圈热搜：前者，极狐阿尔法 S5 以极具诚意的价格震撼登场。在同级别车型中，价格往往是消费者最为关注的因素之一，而极狐汽车通过价格亲民却品质不减的阿尔法 S5，使其在同级别车型中具有很强的竞争力；后者，上市即交付的速度也同样令人瞩目，更有三位大佬亲临现场站台，为极狐阿尔法 S5 的新能源技术和产品品质做着强有力的背书，快速交付是效率更是极狐汽车的决心。

在外界的很多人看来，这次极狐阿尔法 S5 "上市即交付" 的一系列做法，是实实在在地抓住了流量的密码，也自然会吸引一大波关注。的确，能在这样一场活动聚集汽车产业 3 大巨头，着实不易，尤其是不久前履新北汽集团董事长的张建勇，这是他为数不多的站台活动。但从更深层次来看，"流量" 或许只是北汽考量的一部分，更重要的是活动背后极狐阿尔法 S5 产品和品牌的两层含义：

第一，是张建勇的罕见露面。作为行业尤其是北汽的 "老人"，张建勇深知，汽车行业的竞争已趋于白热化，技术的快速迭代、消费者需求的日益多样化以及市场格局的频繁变动，都给车企带来了巨大的挑战。价格战此起彼伏，品质与服务的竞争更是激烈异常。极狐阿尔法 S5 作为北汽极狐的重磅车型，承载着品牌向上突破的厚望。张建勇深知这一点，因此他站在台前，将极狐阿尔法 S5 的优势一一道来，既是对产品的自信展示，也是对用户的坦诚相待。他清晰地意识到，在信息爆炸的时代，真诚与透明是赢得用户信任的基石。

正如张建勇在活动现场所言："对北汽极狐而言，用户永远是第一位的。在如此 '内卷' 的汽车行业中，用户的信任是我们能够战胜一切挑战、坚定前行的根本。用户的每一次选择，都对我们是极大的鼓舞；每一个意见的反馈，我们都视若珍宝，以此指引新的改进和创新。"

第二，是极狐的朋友圈强大阵容，把效率和品质都做到了极致。宁德时代作为电池领域的巨头，其参与充分表明了对极狐阿尔法 S5 新能源技术的坚定信心；而麦格纳作为全球知名的汽车零部件供应商和整车制造商，总裁的亲临有力地凸显了极狐在生产制造环节的卓越水准。这三者的强强联合，无疑为极狐阿尔法 S5 提供了坚实的技术支撑和品质保障。

在汽车行业观察人士看来，极狐阿尔法 S5 能够在短短 3 天的时间里顺利完成从上市到交付的流程，这充分反映出整个供应链的高效协同以及生产流程的优化。在汽车制造行业，时间就是核心竞争力。快速交付不仅能及时满足消费者的急切需求，还能有效减少库存压力，降低运营成本。同时，这也对企业的管理水平、技术实力和质量把控提出了超高的要求。极狐阿尔法 S5 能够成功做到这一点，无疑为整个行业树立了全新的典范。

具体来看产品本身，极狐阿尔法 S5 的外观运用了"风塑美学"的设计语言，将自然美学与科技力量完美融合，使整车外观更加流畅、协调，迎合了消费者对轿跑车型的审美期待。其智能交互灯语和多维超红光技术尾灯等创新科技的应用，进一步彰显了科技美学的魅力，实现了轿跑设计与现代科技的无缝结合。此外，轻量化结构设计和高性能轮胎的采用，不仅提升了汽车的性能，也增强了驾驶体验。

其次，在乘坐体验方面，极狐阿尔法 S5 将奢华与舒适结合得恰到好处，车内使用 Microcloud 纤维绒高级皮革等生态材料，注重视觉与触感的极致体验。座椅设计采用多层舒适结构，并配有加热、通风和记忆功能。2.9 米的超长轴距，为乘客提供了远超同级车的宽敞空间，达到 C 级车的舒适水平。此外，丰富的储物空间设计增加了实用性。穹顶天幕不仅增强了车内的开阔感，还具备防晒和防紫外线功能，提升了车内的舒适与安全。双温区双模式空调系统则满足了乘客对温度的不同需求。

最后，在性能方面，极狐阿尔法 S5 配备了总功率 390kW 的双电机系统，能够在 3.7 秒内完成 0—100km 加速，并且具备连续 46 次不衰减的动力输出表现。其百公里时速的刹车距离仅为 33.5 米，提供了更高的安全保障。车辆采用大传动比的转向系统，使转向灵敏度提高了 30%，驾驶者可以更精准地操控车辆。此外，极狐阿尔法 S5 的底盘经过专业调校，确保在通过颠簸路段时依然保持稳定与舒适。

不难发现，极狐阿尔法 S5 的问世并非单纯的产品迭代，而是极狐汽车持续洞察市场需求所打造的关键力作，它不仅代表了极狐品牌在汽车制造领域的前沿探索，也为未来汽车的发展提供了新的思路：对于一辆车来说，技术、创新以及用户体验是达成多元化需求的核心要素，只有坚持不懈地推进技术创新，深度洞悉用户需求，并将这些理念全面融入汽车设计与制造的每个环节，才能真正让消费者接受。

【点评】北汽新能源的"故事"如何讲？

昨晚，极狐阿尔法 S5 在镇江北汽新能源的麦格纳工厂搞了一个首批车主交车仪式。出乎很多人意料，活动很隆重。北汽集团董事长张建勇、宁德时代董事长曾毓群以及麦格纳全球总裁罗兰·普雷特纳都专程赶来，并分别讲话。规格高、场面大、氛围也好，给大家留下深刻印象。特别是当几十位新车主，分别将自己"爱车"从总装线驶下来时，大家都在赞叹：极狐阿尔法 S5 真的漂亮。

北汽新能源"极狐"不错，其实是很多人的评价。网络上，可以看到不少对它的赞许："公路坦克"、"刚性之王"、"零醛零苯座舱"、极光电池零自燃纪录保持者，驾驶性能高水准。但令北汽方面不解的是，舆论场上他们似乎总是被动的。一段时间内，他们无论怎么做等着的总是批判，无论怎么说遭到的是更多的质疑。有的新势力车企每年亏上百亿元，在一些舆论那里是可以理解的，而北汽新能源亏几十亿元就被提前上了"死亡名录"。直到 2023 年，极狐"考拉"的出现，这样的尴尬才有了一点改变。

北汽新能源一定要用实力证明自己。这是北汽方面已经意识到的一点。据了解，此次交付的极狐阿尔法 S5 从北京车展发布后，在消费者那里响应还不错，预订情况超出了意料。这次交付的首批车主都纷纷表示，这款车与同等竞品相比。不仅丝毫不差，并且还有别人没有的优点。企业的负责人说，不久前上市的阿尔法 T5，近几个月来销量增幅明显。随着阿尔法 S5 的推出，极狐品牌有望在新能源汽车销量排行榜冲进前五。实现极狐品牌历史的突破。此次交付仪式的镇江麦格纳工厂现在已经"开两班"了。与两年前参观麦格纳工厂时的情景完全不一样了。可以说，北汽新能源现在有了一点底气对外展示自己。事实上，舆论也开始正面回应北汽极狐的信息，而不再是过去的横挑鼻子竖挑眼了。

怎么看像北汽这样的国有车企在这场新能源竞争中的未来？这其实是一个大命题，需要常说常议。当下新能源汽车领域有点乱，卷价格成为一个大特点。关键还在于同质化。总体而言，从产品技术来说，新能源车企间谁都没有一招致胜的绝对优势。跳不出同质化，只能卷价格。如何跳出同质化？首先还要理理自己手中的牌，牌多肯定在牌桌上占主动。国有企业的"牌"是不少的。北汽集团新任董事长张建勇上任以来，大家都在猜他要怎么干？很显然，他是看到了北汽手里的牌了，特别是别的同行没有的"牌"。只不过，过去，北汽对自己已有的牌理得不够、理得不清。这次将极狐阿尔法 S5 交付仪式放在镇江麦格纳工厂，并且请来了宁德时代、麦格纳全球的老大来助阵站台，就是打出了别人没有的差异化的牌。麦格纳是一家有着120 年历史的"整车代工厂"，包括一些豪华品牌都是由它代工生产。在镇江的北汽麦格纳合资工厂生产极狐，产品品质、质量就有了强大的背书。这样差异化的牌是今天新能源同行中绝无仅有的，可惜知道的人并不多，需要通过一个又一个这样的活动传递出去。宁德时代是世界领先的电池企业，曾毓群专程来站台，表明了极狐汽车用的是大牌子的电池，而不是小牌、杂牌电池，这自然就成为极狐产品的核心竞争力了。

最近，新能源汽车领域"网红""流量"是挺热的现象。有人说，过去卖车七分靠产品，三分靠营销，现在仿佛倒过来了。其实没有那么绝对。产品一定是王道。但酒好也怕巷子深。如何讲好极狐的故事？一定也是北汽新能源方面要更多下功夫的事。这次极狐阿尔法 S5 的交付仪式就是一次很好的尝试。讲故事这件事要坚持做下去，剩下的就交给时间吧。

7.【6 月 16 日】东风日产 21 年累计产销 1600 万辆达成

6 月 16 日，在东风日产广州总部基地，随着探陆两驱 6 座新级别车型的瞩目登场，东风日产 1600 万整车产销宣告正式达成。

21年前，东风日产成立，中国企业和日产唯一的整车合资公司正式落户花都；21年后的今天，伴随着其在中国市场的不断深耕，东风日产已经站在了产销1600万的体量之下了。回首东风日产的21年历程，可谓是一部充满传奇色彩的销量达成史。从2003年第一辆SUNNY阳光的下线，到2008年仅用5年时间达成100万辆产销规模，创造行业最快达成速度；再到2013年，仅用10年时间达成累计450万辆产销，再次刷新行业纪录。2018年，东风日产实现1000万辆目标的最快行业纪录；2022年，时隔4年之后，高质量迈过1500万辆规模大关，成为国内最快达成1500万辆的合资车企。直至2024年，成功达成1600万整车产销。

已经获得1600万用户认可的东风日产有着足够的底气。东风日产通过多年的积累与沉淀，构建了一套高效、稳定的运营体系，这不仅包括先进的生产制造环节，还涵盖了一系列先端的技术成果。成立于2006年的东风日产技术中心，是日产全球四大研发中心之一，能够完成多款全新车型的开发，且具备完善的整车自主研发和实验能力。东风日产技术中心自成立至今已累计投入超100亿元，从最初的70多人发展到如今近2000人的技术团队，累计申请专利1402件。承担着日产、启辰、英菲尼迪三个品牌的车型开发及部分造型设计工作助力东风日产的新能源转型。东风日产股东双方全球的资源优势更是为其提供了强大的支持。东风汽车和日产汽车作为两大股东，各自拥有丰富的全球资源和深厚的行业经验。这种强强联合的合作模式，为东风日产带来了全方位的支持。

在东风汽车有限公司副总裁、东风日产乘用车公司副总经理周锋看来："当下市场挑战、竞争不断，用户需求更是日新月异。因此，东风日产带来源自中国、面向世界的GLOCAL新模式。传承日产77年电驱历史底蕴及造车品质和世界级安全标准，以中国技术、速度和资源，实现新能源进阶。持以用户为中心的理念，未来，东风日产将通过技术驱动产品变革，基于GLOCAL的新模式，以日产全球技术和制造品质为根基，进一步整合本土研发优势，打造一系列新能源和智能化产品，促成东风日产未来新的增长极。"

8.【6月19日】奇瑞捷豹路虎将推出全新电动品牌"Freelander神行者"

6月19日，捷豹路虎与奇瑞汽车宣布，在其合资企业奇瑞捷豹路虎推出全新的电动车产品。据悉，根据捷豹路虎与奇瑞汽车签署的战略合作协议，此次合作推出的全新电动产品将使用"Freelander神行者"品牌。此外，全新产品线将采用奇瑞纯电平台，在奇瑞捷豹路虎常熟工厂与现有产品并行生产。该产品线将在中国市场通过特定网络销售，并在未来实现海外出口。需要强调的是，该协议称："'Freelander神行者'品牌将独立于奇瑞现有产品线以及捷豹路虎新现代豪华品牌家族，以实现供应的价值创造和增长。"

【点评】如何看奇瑞捷豹路虎新协议的签署

6月19日，捷豹路虎与奇瑞汽车宣布，在其合资企业奇瑞捷豹路虎推出全新的电动车产品，品牌确定为"Freelander神行者"。消息一出，这个一度不受人关注的合资企业被推到了人们面前。尽管进一步的细节信息没有公布，但外界对这个新合资项目的解读和想象空间还是很大的。

在汽车后合资时代背景下，许多人可以从合资新模式的角度解读这一信息。毕竟这几年，在中国的汽车合资企业普遍遇到了挑战。要不要合资，特别是在已经放开合资股比的情况下，控股或者单干都是外界关注的焦点话题。但这次奇瑞捷豹路虎没有以大家普遍想得到的方式继续推动企业往前走，合资双方是怎么想的？

在中国新能源汽车快速发展的今天，人们自然会想到，这是合资企业开始迈向电动化转型的阶段。但从已得到的官方信息中，似乎没有看出捷豹路虎在2023年发布的"重塑未来"全球战略与奇瑞新能源战略之间是什么关系，那么捷豹路虎与奇瑞汽车电动化是如何匹配的呢？

就合资企业本身来说，这是否意味着从现在起多了一个新能源产品？多了一个"Freelander神行者"品牌？官宣中的每个内容都可以引出许多问题。

今天，我们想要完全弄懂此次合作新项目的核心内容可能需要点时间。

但在我看来，至少有一点是可以说的，那就是这次协议的签署是天时、地利、人和。奇瑞捷豹路虎在今天必须做出新的改变。

天时。一方面，世界汽车产业格局发生了巨大变化。这个变化是新科技带来的，它打破了原有的汽车边界，也突破了地域的限制，融合渐渐成为汽车产业发展的主要方式。共创、共造、共享的理念成为越来越多人的共识。另一方面，中国汽车特别是中国新能源汽车的快速发展，让传统的跨国汽车公司开始重新认识中国汽车，认识中国汽车市场，认识在中国的合资合作。捷豹路虎与奇瑞的合资是在12年前，开始生产也就是在9年前。它应该是中国汽车合资的迟来者。它处在世界汽车旧格局的末尾，显然很难有先进入者们的红利。当新的汽车革命浪潮到来时，又面临着所有中国合资企业遇到的挑战。这也是过去奇瑞捷豹路虎火不起来的一个重要原因。虽然在捷豹路虎全球董事、捷豹路虎中国总裁及首席执行官潘庆看来，过去十几年的合资合作是达标的。但外界希望看到一个表现更好、发展更快的奇瑞捷豹路虎。必须改变，一定是奇瑞捷豹路虎合资双方都想到的事。今天，当大家都还在纠结合资股比和如何电动化的时候，它们拿出了一份让很多人都没想到的答卷。这应该是双方在新变化、新格局下面向未来形成共识后的一次新合作。

奇瑞这两年异军突起，成为中国汽车乃至世界汽车共同关注的明星企业。特别是它的出口业务，连续21年位居中国品牌乘用车出口第一。这可能是大家自然能想到的"地利"了。相信在12年前，它与捷豹路虎谈合资时，一定是相对被动的一方。今天的奇瑞令汽车行业重新认识它，也使捷豹路虎对其刮目相看。但这只是"地利"的一个方面。对于捷豹路虎来说，过去一年，捷豹路虎的业绩实现了2015年以来的最佳，营收达到了290亿英镑，同比增长达27%。这些年它在中国的业务也发展得非常迅速。捷豹路虎总部对其中国业务评价为"优异"，成为捷豹路虎全球业绩最重要的组成部分之一。据了解，几天前在英国总部进行的投资人会议上，大家对中国都有充分认识，认为中国很重要、要在中国进一步扎根、要与合作伙伴一起研究突破。这样的变化是双向的，它使双方在面向未来时有了更多的可能和选择。这是很值得多说一句的。过去，在中国的合资合作，人们常看到的是一方主导得多，特别是外方更显强势。这是由双方的着眼点和出发点决定的。今天再来谈合资如何做，着眼点和出发点已经发生了变化，双方不是首先提股比或者谁说了算，而是更多地想到如何优势互补和强强联合，做出一个令双方都受益的全新业务领域和板块，求增量、共创共赢是此次合作协议的一个重要的创新点。如何将双方的需求真正地结合起来，今天的理解与过去的理解已经不一样了。前不久，我与一位跨国车企的高层领导交流，他表示："需求必须是双向的，或者是共同的，不能以我的需求改变别人的需求。当下跨国车企很现实的需求是中国的新能源汽车领先欧美跨国车企3—5年，他们要从中国学到东西，让自己赶上来。中国车企走出去需要品牌和渠道，这是跨国企业的强项，将这两个需求结合起来，形成一个完整的业务链，变成一个共同的利益需求，这是当下阶段合资合作新模式的主流方式。"这位高层的话讲的是真正的"地利"。很多人可能关心此次新合作项目中提到的"新的电动产品"，搭载奇瑞电动化平台，使用捷豹路虎授权的"Freelander 神行者"品牌，虽然其中有许多不同解读，但其实没那么复杂。现在越来越多的跨国车企都开始意识到，设在国外总部研发中心研发的新能源汽车在市场上缺乏竞争力的原因在于，它们的研发仍是基于传统供应链，而中国新能源汽车的竞争力是在全新供应链上的研发。于是，他们都准备在中国设立研发中心，用中国的全新供应链反哺全球。这次奇瑞和捷豹路虎的新合作应该是先行了一步。这是基于双方对"地利"的重新认识，其他的一些细节已经不重要了。

说到人和，必须要提奇瑞捷豹路虎这个企业。之前，有些人一直认为奇瑞捷豹路虎做得不好，原因在于双方母公司之间矛盾积怨很深，快散摊了。很显然，这次合作新协议的签署让这样的传言不攻自破，面对这样直接的话题，捷豹路虎全球董事、捷豹路虎中国总裁及首席执行官潘庆表示："哪个企业内部没矛盾，更何况是合资企业，问题的关键在于双方的信任度。此次合资协议的签署就是双方信任度的最有力体现。"他举例说，"一个家庭中，夫妻双方炒一盘西红柿鸡蛋，可能出现一方说咸，另一方说甜的情况。如果大家都认识到初衷是为了一顿美味的晚餐，什么矛盾都不重要了，什么问题都解决了。"西红柿炒鸡蛋的比喻，说得很巧，也答得很好。既没有否认矛盾，又说出了合资双方在明天的路怎么走这个问题上有了共识。据了解，一个多月前，奇瑞汽车股份有限公司董事长尹同跃率队专程去了捷豹路虎英国总部，相信其中一个重要内容就是谈今天我们看到的这个合作项目。据说，尹董事长在那里谈得很好，双方都比较愉快，这一定是"人和"。在旁人看来，今天在与捷豹路虎交流时，尹同跃的底气肯定与12年前不一样了，今天的奇瑞也不是12年前的奇瑞了，尹同跃完全可以更强势一些。但是如果那样的话，这个协议就不可能那么顺利地签下来。我们可以解释为这是尹同跃的智慧。"人和"是合资双方诚意和信任的表现。如果说智慧，这可能就是智慧，是双方的诚意决定的。没有"人和"，再好的项目，再好的合资合作都做不成。这次新协议的签署，"人和"是最重要的变化。

新协议签了，这是新的开始。随着一些细节陆续被披露，舆论场的解读会更多。我们常说，干好干成一件事，一个重要的核心是在对的时候做对的事。奇瑞捷豹路虎此次新协议的签署是否来得是时候、最终是否能成功，外界说了不算。但是可以肯定的是，今天的确是最适合双方共同拿出决定的时候，早了不行，晚了可能也不行。瓜熟才能蒂落，不管曾经是否有过不同意见，都需要时间，等待内外部环境与条件的变化，所谓天时、地利、人和就是这个意思。现在看，协议的签署标志着奇瑞捷豹路虎开始向好，或者说这就是在对的时间做对的事。无论如何，我们乐见好事带来好结果。

9.【6月22日】加拿大准备对中国电动汽车加征关税

6月22日，有消息人士透露，加拿大政府准备对中国制造的电动汽车征收新关税，与美国和欧盟的行动保持一致。加拿大安大略省省长福特(Doug Ford)在社交媒体上表示，希望特鲁多政府至少对中国电动车征收与美国同等的关税。

10.【6月27日】上汽与大众签署系列协议，合作开发多款插电混动、纯电车型

6月27日，大众汽车集团、上汽集团、大众汽车（中国）投资有限公司、大众汽车（中国）科技有限公司、上汽大众共同在上海签署有关上汽大众新产品项目的技术合作协议。此次协议旨在通过技术共享和创新开发，进一步推动上汽大众多元化产品尤其是插电式混合动力及纯电动车型的快速布局。

根据协议，多方宣布将在中国开发三款插电混动车型以及两款纯电车型；而在技术层面，中德双方（大众、上汽）将共同为合资企业"技术赋能"，首款全新车型将于2026年推向市场。这标志着上汽大众将正式采用上汽集团技术底座打造全新插电式混合动力及纯电动车型。

上汽集团党委书记、董事长陈虹在签约现场表示："中国汽车产业正在完成从'跟跑'向'并跑'再到'领跑'的角色转换。上汽集团全力发展新智能电动车，智电创新技术行业领先，成功推出七大技术底座，面向未来打造具备'强劲心、健壮身、智慧脑'的全新科技生命体，为汽车产业转型积极贡献智慧。"这一声明不仅展示了上汽集团对未来发展的信心和决心，也体现了其在智能化和电动化领域的技术实力。

作为上汽大众的操盘手，上汽大众总经理贾健旭此前接受采访时表示："上汽大众努力在为2026年以后的市场做布局。"在当时的采访中，贾健旭便表示上汽大众正在开发长续航插混产品，在续航上将和目前主流持平。

据上汽大众内部人士透露，在2023年的方案中，插混产品是基于油车平台开发；而在2024年的新方案中，上汽大众的插混汽车将基于上汽集团的全新平台进行开发。这一转变显示了上汽大众在新能源汽车领域追求技术创新和优化的决心。

事实上，利用中方股东在智能化、电动化的优势技术，快速补上合资企业智能化和电动化的缺失不是新鲜事。自2023年下半年以来，以大众和斯特兰蒂斯为代表的全球车企纷纷通过投资的方式获取中国初创车企的现有车型平台以及相关的核心研发能力，相比之前外资车企进入中国所采取的国外技

术换中国本地市场的合资方式，本轮的合资也被外界戏称为"逆向合资"。

这种合作伙伴关系也标志着当前中国合资合作已经发生了本质的变化。行业分析人士指出，当前快速发展的新能源汽车已经彻底改变了中国汽车市场的格局。过去月度销量排行榜前三位常客是一汽大众、上汽大众和上汽通用等合资企业，但比亚迪、吉利等自主品牌依靠新能源汽车增量，已经稳居月销量榜前三。尤其是中国自主品牌，已经在强势合资企业面前处于丝毫不落下风的销量水平。

分析人士表示，在当前中国市场，跨国车企需要进行本地化创新和合作的转变，从而满足新能源汽车市场不断变化的需求。这种层面上的合作凸显了中国汽车企业在塑造全球汽车趋势和技术方面的影响力。面对未来汽车的竞争，全球车企需要适应并促成"新型"合作伙伴关系，以保持在汽车领域的竞争力。

一个多月前，同样在上海，上汽集团与奥迪汽车签订合作协议，正式启动上汽奥迪 Advanced Digitized Platform 智能数字平台的联合开发，全新智能数字平台的生产基地也同步启动更新换代，新车将于 2025 年下线。

行业分析人士指出，随着此次多项合作开发协议的签署，上汽集团在新能源和智能化的技术实力，得到了大众和奥迪方面的认可，这将进一步提升上汽集团的技术含金量。

在业内人士看来，与中国汽车产业发展早期需要引进海外技术相反，当下国内新能源汽车产业的发展正吸引更多的跨国车企来华合作。自主品牌也将迎来由"市场换技术"到"技术换市场"的过渡。上汽集团与奥迪、上汽大众与大众汽车的合作，体现了这一趋势。这种合作模式的转变，既是对中国本土技术创新能力的认可，也是对全球汽车行业未来发展方向的积极探索。

11. 【6月】中国车企加速布局全球市场

6月3日，据哪吒汽车消息，6月起，印度尼西亚电动汽车制造商 PTNETA Auto 以 CKD 形式正式开始为哪吒汽车进行本地化生产。位于西爪哇勿加泗的 PT Handal Indonesia Motor（HIM）为哪吒汽车的最新车型 NETA V-II 进行了初步组装。

6月7日据外媒报道，比亚迪正在接受韩国环境和工业部门授权的评估测试，以寻求在韩国销售电动汽车。比亚迪可能在韩国市场销售海豚、海豹车型，最早可能今年内开始在韩国销售。

6月20日，阿维塔科技与阿联酋头部豪华品牌汽车经销商集团 Al Saqer Group，在阿布扎比签订战略合作协议，双方将携手推动阿维塔产品进入阿联酋市场。按照规划，阿维塔今年将陆续登陆东南亚、中东地区的40多个国家，目标开拓90余家阿维塔官方授权门店，并将登陆欧洲市场。

6月20日，针对近期零跑 T03 于 Stellantis 集团波兰工厂投产等消息，Stellantis 中国回应称，确认零跑 T03 车型的首批试生产车辆已在 Stellantis 集团位于波兰 Tychy 的工厂成功组装。Stellantis 中国方面表示，"如果经济效益上可行，零跑汽车的产品可在 Stellantis 集团旗下的全球任何一家工厂进行生产，其部分车型将于欧洲生产，但具体是哪些工厂将生产零跑汽车还尚待披露"。

6月24日，长城汽车东盟区域总裁程金奎表示，长城汽车公司计划今明两年在马来西亚、印度尼西亚和越南新建工厂。程金奎透露，长城汽车正与马来西亚 EP Manufacturing 合作，寻求在马六甲州组装产品，预计最快7月投产。印度尼西亚的组装厂则有望今年7月或8月投产。按计划，越南工厂将于明年实现当地组装。

12.【6月】车企加速智电科技创新

6月13日，长城汽车在互动平台表示，在智能驾驶方面，公司即将上市长城汽车最新一代、最强能力的智能驾驶系统——Coffee Pilot Ultra（CP Ultra），具备强感知、重安全、快迭代等特点，CP Ultra 实现了100% 去高精地图，推出行业领先的无高精地图全场景 NOA，能够覆盖高速、城区、乡镇等各种驾驶场景。用户无论是在城区闹市、盘山公路，还是乡村小路，都能够正常开启 NOA 功能；还能够实现从行车到泊车、从高速到城乡的全场景连接。

6月18日，在首届锂电池大会上，亿纬锂能中央研究院常务副院长赵瑞瑞透露，亿纬固态电池选择硫化物和卤化物固态电解质的技术路线，预计 2026 年推出全固态电池，先落地于混合动力汽车。

6月27日，吉利自研自产的新一代"刀片式"磷酸铁锂电池"神盾短刀电池"正式发布。新一代神盾短刀电池通过更短、更紧凑的尺寸体积设计，实现更高的安全性，也进一步提升了整包布置的灵活性，同时将"刀片式"磷酸铁锂电池的能量密度提升至近 200Wh/kg。新一代电池会在吉利银河 E5 上率先搭载。

6月28日，广汽丰田在科技开放日上宣布联合 Momenta 推出端到端全场景智能驾驶，该方案将于广汽丰田全新纯电动车型 bZ 3X（铂智 3X）首发搭载。

13.【6月】萝卜快跑在武汉开展无人网约车实际道路试运行，引发当地滴滴、出租车司机的强烈担忧

6月，萝卜快跑在武汉开展无人网约车实际道路试运行，引发当地滴滴、出租车司机的强烈担忧。在引发舆情的同时，也引发社会舆论和行业对 AI 自动驾驶领域的高度关注。在发展高科技的同时，如何兼顾相关领域公众的就业、公平等问题成为大家关注的焦点。同时，在中美科技竞争，特别是人工智能领域的激烈竞争的背景下，中国无人驾驶技术的快速发展也引起了国内外相关行业的高度重视。

14.【6月】广汽、小鹏、沃飞推进飞行汽车项目

6月4日，广汽集团在互动平台表示，广汽首款多旋翼飞行汽车 GOVE 已于 2023 年 6 月实现全球首飞，2024 年 3 月在广州 CBD 上空首次完成在

城市公众复杂低空环境的飞行验证，累计展开 300 余次飞行验证。公司计划于 2027 年在粤港澳大湾区内 2—3 座城市打造城际立体出行样板，届时广汽集团将以全链条立体智慧出行，深入参与"1 小时粤港澳大湾区生活圈"联动出行。

6 月 16 日，小鹏汇天旅航者 X2 在北京大兴国际机场临空经济区正式完成首飞。小鹏汇天表示，这也是包括飞行汽车在内的载人低空飞行器在京津冀地区的首飞。小鹏汇天方面称，"公司准备量产、计划今年四季度开启预售的小鹏汇天分体式飞行汽车，可以满足探索分体式飞行汽车城际通勤的需求"。

6 月 23 日，沃飞长空旗下首款飞行汽车完成首次公开飞行。这是沃飞长空首次对公众全方位地展示沃飞长空 AE200 验证机全倾转飞行试验。AE200 验证机顺利完成全尺寸、全重量、全包线倾转过渡等系列飞行试验所有科目，成为中国首个、全球第二个完成该类试验科目的 eVTOL 企业。

15.【6 月 30 日】中国汽车经销商库存预警指数 62.3%，同比上升 8.3 个百分点

6 月 30 日，中国汽车流通协会发布的最新一期"中国汽车经销商库存预警指数调查"VIA 显示，2024 年 6 月中国汽车经销商库存预警指数为 62.3%，同比上升 8.3 个百分点，环比上升 4.1 个百分点。库存预警指数位于荣枯线之上，汽车流通行业处在不景气区间。

第七章

7月

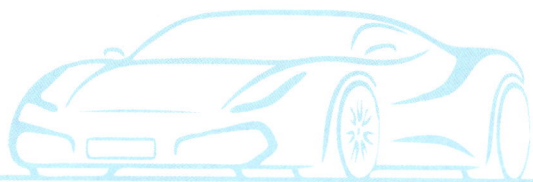

1.【7月初】上半年，中国汽车产业累计销售1404.7万辆，同比增长6.1%，行业利润仅5%左右

7月初，半年度行业数据出炉。今年上半年，汽车市场产销分别完成1389.1万辆和1404.7万辆，同比分别增长4.9%和6.1%。业内分析认为，上半年销量增长，得益于国家以旧换新、新能源汽车下乡等利好政策持续落地实施，企业新产品密集上市等措施，进一步释放了汽车市场消费潜力。

7月10日，中国汽车动力电池产业创新联盟数据显示，1—6月，累计装车量203.3GWh，累计同比增长33.7%。其中，今年上半年，国内磷酸铁锂电池占总装车量的69.3%，远高于三元电池30.6%的市占率。

7月27日，中国汽车流通协会发布数据，1—6月，汽车行业收入47672亿元，同比增长5%；成本41730亿元，同比增长5%；利润2377亿元，同比增长10.7%；汽车行业利润率5.0%，相对于下游工业企业利润率6.4%的平均水平，汽车行业仍偏低。

7月31日，国家能源局综合司副司长张星表示，国家能源局加快构建高质量充电基础设施体系，截至6月底，全国充电桩总量达到1024.4万个，同比增长54%。我国充电设施规模不断扩大，其中，有公共充电桩312.2万个，私人充电桩712.2万个，公共桩额定总功率超过1.1亿kW。

2.【7月2日】吉利系对力帆科技进行股权结构调整

7月2日，力帆科技发布公告称，吉利产投拟斥资19.53亿元获得力帆科技第一大股东满江红基金50.94%资产份额，间接持有6.87亿股公司股份。同一时间，吉利科技又拟向江河顺遂转让其麾下江河汇100%股权，转让价款合计为24.3亿元；交易完成后，江河顺遂将"接手"江河汇所持有力帆科技9亿股股份，占总股本的19.72%。

至此，吉利产投和江河顺遂成为力帆科技股权的新获得者。其中，吉利

产投将超越两江产业发展集团、聚力展业贰号、先进制造基金、满江红企业管理（GP），成为通过满江红基金间接持有力帆科技股份最多的股东；江河顺遂则是通过直接投资的方式，成为力帆科技第二大股东。

即将新"入局"的吉利产投与准备退出的江河汇皆属李书福，意味着这一系列操作可以被视为"吉利系"对力帆科技进行的股权结构调整。

资料显示，力帆科技成立于1992年，原以生产摩托车为主，在20世纪90年代力帆摩托车曾有一段美好的出海经历。2005年，公司推出首款自有品牌轿车"力帆520"后，逐步涉及汽车整车制造。至2020年，公司实现营收36.37亿元，同比下降51.18%；扣非净利润巨亏63.34亿元，同比下降44.11%。面临巨大压力的力帆股份引入满江红基金和李书福"吉利系"麾下的江河汇进行重整。2020年12月15日，力帆股份发布公告称，公司按每10股转增24.99695156股的比例实施资本公积转增股本，共计转增32.14亿股。其中，转增股份中的9.65亿股用于向公司及其子公司债权人清偿债务，满江红基金花费30亿元接下约13.49亿股，江河汇受让9亿股股份。一系列"救援措施"落地不久，力帆股份也正式更名为力帆科技。此后力帆科技经营逐步稳定，2022年公司实现扣非净利润6113万元，时隔七年再度转正，2023年公司扣非净利润小幅亏损1.349亿元。2022年1月，力帆科技宣布与吉利汽车合资设立睿蓝汽车，依靠"大厂"以发展新能源汽车业务。力帆科技发布的产销快报显示，截至2024年6月，公司年内累计销售9712辆新能源汽车。

【点评】力帆科技股权结构变动的另一层解读

这些天，有关于力帆科技的股权结构变动的消息引发了大家的关注，各种说法都有。但大家都有一种感觉，这件事越说越复杂、越说越看不懂。其实，真的没必要费那么大劲去七拐八拐弯弯绕，只需要搞明白几个关键信息就行。

首先，力帆科技本质上与吉利有亲密关系。大家都知道，原来的力帆搞不下去了，政府及有关部门想了一切办法，避免引发问题和矛盾。其中，就有吉利的进入，有了睿蓝汽车和换电平台。当然，在力帆科技中，吉利的主导作用是毋庸置疑的。这一次，力帆科技的股权结构变化，无论中间七绕八绕，吉利仍然是其中的主要投资者。只是涉及吉利的股权部分进行了结构化调整。持股方式从通过江河汇变成了通过满江红基金持股。换句话说，吉利是力帆科技的主要投资方，无论是过去还是变化了的今天，这一点都是没有变化的。

从力帆科技变化以后的股权结构看，多了两个投资方。其中最引人注目的是接受原有股东江河汇的"江河顺遂"背后的印奇和"千里智驭"。"江河顺遂"这家公司是7月1日成立的，力帆科技于7月2日发布股权结构变动公告。很明显，这是一家专门为承接力帆科技股权结构变动而成立的公司。"千里智驭"的大股东为印奇，印奇是有着"AI四小龙"之称的旷视科技的CEO。根据资料，早在2018年全国就有超过70%的安卓手机在使用旷视科技的技术完成刷脸解锁，小米、OPPO、vivo均是其客户。回到原点上，力帆科技此次股权结构变化，让吉利与印奇和他的"AI四小龙"有了直接联系。

此前大家在一个关键问题上始终疑惑，这次的股权结构变化是意味着吉利的退出，还是换个新公司重新去搞汽车？在大家看来，搞汽车制造，吉利肯定是行家，"江河顺遂"的进入不是冲着造车来的。现在看，有一个答案摆了出来，新的力帆科技要将过去简单地进行造车业务的平移、转变成科技赋能智能化汽车平台，它变成了一个真正的科技公司。

汽车智能化是汽车行业的一次重大变革，各大汽车公司都在探索领先的解决方案。目前看，华为成为了一个领先者，并且开始赋能一些汽车公司。这给像吉利这样的一贯倡导自主研发的汽车公司带来很大压力。上汽集团曾经说，这关系到"灵魂"和"皮肤"的问题。换言之，很多车企都倾向于这样的核心技术还是要掌握在自己手中。但现实是，华为已经领先了，汽车公司该怎么做？

在汽车行业激烈竞争的当下，研究下一个十字路口，在下一个十字路口等着对手。这是汽车公司应该想到的事。关键是，下一个十字路口是什么？这是在讨论力帆科技股权结构变化时，突然令人悟出来的逻辑。李书福曾多次说过，汽车智能化的下一个十字路口就是"AI人工智能"。为此，他对"汽车机器人、人形机器人"特别感兴趣。巧合的是，印奇他们想搞的就是这些。

如果以这样的逻辑思路来看此次股权结构的变化，那可能真的有意思了。

对于未来的汽车是什么样？李书福在十几年前就有过描述，那就是"天地一体"。这样的想法下有了他早期投入的飞行汽车。这几年他加快了推进步伐，成立"时空道宇"发射卫星，收购魅族手机成立星际魅族。还有亿咖通、沃飞长空等看起来和吉利主业关系不大的业务，都是他设想打通天地一体的尝试。一段时间来，人们将亿咖通称为可以和华为竞争的，目前领先的汽车智能化解决方案供应商。现在看，他又瞄准了 AI、人工智能。如果这条路能走通，那可真打通了下一个十字路口的全部障碍。

3.【7月】五部门联合推进"车路云一体化"，工信部强调要加快新质生产力发展

7月3日，工业和信息化部、公安部、自然资源部、住房和城乡建设部、交通运输部联合公布智能网联汽车"车路云一体化"应用试点城市名单，北京、上海、深圳、广州、武汉、重庆、南京、苏州、成都、杭州—桐乡—德清联合体等在列。[20]

7月26日，全国工业和信息化主管部门负责同志座谈会在北京召开。会议强调，做好下半年工作，要加快培育新支柱、新赛道，抢抓新一轮科技革命和产业变革机遇，聚焦智能网联汽车、新材料、生物制造、氢能、人形机器人、元宇宙、脑机接口、量子信息、低空经济、商业航天等领域精准发力，加快发展新质生产力。[21]

4.【7月4日】欧盟对中国电动汽车征收临时反补贴税于7月5日生效，各方表态

7月4日，欧盟委员会在对中国电动汽车进行为期九个月的反补贴调查后，正式决定对来自中国的电动汽车进口征收临时反补贴税，并公布税率。临时关税分别为：比亚迪 17.4%，吉利 19.9%，上汽 37.6%。其他合作但未

被抽样的中国生产商将被征收 20.8% 的加权平均关税，未合作的公司税率为 37.6%。这一临时关税将于 2024 年 7 月 5 日生效，最长持续四个月。

7 月 4 日，商务部新闻发言人何亚东在例行新闻发布会上表示，对于欧盟对华电动汽车反补贴调查，中方已多次表示强烈反对，主张通过对话协商妥善处理经贸摩擦。[22]

德国汽车工业协会：反对欧盟对中国电动汽车加征关税

7 月 4 日，德国汽车工业协会发表声明，反对欧盟对从中国进口的电动汽车征收临时反补贴关税。该协会认为，此举不符合欧盟利益，不仅会对欧洲消费者和企业造成负面影响，还将阻碍欧盟本土电动汽车市场发展，也不利于实现气候目标。声明指出，对从中国进口的电动汽车征收临时反补贴关税，尤其会影响欧洲车企及其合资企业，因为欧盟从中国进口的相当一部分电动汽车来自欧美制造商，而这些企业在华合作与生产是欧洲能源转型和提高竞争力的重要基石。另外，中国的原材料和电池等先进技术，为欧洲电动汽车工业提供了保障，额外关税会使电动汽车在欧洲市场更加昂贵，从而限制消费者购买。

匈牙利总理欧尔班表示：欧盟的做法是错误的

7 月 5 日，匈牙利总理欧尔班在接受当地广播电台采访时称，欧盟计划对中国的汽车制造商征收惩罚性关税是错误且考虑不周的。他警告称，此举将把经济生活推向贸易战的方向。

土耳其：软化对华汽车关税决定，改为鼓励投资

7 月 5 日，土耳其政府官方公报公布的总统决定显示，土耳其软化了最近对进口中国汽车征收关税的决定，以鼓励汽车制造商投资。公报显示，该决定修订了 6 月份发布的一项法令，规定对投资鼓励政策范围内的汽车进口不征收额外税费。

上汽集团：将要求欧盟委员会就中国电动车临时反补贴税措施举行听证会，进一步依法行使抗辩权

7 月 5 日，上汽集团发布声明称，为切实维护自身的合法权益和全球客户的利益，上汽集团将正式要求欧盟委员会就中国电动车临时反补贴税措施举行听证会，进一步依法行使抗辩权。抗辩内容包括：欧委会反补贴调查涉及商业敏感信息，例如调查要求配合提供与电池相关的化学配方等，超出正常调查范围。欧委会对于补贴的认定存在错误，例如将给予国内消费者的新能源购车补贴纳入在欧盟销售的补贴率计算。欧委会在调查过程中忽略了上汽提交的部分信息和抗辩意见，基于《反补贴基本条例》第 28 条所谓的"不配合调查"，做出不利推定，虚增了多个项目的补贴率。

应上汽集团要求，欧委会 7 月 19 日在布鲁塞尔欧盟总部召开反补贴调查专题听证会，上汽向欧委会提交反补贴初裁抗辩意见。上汽明确提出：欧委会反补贴调查涉及商业敏感信息，例如调查要求配合提供与电池相关的化学配方等，超出正常调查范围；欧委会对于补贴的认定存在错误，例如将外国合资方独资的汽车金融公司混淆为上汽的关联企业，纳入补贴率计算范畴；在调查过程中上汽已提交了数以千计的书面资料，但欧委会忽略了上汽提交的部分关键信息和抗辩意见，虚增了多个项目的补贴率。上汽代表表示，开放竞争才能带来进步，保护主义只会导致落后，希望中欧通过合作共赢，加快凝聚创新力量，共创全球绿色发展。

5.【7 月 4 日】比亚迪泰国工程竣工产品下线、广汽埃安泰国工厂投产

7 月 4 日，比亚迪在泰国罗勇府举行泰国工厂竣工暨第 800 万辆新能源汽车下线仪式，海豚作为下线车型在泰国工厂亮相。比亚迪泰国工厂从开工到投产历时仅 16 个月，年产能约 15 万辆，包含整车四大工艺和零部件工厂。比亚迪董事长兼总裁王传福表示，比亚迪布局泰国市场仅两年时间，已累计十八个月获得泰国纯电动车销量冠军。未来，比亚迪将在泰国推出更多纯电动车型，并引入插混车型，助力泰国汽车产业链转型升级。

7 月 17 日，广汽埃安泰国智能工厂正式竣工投产，旗下首款全球战略车型第二代 AION V 全球同步下线。据悉，埃安泰国智能工厂一期年产能为 5 万辆，未来逐步扩能至 10 万辆，可实现第二代 AION V、AION Y Plus、昊铂 HT 等多款广汽埃安车型的共线生产。

[]

6.【7月】上汽、一汽、北汽高管密集调整，保时捷中国换帅

(1) 王晓秋任上汽集团董事长，贾健旭任上汽集团总裁，上汽大众总经理同步调整 [23]

7月2日，上海汽车集团股份有限公司召开干部大会，上海市委组织部宣布了市委关于上汽集团主要领导调整的有关决定，并要求按照相关法律规定办理手续。

7月10日，上海汽车集团股份有限公司召开第八届董事会第二十三次会议，并发布决议公告：会议选举公司董事王晓秋先生为公司第八届董事会董事长。经公司董事长提名，同意聘任贾健旭先生担任公司总裁，任期与本届董事会任期一致。原董事长陈虹先生由于到龄退休，辞去董事长及其他职务。

资料显示，王晓秋出生于1964年，中共党员，研究生，工学博士，高级工程师（教授级），曾任上海通用汽车有限公司总经理，上海汽车集团股份有限公司副总裁兼乘用车分公司总经理、技术中心主任，上海汽车集团股份有限公司董事、总裁、党委副书记。现任上海汽车集团股份有限公司党委书记、董事长。

贾健旭出生于1978年，中共党员，在职研究生，工商管理硕士。曾任上海延锋江森座椅有限公司副总经理、常务副总经理，延锋汽车饰件系统有限公司副总经理，上汽卢森堡公司副总经理（主持工作）、上汽欧洲有限公司副总经理（主持工作）、上海汽车工业香港有限公司副总经理（主持工作），延锋汽车饰件系统有限公司副总经理（主持工作）、总经理，延锋汽车饰件系统有限公司总经理兼上海实业交通电器有限公司总经理，上海汽车集团股份有限公司副总裁兼上汽大众汽车有限公司总经理、党委副书记。现任上海汽车集团股份有限公司总裁、党委副书记。

7月18日，上汽集团宣布，上汽集团总裁贾健旭不再兼任上汽大众总经理；原华域汽车系统股份有限公司总经理陶海龙接任上汽大众总经理一职。

此间，上汽集团正进入改革转型的关键时期，推动自主品牌业务提升、

稳定合资品牌市场份额，加快智能新能源技术创新和应用等，都是上汽集团迫切需要应对的挑战。王晓秋、贾健旭的履新给上汽集团带来新的活力和变化。此后，上汽集团旗下主要业务线发生一系列重要人事变动，同时，也开启了一系列全新的改革措施。

【点评】上汽集团重振行业地位值得期待

7月10日后，上汽集团进入新时代，很多人对上汽重振行业地位报以期待。据悉，王晓秋出生于1964年，自1988年进入上汽集团以来，他在公司已效力35年，被视为上汽集团的"元老"。王晓秋曾担任多个关键职位。上汽集团内部人士表示，王晓秋对质量管理、采购、制造和零部件等各个环节都非常熟悉，并且在上汽集团的合资和自主业务板块都积累了大量经验。许多业内人士认为，王晓秋不仅能力出众，而且在自主业务板块任职期间的杰出业绩进一步证明了他的卓越才干。

此次接任王晓秋担任总裁的是现任上汽大众总经理贾健旭。出生于1978年的贾健旭，以其相对年轻的年龄和丰富的经验而备受期待。据消息人士透露，其在上汽集团开拓海外市场时，曾发挥了重要作用。尤其是在近一年上汽大众的工作成绩，使其成为晋升的重要背书。2023年2月起，贾健旭担任上汽大众总经理。上任之后，他以果断高效的决策和执行能力，成功将大众ID.系列打造成市场上少有的畅销合资纯电车型，展现了卓越的领导才能和市场敏锐度。观察过往履历，和王晓秋一样，贾健旭历任上汽集团多个重要岗位，在供应链、制造、销售积累了非常多的经验。

上汽集团在新闻稿中，对原董事长陈虹给予了高度评价：陈虹先生由于到龄退休，辞去董事长及其他职务。董事会对陈虹先生在任职期间领导董事会开展卓有成效的工作，推动公司克难奋进、创新转型所做出的贡献，表示衷心的感谢。

不可否认，在陈虹领导的十年间，上汽集团经历了辉煌的发展期，也在汽车市场的存量竞争和新能源崛起的大背景下，迎来了前所未有的挑战。如今的上汽集团，正处在一个极其关键的时刻。

一方面，作为长期占据中国汽车销售龙头地位的上汽，正在被比亚迪快速追赶，如何回应当前新能源和智能化的竞争尤为重要。另一方面，上汽非常重要的海外出口板块遭遇了欧盟对中国新能源车加税的重大打击，成为了最大的受害者。上汽集团被欧盟苛以38.1%的重税，为上汽在欧洲市场的进一步扩展制造了重重阻碍。

这些挑战主要落在了曾在上汽集团乘用车事业和欧洲市场拓展中表现突出的王晓秋和贾健旭肩上。此外，他们还需要与外资合作伙伴共同推动上汽大众和上汽通用两大合资品牌的转型，这无疑是一个艰巨的任务。

不过，鉴于王晓秋和贾健旭在过往的职业历程中的创新开拓的经历，很多行内人士表示，对他们重振上汽集团的行业地位充满期待。

（2）陈彬调任一汽集团任党委常委、副总经理[24]

7月11日左右，中国第一汽车集团有限公司召开会议，宣布领导班子成员任职决定：根据中央组织部关于集团公司领导班子成员任职通知，陈彬同志任中国第一汽车集团有限公司党委常委、副总经理。此前，陈彬为东风汽车集团股份有限公司总裁助理兼神龙汽车有限公司总经理、党委书记。

资料显示，陈彬，出生于1976年，1998年7月参加工作，华中理工大学机械制造工艺及设备专业毕业，大学学历，工程硕士学位，高级工程师。曾历任东风德纳车桥有限公司研发部产品研发中心副主任、十堰工厂厂长助理、采购部部长，东风汽车公司团委副书记、书记，东风汽车股份有限公司党委书记、总经理，东风汽车集团股份有限公司总裁助理兼神龙汽车有限公司总经理、党委书记等职。现任中国第一汽车集团有限公司党委常委、副总经理。

一汽集团、东风汽车和长安汽车三大央企的高管对调，近些年已经成为常态，成为推动国企改革的重要手段。

（3）北汽新能源代康伟任董事长、张国富任总经理、刘观桥任副总经理[25]

7月9日，北汽新能源召开干部调整宣布会，传达北汽集团关于北汽新能源主要领导干部的调整决定。原北汽集团副总经理、北汽新能源董事长刘宇不再兼任北汽新能源董事长。原北汽新能源党委书记、总经理代康伟升任北汽集团副总工程师，兼任北汽新能源董事长。原北汽新能源党委副书记、常务副总经理张国富升任北汽新能源党委书记、总经理。原北汽集团经营与管理部长刘观桥调任北汽新能源党委副书记、副总经理，主要负责营销板块的工作。

【点评】北汽新能源迎来发展新动力

人事调整的新布局，为北汽新能源的未来发展注入了新的活力与动力，也为旗下极狐品牌的发展奠定了坚实基础。

2024年，这场变革的风暴越发强劲，车市竞争也趋于白热化。然而，极狐近期的市场成绩颇为出色。官方公布的最新数据显示，6月，极狐单月销量突破8000辆，全系产品同期增长了314.77%，创历史新高。其中阿尔法T5月销3702辆，极狐考拉月销3250辆，6月份最新上市的阿尔法S5也开始了全面发力快速爬坡的增长期，力争下半年月销过万，站稳纯电市场主流品牌地位。

极狐汽车的增长极源自哪里？北汽集团董事长张建勇在阿尔法S5首批用户交付仪式上表示："北汽将持续投入超千亿元，着眼长期主义，扎扎实实地推动科技、产品、服务的全面提升，让极狐成为超越价值的选择。"毫无疑问，极狐已是北汽自主事业的"一号工程"，极狐不仅是北汽新能源的极狐，更是北汽集团的极狐，北汽举全集团之力全力打造极狐品牌的决心十分坚定，这也是极狐上量的核心驱动力。而伴随着此次人事调整，极狐汽车对新能源汽车的未来发展也有了更为清晰的规划和目标。

技术出身的工学博士代康伟升任北汽集团副总工程师兼任北汽新能源董事长，能在集团层面更好地整合北汽集团丰富的技术优势和研发资源，重点赋能极狐的技术与产品革新，对北汽新能源持续提升产品竞争力、改善经营质量具有双重战略意义。

张国富升任北汽新能源党委书记、总经理是北汽新能源全面优化产品力、品牌力、营销力、经营力的重要举措。张国富曾任北汽越野车总经理、北汽股份常务副总裁、北汽新能源常务副总经理，主抓企业的品牌建设、营销提升和经营管理，本次职务调整对于北汽新能源和极狐品牌而言同样非常"丝滑"。

刘观桥曾在北京现代营销体系深耕多年，营销体系建设经验丰富，升任北汽集团经营与管理部长后，负责北汽集团，尤其是自主品牌的经营指标管理，此次从集团"反哺"自主，任北汽新能源常务副总经理，让极狐营销体系的完善和创新，值得期待。

作为北汽集团和北汽新能源聚力打造的高端新能源品牌，极狐汽车从诞生以来就承担着北汽集团建设自主事业，深耕新能源市场的重要角色。北汽新能源是我国第一家纯电新能源企业，是纯电市场第一股，也是第一家与华为开展深度合作的新能源企业，其与麦格纳联合打造的生产基地更是让极狐汽车拥有媲美一线豪华品牌的品质保障，在品质、安全、车内健康领域，更是被业内人士称为"用力过猛的工科男"，而这些正是极狐汽车"生而破界，极智守护"的品牌精神。

此刻，极狐汽车已经形成了 SUV + 轿车 + MPV 的产品线矩阵，覆盖10 万—30 万元的消费市场，在营销领域已建成 230 多家销售门店和 200 多家服务网点。今年以来，北汽新能源和极狐汽车捷报频传，阿尔法 T5 从 3 月份开始销量快速上涨，4 月发布全新的技术品牌并官宣与顶流 IP "与辉同行阅山河"达成战略合作，泼天的流量加持让极狐的品质和价值被广泛认知，6 月全新中型纯电轿车阿尔法 S5 正式上市，交付仪式上，北汽集团董事长张健勇、宁德时代董事长兼 CEO 曾毓群、麦格纳斯太尔全球总裁罗兰三位业界大佬罕见同台一同宠粉，让市场和用户看到了极狐的匠心和诚心。其与宁德时代等伙伴合资共建的新一代智能电芯生产基地也于当天正式奠基，极狐也成为与宁德时代合作最为深入的纯电品牌之一。

可以看到，在经历了一系列的产品梳理和人事调整之后，极狐已经有了一个更加清晰的产品、品牌脉络。从技术研发到产品革新，从市场营销到经营管理，全方位的优化与升级正在如火如荼地进行中。

（4）保时捷中国换帅

7 月 20 日，保时捷宣布调整中国管理层，亚历山大·普利奇（Alexander Pollich）将于 9 月 1 日起正式就任保时捷中国总裁及首席执行官，全面负责品牌在中国内地、香港及澳门地区的业务。一段时间以来，国际豪华车品牌在华面临巨大挑战，保时捷甚至被爆经销店暴雷事件。新任 CEO 任务艰巨。

7.【7月30日】中央首提"防内卷"，要求强化行业自律 [26]

7月30日，中央政治局会议分析研究当前经济形势，部署下半年经济工作的会议。会议明确提出"要强化行业自律，防止'内卷式'恶性竞争"。

受此鼓舞，苦"内卷"久矣的一众企业和媒体纷纷转载、发文、评论，表达了对行业"内卷"现象的深恶痛绝，并对其所造成的恶劣影响深表担忧。一时间，反"内卷"成为舆论主流趋势。

但是，必须看到，对待"内卷"，汽车行业各企业的态度并不一致。汽车行业关于"内卷"的争论就已经被拿到台面上公开化了。有的车企老总对车市极度"内卷"现象表达了严重担忧和强烈反对，认为企业竞争要有底线，反对无节制地"卷"，认为这会严重损害行业和企业的健康发展。目前，已经有车企出现亏损和大规模裁员的现象，卷不动了。持反对意见的车企老总则认为这是一种正常的市场竞争现象，其他行业如手机行业，也是这样"卷"过来的，不可避免。这是一种"良币驱逐劣币"，优胜劣汰的体现。看来他们是要"卷"到底。另有车企老总则提醒，要在遵守法律法规的前提下开展公平公正的竞争。言下之意，就是现在的"内卷"可能存在不公正、不公平的现象。还有些老总则提出了折中的看法，"合作共赢"被提了出来。竞争虽然是不可避免的，但不要忘记合作。行业发展涉及的很多问题，诸如基础设施建设、出口抱团、政策支持等，都需要合作才行。中国汽车是一个整体，不可能只剩一两家。数据显示，很多企业销量是上去了，但利润下滑者比比皆是，更有不少车企依旧处于亏损状态。这种不健康的经营状况，跟"内卷"有很大关系。

【点评】如何理解中央"防内卷"的深意

中央文件向来都是高度凝练——每个字的背后都蕴含了大量信息。"要强化行业自律，防止'内卷式'恶性竞争。"这 16 个字不简单。

一是定性。"恶性"这两个字，不仅仅将"内卷"式竞争所带来的危害表达得很清晰，更将中央的态度旗帜鲜明地表现了出来。

二是目标。"防止"这两个字，"防"可以理解为要采取防范措施；"止"则是目标，即制止其再发生，使之回到规范竞争的轨道。这表明中央很清楚"内卷"式恶性竞争已经对社会经济和很多行业的发展造成了不小的伤害，必须采取措施，使竞争向着有利于社会经济健康有序发展的轨道进行，合理合法合规地进行。需要注意的是，中央政治局的这次会议是在研究当前经济形势，部署下半年经济工作。这就意味着，"防止内卷"成为下半年经济工作中的重要一环，有其重要性和紧迫性，否则，这句话就不会出现在惜字如金的中央文件里。

三是方法。中央给出的方法是"行业自律"。当前中国社会不仅仅是汽车行业遭遇"内卷"困境，很多其他行业也同样如此。这已经不是单个行业的问题。中央没有采取硬性的行政措施等直接手段干预经济生活，而是要求各行业强化自律作为解决这一问题的首选方式。没有采取行政措施等直接手段，一方面是要坚持推进社会主义市场经济，利用市场手段进行调控，保护社会经济的健康发展；另一方面也是鉴于各行各业千差万别，很难短时间内出台单一措施应用于这么多行业。因此，"行业自律"成为一种具有高度适应性的方法。但同时，这也极大地考验各行业自身的管理能力、自我纠错能力和持续健康发展的能力。

对汽车行业而言，"行业自律"是需要达成共识的。竞争固然不可避免，但比竞争更重要的，是营造健康可持续发展的产业生态。今天的"内卷"，被"卷"得难受的不仅是主机厂，上下游产业链所遭遇的压榨和困难会成倍放大，而他们的抗风险能力又较差。大量拖欠供应商货款，大批经销商不赚钱，已经不是什么新闻。产业链上的企业如果先倒下，那么损失的不仅是他们自己，更牵扯到他们的上下游企业。如果整个产业生态被拖垮了，没有人能独善其身。

第八章

8 月

1. 【8月】半年财报集中体现车企经营健康度不高

据不完全统计，8月先后有12家车企发布了半年财报。数据显示，不少车企的经营健康度不高。利润下滑的占了5家；另有3家的汽车业务还在亏损；而销量、营收、净利润都增加的仅有4家（下表数据来源于相关车企半年报，按半年汽车销量排序）。

经济指标 企业名称		半年销量 （万辆）	销量增幅 %	半年营收 （亿元）	营收增幅 %	归母 净利润 （亿元）	净利增幅 %
上汽集团		182.7	−11.81%	2846.86	−12.82%	66.28	−6.45%
比亚迪	集团	—	—	3011.27	15.76%	136.31	24.44%
	汽车及相关业务	161.23	28.46%	2283.17	9.33%	—	—
长安汽车		133.4	9.7%	767.23	17.15%	28.32	−63%
东风汽车		96.61	2.20%	511.5	12.10%	6.84	−47.95%
吉利汽车		95.6	41%	1073	46.60%	106	574.7%
广汽集团		86.3	−25.79%	458.08	−25.62%	15.16	−48.88%
长城汽车		55.49	6.95%	914.29	30.67%	70.79	419.99%
赛力斯		20.09	348.55%	650.44	489.58%	16.25	扭亏为盈
理想汽车		18.89	35.80%	573	20.81%	16.48	−47.40%
零跑汽车		8.67	94.80%	88.5	52.20%	−22.12	略有改善
小鹏汽车		5.2	25.60%	146.6	61.20%	−26.5	大幅收窄
小米	集团			1643.95	29.60%	126.6 （调整后净利润）	51.30%
	汽车业务	2.7	—	64	—	−18	—

（1）"内卷"恶果显现

东风集团、长安汽车和上汽集团、广汽集团这四家在行业里有着举足轻重地位的央企、地方国企，面临巨大的挑战。上汽、广汽的销量、营收、净利润三组数据都出现了不同程度的负增长，而东风、广汽的净利润下滑幅度接近腰斩，长安更是跌幅达 63%。这种下滑幅度令人惊讶。需要注意的是，东风的净利润只有 6.84 亿元，净利润降幅又如此巨大，如果不采取强力手段止损提升，亏损不是没有可能的。考察下滑的原因，有人认为或多或少的是受到各自合资公司表现不佳的影响。同时，他们的自主品牌，特别是新能源品牌尽管有一些亮眼的表现，但其盈利能力还不足，甚至还在烧钱。

平心而论，这几家国企对中国汽车产业和社会经济都做出过巨大贡献，但是他们的历史包袱也同样很重，其变革压力，调整难度非常大。这跟新汽车们的轻装上阵是没法比的。同时，"内卷"所带来的销售压力、成本压力、技术压力都非常直接地体现在了经营结果上，由此，我们就不难理解广汽集团董事长曾庆洪为何对"内卷"深恶痛绝。同时，很多高管的人事变动似乎也与当下严峻形势有着千丝万缕的联系。

（2）新汽车亏损改善，但还没到乐观的时候

发布半年财报的零跑、小鹏、小米三家新汽车企业的销量和营收都有不错的增长，但是，都还在亏损状态，额度都在 20 亿元左右，远未到乐观的时候。另外，赛力斯的表现值得关注，上半年销量激增，营收和利润也同步获得巨大提升。这里需要单独提及一下理想。尽管理想是盈利状态，但其净利润同比下滑了 47.4%。很多人认为这可能是由于其个别车型市场表现不理想所致。财报显示，其汽车业务经营亏损了 1.17 亿元，靠理财收益 14.39 亿元才拉了回来。

（3）吉利、长城、比亚迪成中坚力量

目前看，2000 年后自主品牌崛起时代壮大的"老哥几个"，在当下堪称中坚力量。半年报显示，吉利、长城、比亚迪的整体表现可圈可点。吉利和长城的净利润增幅，分别高达 574% 和 419.99%。这么高的利润增幅，自然被人怀疑有资本运作的贡献在里面。但是考察营收和营收增幅就会发现，吉利营收达 1073 亿元，首超千亿元大关，增幅 46.6%；长城营收也接近千亿元，达 914.29 亿元，增幅 30.67%。这都是实打实的经营收入打下的基础。比亚迪的营收金额更高，其汽车及相关业务的营收超过 2000 亿元，其上半年的汽车销量更是达到 161.23 亿元。需要指出的是，奇瑞尽管没有发布半年财务数据，但是他们发布了半年销售数据，销量超过 110 万辆，同比增长 48.4%，其中有不少是出口贡献的，其经营情况不会差。

【点评】叠加而来的挑战考验车企经营力

半年财报可谓触目惊心，又略让人有些欣慰。触目惊心的是四大国企的净利润居然全部下滑，表中只有长安超过 50%。其他未发布财报的央企、地方国企情况如何虽然不得而知，但很多人都不抱乐观的猜想。一些新汽车企业的亏损虽然在收窄，但依旧在烧钱，经营还未走上正循环。在如此"内卷"的时期，还是持谨慎态度比较稳妥。让人欣慰的是，吉利、长城、比亚迪，包括未公布半年财报的奇瑞，他们的发展仅从数据上看，就相对良性很多，可圈可点。需要重视的是，在当下"智电"当道、"内卷"横行的时代，流量、销量、成本、用户等，成了躲不开的新课题。同时，良好的营商环境、商业文化、竞争氛围，在当下愈显弥足珍贵。有企业提出的反对"内卷"，合作共赢，一荣俱荣等，不是对落后者的保护，而是对整个行业生态的健康度的维护，这对领先者而言更是一种产业资源和持久经营力构建。合资车企面临的挑战、带来的影响更大。

原有的汽车价值体系，已经被彻底颠覆，什么是"好"，什么是"值"，都需要重新梳理和塑造。并不是燃油车没有市场，也不是电动车一定会大小通吃，关键是由"智能化"带来的价值变化，由"流量为王"带来的传播革命，由"内卷"带来的成本危机，同时叠加过来的时候，该如何应对，这是需要所有人共同研究的课题。

2.【8月5日】奇瑞首次入围世界 500 强企业，排名第 385 名

8 月 5 日，2024 年《财富》世界 500 强排行榜发布，奇瑞控股集团有限公司以 390.917 亿美元营业收入荣登榜单，列排行榜第 385 名。这不仅标志着中国再添一家世界 500 强企业，也意味着世界 500 强阵容迎来"出海量"

第一的中国车企。

27 年前奇瑞从荒滩"小草房"起步，经历了中国汽车发展速度最快的黄金时期，也经历了转型力度最大的变革时代，一步步成长为今天拥有1420 万全球用户、业务覆盖 80 多个国家和地区、中国汽车品牌中最国际化的世界 500 强企业。2021—2023 年，奇瑞集团年销量接连实现 96.2 万辆、123.3 万辆、188.1 万辆，三年接近翻一番。奇瑞累计出口汽车 390 万辆，连续 21 年位居中国品牌乘用车出口第一；2023 年，中国每 3 辆出口海外的乘用车里，就有一辆来自奇瑞。

对于入围世界 500 强企业，奇瑞董事长尹同跃在给全员的信中总结说："奇瑞是从'小草房'走到今天的，我们不能忘记初心，不能忘记一路走来的历程。20 世纪 90 年代，业界还普遍认为'中国人自主开发轿车是天方夜谭'，很少人能想到 30 年后的中国会成为全球汽车第一大产销国、第一大出口国。从 1997 年到 2007 年，奇瑞用十年时间实现了第一个 100 万辆销量。有人问我们，什么时候能一年卖 100 万辆车？那时大家还当作开玩笑。但今年上半年（2024 年），我们用 6 个月销售 110 万辆，超过了过去 10 年才能达到的百万量级，后面还会提速到 5 个月、4 个月甚至更快。"

"无论到了任何时候，奇瑞都要保持'小草房'精神，这里的'小'是永远坚持创业心态，坚持奋斗底色，要居安思危更要居危思变；要保持专注和聚焦，谋划小作战单元，随时轻装上阵，绝不能有企业规模做大之后的僵拙、守旧和傲慢。""'小'同时也是'大'，'小草房'必须有大视野、大格局、大胸怀。世界 500 强榜单里，很多优秀的中国车企比我们入榜早得多，排名靠前得多。特别是与全球百强企业相比，我们与它们在营收、盈利、贡献等方面还有巨大差距。更重要的是，500 强排名主要看营收比'大小'，并不能全面展示企业创新能力、品牌影响力、责任担当等'强弱'。"

尹同跃认为，世界 500 强就像一个提示器，提醒奇瑞按照全球化经营的视角、全球一流品牌的目标、全球企业公民的担当，来刷新自己的战略定位和奋斗目标，找到全球化大格局下的企业价值。"所以我们在内部反复强调：'创新是永远的刚需，要通过技术创新、管理创新打造核心竞争力'，这是我们的立企之本。要坚持'质量排名比销量排名更重要'，建立新时代下智能化、新能源质量管理的新体系，巩固我们的事业基石。要远离内卷，'向上走，提升技术、品质和品牌；向左向右走，拓宽朋友圈和大生态'，这是我们的发展方向。"

【点评】从世界500强榜单中，看中国汽车的"起"与"伏"

8月5日，《财富》公布了2024年世界500强企业榜单。其中，奇瑞以385位的成绩首次登榜，引发了汽车行业的广泛关注。

作为一个从1995年开始发布的权威榜单，世界500强榜单常常被视为企业综合实力的"试金石"，它构成了对于一个企业在全球范围内包括市场占有率、品牌影响力、财务表现等方面的综合实力评估的多维度视角，大多数企业均以登上这一榜单为荣。

尤其是中国汽车市场方面，从这份榜单及其变动中，可以清晰看到中国汽车企业在近几年行进过程中的发展脉络、起承转合，以及与世界大公司之间的优劣势和潜在差异。截至2024年中国汽车整车制造企业入围500强榜单的有8家，分别是一汽集团、东风汽车、上汽集团、广汽集团、北汽集团、比亚迪、吉利，以及刚刚入围的奇瑞。

2024年上半年，中国汽车市场的自主品牌乘用车销量为741.9万辆，同比增长23.9%，市场份额达到61.9%。换句话说，在中国市场，每卖出10辆汽车，就有6辆是国产品牌。

一个显而易见的信号是：从前"合资为王"的汽车格局正在发生逆转，作为"旧格局"的受益者，合资品牌的市场正在被快速蚕食。这种自主与合资的"反转"，不仅体现为自主的增长、合资的尴尬，也在世界500强榜单中昭然若揭。

比亚迪势如破竹，吉利小步快跑，奇瑞奇兵制胜

在一众自主车企中，比亚迪是发展势头最为显著的一个。从2022年以436位的排位进入榜单以来，每年的排名都以堪称"恐怖"的速度上涨。2023年，比亚迪从436位上涨至212位，进步224名，超越吉利成为自主车企排位最高的企业，2024 年又以 143 位再次上涨了超 50 名。

回过头来看，比亚迪在榜单中的凸显几乎是与 2022 年宣布停产燃油车同步进行的。2022 年 3 月，比亚迪宣布停止燃油汽车的整车生产，将在汽车板块专注于纯电动和插电式混合动力汽车业务，成为全球首个正式宣布停产燃油汽车的车企。

毫无疑问，这场"改革"彻底激活了比亚迪的技术和市场潜力。2022 年，凭借着价格、混动技术等方面的优势，比亚迪实现销售 186.3 万辆，超越当时的一汽 - 大众成为国内销量最高的车企；2023 年，比亚迪又以 302.44 万辆的成绩再次刷新了中国汽车市场的销售纪录，巩固了其在全球新能源汽车领域的领先地位。

如果说比亚迪像一只正在捕猎的大白鲨，那么吉利则更像是一只看似缓慢但能量惊人的鲸鲨，相比之下，它的发展要更加"稳定"和循序渐进。从 2020 年到 2024 年，吉利始终保持着小幅度的增长趋势，五年时间，排名从 243 名降到 185 名，销量也从 132.02 万辆增长至 168.65 万辆。

但正如榜单所呈现的，销量和市场占有率并非衡量一个企业综合实力的唯一标准，在行业人士看来，吉利的真正价值在于其近年来，规模效应的释放、多元业务的延展以及对于自身体系能力的完善和利用，这才是吉利在长时间的市场竞争中越走越顺、越走越通，并持续释放战略势能的关键。

比如自 2021 年吉利控股集团董事长李书福宣布"蓝色吉利行动计划方案 2.0"以来，吉利的整个新能源品牌矩阵快速成型，诞生了包括极氪、领克、吉利银河、smart 等在内的多个特色鲜明、表现出色的新能源汽车品牌。

与此同时，面向未来智能化、生态化的竞争，吉利也在持续创新和积极占位。目前，围绕着"吉利星睿智算中心""天地一体化"卫星通信技术、NOA 高阶智驾、Flyme AIOS 等前沿科技，吉利不断完善其自研智能生态，并逐步赋能旗下车型。

而对于奇瑞来说，首次登上世界 500 强企业榜单，也意味着长期以来作为中国汽车行业"跟随者"的奇瑞，其角色定位开始转变并进入新的发展阶段。

2023年，面对行业极度竞争的挑战，奇瑞集团坚持"品牌向上，市场向外，技术向未来，产业向全价值链"的高质量发展道路，实现销量的"十二连涨"，累计销售汽车达到历史性的188.13万辆，同比增长52.6%；年营收首次突破3000亿元，同比增长超过50%，更重要的是，奇瑞长期以来在海外市场的积累和潜力开始释放，这一年奇瑞出口汽车达到93.71辆，同比增长101.1%。这种"国内国外两开花"的产品销售结构，不仅在某种程度上帮助奇瑞分散风险，平衡单一市场的过度波动，更在国际舞台上真正做到了让中国品牌"走出去"，提高了奇瑞在全球市场范围内的品牌影响力。

合资衰弱，国有企业成"重灾区"

相比之下，国有车企的处境则要微妙得多。一方面，市场占有率的下降、与自主品牌市场地位的反转，让整个国有企业面临着被反超的尴尬；另一方面，市场率的降低又深刻影响了其财务表现、品牌影响力等多种因素。因此，我们可以看到，在国有企业中，世界排名的下降是普遍趋势。

一个最典型的例子就是东风汽车，2020年到2024年的五年时间中，其世界500强榜单排名从100位掉到240位。

这样的结果并不令人感到意外。今年3月，东风集团股份在港交所公告显示，公司预期截至2023年12月31日，12个月的归母净利润亏损近40亿元，这也是东风集团股份上市以来首次亏损。对此，东风集团股份主要原因归结为，新能源业务投入加大以及合资业务受到市场压缩。

总的来看，东风面对汽车行业新能源、智能化的转型是比较缓慢的，2023年8月，东风公司宣布实施东风乘用车新能源"跃迁行动"，通过在新能源、智能化领域研发、品牌、渠道建设等方面的持续加大投入，真正向电动化转型发起冲击。

然而，新能源业务投入的增加却没有在销量上获得相应的反馈；反而原有稳定的合资业务受到自主品牌崛起的压缩。2023年，东风集团股份累计销量为208.8万辆，同比下滑15.3%。与2016年427.7万辆的巅峰时期相比，几近腰斩。

同样"难兄难弟"的还有一汽、上汽和北汽。2020年到2024年间，一汽的世界500强榜单排名从89位升到129位，上汽从52位掉到98位，北汽从134位下跌到192位。尽管仍然稳在500强内，但整体的发展势头必须要警惕。

2023年底，上汽集团宣布新的人事任命，上汽大众总经理贾健旭、智己汽车CEO蒋峻、上汽乘用车分公司总经理兼飞凡汽车CEO吴冰升任上汽集团副总裁，其中的潜台词不言而喻：即借助"新生代"的力量，进一步加快上汽的创新转型步伐，推动新能源三年行动计划扎实落地。

但如今从结果上来看，可能并不尽如人意。今年上半年，上汽集团累计销量为182.7万辆，同比下降了11.81%；其中，新能源销量为46.10万辆，尽管实现同比增长，当相比与过去"合资为王"的时代，已经不可同日而语。

覆巢之下无完卵，东风、上汽尚且如今，一汽、北汽的情况会好到哪里？此前，汽车预言家曾写过一篇文章，提出了一个问题：国有车企谈生死，还远吗？在那片文章中，我们的结论是不远了。

对于国有车企们来说，过往的辉煌成就证明了其独特价值，但当合资不行的时候，国有车企们究竟还剩下什么？在新汽车时代，应当如何重新理解和界定合资品牌的价值，这可能是当下国有车企们需要重新思考和捋顺的课题。

长安、长城未上榜，被动落选还是主动退出

看到这些，想必有人已经注意到，在中国大型汽车集团中，还有两家未上榜的企业，即长安汽车和长城汽车。

但这并不是说它们不具备与前者一较高下的能力，相反，在国有企业的转型中，长安汽车其实是走得比较靠前的一个。

一方面，相较于头部国有企业的资源优势，在合资业务上长安汽车相对比较薄弱，因此长安更加坚定在自主上的投入；另一方面，与世界跨国车企相比，长安体量小，决策传导快，又决定了在新能源、智能化的转型中，可以以更快的动作和布局前进。

2023年，长安汽车实现255.31万辆的销量，同比增长8.82%，其中，自主品牌占据了总销量的八成以上，达到209.78万辆；今年上半年，长安汽车累计销量为133.4万辆，其中，自主品牌销量112.1万辆，同比增长9.88%。通过在自主品牌上的持续发力，以及深蓝、阿维塔、启源三大新能源品牌的立位，今天长安的节奏感其实已经非常好。

有行业人士猜测，长安汽车未上榜的原因可能与硬性指标的关联不大，而是由于"军工企业"性质的主动退出，可以参考的有中国国铁、中国烟草等。

再来看长城汽车，近年来，由于主力品牌发展放缓，产品矩阵混乱等问题，相较于吉利、比亚迪等"老对手"，长城的增速明显滞缓，在同行衬托下，"掉队"几乎成为长城在新一轮市场竞争中的代名词。即便是在发展势头较好的2022年，也仅有哈弗单一品牌入选《全球品牌价值500强》。

2024年上半年，长城汽车累计销售新车55.97万辆，同比增长7.79%。单从销量上来看，这份成绩单并不出彩，无论相比于合资车主还是其他几家自主车企，体量都是最小的。

但如果从利润角度出发，其实会发现，长城汽车是有其独特思考的。根据长城汽车2024半年度业绩预告，预计今年上半年，长城汽车可以实现净利润65亿元到73亿元，同期增长377.49%到436.26%，对比其50万辆的销售体量，可以说是"车卖得不多，钱赚得不少"。

尤其随着如今长城在产品结构、营销、渠道、人员等方面的不断变化，以及坚定有序的发展理念，对于长城及其掌舵手魏建军来说，是否登上榜单，可能并非最重要的事，甚至有可能是主动推出。作为中国自主汽车的代表性企业，无论何时，长城始终是一个值得期待的角色。

总而言之，世界500强榜单是一个参考标准，但并非衡量企业价值的核心指标；有其参考意义，但更多的，还需要从全局出发，真正窥见企业发展的内涵和未来趋势，并从中汲取内生力量。

3.【8月6日】享界S9上市，北汽重新定义"灵魂论"

8月6日，华为与北汽合作的高端智慧轿车享界S9正式上市。新车搭载华为ADS 3.0智能驾驶系统，定位行政级豪华轿车。售价分别为S9 Max

39.98 万元和 S9 Ultra 44.98 万元。

北汽集团党委书记、董事长张建勇在发布会现场表示，北汽和华为是挚友，"不过余总的朋友可能有点多"，他开玩笑称。双方合作已经八年，两个奋斗者伙伴，打造了一部世界级好车。张建勇还表示，车企的灵魂从来不是故步自封，而是通过自主创新和开放合作，为消费者提供更加优质的产品。

此次张建勇的发言，则从另外一个层面释放了北汽对于"皮肤""灵魂"的理解：车企的"灵魂"不是故步自封，而是自主创新和开放合作两条腿走路。归根结底是要为消费者提供好的产品，推动中国汽车产业的进步。

北汽与华为的合作早在 2017 年就已开始，先后推出了搭载华为技术的极狐品牌和阿尔法 S Hi 版本、阿尔法 T、北汽魔方等车型。然而，这些车型并未在市场上取得预期的反响。

行业分析认为，这主要是因为早期华为的 Hi 模式下，这些车型在市场中的辨识度不足。华为的技术应用节奏也有所不同，导致用户端感知不强。

不过，随着此次享界品牌以及 S9 车型的推出，北汽和华为的合作进入了一个全新的阶段。而从张建勇"将以核心战略，第一优先战略的高度，集合集团资源，All in 享界 S9"的表态来看，深度捆绑华为，押注享界也是北汽新能源事业或者说北汽自主事业的全新策略。

不少人士评价，此次享界品牌的推出是北汽对于自身新能源策略重新梳理后的出牌，也是北汽新能源的关键一战。毕竟，"华为概念"的实力远不止于此。从赛力斯身上，大家已然能够看到华为金字招牌的潜力。

在此次发布会现场，华为终端 BG 董事长、智能汽车解决方案 BU 董事长余承东介绍，享界 S9 是华为与北汽合作的首款大型纯电行政轿车，搭载华为 ADS 3.0 智能驾驶系统，零百加速仅需 3.9 秒，最大续航里程 816km，充电 5 分钟可续航 200km。

智能驾驶方面，享界 S9 搭载华为最新的 ADS 3.0 系统，率先应用端到端全新架构，有升级的 GOD 感知神经网络实现场景理解；智驾全场景贯通，支持商用车位到车位功能；训练算力达 5E FLOPS，数据量日行 3500

万km；还具备全向防碰撞3.0等安全升级。为用户带来更安全、安心、自由的智能出行新体验。民生证券称，2024年以来，小鹏和华为系品牌在智能驾驶领域持续迭代，端到端技术应用推动了智能驾驶能力的显著提升，未来的竞争将更加激烈。

目前，鸿蒙智行体系中，华为的汽车合作伙伴包括赛力斯、奇瑞、北汽和江淮汽车。前不久，余承东表示，华为已将问界、智界、享界、尊界四个系列的商标权转让给车厂，其中赛力斯以25亿元获得了华为所有的问界相关商标权和外观设计专利。

宁德时代董事长曾毓群也出席了发布会，并幽默地总结道："华为擅长数字能源，北汽制造豪华车，宁德时代精于电化学。因此，享界S9可谓'学好数理化，走遍天下都不怕'。"

【点评】All in 享界，能为北汽新能源带来"春天"吗？

在享界S9上市的两周之后，位于北京密云的北汽新能源享界超级工厂迎接了第一批前来参观的媒体。

作为享界S9的诞生地，在过去的一段时间内，类似的接待并不在少数，包括北汽高层、北京市级领导都曾前来进行过工厂参观。据北汽方面介绍，后续还会有更多媒体以及用户的参观活动。而在一系列积极动作的背后，一句显而易见的潜台词是：享界S9是北汽接下来最为关键的一款产品，而享界是北汽新能源在新的发展阶段必须抓住的一个机遇。

在此前享界S9的上市发布会上，北汽集团董事长张建勇就曾明确表示，"享界S9是北京汽车工业的里程碑之作，也是中国汽车工业的新标杆"。并强调，"北汽将以核心战略、第一优先战略的高度，集聚全产业链优势资源，All in 享界S9"。

需要强调的是，享界S9并不是突然出现的，而是基于北汽与华为深厚的合作基础上诞生的。当问界、智界凭借着华为"朋友圈"在新能源汽车市场打得火热时，很多人其实不知道，与华为的合作，北汽新能源都算得上"先行者"。早在2017年，北汽蓝谷就成为国内首家与华为开展HI（Huawei

Inside）模式合作的车企，推动高阶辅助驾驶在中国的量产与普及。在长期的合作中，北汽与华为事实上已经积累了非常成熟的合作方法论和体系模式。

近年来，在新能源汽车的赛场上，北汽新能源较为"边缘"。此前北汽蓝谷发布的业绩预告显示，今年上半年预计亏损超过 24 亿元；销量仅为 28011 辆，同比下滑 20%，月均不足 5000 辆。

不甚"漂亮"的成绩单背后，是北汽新能源面临的多重困境，尤其在行业竞争愈加激烈、市场环境愈加复杂的当下，北汽新能源急需一个像"问界"一样的选手带动整个品牌、企业向上走，摆脱过去发展滞缓甚至原地踏步的阴霾。

当然，在这个过程中，北汽新能源内部也在积极做出调整和变革。在技术层面看，北汽也持续加大科技创新力度和自主研发投入。截至 2023 年底，北汽累计申请专利约 3.5 万件，位于汽车行业前列；三电、氢能等关键核心技术 6 次荣获中国汽车工业科技进步一等奖；掌握企业技术标准 4000 余份，累计参编国家、行业标准 300 余项。在产品层面看，以北汽极狐为例，基于极狐领先的"场景化造车"理念，今年开始，北汽极狐加大新车上市力度，推出了极狐阿尔法 T5、极狐阿尔法 S5、阿尔法 S 先行版 PRO、极狐考拉 S 等数款新车，从原来的"单打独斗"变为今天的多车型、多维度地满足更广泛的消费者群体的需求。

回过头来再看这次北汽与华为的合作，两者更具互补性，更是一种"双向奔赴"。随着华为在汽车圈的影响力越来越大，华为对于销量、品牌声量的强大的带动作用也是北汽真正看重的核心。除了在智能化方面的技术优势之外，华为强大的营销能力、成熟的销售渠道、庞大的用户基础会为合作的汽车品牌和车型提供的流量、销量支持。

而北汽也在其中发挥了重要作用。在享界 S9 的研发过程中，北汽开发了当下最先进的全数字化高端电动平台——北汽"北极星"平台。深度融合了奔驰 MRA 豪华后驱平台在工程设计、模块开发等部分的同源设计以及北汽达尔文 2.0 技术体系全新框架，未来将主要承载 C 级及以上的中高端产品开发。

并且，北汽还为享界量身打造了全球领先智能制造工厂——北汽新能源享界超级工厂，整体综合自动化率处于行业先进水平，部分关键工序实现了 100% 的自动化。同时，北汽还在已有的豪华品控标准基础上，引入了行业领先的"全时质量监测感应系统"，每台车都有专属档案，做到全程可监测、可追溯。

目前，享界超级工厂一期规划产能为 12 万辆，如果将产能拉满，可扩展至 30 万辆，可以充分确保享界 S9 的高效、高质量交付。

可以说，享界的落地，不仅仅是北汽新能源产品创新上的一个缩影，更意味着整个企业在战略调整、技术创新、市场布局等方面的进化和求变。随着享界 S9 的成功上市和后续市场潜力的爆发，以及双方合作效果的凸显，北汽新能源有望迎来自己的"春天"。

4.【8月6日】中国汽车技术人才交流平台 "乌镇荟" 筹备会召开

8月6日，中国汽车技术人才交流平台"乌镇荟"筹备会召开。数十家国内知名整车及核心零部件企业的研发相关负责人和代表，知名科技企业负责人以及桐乡市人民政府相关领导参加了会议。"乌镇荟"发起人中国汽车技术研究中心副总经理周华、寰球汽车集团董事长兼 CEO 吴迎秋、路特斯集团 CEO 冯擎峰进行主题发言，中汽中心的汽车技术专家做了相关技术研究的分享，此外，与会人员还就如何更好地进行技术交流，共同推动中国汽车技术发展和协同，进行了热烈讨论。桐乡市人民政府市长王坚等领导到会祝贺。

在电动化、智能化的浪潮下，汽车不断被重新定义，新汽车的概念越来越清晰和深入。但同时，新汽车不仅为行业带来了新方向，也带来了新的问题。全新的技术不断拓展出新边界，面向新时代，靠一家企业的能力和能量很难适应快速变化的市场。在此背景下，三位发起人一致认为，汽车行业人士应该联起手来，融合交流、团结互助，以取得更好的效果。因此希望筹备一个围绕汽车产业链技术研发人才的交流平台，并初步定名"乌镇荟"。

　　"乌镇荟"希望为汽车技术和智能化领域人才，搭建一个广开言路、厘清思路的交流平台。通过"乌镇荟"，为各汽车品牌建立技术交流、合作联手的沟通渠道；在行业竞争加剧、内卷日益严重的当下，倡导联合共融的行业风气，推动中国汽车品牌互相协作，以发挥出更大、更强的能量。"乌镇荟"不仅要成为汽车科技研发领域产业链人才的交流平台，也要以具体的合作项目为抓手，推进跨界融合落地，为与会成员单位提供切实可行的帮助。

　　与会人员一致肯定创立"乌镇荟"的必要性，认为"乌镇荟"应当成为产业链上下游各个核心企业交流沟通合作的重要平台。与会人员对桐乡市人民政府为此次会议的大力支持表示感谢，并表示"乌镇荟"的发起地乌镇，作为互联网大会永久举办地具有得天独厚的地域 IP 标识，它与当下以智能化技术为特点的汽车行业发展有着天然的、有机的契合点。同时桐乡市已经构建起以整车、核心零部件企业为基础的新汽车业务链，这样的地域特点和优势让我们这个交流合作的平台取名"乌镇荟"，打造特色、特点有一个形象的解读。

5.【8月9日】中国向世贸组织起诉欧盟电动汽车反补贴措施，欧盟公布最终草案

　　8月9日，为维护电动汽车产业发展权益和全球绿色转型合作，中国将欧盟电动汽车临时反补贴措施诉诸世界贸易组织争端解决机制。欧盟初裁中的认定缺乏事实和法律基础，严重违反世贸组织规则，损害全球应对气候变化合作大局。[27]

　　8月20日，欧盟委员会披露了对从中国进口的纯电动汽车征收最终反补贴税的决定草案。对拟议税率进行小幅调整：比亚迪17.0%、吉利19.3%、上汽集团36.3%、其他合作公司21.3%、其他所有非合作公司36.3%；决定对特斯拉作为中国出口商实施单独关税税率，现阶段定为9%。欧盟委员会还决定不追溯征收反补贴税。

6.【8月9日】上汽通用、上汽大众、上汽乘用车密集人事调动

8月9日，上汽通用宣布：经上汽集团党委会决定，原泛亚汽车技术中心执行副总经理卢晓接替庄菁雄担任上汽通用汽车总经理；原泛亚汽车技术中心副总经理王从鹤接任泛亚汽车技术中心执行副总经理一职；原上汽集团总裁助理蔡宾再度加入上汽通用汽车，担任上汽通用汽车党委书记；同时，由原上汽通用五菱副总经理薛海涛接替陆一担任公司副总经理一职，负责市场营销的相关工作。

8月14日，上汽大众宣布，上汽大众总经理陶海龙兼任上汽大众党委书记。上汽大众大众品牌营销事业原执行总监傅强接替俞经民担任上汽大众销售与市场执行副总经理、上海上汽大众汽车销售有限公司总经理。

8月14日，上汽乘用车宣布，俞经民调任上汽乘用车，担任上汽乘用车分公司常务副总经理；另外，原上汽乘用车业务规划和项目管理部动力驱动平台执行总监祝勇任上汽乘用车分公司副总经理。

7.【8月20日】阿维塔科技入股华为引望

8月20日，一个由多辆阿维塔组成的车队缓缓驶过重庆街头，有眼尖的市民发现在其中一辆车的副驾驶位置上坐着的正是被无数网友偶遇的华为终端BG董事长、智能汽车解决方案BU董事长余承东，此次行程正是前往阿维塔科技与华为签署《股权转让协议》的签约现场。

值得注意的是，重庆市委常委、市政府常务副市长陈新武，长安汽车董事长、党委书记朱华荣，长安汽车总裁王俊，华为轮值董事长徐直军等多位政府及企业高层领导也出席活动现场，并且深度体验阿维塔搭载的智驾功能，也再一次向公众传递了双方对于智能化出行解决方案的高度关注。

根据协议内容，阿维塔科技将正式投资引望智能技术有限公司，占股为10%，华为对引望持股比例为90%，阿维塔与华为共同支持该公司的未来发展。据悉，此次交易金额为人民币115亿元。这也意味着阿维塔科技正式

成为引望的第二大股东，不仅在公司的股权结构中占据重要位置，也将对公司的发展决策具有显著影响。

在分析人士看来，华为和阿维塔双方此前的合作主要集中在造车模式、产品打造、技术创新等维度，而此次合作不仅意味着双方将自身利益紧密捆绑，形成"你中有我，我中有你"的密切关系，更是阿维塔的一次积极投资行为。

此前有消息透露，截至今年7月初，2024年华为智能汽车解决方案BU（车BU）的收入达到100亿元。而余承东也在多个公开场合透露，车BU今年一季度就已经整体实现盈利。随着华为在汽车智能化领域的逐步深入，引望也将会被置于华为汽车业务的重要位置，其在未来的潜力不可估量。

据了解，引望定位为"汽车电动化智能化开放平台"，使得华为车BU从单纯的供给方转变为"需求＋供给"的融合共同体。有业内人士分析，引望是华为将车BU从业务单元升级为独立公司实体的第一步，后续将成为一个股权多元的技术开放平台。

对于华为来说，尽管其在汽车智能化、电动化、智能网联、芯片等领域具有技术优势，但其并不具备传统车企在生产制造、技术底蕴和供应链方面的整体协调能力。因此，"不造车"的华为需要优秀的"拍档"来实现技术落地，其只有不断和车企合作打造具有足够竞争力的产品，才能助力企业真正成为中国的"博世"和"大陆"。

在签约活动上，徐直军表示，阿维塔是华为帮助车企"造好"车、造"好车"的开创性实践。此次阿维塔科技投资引望，成为引望的战略投资者，是华为把引望打造成汽车产业智能化开放平台的关键一步。后续引望将继续对战略合作伙伴开放股权，携手共同推动汽车产业崛起和智能化全面发展。同时引望未来将基于市场化原则运作，对所有客户按照公平、开放、共赢的原则提供产品和服务。

资料显示，长安汽车早在2019年就开始与华为在多个领域逐步开展战略合作，成立联合创新中心。随后，长安汽车联手宁德时代、华为共同打造阿维塔品牌。其中，华为为阿维塔科技提供了高级别辅助驾驶功能、鸿蒙智能座舱等。也就是说，阿维塔本身就有着承接与华为合作的"基因"，此次深度合作也意味着华为和长安形成了交叉持股的深度绑定关系。

在此前的合作中，华为总是把最好的技术第一时间赋能阿维塔，阿维塔也能第一时间让华为技术快速、规模化落地。基于华为 HI 模式，阿维塔一直稳居智驾"第一梯队"，阿维塔更是成为首搭华为乾昆 ADS 3.0 的品牌。而"首搭"选择阿维塔无疑是对其技术实力的高度肯定，也说明在华为目前的深度合作生态圈，阿维塔处于无疑的"亲儿子"地位，而阿维塔也将作为 HI 模式下双方赋能的"优秀合作案例"。

而在不久前，朱华荣还携手阿维塔及华为高管团队，通过一场别开生面的直播活动，挑战了被誉为"魔都最难路线"的复杂路况。这一系列密集的活动无一不在说明阿维塔是与华为合作最快、最深的品牌，更是最紧密、深入的合作伙伴和战略同盟。

此前，余承东更是亲自为阿维塔站台，并且表态："如果有需要，华为会给阿维塔全力的支持，把华为不断增强的智能座舱能力都放到阿维塔身上来。"随着后续合作的逐步加深，华为的深度赋能也势必会扩散到阿维塔之后的每款车型以及长安旗下的各个品牌上。

【点评】入股引望，长安汽车要做"执棋者"

时隔半年多之久，长安与华为的新合资公司项目终于有了实质性进展。

继 8 月 19 日长安汽车召开董事会、审议通过《关于阿维塔对外投资项目方案的议案》后，8 月 20 日，长安汽车官方发布公告，阿维塔科技在重庆与华为签署《股权转让协议》，约定阿维塔科技购买华为持有的深圳"引望"智能技术有限公司（下称"引望"）10% 股权，交易金额为 115 亿元人民币。

对于此次阿维塔入股引望，实质上也算真正意义上实现了长安汽车与华为进行投资合作的发展。与最初的合作备忘录相比，现在双方合作出现了一定的变动，其中最让外界关注的则是入股者从长安汽车变成了长安汽车旗下的阿维塔科技。

在 2023 年 11 月时，长安汽车就与华为签署《投资合作备忘录》，华为拟设立一家从事汽车智能系统及部件解决方案研发、设计、生产、销售和服务的公司，长安汽车及其关联方拟投资该目标公司并开展战略合作。作为领投入股者，长安汽车及其关联方计划持有的股权比例不超过 40%。如果按照相关合作周期推算，在此之前双方就根据合作项目进行接触，预计最早在 8 月份左右。彼时的阿维塔车市表现还未显现出强势增长点，长安新能源转型的三大品牌在智能化上亮点并不突出，华为车 BU 尚处于亏损之中。所以那时，华为在《投资合作备忘录》中给了长安汽车高达 40% 的参股上限。

随后今年 1 月份，华为成立了引望，即长安汽车与华为投资合作的目标公司。虽然那时业界因为长安汽车董事长朱华荣一句"不和华为一起搞智选模式"而对他们之间的合作关系有所猜疑，但后来的事件表明，长安汽车和华为的合作还在如期进行。在今年 5 月，长安汽车就发布公告称，与华为的投资合作项目正在积极推进中。引望最初的设想是将长安汽车作为首个合作的主机厂，这样看来，如今长安汽车将入股引望的机会留给了阿维塔科技，确实是令外界感到意外的。但细细想来，长安汽车母公司退出直接入股引望也经过深入思考的。

一、信息显示，此次交易金额为 115 亿元。短期来看，阿维塔使用自身资金入股华为引望，对上市公司主体的财务状况和经营成果不会产生重大影响，能够保证长安汽车在下半年以及 2024 年一整年的业绩表现良好。

二、长安汽车方面还表示本次交易不构成关联交易，不构成《上市公司重大资产重组管理办法》规定的重大资产重组，不需要经过有关部门批准。进一步设想，如果参股的依旧是长安汽车，由于审核流程其合作期限还将进一步拉长。

三、有股市分析者认为，无论是长安汽车还是阿维塔，他们入股引望都只是一次财务投资，可以加强与华为合作，但绝不可能主导引望的发展。既然如此，让本身有着"血亲"关系的且最为高端的新能源品牌阿维塔出面似乎更为合适。

四、从长安汽车整体运营的角度来看，阿维塔科技不仅可以让其获得华为更多的赋能，加速品牌向上。同时从企业的角度来说，长安更希望将以此次交易为契机，全面加强与华为的战略合作，助推长安汽车向智能低碳出行科技公司转型。

有业内人士分析，此次交易是长安汽车与华为构建合资公司的开始，阿维塔也只是长安汽车在"引望"中的参与者、关联方之一，而非长安系的"唯一"。未来随着阿维塔"参与"到新合资公司项目中，并得到市场的认可，深蓝、长安启源也都有可能得到新公司的深度赋能。

而且长安汽车与华为之间的合作绝非在阿维塔这个品牌支线上。在一个月左右之前，长安汽车的深蓝车型S07开始搭载华为乾昆智驾。按照相关规划，除深蓝S07外，深蓝还有深蓝S05和深蓝L07在内的共3款全新车型在年内上市，也将陆续搭载华为乾昆智驾，丰富的产品矩阵也会逐步加强深蓝在智能电动汽车市场的"统治力"。

数据显示，今年前7个月长安汽车销量达到150.5万辆，同比增长5.71%。在一系列新产品和智能技术方案的加持下，长安汽车下半年的销量或将迎来大幅度提升。另外在生产制造方面，长安汽车还联合华为、联通等企业共同打造的一座全域5G数智AI柔性超级工厂，只负责生产长安的高端豪华车型，包括长安启源的高端序列E系列以及阿维塔全新产品等。

按照长安汽车的相关《公告》内容，未来双方将全面升级在品牌与生态、云与AI技术、绿色能源、产业链合作等领域的战略合作。这样看来，在之后的合作发展中，长安汽车与华为之间将形成更为丰富的合作关系。其实除了阿维塔外，从2023年开始华为就向赛力斯、奇瑞、江淮等车企发出股权开放邀请，并希望一汽等更有实力的车企加入合作。业界证券分析师认为，华为希望能引进更多的车企，但它不会释放过多的股权。从整体上来说，华为对外股权不会超过40%，现在阿维塔科技拿走10%，不出意外的话，赛力斯将在长安之后成为第二个入股引望的企业，而其份额最多也不会超过10%，而之后的合作者相信也是如此。从现在的结果来看，长安汽车和华为方面已经达成了合作，实现了车企和科技企业的强强联合，这是市场导向的结果，也是基于现实的考量。

8.【8 月 20 日】北京 BJ60 雷霆正式上市，满油满电续航 1200km

　　8 月 20 日，北京 BJ60 雷霆正式上市，共推出 3 款车型，售价区间为 25.98 万—28.58 万元。该车将搭载 1.5T 发动机增程系统，综合油耗 1.3L/100km，满油满电续航为 1200km。北京 BJ60 雷霆作为北京汽车新能源战略转型阶段的新产品，在硬派越野市场竞争日益加剧，众多新能源"方盒子"车型竞相亮相的市场形势下，备受北京汽车的期待。

　　车身尺寸方面，该车长、宽、高分别为 5040mm、1955mm、1925mm，轴距为 2820mm。此外，新车还提供 5 座和 7 座两种座椅布局可选。

　　动力方面，该车搭载 1.5T 涡轮增压发动机，配合增程式混合动力系统。发动机可输出最大功率为 138kW；双电机可输出最大功率 548 马力，最大扭矩 655N·m，0—100km/h 加速时间为 5.8 秒。电池方面，其将采用 40.3kWh 镍钴锰三元锂电池组，综合油耗为 1.3L/100km，纯电续航 152km，综合续航里程 1200km。此外，车辆还将提供 5 种能量模式以及单踏板驾驶模式等。

　　从外观来看，该车的设计与燃油版基本相同，基本上保持着家族化设计风格。前脸的中网采用了新的设计元素，将燃油车型上常见的镀铬装饰替换为了与灯组一体的黑色烤漆装饰件，增添了现代感。

　　内饰方面，整体造型在保留硬派风格的同时，也通过大量的皮质包裹更加注重舒适性。在售车型配备 12.8 英寸的悬浮式中控屏，并包含全景影像、透明底盘、行车记录仪、微信、小程序等多个功能，全液晶仪表盘的尺寸也达到了 10.25 英寸，并提供流媒体后视镜和 12.8 英寸的副驾驶娱乐屏以及 HUD 抬头显示系统。

9.【8 月 29 日】第二十届中国汽车产业发展（泰达）国际论坛召开

　　8 月 29 日，第二十届中国汽车产业发展（泰达）国际论坛（以下简称"泰达汽车论坛"）在天津滨海新区召开。本届论坛以"风雨同舟

二十载　携手并肩向未来"为年度主题,在4天的高层交流中,通过全方位、多角度开展战略性、前瞻性讨论和对话,共同为培育和发展新质生产力、推动产业高质量发展建言献策。

本届泰达汽车论坛聚焦汽车产业变革新趋势,与会领导、专家提出多项行业发展建议。工业和信息化部副部长辛国斌指出,工业和信息化部同相关部门坚持创新驱动、开放合作,推动汽车产业高质量发展,重点要做好五方面工作:一是持续支持产业技术创新。二是推动跨领域融合创新。三是优化产业发展环境。四是完善政策标准体系。五是深化产业开放合作。中国汽车技术研究中心董事长安铁成结合当前汽车产业形势,针对高质量发展提出四点建议:一是聚焦核心技术,持续巩固和扩大我国新能源汽车产业的发展优势。二是坚持"车—能—路—云"融合发展,推动产业转型升级。三是坚持可持续发展,构建并完善产业新生态。四是聚焦全球市场,提升我国汽车产业国际化竞争优势。此外,商务部、国家发改委、国家市场监督管理总局、交通运输部等部门的参会领导,围绕积极扩大新能源汽车消费,持续支持技术研发应用,加快完善补能基础设施建设,提升国际市场竞争能力,深化制度改革提升监管效能,推动汽车后市场高质量发展等方面发布权威政策解读与未来政策思路。中国科学院院士欧阳明高、中国工程院院士孙逢春、中国工程院院士杨裕生等汽车技术专家围绕动力电池、电驱动等新能源汽车关键技术,以及整车平台架构、智能驾驶提出建议。

10.【8月】车展，惹争议

8月底,伴随着诸多争议,成都车展召开了。但人们不难发现,成都车展变了。主机厂参展的少了（有些是以区域或经销商为主导参展）,含机酒的媒体邀请少了、住宿酒店安排得远了、一些自带流量的网红避开媒体日自己玩了,等等,种种现象似乎都在表明,车企不愿再把钱大把撒在车展上了,车展的光环不再。

就在成都车展开幕的前3天,围绕2025年上海车展主办方问题发生了纠纷。8 月 27 日，上海贸促会等单位组织召开了"第二十一届上海国际汽车工业博览会"（以下简称 2025 上海车展）新闻发布会。发布会上，不仅宣布了主题、会期和相关安排，还公布了主办方、协办方以及支持方信息，具体为："本届展会由上海市国际贸易促进委员会、中国汽车工业协会主办，上海市国际展览（集团）有限公司、上海车展管理有限公司承办，德国协办单位为慕尼黑博览集团。特别支持单位为中国机械工业联合会，支持单位为中国汽车工程学会。"

人们发现，新的主办方框架里没有了中国贸促会汽车行业分会。当晚，中国贸促会汽车行业分会就发表了。

原文如下：

关于 2025 上海国际汽车工业展览会有关事项的声明

2024 年 8 月 27 日上海市国际贸易促进委员会（以下简称"上海贸促会"）等单位在上海组织召开了 2025 上海国际汽车工业展览会（以下简称"2025 上海车展"）新闻发布会，并在"上海国际汽车工业展览会官微"公众号发布了 2025 上海车展主办方和车展活动内容。就此，我会声明如下：

本次发布会系上海贸促会等单位单方面组织召开，所发布内容未征询我会意见，且单方面改变了上海车展既有的主办单位架构。

2002 年，上海贸促会和上海国际展览有限公司［现名为"上海市国际展览（集团）有限公司"］与我会签订了每逢单年共同组织上海车展的合作协议，协议至今有效。从 2003 年上海车展开始，我会成为上海车展主办单位之一。在此后的 20 年中，我会充分利用自身资源优势和办展经验，与各主承办单位共同把上海车展培育成为当今具有广泛影响力的国际顶级车展，成为中国汽车工业对外展示和中外汽车产业交流合作的重要平台、中国经济改革和对外开放的窗口，是中国发展新质生产力的强力引擎。上海车展的品牌是由各主办方共同打造和拥有的。

上海车展发展到今天，来之不易，合作各方都应倍加珍惜。对于本次上海新闻发布会及相关事宜，我会正在向有关部门反映。我会将继续开展

2025 上海车展的相关组织工作，继续与相关单位进行沟通和磋商，以期使
2025 上海车展的组织工作重回正轨，使 2025 上海车展顺利、成功举办，为
汽车行业的高质量发展做出贡献。

中国国际贸易促进委员会汽车行业分会

2024 年 8 月 27 日

短短几天，围绕着车展集中发生了这些事，引发了不少人的关注和讨论。作为一种品牌、产品、技术展示和传播的平台，作为一类用户可以直观感受产品的体验交流方式，作为一个直接的销售阵地，车展似乎可以面面俱到。但今天，情况发生了变化。随着传播手段的变化，整个行业都在讲"品效合一"，主机厂既要讲品牌效应又要讲传播效果；既要塑造形象，又得能直面用户。这就意味着，单纯为了品牌效应、传播效果而参加车展的概率变得微乎其微。大部分车展，最后都只有一个归宿，那就是变成"展销会"，回归到"卖车"这个最本源的任务上。

成都车展所体现的正是这种趋势。如果说几年前一些车展还可以兼顾品牌、传播任务多一些，那么惨烈的"内卷"让各主机厂别无选择，无一例外都会围绕销售展开。所有无关的费用，所有不需要的动作，都会被削减、停下，省下来的钱，都用在销售工作上。抢流量、追触达、要线索、盯转化，这个链路的底层逻辑变得越来越"简单粗暴"。

以往，小品牌参加车展"没声音、没图像"，"光环"都被大品牌抢去了，参展了成"陪衬"不值当，不参展又不甘心。而今，传统车企参加车展，"光环"被网红大咖们抢去，也成了"陪衬"。今年 4 月北京车展上出现了网红逛一圈，流量滚滚来的现象。而传统车厂几乎一瞬间都成了"群演"。不难看出，车展被流量网红搅和得变了味儿。而今，即便是想获取点关注度，想当"群演"蹭流量都不一定有机会了。掌握流量密码的网红大咖们会选择自己的时间、场地和伙伴，不会把这种蹭流量的机会再白白留给别人了。

大的经济形势正处于调整周期，加上整个行业对车展心态发生了很大变化，可以想象，车展今后会越来越难。然而就是这么个大背景下，突然

爆出的明年上海车展主办方的纷争就让很多人感到很吃惊。尽管业内圈里很多人怕得罪人，不愿谈及此事，但这件事有很典型的意义，很值得玩味。有吃瓜群众看到相关新闻当时就表示，车市都成这样了，日内瓦车展都永久停办了，国内车展还会是香饽饽吗？还被当成"唐僧肉"抢来抢去呢？

以前车市好的时候，车展如日中天，其好展位不仅贵而且拿不到，需要找人，托关系才能抢下来，而且赚得盆满钵满，惹得很多人眼红。最近这几年车市变了，"内卷"愈演愈烈，车企渐渐囊中羞涩了。但车展还是一如既往，这自然就遭到很多车企的背后抱怨。面对巨额的参展花费，一些车企早已萌生退意。再加上今年北京车展被流量网红们这么一搅和，更加剧了这种矛盾。一些车企曾私下抱怨，与其被"卷"成这样，还不如拿这个钱，自己搭台子，直面用户，深耕私域。可以想象，如果不能切实降低车企的成本，不能提供更多、更有实效的服务，今后北京、上海这样的 A 级车展能否如以往一样，吸引到各车企的积极参与，还真的很不好说了。回归到这个事件本身，人们似乎也嗅到了一丝别样的气息——车展的主办方们也"卷"得够厉害的！说到底恐怕还是经济利益惹的祸。

第九章

9 月

1.【9月】国内车市近 50 款左右各类车型扎堆上市

9 月，中国车市呈现罕见的火爆，50 款左右各类新车上市。更罕见的是，原先各车企上市时间还讲究相互避让的传统已荡然无存，先后出现多次同一日多款车型同时上市的激烈竞争场面。个中原因，有分析认为是"金九银十"的传统市场波峰到来所致，抢在"十一"长假前发布上市，有利于终端抓住购车高潮，利于销售，同时也是防止被竞争对手抢占先机。另外还有政策刺激的因素。7 月 25 日国家公布的以旧换新的刺激消费政策的助力，截止到 9 月 22 日，全国共有 110 万人提交了申请。9 月 23 日，国家发改委相关领导表示在政策带动下，8 月份新能源汽车零售达到 102.7 万辆，环比大幅增长 17%，新能源汽车渗透率连续两个月突破 50%。预计全年将实现 200 万辆低排放标准乘用车退出。在新车上市热闹的同时，网络上也很热闹，一些新车很快就遭到了有组织的大规模网爆。网络攻防战，也已经成为主机厂新车上市的必修课了。

【点评】车市火爆伴随着水军网爆乱象频发，竞争不应在低维度打转

这么多车同时上市的现象，以往多发生在车展上。而今，车展对主机厂的聚集效应逐渐衰落，各汽车品牌更愿意根据自己的产品节奏和市场竞争需要，安排上市时间。50 款左右新车中，有不少是改款车型，但也有不小的比例是对车企而言非常重要的战略性新车型。一方面是同一天竞技，重磅车集中发布，热闹非凡；另一方面是上市后一些车型屡屡遭遇网爆，苦不堪言。整个市场弥漫着一种焦灼、急迫的情绪，被一些不择手段的小动作搅和得失去了应有的秩序和规则。市场火热确实令人高兴，但乱象频发让人很担心市场竞争演变成为无底线的乱战。依法依规地开展竞争，营造一个健康的市场环境，更有利于将这种火热保持下去。

汽车市场的竞争，从来没有像今天这样激烈。不仅传统的价格战、口水战此起彼伏，更有从互联网蔓延过来的网络拉踩、拦截订单等。越是车市火热，各种新花样更是层出不穷。这都暴露出竞争处于低维度水平。说句不客气的话，这些方式从本质上来说，跟以前在菜市场里看到的都差不多。问题是，为什么会这样？你有的配置权益我也有，价格优惠我比你更低更多；你会网爆我，那我也会网爆你。这么玩儿下去，受伤的只能是大家自己。如何跳出这种怪圈？可能还得从品牌上找出路。如今都在重视网络 IP、网络大 V、看谁的粉丝多。甚至有人说现在都不重品牌，重流量了。但塑造品牌又何尝不是在给自己打造 IP，把自己塑造成大 V，赢得自己的粉丝和流量呢？把汽车这样的智能科技产品用菜市场风格去卖，只会越卖越 Low。火热的车市，更需要高维度、高格局的竞争。

1.1【9月5日】领克 Z10"原创"上市，活出中国新能源汽车该有的样子，旋即遭遇网爆呼吁合法合规竞争

上市限时价 19.68 万元起！9 月 5 日，新豪华智享 C 级轿车领克 Z10 正式上市。一时之间，"领克纯电"登上车圈热搜。可以说，新车自 6 月份在哥德堡亮相以来，在市场中的热度一直是居高不下，不仅是因为 Z10 是领克首款纯电车型，承载着领克新能源转型的重要使命，更因为领克 Z10 的到来，给风云变幻、竞争激烈的车市带来了一些关于未来发展趋势与方向的深度思考。

"希望领克的用户无论走到哪里，都可以自信地说我是谁，而不是我像谁。"吉利汽车集团高级副总裁、领克销售公司总经理林杰在发布会上说的一句话，让领克成功圈粉很多人。暗戳戳的话语中也蕴含着几分浓郁的"火药味"，掷地有声的言辞，不禁让人发问，什么才是中国新能源汽车的"魂"？

在当下的汽车行业，"像别人"的问题其实是一个普遍存在且亟待解决的难题。从本质上来讲，这也是新能源汽车同质化带来的困境。在传统汽车时代，中国汽车虽然在规模上不断扩张，但始终大而不强。自主品牌在艰难的探索过程中，大多是摸着石头过河，确实存在过"模仿"国外品牌车型设计、技术路线等情况。然而，结果无一例外，这种模仿并未给自主品牌带来实质性的突破，反而让自主品牌被冠以"低端""廉价"的标签，在市场竞争中处于被动地位。

不可否认的是，新能源汽车的到来，的确为整个汽车行业带来了前所未有的变革机遇。但同时也带来了激烈的竞争压力，包括技术的快速迭代、市场需求的不断变化等，都让汽车行业的节奏变快。在这样的大环境下，也让一些企业为了追求短期利益而忽视原创性，陷入模仿和跟风的怪圈。

当下汽车行业的"卷"是同质化带来的。为了避开同质化，大家都在多个方面找答案。但"模仿"的路，一定走不远、走不通。大家都在讲品牌，品牌是一个企业的文化核心，它贯穿于一个企业的方方面面，造型必须体现这样的文化。简单道理，搞外观造型模仿就没有品牌，没有品牌一定走不远。

然而，也正是这样的挑战与机遇并存的局面，展现出那些真正具有创新精神和原创能力的企业才更加可贵。它们能够敏锐地捕捉市场动态，以独特的产品和服务满足消费者需求，跟着市场走的同时引领市场潮流，而不是盲目地跟随他人的脚步，失去自身的特色和竞争力。而今天，领克Z10的到来，就是一个很好的例证。

不过上市后的一个插曲引起了全网的高度关注。上市后第二天开始，网络上就出现了针对领克Z10的各种抨击的言论，甚至出现网传退订和拉踩品牌的乱象。事件总结起来聚焦在以下几个方面：

第一个是令人关注的话题是关于"连夜降价"的争议。领克Z10上市后，官方推出了限时购车权益和价格调整政策。这一举措很快被称为"连夜降价"，而在网络上广泛传播。实际上，这并非传统意义上的降价，而是考虑到部分用户不需要充电桩等权益，允许将这些权益折现。但这一政策被一些人误解为订单不佳而进行的"变相降价"，让前期购买的老车主感觉被"背刺"引发了不满。后期反观当时的情况，不少人也认为，这中间不能排除有人放大个别用户的抱怨，带节奏的情况。

第二个比较集中的问题在于技术配置上。比较集中的争议是领克Z10没有全部标配800V架构，较低价位产品还是400V架构；同时，该车也有部分车型采用磷酸铁锂材质的金砖电池和200kW的水冷电机等，也有清库存之嫌。由于越来越多的车型采用800V架构，同时，更先进的电池和更高功率的电机也已经广泛被采用，因此，一些消费者对此表示了不满。但是，很明显，这种不谈价格，仅谈配置的现象，明显带有偏向性。不少人认为，这种不同价位对应不同技术配置选择是很常见的事。而这次，低端配置被放大和网络热议，很有被针对的感觉。

更离谱的是，有报道称领克Z10遭遇了退订风波，有人在网络上集中踩踏领克品牌，变相抬高其他企业。领克官方收集了相关证据并提交给了相关部门。

整个网爆发生得非常突然，也很离谱。这一度成为9月初车市的热门话题。随着网爆的加剧，业内外各界的关注点逐渐从老用户抱怨问题、产品问题、价格配置问题，转移到了网络环境问题。很明显，事件经过发酵，一度出现了虚假言论和网络喷子无底线赚流量的现象。这引起了包括吉利在内的很多车企的担忧。也正呼应了业内呼吁整顿网络环境，合法合规竞争的呼声。

【点评】汽车"价格战"的尽头在哪里？

全新领克Z10上市，价格一发布就引来现场许多人的议论：这款C级纯电轿车是冲着某款网红产品来的。明白人其实在价格公布前，就能从吉利汽车高级副总裁、领克销售公司总经理林杰的一番话中听出来了："希望领克的用户，无论走到哪里，都可以自信地说，我是谁，而不是我像谁。"从19.68万元到29.98万元，不同配置的价位形成了对竞品车型的"包围战"。后发者在价格上压对手一头，这也是外界首先能想到的。林杰表示："领克有足够的底气，敢为天下后。"

过去一段时间，汽车企业的"卷"所带来的价格狂欢就是这样来的，一个压着一个来。直至今日，行业出现了一种担忧，"不赚钱怎么发展？"消费者也出现了观望情绪，好价格总在后面，汽车价格战的尽头在哪里？

我们很难回答这样的问题。车企普遍反映"卷"不动了，这反映两个问题：一是有的企业没钱"卷"了；二是消费者也开始思考，自己最终该为什么买单。特别是第二点，已经有消费者感受到了，有和没有与好与不好是两码事，汽车和电子产品还是有区别的。

一款产品是"好"是"坏"很难有明确的说法。就像领克Z10刚上市，舆论场就出现与竞品相对比的现象。其实，每款车按不同的维度比，一定能找出不同的长处和短处。领克Z10将一款车分为5个不同的版型和价格，就是要把选择权交给消费者。

领克以价格出牌，但它没有简单粗暴地只讲价格，这应该是领克Z10发布会不同于某些车企的特点。细心的人会记得，两个多月前，Z10在吉利欧洲研发中心举办了一次赏鉴会，强调"原创"理念，给人们留下了深刻印象。将这样的理念与今天的价格结合在一起，一方面赋予了领克Z10与众不同的价值；另一方面也使今天的价格更具说服力。

"原创"一直是领克的核心竞争力，领克深知自己应该靠什么与众不同。从领克2016年成立的那天起，不说外界的疑问："这世界还需要一个新的汽车品牌吗？"就连吉利集团内部也会这样发问：吉利是否还要开辟一个新战场？它与吉利、沃尔沃是什么关系？然而，领克将吉利与沃尔沃的优势进行充分融合，不到6年就拥有了百万用户。同样，在混动时代，领克作为后来者，其推出的EM-P双子星07、08，不到一年时间就突破了10万用户，这都是领克坚持"原创"带来的结果。领克有今天，绝对不是靠价格取胜。据了解，在价格内卷如此惨烈的今天，领克产品的价格稳定性在行业中是领先的，它的销量始终都没有出现大的波动。领克品牌个性、开放、充满活力、敢做不同、勇于挑战的特点深得年轻用户的喜爱。做到这一点很不容易。

价格战什么时候能够停止我们不知道，但当大家都懂得品牌重要性的时候，市场一定会比现在要理性得多。无论是评判企业发展还是看待企业和产品，还是那句话，品牌一定是企业文化和价值观的体现，它必须与一个时代的文化和价值取向相一致。品牌需要积淀，它是一种"文明"，属于战略层面上的内容。今天有的企业卖得好，有的企业领导成了网红或者流量明星，但这并不等于品牌的成功。企业要讲"基业长青""百年老店"，汽车行业又何尝不是如此呢？从这个角度来看，我实在无法理解某些企业领导为何要去做"网红"。这种做法除了在价格竞争中增加了一个声音、博得一些掌声外，恐怕对企业的文化和长远发展并无益处。随着时间的推移，人们会厌烦这样的"价格战"。不信的话，我们可以拭目以待。

1.2【9月10日】以"Pro"为名，上汽大众全面剑指燃油智能化

9月10日凌晨1:00，iPhone16 Pro系列在苹果秋季发布会上正式发布，因其配备的iPhone有史以来最大的屏幕登上了热搜。而在同一天，另一款名字含有"Pro"的全新帕萨特到来，不仅凭借超过5米的车长成为有史以来最长的帕萨特，则是再一次让用户看到了"燃油＋智能化"的无限可能。

早在今年4月的北京车展上，上汽大众提出了"油电同智"概念，5月30日，"最聪明的油车"上汽大众途观L Pro正式上市，打破了"油车不智能"的刻板印象。在过去不到4个月后，全新帕萨特Pro隆重登场。这也意味着上汽大众在SUV和轿车两个市场完成了"油车智能化"的初步布局。

近年来，随着汽车智能化需求逐步升级，高阶智驾正在成为影响购车决策的重要因素，也成为不少消费者购买新能源车的主要原因。而一直以来，业内一直有观点认为燃油车似乎都和"智能化"一词"沾不上边"，甚至高达几十万、上百万的燃油车也难以满足用户的智驾需求。而随着新能源渗透率不断升高，燃油车想要稳住自身的市场份额，就必须要拿出能够与新能源产品一决高下的高阶智驾方案。尽管挑战巨大，但这也给了上汽大众以智能化突围燃油市场的机遇。作为途观L Pro之后第二款进行"Pro化"的车型，帕萨特Pro最大的产品亮点是前所未有的智能化体验。

据悉，新车在硬件层面升级了20个传感器，并新增了4个全新传感器和两个全新主控电脑，并且搭载了科大讯飞技术加持的智能语音系统和与大疆车载联合研发的IQ. Pilot智能辅助驾驶系统，该智能辅助驾驶系统采用了行业领先的惯导双目方案，由大疆车载团队基于中国特殊路况针对性研发，可实现0—130km/h范围内的L2++级驾驶辅助功能。并且支持高级自适应巡航、车道保持、智能拨杆变道、智能避障等功能。另外，帕萨特Pro还搭载了AR实景导航功能，通过车上自带的行车记录仪帮助用户实时捕捉路况信息，并融合地图导航的引导信息在全数字仪表上呈现实景导航画面，让用户"目不斜视"就可以快速获取行车信息并且准确做出驾驶决策。

自2000年进入市场，帕萨特长期以来似乎都给人留下一种沉稳的商务印象，也一度被评价为"去丈母娘家的必选车型"。然而随着年轻一代消费

者逐渐成为购车主力，全新一代帕萨特也相应地进行"年轻化"，通过智能化和科技感全面跳脱于原来的沉稳大气之感，其不仅在智驾层面与时俱进，更是在智能座舱表现上全面迎合年轻一代的审美和体验需求。新车型不光配备以高通 8155 芯片为基础的智能座舱，在内饰方面也更换了全新家族式设计风格，配备 10.3 英寸数字仪表 + 15 英寸中控屏 + 11.6 副驾屏加之 W-HUD 平视显示系统的组合，让用户进入车内的瞬间颠覆对帕萨特的传统印象。

可以说，"Pro 化"不只是代表着某款车型的换代升级，更像是合资车企在转型中必须修炼的一门"课程"，那就是从"守擂者"身份重新回到"进攻者"的心态，在新能源化、智能化和网联化方面奋起直追。补足"短板"、全面迈向"Pro 化"，也意味着"全新"的上汽大众正在加快到来。

【点评】合资企业最重要的是先留在"牌桌"上

提起陶海龙，这个名字对许多人来说可能并不熟悉，但近日的上汽大众帕萨特 Pro 上市仪式，让他底气十足、信心满满地走到了聚光灯下。在舞台中央，这位新任上汽大众汽车有限公司党委书记、总经理给人留下了深刻的印象。人们关注他，不仅因为帕萨特这款曾经的"神车"焕新而来，更因为大家关心在后合资时代，上汽大众的新任掌门人如何带领上汽大众"接好棒""走好路"。

当下，合资车企的日子普遍不好过，更有人认为合资可能没戏了。面对新能源、智能化的浪潮，合资企业中外双方都在积极寻找对策。有的合资外方已经选择了撤离，像上汽大众这样当年的合资标杆企业会怎么样，自然成为外界关注的焦点。

记得 2023 年，时任上汽大众总经理贾健旭说过一句话，至今让我印象深刻，他说："上汽大众要有底线思维了。"这个"底线"首先就是曾经创下年产销 200 万辆纪录的销量底线。当时，上汽大众的销量一直在下跌。有专业人士指出，像上汽大众这样的企业，如果年销量跌破 80 万辆就意味着出局。有意思的是，就在此次上汽大众帕萨特 Pro 上市前，我与陶海龙交流时，他也说到了"底线"，但这个"底线"已经是 120 万辆了，这应该是贾健旭的功劳，他不仅让企业留在了"牌桌"上，还留下了一副没打完但看上去还不错的"牌"。

陶海龙表示，如果将做好企业比喻成打牌，那么首先要做到的就是不能乱出牌，要坚持企业的优势，摸清市场的方向，产品不仅要成功，还要出爆款。作为上汽大众曾经的资深元老，他深知德系品牌不能丢，要像呵护自己的孩子一样呵护品牌。只有做到每一步都不出错，才能成功。话虽不多，但理是那个理。

从贾健旭到陶海龙，在与他们接触交流的过程中，我有个明显的感觉，他们都是"明白人"。贾健旭对方向、定位、格局看得很清，把握得很准，相信这也是他很快就升任上汽集团总裁的一个重要原因。陶海龙在质量管理领域有深厚背景，他对于产品质量的理解和把控绝对堪称专家级别。很多人不了解，他开车技术一流，在上任上汽大众的30天里，5次亲自驾车到试车场做对比测试。用他的话来说，产品质量和性能是开出来的，做不到极致驾驶，怎么能知道产品的极致性能在哪里？

合资车企接下来的路该怎么走？合资的这副牌该怎么打？一定要用"明白人"，只有看明白，才能想明白，最后才能干明白。很显然，对于贾健旭和陶海龙而言，他们对于现在企业所处的境地和未来的发展是看明白了，也想明白了，最后就是看他们如何坚持干下去了。合资车企今天面临的挑战背后，隐藏着一系列错综复杂的因素。如果说当年的它们是以小学生的水平一点点地学习"德国大众"，学习合资外方，一步步成为汽车行家，那么今天，它们就是以大学生的水平学习新汽车，难道它们搞不明白造车新势力这点事？像上汽大众这样能留在"牌桌"上的合资企业，只要人还在，体系还在，品牌还在，最后的输赢绝不是今天就可以下结论的。更何况，如果以销量论，上汽大众还是"牌桌"上那个"筹码"大的。他们应该有这样的底气和自信。

合资车企留在"牌桌"上，这本身就足以激发众多讨论和话题。没有输，就可能赢。每个在"牌桌"上的企业都有机会挑战。最近常有人问，什么时候说胜负？这很难答。但三年后再来说可能更接近真实。过去我常说产品周期五年为一个阶段，现在，合资车企的被动已经不是一年两年了，再有个三年，怎么也够了。那个时候，我们再来看看"牌桌"上还有谁。当然，眼下最重要的是先留在"牌桌"上。

1.3 【9月13日】MG5上市，俞经民的"烤鱼铺"上，架的或许是所有营销人

9月13日晚，淄博，MG5上市了。履新上汽乘用车常务副总经理不久的俞经民在"烧烤之都"发布了新一代的MG5车型。6.59万起步的全新一代MG5，不仅击穿了很多人的心理预期，也让国内A级家轿的热火再次点燃。

"整个现场氛围十分融洽，尤其是观察到车主粉丝群体十分兴奋。"不过，整场发布会车主粉丝感到兴奋的并不只有产品的价格，还有化身烧烤大师傅的俞经民。在这场发布会上，俞经民将烧烤搬到了现场，头戴白色高帽，身穿围裙，自诩"胖头鱼烤鱼铺"摊主。坦白来说，这样的扮相着实没想到。作为上汽集团里的营销鬼才，俞经民似乎在营销上总是有种上海人的跳脱，

9月13日，在淄博MG5上市会场，上汽乘用车常务副总经理俞经民将烤鱼铺搬到了现场，自诩为"胖头鱼烤鱼铺"摊主。

章法也从来都不为外界所预测。作为销售一号位的他，曾在一次 MG 活动上，化身打碟 DJ，一袭皮衣皮裤为 MG 加油助威。都知道销售老总喜欢创新，但这么出位，已经远远超出了大家的刻板印象。

在此次的 MG5 上市发布会上，烟火气的舞台、劲爆的音乐，新一代 MG5 在一瞬间把中国年轻人对年轻汽车产品的需求体现了出来。超脱的姿态、稳定的情趣、广阔的视野，恰似一幅年轻时代的消费画卷，真实而生动。可以感受得到，基于 10 万元以内最佳 A 级轿车定位，"会玩"是俞经民和他的团队想要给 MG5 贴上的标签。而在这种好玩的基调下，MG 通过烧烤这种烟火气，将"潮销"编织成一种价值观，以新车为载体，向时代传递年轻的态度。

在朋友圈中，大家对于俞经民此次亮相的评价非常之高，认为是近段时间最好的发布会策划之一。群众的眼睛是雪亮的，这样高的外界评价足以证明，在当前的市场环境中，"卷"是大家共同面对的现实，但在有限的资源内，"卷"出与众不同的形式，依然是有可能的。对于当前的 MG 而言，也确实需要这种广受好评的方式，唤起大家对 MG 的关注。市场在变，形势在变，没有什么是一成不变的，汽车营销在某种程度上也是如此。今年以来，造车新企业的闯入带给了大家很多新的思考和想法，也有很多新的营销案例、玩法走到了舞台中央。就像大家说的流量经济。有些企业盲目地跟着做流量，当网红。但经过一段时间的洗礼后，已经有企业深刻地认识到自己无法成为第二个雷军。忙坏了老板，累坏了销售人员，回头一看销量还是原地踏步。

俞经民的"烤鱼铺"上，架的是所有营销人的焦虑与危机感。不客气地说，这场淄博烧烤发布会，不只是一次新车发布，更是一记对当前一段时间汽车圈内营销思维的挑衅。在流量至上的当下，多少品牌盲目追逐热点、迎合潮流，企图通过短期的喧嚣、线上的数据博得关注。MG5 上市发布会现场的氛围用实际证明，真正有力的营销创意，是需要直击消费者内心的情感共鸣。这场烧烤式发布会，表面看似轻松娱乐，实则在中国营销人的身后狠狠发问：你真的懂得如何与消费者沟通吗？俞经民通过这次 MG5 的上市发布，给整个汽车行业上了一课：营销不该是铺天盖地的虚假造势，更不是一味追逐短期流量，而是要深入洞察市场与消费者需求，从生活中提炼品牌的真实价值。看似轻描淡写的"烤鱼"创意，实则用最接地气的方式揭露了行业内很多人的无力与困惑。烧烤的烟火背后，是一次对营销创意的冷酷拷问。

【点评】上汽乘用车开始"变招"了

新一代 MG5 上市。售价 6 万多元，很多人没想到。此前一段时间，它们好几个新车上市，基本上不温不火。看得出来，这次 MG5 要来一把狠的，以此来摆脱一下被动局面。

上汽乘用车该变一变了，这是很多关心上汽发展的人的看法。相信这也是上汽内部一直在思考的问题。尽管上汽很努力，自主品牌乘用车起步早、起得好，但在今天其他自主新能源乘用车企快速进步的时候，上汽乘用车今天的成绩，与上汽集团的地位是有点不符的。必须得改变。

前不久，上汽集团领导层做了调整，关注的目光自然就聚焦在这个"变"字。如何"变"？在有的人看来，"变"首先要从顶层设计开始。包括组织架构、品牌、产品规划。上汽乘用车首先要将荣威、MG、飞凡，甚至包括智己之间的关系搞清楚，不要再摇来摆去，将有限的资源分散；也有人认为上汽乘用车是一个整体，要迅速补齐各品牌间的短板，不能因某个品牌拉胯压低了上汽乘用车在行业、市场上的地位。各种看法的背后，看出各方面对上汽"赶紧变"的期望。

新一代 MG5 上市，应该是读懂了外界的这种心思。其实，前不久成都车展，上汽乘用车一次媒体活动，吸引了大量记者到场，他们的提问都是围绕着上汽乘用车"如何变"这个问题来的。

新一代 MG5 上市，应该是外界对上汽乘用车变化的第二个"观察窗口"。除了价格之外，带给我们的还有"三个没想到"：第一个是时间，赶在中秋长假的前一天。当人们已经将心思转移到回家团圆的时候，上汽乘用车方面想到的是赶紧"卖车"，这应该是一种精神状态的变化。第二个是上市的地点，选择在山东淄博。没有在北、上、广大谈"遥遥领先"，而在一个"三线城市"，用"C 城 C 位的 C 式生活"与那里的消费者"交心"，这样的精准定位，让在场的媒体大呼：这才叫营销。第三个是发布会现场的形式令人耳目一新。台上讲C城C位，台下吃着淄博烧烤、喝着啤酒，在完全放松的C式生活下品味着新一代MG5的好。真的让人感受到这一次上汽乘用车方面希望让人看到他们在营销上的与众不同。找到人、找对人，用他们听得懂的语言、喜欢的方式交流，最后打动他。这样的营销在当下挺难得。也让人看到了上汽乘用车在营销上的变化。

说上汽乘用车的"变"，其实是一项很复杂的工程，远没外界想得那么简单。但无论如何，"变"是必须的。"变招"就是一种"变"，是"变"的开始，新一代MG5的上市的"变招"至少让到场的每个人都说好，这就是好的开始。我们乐见上汽乘用车越来越多这样的"变"。

1.4【9月20日】进军"最主流"，极氪7X的"信心"和"野心"

9月20日，极氪首款"家用SUV"极氪7X正式上式，一个个产品亮点的推出，伴随着最终售价（22.99万—26.99万元）的"尘埃落地"，将整

9月20日，极氪7X上市，极氪智能科技CEO安聪慧对其寄予厚望。

场发布会引入高潮。

事实上，早在上市之前，外界对于这款车型的讨论就已经非常高涨，这其中有质疑，也有期待。质疑的是，以"后来者"身份进入高手如云的中型 SUV 市场，缺少了先天优势的极氪 7X 有多少"胜算"；期待的是，一向走"差异化"发展路线的极氪，这一次能否带给市场新的惊喜。

对此，一个首先需要解答的问题是，极氪为什么要在这个时候推出一款聚焦家用的中型 SUV？目前，在新能源汽车市场中，有超过 60% 的市场份额被 SUV 车型占据，可以说"得 SUV 者得天下"。而在 SUV 市场当中，中型 SUV 又是最大的一块"蛋糕"。据统计，这一细分市场占据整个 SUV 市场的半壁江山，高端新能源市场的三分之一。

除了市场空间潜力和挑战之外，极氪推出 7X 的举措，也是一种对于自身产品矩阵的补足。在极氪目前的产品序列里，可以明显地看到，"个性"和"商务"是极氪比较聚焦的两个方向，比如希望建立中国自己的"超跑文化"的极氪 001FR，致力于打造商务出行"第三空间"的极氪 009。但在"家庭用车"、主流 SUV 这一领域，极氪的动作反而比较少。因此，对于极氪来说，极氪 7X 的意义已经不言而喻。

在极氪看来，想要成为一款回归用户对于 SUV 价值的真正期待的产品，首先要满足用户对于"大空间"的用车需求。

凭借原生纯电的浩瀚架构，极氪 7X 以 4825mm 的车长和 2925mm 超长轴距，通过短前悬的布局优势，有效得房率超过 83%，达到同级最大。具体来看，凭借不溜背的造型和纯电底盘的天然优势，极氪 7X 对空间的利用达到极致，无论是前后排头部空间、后排最大腿部空间，还是全车的储物空间，全部都是同级第一，实现了对大型 SUV 的越级领先。

如果说在中型 SUV 的车身基础上对于"大空间"的突破是极氪 7X 在产品竞争力上的第一层长板，那么基于其全栈自研的第二代金砖电池而达成的对于续航里程和充电焦虑的解答，则是极氪 7X 的第二块"长板"。

据介绍，极氪 7X 全系采用 800 伏高压架构，其中搭载 75 度第二代金砖电池的版本，续航里程超过 600km，是全球充电最快的SUV，最高充电倍率5.5C，

SoC 从 10% 到 80% 仅需约 11 分钟，真正做到充电 5 分钟，高速 2 小时。

除了续航焦虑和充电焦虑外，良好的通过性、脱困能力也体现出极氪 7X 对于 SUV 的独特理解。要知道，相比于燃油汽车，由于电池组的位置、体积受限，很多纯电 SUV 的离地间隙都并不大，导致在应对很多场景时往往显得力不从心。

而极氪 7X 则能够通过同级领先的空气悬架 + CCD 电磁减振系统，将最大离地间隙提升至 230mm，即便与一些硬派越野车对阵也不相上下，大大提升车辆的极端路况应对能力。不久前，极氪 7X 还成为第一款敢于挑战"沙漠珠峰"的纯电 SUV。

在不久前的吉利财报会议上，吉利方面曾提出："上调今年销量目标至 200 万辆。"其中，尤其强调极氪占据 20 万辆。安聪慧表示："7X 对于极氪的重要性，类似于曾经博越对于吉利的重要性，它承载着整个极氪品牌，未来在新能源 SUV 市场中的占位。"

配合 7X 等几款全新产品，极氪在渠道、营销方面的布局也在持续加速。据安聪慧透露，不同于 2023 年一二线城市的布局，2024 年年初开始，极氪在三四线市场的渠道建设全面铺开，推进渠道下沉。"目前 130 家店占比约 35%，增量空间也较大。"

【点评】只有偏执狂才能生存

《只有偏执狂才能生存》。这是极氪 7X 上市后，极氪智能科技 CEO 安聪慧在与媒体交流时推荐的一本书名。那场交流会上，媒体记者对极氪 7X 这款车上"一键破窗"技术特别感兴趣：怎么想到的？有这个必要吗？安聪慧的回答是，极氪对于安全有非常"偏执"的重视，就是要把它做到极致。这样的理念很值得一提。

每次参加极氪新车发布，都有一个印象，安聪慧和他的团队都会归纳出一堆第一。"全球第一""行业首先"，无论是参数，还是创新的技术配置，都让人对极氪这个品牌极致科技和极致体验的特点有了再认识。事实上，极氪品牌作为新汽车的后来者，能够在短时间站上高端迅速发力，就是消费者

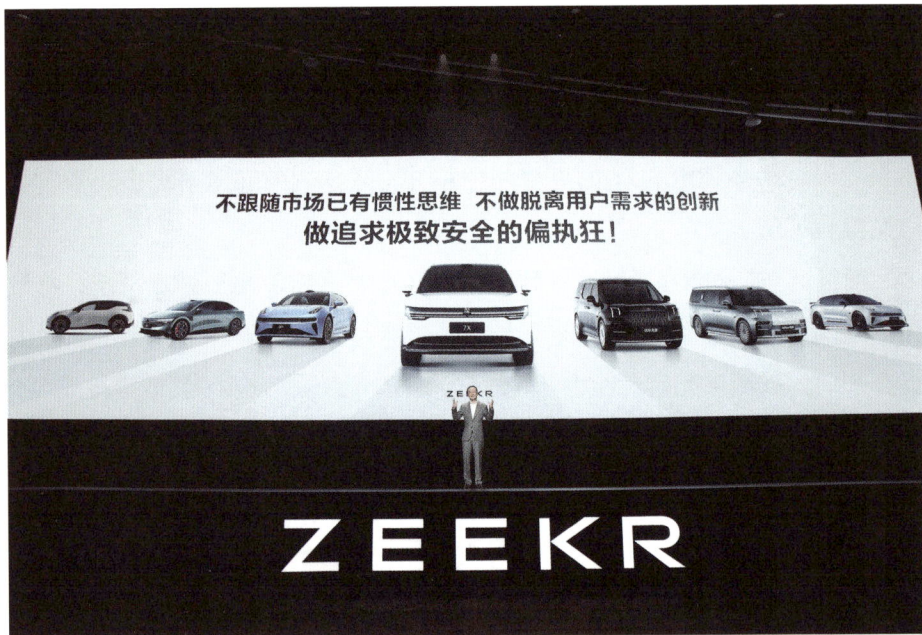

极氪 7X 要做追求极致安全的偏执狂。

接受了它与众不同，甚至独一无二的产品特点。它站上去了，并且还能被消费者接受了，这样的极致没有点"硬实力"是不可能的。很显然，极氪的起步独辟蹊径。从极致性能猎装轿跑做起，就是想以极致的性能先声夺人。这个目的极氪实现了。

今天，当大家在五花八门的各款新汽车中提起极氪，第一个感觉就是这个品牌技术过硬、性能突出。极致成为了极氪品牌的鲜明标签。的确，什么都要做得极致，已让安聪慧和他的团队到了近乎"着魔"的地步。用安聪慧的话，只要消费者需要的，都得安排上。这话说着容易，做起来非常难。首先你要知道什么是消费者需要的？其次是你拿出什么来满足需求？既要懂用户，又要懂技术，还要懂管理、会算账。更重要的是这样的满足需求不是一款车，一个车型，不是一种技术。始终都要让消费者有一种极致的体验和感受。这样的难度没有点执着和坚持是很难做到的。

很多人都称安聪慧是个产品工程师，但很少有人看到这个"头衔"的背后，他有近三分之一的时间奔波在欧美之间，他要跟瑞典的研发团队讨论，他要跟世界上先进的技术公司、科研机构交流，他要将最先进的技术、最好的东西结合到极氪的每款车上。据了解，每次发布会的讲话稿，安聪慧都要亲自修改好多次，不到最后一刻他都不轻易"放行"。可以说，做极致成为了极氪企业的文化。在这样的文化中诞生的极氪，想不极致都难。

此次极氪7X上市前，熟悉企业的人都在想，这次他们还能说几个第一、领先呢？没想到又来了个"6个行业首发、20项同级第一、17项同级之最"。这的确令人佩服。新汽车这些年进步这么快，极氪过去做了那么多的"第一""唯一"，如何还能做到好上加好，这已经不是用常规思维所能达得到的。此前，就有人在说，极氪这样做极致的路不好走，弄得不好会将自己逼到绝路上，最后无路可走。言外之意，极致是极限的。这是否掉入了一个悖论中了呢？值得思考。现在的新汽车进入了同质化竞争的阶段，最突出的特点就是价格战，价格战打到今天，有的车企感到了生存的压力。走出同质化的竞争，靠什么？大家都在讨论。建议大家都来读一读《只有偏执狂才能生存》这本书。也许极致意味着极限，但偏执狂眼中是没有极限的。

1.5【9月25日】瑞虎9双车上市背后，是奇瑞"厚积薄发"的战略定力

9月24日晚8点，一架C919从北京大兴腾空而起，划破夜空，驶向西安；次日上午8点20分，另一架C919从上海虹桥出发，沐浴着清晨的阳光，同样落地西安。两架C919不约而同地在西安聚首，目的只有一个，那就是为第二天的2025款瑞虎9油电双车的上市加油助威。

如果国产大飞机C919是蓝天之上的"雄鹰"，那么15.29万元起售的瑞虎9（其中，2025款瑞虎9的售价区间为15.29万—20.39万元；瑞虎9 C-DM售价区间为16.59万—17.59万元）就是陆地之上的"猛虎"。两个"9系"中国旗舰，如同并蒂绽放的双生花，在各自的领域绽放出绚烂光彩。C919以其先进的航空技术和卓越的性能，在万里高空展现中国航空工业的雄厚实力；瑞虎9油电双车则凭借精湛的造车工艺和强大的性能配置，在广袤无垠的大地上书写中国汽车工业的崭新篇章。

作为中国品牌燃油SU全球销量冠军，2005年，奇瑞首推中国品牌首款

9月24日，奇瑞为参加瑞虎9上市活动的媒体人包机乘坐国产大飞机C919。

城市SUV——瑞虎，引领了中国SUV的发展先河。一经上市，瑞虎便迅速成为炙手可热的车型，并在同年出口沙特阿拉伯，如今已走进全球12个国家。瑞虎序列作为奇瑞出口量最大、最受全球用户欢迎的车型，累计收获了全球超500万用户的喜爱，形成了包括瑞虎9、瑞虎8、瑞虎7等在内的丰富产品矩阵，满足不同用户的需求。而今天刚刚上市的瑞虎9双车，就是瑞虎车型中独具魅力的旗舰担当。它们承载着奇瑞在SUV领域的深厚技术积淀和创新成果，以其独特的设计、先进的配置以及卓越的性能，为消费者带来全新的驾乘体验。瑞虎9双车不仅丰富了奇瑞SUV的产品线，更是奇瑞在不断追求卓越品质和满足市场多样化需求道路上的又一重要里程碑，有望在竞争激烈的汽车市场中脱颖而出，成为消费者心目中的理想之选，进一步巩固奇瑞在SUV市场的领先地位，为国产汽车的发展注入新的活力与动力。

那么，新车的非凡魅力到底体现在哪呢？答案显而易见，那就体现在消费者更关注、更在意的性能、舒适、安全等几个方面有了令人瞩目的卓越提升。

首先是性能。鲲鹏 400T + 8AT/7DCT 的组合带来最大扭矩 400N·m 的强劲动力表现，鲲鹏 2.0T 发动机拥有 192kW/400N·m 的出色参数，全场景智控四驱提供 7 种驾驶模式，适应各种路况。而鲲鹏超能混动 C-DM 更是令人惊艳，实测续航超过 2000Km，同级独有的 3DHT 以及 1.5T 混动专用发动机，最高热效率达 44.5%，实测油耗低至 4L 级。无论是追求激情驾驶还是注重燃油经济性，瑞虎 9 都能满足需求。

其次是舒适。超舒适磁悬浮底盘配备 CDC "磁悬浮悬架" 和发动机双液压悬置，带来平稳舒适的驾乘感受。超舒适旗舰头等舱提供 540° 立体超感空调系统、SONY14 扬环绕音响、0 重力女王副驾 + 主驾按摩等豪华配置，越级超大静谧空间搭配 256 色光瀑音律氛围灯和 C-PURE 奇瑞净立方绿色座舱及高档智能香氛系统，让每一次出行都成为享受。超舒适全场景智能方面，AI 智慧交互、24.6 吋极智真丝滑曲面屏 + 50 吋 AR-HUD、8155 高算力芯片和 50W 手机无线快充，尽显科技魅力。

最后是安全。磐石车身拥有 85% 高强度钢覆盖的笼式结构，B 柱抗拉强度高达 1500MPA，双防撞梁 + 6 吸能盒和三条传递路径提供全方位保护。360° 环抱式 10 气囊防护，同级独有前排中置气囊且 6S 超长保压。守护者电池安全系统包括全球标准安全电芯、铠甲电池包超级抗撞、电池包防水 IP68（国标 48 倍）以及电池 NP 无热扩散和碰撞 2 毫秒级高压断电。此外，L2.5 级智驾辅助和 IPB 智能线控制动，进一步提升行车安全。

【点评】奇瑞说的 "长期主义" 可信

9 月 25 日晚，瑞虎冠军家族 SUV 之夜，暨 2025 款瑞虎 9 上市活动在西安举办。没记错的话，围绕着瑞虎品牌，奇瑞方面在一个月之内搞了三次市场活动。前两次是瑞虎 8 PLUS，这次是瑞虎 9。可见 SUV 市场竞争的激烈程度，奇瑞想要做的是在这一场大 PK 中拔头筹。

每次活动上看见时任奇瑞汽车股份有限公司副总经理、销售公司总经理李学用，总感觉他和他的团队像打了鸡血似的，有人开玩笑地说，怎么每次都有那么多可以说的，真让人佩服！奇瑞这两年业绩蹭蹭地往上蹿，一定与这股劲头有关。越干越有劲，越干越明白，越干越自信。让很多同行都羡慕。这中间一定有它的道理在其中。这对于有的"迷失了方向"的企业来说值得深入地对照思考。企业发展好，车一定要卖得好，车卖得好，车一定要好。这个道理相信没人不懂。但往往这几句话成为了企业搞不好各部门间互相推诿责任的托辞。谁都有理由，谁都不担责任，结果企业始终搞不好。其实，企业发展出现问题，一定不是当下犯的错，也不是一个部门犯了错；同时，没有一个企业不会犯错。关键在于各部门间的协同。这也是我们常讲的体系能力。奇瑞这几年发展得很快，很重要的一点是它的体系能力上来了。过去看奇瑞，在很多环节上都觉得不错，但市场表现总差那么一点，重要原因就在体系能力的差距上。就像有人说，瑞虎进入SUV领域时间很早，过去为什么总卖不过别的同行品牌？今天怎么就敢在市场上称冠称王了？关键也在这"体系"二字上了。

过去大家都觉得奇瑞在营销上有点疲软了。今天看奇瑞，我们很难明显看出企业的短板了。这是奇瑞经历了长时间的思考和实践熬出来的。就像有人戏称是奇瑞汽车股份有限公司董事长尹同跃熬白了头发才换来的。不容易啊！过去说奇瑞有一句话常被挂在嘴边：多生孩子好打架。这是过去几年人们分析奇瑞发展为什么快不起来时指出的一个原因。曾经被很多人赞同。但今天，这句话要重新认识了。这两年，奇瑞品牌矩阵不仅更加丰富，像瑞虎这样的产品系列还做了"加厚加快"处理，昨天刚推完瑞虎8 PLUS，今天就来了一个瑞虎9，令人眼花缭乱。

奇瑞的战绩不仅打开了国际国内市场，而且在高端市场站稳了脚跟。他们拳头很多，每个拳头都很硬。这与当初有人对奇瑞的反思形成了截然不同的反差。记得当初为了捷途项目，有人就不赞成，认为奇瑞需要的是"收缩战线"。要不是尹同跃的坚持，就不会有今天的捷途了。事实上，今天的捷途成为了奇瑞的一个上量品牌了。看来"多生孩子少生孩子"不是一个企业搞好不搞好的原因和衡量标准，就看一个企业是否有看远的战略思维。曾经，某国有汽车集团，它的合资外方看到SUV将是中国市场的"热门"，愿意拿其SUV产品技术与中方探讨新的合资合作。结果被中方拒绝，理由是说汽车集团另一个合资伙伴中已经有 SUV 了。没想到，这家外国车企转身就跟某地方车企合作，不仅一度获得不错的市场效果，还成为了那个国有汽车集团 SUV 市场上的对手。这样的例子说明，企业的远见卓识很重要。"不是自己生下来的孩子，永远不知道有孩子的好；要让自己的孩子好，不是不再生孩子，而是从一开始要认清楚如何教育孩子。"今天，置身于瑞虎冠军家族 SUV 之夜，相信没人会说奇瑞孩子多了不好搞，而一定是"有这么多好孩子，真有福气啊"！

最近，连续参加奇瑞的活动，都会听到他们说，奇瑞一定会坚持长期主义，为消费者不断提供满意的产品。这句话别的企业也在说，但奇瑞的意思有所不同，他们的长期主义不是像有的车企眼前不行，用所谓的长期主义找辙，而是他们今天的成功就是靠长期主义得来的。奇瑞说"长期主义"，我相信。

1.6 【9月25日】阿维塔 07 加码增程

9月25日，令人期待已久的阿维塔 07 在杭州如期而至，其定位智美都市豪华 SUV，售价为 21.99 万—28.99 万元。

在汽车市场进入产品投放的热潮的当下，各家车企的"轮番轰炸"令人应接不暇，尤其在 SUV 领域，产品之间的竞争已经到了拳拳到肉的直接搏杀。在竞争空前激烈的当下，选择在这一时间段上市并且还丝毫不缺关注度的产品，也足以说明了其具有着足够的竞争优势和前所未有的信心与勇气，而阿维塔 07 正是这样一位选手。

作为阿维塔品牌的首款双动力车型，长安、华为以及宁德时代赋能下的"集大成者"，阿维塔 07 也再一次带来了三方的尖端技术，其中包括长安汽车的昆仑智慧增程、太行智控底盘、5G 智能工厂，华为的乾崑 ADS 3.0、鸿蒙智慧座舱，以及宁德时代的神行 4C 超充电池、神行超级增混电池等。

不同于市场上常见的小电池配大增程器的搭配，昆仑增程技术的一大显著特点就是"大电池"＋"小油箱"的配置，把"油箱"当作新能源汽车的车载充电宝。这样做的优势则是让增程式产品在驾驶体验上更偏向"电感"的体验，也可以做到更低能耗。

在昆仑增程上，搭载了阿维塔自研的昆仑增程 HE1.5T 超增压专用发动机，采用了超小气缸直径与行程比，实现了 15∶1 的超高压缩比，还拥有行业最高的 1.45 行程缸径比，远高于行业平均水平 1.15—1.25。并且这款专用增程器的热效率超过 44%，燃烧一升油可发电 3.63kWh，相较于同级增程车型更胜一筹。

为提升用户在馈电状态下的用车体验，阿维塔携手宁德时代打造了 39kWh 神行超级增混电池，其在满电状态下拥有 9C 的峰值放电倍率，即便在低电量状态下也能保持 7.7C 的峰值放电倍率，在实测中，搭载昆仑增程的阿维塔 07 四驱版满电零百加速仅需 4.9 秒，馈电仍然能达到 5.8 秒，衰减率只有 15.5%，而问界 M7 衰减率为 45%，理想 L6 为 45%，星纪元 ET 为 44%，可以说，阿维塔 07 在馈电加速衰减率达到同级第一的水平。

此外，昆仑增程拥有自主研发的七合一后电驱，峰值功率达到 231kW。基于此，阿维塔 07 增程四驱车型 40—80km/h 加速仅需 1.8 秒，80—120km/h 加速仅需 2.7 秒，远远超过了理想 L6 增程四驱和问界 M5 增程四驱。

可以说，阿维塔 07 不仅真正做到了"满电馈电技术相同，加速性能始终澎湃，有电没电都强劲"，也通过自身的技术实力为增程"正名"。

阿维塔 07 还搭载最新的鸿蒙座舱 4.0 系统，新车采用四屏布局设计，包括 15.4 英寸悬浮式中控大屏、35.4 英寸一体式远端屏以及两侧两块电子外后视镜的显示屏。而鸿蒙座舱 4.0 系统让其座舱智能化水平、交互体验再度升级，通过高度集成化的操作系统，实现了车内设备之间的无缝连接，实现超级桌面 2.0、一碰传等功能。

其中，超级桌面 2.0 功能不只是简单的手机投屏，而是将手机生态与大屏同享，让海量应用全部上车，主流办公类 App 覆盖 99% 工作场景。通过一碰传功能，手机与座舱屏幕轻轻一碰，即可将手机界面的导航、华为视频、音乐、华为分享等应用自动传输至车机。此外，通过华为的智能设备，驾驶者可以在车内轻松控制家中的智能设备，实现人、车、家全场景互联。

在智驾维度，新车应用了华为最强的华为乾崑智驾 ADS 3.0 系统，搭载了业内第一梯队的 192 线激光雷达，搭配全车 27 个智驾传感器，有效提高了雷达探照范围。

好的智驾功能更需要好的底盘进行适配，才能发挥出最大的效果。对此，阿维塔07搭载了"太行智控底盘"，实现了智驾域、底盘域和动力域的跨域融合。

在硬件方面，该底盘采用了前双叉臂及后多连杆独立悬架均，在材质上应用了强度更高但质量更轻的硅镁铝合金材质，大幅降低簧下质量。同时，在悬架与车身连接的振动敏感点应用了同级少有的靶向滤震液压衬套技术，能够更好地隔绝路面的颠簸振动，在保证操控性能的前提下，大幅度提升了乘坐和驾驶的舒适性。

此外，阿维塔07还增加了多项主动调节配置，包括拥有4种模式，总行程达到125mm的智能空气弹簧；能够在1秒内完成100次的主动调节CDC动态阻尼减振器以及能够让底盘的制动响应更快的MK C2第二代线控制动，这些配置的加持也让驾驶的舒适性达到极致。

【点评】阿维塔07为何被看好？

阿维塔07上市获得了很好的市场反响，超出许多人的预期。无论是之前预售盲订的数量，还是26日杭州发布会现场媒体的评价，都得出了一致的结论：这次阿维塔07成了。

我注意到，大家说阿维塔07的好在于它有了增程，并且这个被称为"昆仑智慧增程"技术，是在过去其他增程技术上的升级换代。它匹配了"太行智控底盘"、华为乾崑智驾ADS 3.0和鸿蒙智慧座舱技术以及宁德时代4.5C超充电池、神行超级增混电池，加上长安5G智能工厂的品质保障。这样的"黄金组合"不让人心动都不行。

我一直关注阿维塔，始终认为它有与许多同行不一样的东西，如果它能坚持下去，被消费者认同是迟早的事。此次阿维塔07上市即获得市场的青睐也应该在此理之中。不仅有了增程和其他领先的技术配置，而且，从阿维塔11到阿维塔12，一而再，再而三，这样的逻辑下，阿维塔07不火都难。也许有人说，当初的阿维塔11、12为何就没有阿维塔07这样的效果呢？是因为阿维塔从一开始就选择了一条全新的道路，注定了它有一个需要外界认识的过程。从技术和产品上来说，阿维塔11和12也是非常出色的。在我看来，阿维塔背后的全新模式、全新定位、全新技术路线，甚至是全新服务体系，是新汽车时代创新实践的一个难得的样本。其实，今天阿维塔07得到的关注和认同，在很大程度上是对"阿维塔模式"的一次新的深入的认识。相信随着今天阿维塔07的被聚焦，也一定会带出对阿维塔11、12的再认识。过去，阿维塔被人们看作一个个性太强的小众品牌，今天，阿维塔07所告诉我们的，阿维塔是新汽车该有的样子。至少，消费者再选择新能源智能化汽车，选择新汽车，可以将阿维塔列入候选品牌之列了。

阿维塔07的好，一定是阿维塔的好，阿维塔的成功最终一定是阿维塔模式的成功。这样来看阿维塔对于我们当下造车新势力和传统车企思考如何创新发展很有借鉴意义。大家都知道新汽车是未来的方向，但这几年，真正搞得好的新汽车几乎没有。造车新势力缺少了持续创新的能力，卖了几款好车，又走了很多弯路，至今说自己的日子过得好的没有；传统车企在创新路上拼命追赶，背着沉重的包袱，效率始终是个解不开的"疙瘩"。新汽车创新的路上一定需要全新的、系统的认识，是需要智慧的，而且是个大智慧。

搞新汽车对长安汽车这样的央企来说是使命也是挑战。阿维塔要成功就需要这样的智慧，既要将新势力的特点和传统车企的优点结合，又要让汽车行业和科技行业联手。打破边界开放融合，一定是这种智慧的前提。深得各界称赞的"CHN"（长安、华为、宁德时代）创新模式形成了强强强跨界组合，打造出了阿维塔产品和品牌强大的基因。这样的组合没有点智慧绝对是想不出来的。

今天，华为已经是汽车智能化标志性的独特存在。越来越多的车企都纷纷与之合作的同时，也引发了汽车行业关于"灵魂"与"皮肤"的讨论。一方面是"谁说了算"？另一方面是否存在"同质化"问题？每个说法都很尖锐。如何与华为梳理好合作关系，对于车企来说，是很纠结的事。在这样的背景下，华为与长安联手的"引望"项目很值得一说。以资本为纽带将华为与车企联系起来，共同推动汽车智能化新技术的发展。这是目前为止解决华为与车企合作关系不顺畅的最好解决方案。据说这个项目是长安汽车董事长朱华荣与华为副董事长、轮值董事长徐直军一起"碰撞"出来的。阿维塔是第一个参与华为"引望"项目的车企，这样的"顶层设计"在当下各车企都与华为展开合作的时候，让阿维塔又领先了一步。如果说这是大智慧的话，那阿维塔的智慧是更高明的。就像有人说，阿维塔模式的"新"一定是与它的"高"紧紧连在一起的。

阿维塔是"高"的，很多人从它的高端品牌定位去想。这是一个"高"。但另一个高却是它"站得高"，这从它看得远这个特点可以得出。新汽车面前，为什么大家总挤在一起，甚至是价格战？是站得不够高。为什么办法不多？也是站得不够高。跳出来海阔天空的道理都懂，但在汽车行业能跳出来的有几个？这值得深思。阿维塔选择从高处着眼，从别人没走过的道路去蹚道，就像它今天已经被越来越多的人认同的外观造型一样，今天可能难一点、累一点，甚至不被人理解，明天就可能顺一点。阿维塔07已经让人看到了这样变化的可能，剩下的就是"坚持"了。阿维塔科技总裁陈卓刚上任，很多人对他说，阿维塔应该把价格降一降才可以卖好。陈卓的回答是：阿维塔还是要坚持做品牌。这回答绝对没错。今天我们讲的新汽车就是明天的、未来的汽车，而不是别的什么汽车，这是一定要坚持去做的。阿维塔是新汽车品牌，阿维塔07也是新汽车。当大家都这么看新汽车的时候，属于阿维塔的好日子也就不会远了。

2.【9月】大众汽车降本求存，欲关闭德国工厂并计划大规模裁员

9月2日，大众汽车集团发布声明称，为进一步削减开支，公司正考虑关闭其在德国的一家汽车制造厂和一家零部件厂。这一举措旨在解决产能过剩和竞争力下降的问题，并作为实现100亿欧元成本削减计划的一部分。根据大众汽车集团最新的财报，该公司在全球拥有近68.3万名员工，其中德国员工约有29.5万多人。

9月11日，作为削减开支、降低成本计划的一部分，大众汽车集团宣

布终止与工会达成的一系列保证工作岗位的协议。终止的是有着30多年历史的就业保障协议。这个协议原本2029年到期，但现在将提前在2025年中结束。

大众汽车集团管理董事会主席奥博穆此前指出："欧洲汽车行业正处于非常苛刻和严峻的形势，经济环境变得更加严峻，新的竞争对手正在进入欧洲市场。蛋糕变小了，但餐桌上的客人却更多了。"奥博穆还表示，与此同时，德国作为制造业中心的竞争力进一步落后，大众汽车需要控制成本。

据大众汽车集团2024年半年度财务报告，上半年，大众汽车集团业绩仍表现为"增收不增利"。其报告期内销售收入为1588亿欧元，高于2023年上半年的1563亿欧元；营业利润为101亿欧元，同比下降11%；营业利润率为6.3%。此外，2024年上半年大众汽车集团总体销量有所下滑，销售约430万辆汽车，低于2023年上半年440万辆的销售成绩。

但关闭工厂和裁员计划并不会顺利。大众首席员工代表、工会主席丹妮拉·卡瓦略（Daniela Cavallo）在一份声明中表示："我们将对这一针对我们工作的历史性攻击进行激烈抵抗。只要有我们在，就不会有裁员。"据悉，该公司监督委员会的半数席位由劳工代表占据，而拥有该公司20%股份的德国下萨克森州政府通常站在工会组织一边。

9月26日，大众汽车与德国金属工业工会（IG Metall）展开谈判，焦点集中在大规模裁员和德国工厂关闭等问题上。工会首席谈判代表托尔施腾·格勒格尔（Thorsten Gröger）表示："我们不会就工厂关闭和大规模裁员进行谈判。"如果大众坚持其裁员计划，那么"成千上万的同事将迫使公司重回正轨"。工会方面认为，大众汽车当前的困境并非主要由劳工成本造成，而是管理层未能有效履行职责的结果。大众汽车最高员工代表兼监事会成员丹妮拉·卡瓦洛在公开场合表示："反对任何工厂关闭计划，工人不应为公司管理失误买单。"她指出，尽管大众汽车距离完成成本削减计划还差30亿欧元，但劳工成本所占比例很小，对于实现目标的作用有限。她批评大众管理层没有优先保护德国本土员工的工作岗位，反而将大量资金投入与美国汽车新势力公司Rivian的合作。

【点评】大众的艰难时刻

大众的困境凸显了当前欧洲传统制造业在面临产业转型压力时的艰难处境。这一处境一方面是由于在电动化和智能化转型过程中，大众汽车在几个关键领域一直进展甚微，产品创新度和智能化水平很难维持其长期保持的竞争力。而更重要的，可能是由于该公司是一家超级跨国企业，大企业病在其身上得到了突出体现。股东矛盾、劳资矛盾、管理层矛盾等，很多战略管理层面的问题往往会折射到技术创新、产品创新等领域。这无疑会对大众汽车造成持久的伤害。

降成本100亿欧元对于大众来说无疑是保证其财务健康的重要任务，而与美国汽车新势力公司Rivian的合作无疑也对其获得智能新能源汽车技术有着关键作用，但不解决根本问题，不梳理根源上的治理结构和管理层问题，这些降本增效行动即便今时今日有效，来年老问题是不是又会出现，这很难说。

对于大众而言，如果不采取行动，情况只会更加严峻，而采取行动，就必须要牺牲一些人的利益，这势必会遭到激烈反对。无论如何走，这都是两难选择。从当前的情况看，大众选择了牺牲工人们的利益。看来，奥博穆选择了一种在他看来较为容易的方式进行降本。但情况未必如他所愿。面对势力庞大的工会和本土职工以及各方势力的强烈抵制，奥博穆会不会步他前任的后尘，很难说。

3.【9月2日】极狐汽车8月销量突破万，销量翻身

9月2日，北汽集团旗下的极狐汽车公布了2024年8月的销售数据。极狐汽车在8月份实现了销量的大幅增长，共售出新车10001辆，相比2023年同期增长了198%。在2024年1—8月期间，极狐汽车的累计销量达到了35861辆，展现出强劲的市场增长势头。

同时，北汽新能源在8月份销量达到13076辆，同比增长12%。2024年1—8月的累计销量为52068辆，表明北汽新能源在市场上的稳健发展。在细分车型方面，极狐汽车的多款纯电动车型均取得了不错的销售成绩。其中，

纯电 SUV 车型极狐阿尔法 T5 在 8 月份售出 4260 辆，纯电轿车阿尔法 S5 的销量为 2752 辆，紧凑型纯电 SUV 极狐考拉 S 的销量则为 2757 辆。

值得一提的是，极狐汽车在 7 月份的销售业绩也不错，当月销量达到 8017 辆，同比增长 329%，连续两个月销量超过 8000 辆。8 月份的销量更是首次突破万辆大关，这一成绩不仅是对极狐汽车产品力的认可，也是对其品牌影响力的肯定。

【点评】极狐值得更多的掌声

刚刚过去的 8 月，北汽极狐销量破万，跻身"纯电市场新势力 Top6"。与此同时，今年 1—8 月，北汽新能源汽车销量也创下了历史新高。这应该是北汽极狐、北汽新能源进入新发展阶段的信号。过去几年，北汽新能源特别是北汽极狐一直没有大的起色，常常被外界质疑，从今天起，他们可以被人刮目相看了。但是，这个消息在舆论场的热度远远不够。

这几年，造新能源汽车在一些人眼里成为某些所谓造车新势力车企的主场。在这场"批判大会"中，传统主流车企特别是大型国有车企成为被指责鞭挞的对象。一段时间里，没有准备好的传统车企们只有挨骂的份儿，像奔驰、宝马、奥迪这样的豪华品牌处于人还在中心位，但话筒却已经被人拿走了的尴尬地位。过去几年，舆论场大体是这个样子，但要注意的是，这样的认识正在发生着变化。在成都车展上，东风汽车旗下岚图汽车全新梦想家开启预售，三小时订单破万，加上这次北汽极狐的脱颖而出，事实证明，造新能源汽车的企业不再是曾经的那几家了。更何况，一些新能源企业在遭遇销量瓶颈的同时，还存在着如何活下去的压力。凭这一点，我们也应该给北汽极狐多一点掌声。

流量为王、销量为王，还是盈利为王？这一定是个问题。如何看新能源汽车当下以及未来的发展是一件应该冷静下来认真讨论的事，也是一件非常严肃的事，但现在却被流量裹挟了，被个别所谓的网红简单化、娱乐化了。这样的变化让是和非都分不清了，谁有流量，谁有销量，谁就是标准。我们不否认，流量中不乏有道理的一面，销量中不乏有成功的特点，但如果将之放大，成为大家模仿和学习的榜样，那么用不了多久，就一定会出现问题。不赚钱是当下新能源汽车最大的"痛"，当一个企业不赚钱的时候，流量和销量就不重要了。这里特别要说"流量"。此次的成都车展，大家的感受是车展没过去热闹了，为什么会有这样的感受？一是因为企业没钱了；二是因为车展变成了网红们的流量场，而不是实实在在地做品牌和交易。有的车企认为，为什么要给那些网红车企们做陪衬呢？如果这种现象持续下去，车企参加车展的积极性就会受到影响。因此，我们就会理解像北汽这样不追求网红效应、不擅长流量营销的企业，为什么在舆论场上会显得相对冷淡。北汽极狐今天的销量提升绝不是靠网红流量得来的。当然，也许有人会说追求网红效应、做流量营销是创新，北汽这样的企业也应该学着做，但是车企仍然还是要回归到产品技术和切实可行的服务上。北汽极狐今天的成绩是实实在在的，这也是我们应该给北汽极狐更多掌声的原因。

新能源汽车进入了一个需要严肃认真面对问题的阶段了。很多人都在担忧当下行业和市场继续"卷"下去的后果，都在想应该怎么办？这的确是一个难以解决的问题。我觉得它的难在于一是缺少令人信服的答案，二是很多看似是答案的观点背后，仍然是一个新的问题。就像今天，有的车企在舆论场上占据了显著位置，却在未来的挑战面前显得无能为力；有的车企虽然销量可观，却无法逃避外界和同行的质疑。归根到底，我们可能真的还没有达到可以自称"成功"的时候。既然这样，大家是否可以静下心，回归初心，互相交流一些真实而积极的观点，为彼此点赞呢？就像今天为极狐鼓掌！毕竟，极狐今天的成绩是值得称道的。

4.【9 月 4 日】奔驰加码投资中国

9 月 4 日，梅赛德斯－奔驰宣布：根据集团业务规划，计划与中国合作伙伴共同在华投资超 140 亿元人民币，进一步丰富乘用车和轻型商务车的本土化产品阵容。同时，奔驰宣布自 2025 年起，梅赛德斯－奔驰将陆续投产中国专属的全新纯电长轴距 CLA 车型、长轴距 GLE SUV 新车型，以及基于 VAN.EA 平台的全新豪华纯电 MPV。

奔驰在华加码投资，这既是世界头部车企用真金白银投下对中国经济的"信任票"，也折射出超大规模中国市场的强大吸引力。在当前的互联网氛围中，外资车企在中国的生存环境持续堪忧。每每外资车企在华的战略调整，都会引发互联网的密切关注。奔驰的投资所代表的意义，远不止金额本身。就像商业社会的运转规则是基于利润，但一个良好合作所创造的价值，是远超金钱本身的。

梅赛德斯－奔驰在最新的声明中明确指出，中国市场不仅是其全球战略的重要支柱之一，更是其电动化转型和科技创新的重要驱动力。与北汽集团合作，梅赛德斯－奔驰将在中国投产多款全新车型，包括专为中国市场量身打造的纯电动长轴距 CLA 车型和长轴距 GLE SUV 车型。这些产品不仅体现了奔驰对中国消费者需求的深入理解，更展示了其在技术创新方面的卓越追求。

尤其值得一提的是，长轴距 GLE SUV 新车型将由中国团队主导研发，这是梅赛德斯－奔驰全球研发体系中前所未有的举措。这不仅体现了奔驰对中国本土研发能力的高度信任，更是对中国市场的长期承诺。

梅赛德斯－奔驰选择继续加大在华投资，这一决定不仅是对中国市场的高度认可，更是对中国经济长期发展的坚定看好。奔驰看到了中国市场的独特优势：庞大而年轻的消费群体、完善的产业链配套以及快速发展的科技创新环境。这些都是支撑奔驰在中国持续加码的重要因素。

梅赛德斯－奔驰在中国的研发投入已达到前所未有的规模。近年来，奔驰在中国的研发网络日趋成熟，形成了覆盖面广、技术领先的创新体系。例如，全球下一代后排娱乐系统就是由中国研发团队负责开发的，这一系统的开发周期仅为 18 个月，体现了"中国速度"在全球研发中的重要性。

此外，随着北京和上海两地研发中心的不断扩展，梅赛德斯－奔驰在智能网联汽车、新能源汽车领域的创新成果也开始引领全球。未来，随着中国市场对智能化、电动化需求的不断增长，奔驰将继续以"中国速度"加快其产品的更新换代，以保持其在全球市场中的领先地位。

梅赛德斯－奔驰集团董事会主席康林松在此期间访问中国时强调了奔驰"在华发展，与华共进"的战略初心。无论是新车型的研发和生产，还是对中国市场的持续投入，梅赛德斯－奔驰都在用实际行动展示其对中国市场的长期承诺。在全球经济不确定性加剧的背景下，梅赛德斯－奔驰的这一决定无疑为中国市场注入了一剂强心针，也是对唱衰外资最好的回应。

5.【9月4日】沃尔沃调整电气化战略

9月4日，沃尔沃汽车对其电气化目标进行了战略性调整，掀起了业界和公众的广泛讨论。根据最新规划，到2030年，沃尔沃新能源车型的销量占比将达90%—100%，其中包括纯电动车型和插电式混合动力车型。而剩余的0—10%的销量，在必要时将由轻混车型填补。这一目标替代了先前"到2030年所有沃尔沃新车都为纯电动车"的设想，成为公司在电气化进程中的新路径。

部分媒体观点误解了沃尔沃的调整，认为此举代表公司在电动化方向上"退缩"。对此沃尔沃方面迅速做出回应表示："我们并没有放弃电动化，而是在全球市场环境和消费者需求变化的背景下，做出必要的灵活调整。"沃尔沃强调，电气化仍是其核心战略之一，长期的投资计划和产品布局依然以纯电动车为中心。这是一种对市场大环境和消费者需求变化的务实回应。随着全球新能源汽车市场的增速放缓，其他汽车制造商也在重新审视电动化的节奏。

2024年以来，全球汽车制造商在电动化转型的道路上遇到了越来越多的挑战。全球新能源汽车市场增速放缓，特别是欧洲和美国等主要市场，充电基础设施的滞后、政府补贴的减少、电力成本的上升等一系列问题，使得跨国车企纷纷放缓了电动化的步伐。然而，沃尔沃汽车在电气化战略上表现出了高度的战略定力。在此次调整中，是通过微调来适应当下市场环境，确保电动化战略依然是企业发展的核心路线。事实上，沃尔沃依然是跨国车企中坚定推动电动化转型的领航者之一，其长期战略目标始终未变。

目前，沃尔沃纯电车型和插电式混合动力车型的销量已经占到公司全球销量的 50% 左右，沃尔沃现有 5 款纯电动车型在售，另有 5 款全新车型正在开发中，未来的产品阵容将继续围绕纯电技术展开。到 2025 年，沃尔沃计划将新能源车型的比例提升至 50%—60%，并计划在 2030 年前推出完整的纯电车型产品阵容。

事实上，在全球范围内，新能源汽车市场的增长势头放缓，这不仅给车企带来了巨大挑战，也要求它们重新审视电气化战略的执行路径。德国作为欧洲最大的汽车消费市场，其电动汽车的注册量在 2024 年 7 月份同比大幅下降 36.8%。德国今年上半年电动汽车新注册量的市场份额从 2023 年的 15.8% 下滑至 12.5%。这些数据不仅反映了市场对电动汽车的需求波动，还显示出全球多个地区的基础设施和政策支持未能跟上电动化的步伐。

然而，沃尔沃汽车认为，尽管全球市场增速放缓，但电气化是不可逆转的大趋势。市场的短期波动并不会改变电动化的长期前景，尤其是随着基础设施的逐步完善，消费者对电动汽车的接受度将再次提升。

沃尔沃汽车采取了灵活务实的策略调整，以应对当前市场的变化，同时保持电动化战略的长期稳定性。在 2024 年上半年，沃尔沃汽车全球销量达到 44.6 万辆，同比增长 13%。其中，纯电动车型的销量占比达到了 26%，相比 2023 年同期的 16% 有了显著提升，而电气化车型（包括插电式混合动力车型）的市场份额从 39% 增长至 48%。在所有跨国车企中，沃尔沃电动化车型的市场占比处于领先地位，成为电动化进程中的行业标杆。

6.【9 月】加拿大对华电动车加征关税，中国反制

9 月，中国与加拿大就加方对中国电动车等产品加税问题进行了针锋相对的斗争。加方变本加厉，还威胁对更多产品征税。中方则诉诸世贸组织争端解决机制，并发起反歧视调查，同时，针对加方的菜籽油倾销问题进行调查。

9 月 3 日，针对加拿大政府对华电动车等产品发起的加征关税一事，商

务部新闻发言人答记者问时表示，中方对此强烈不满、坚决反对。[28]8月26日，加拿大总理特鲁多宣布，自2024年10月1日起，将对中国产电动汽车征收100%关税；自10月15日起，将对产自中国的钢铝产品征收25%的关税。该新闻发言人表示，拟将加方有关做法诉诸世贸组织争端解决机制。并根据中国法律，将对加拿大采取的相关限制措施发起"反歧视调查"。根据国内产业反应，由于加拿大菜籽油涉嫌对华倾销，中方将根据国内相关法律法规，按照世贸组织规则，依法对自加拿大进口油菜籽发起反倾销调查。

9月6日，商务部新闻发言人答记者问时表示，中方就加拿大电动汽车、钢铝制品征收附加税措施在世贸组织正式向加方提出磋商请求。[29]

9月10日，加拿大联邦副总理兼财政部长克里斯蒂娅·弗里兰表示，将根据加拿大《海关关税法》启动为期30天的审查，以研究对中国电池、电池部件、半导体、关键矿物和金属以及太阳能产品加征附加税的必要性。

9月26日，商务部发布《商务部关于就加拿大对华相关限制性措施进行反歧视调查的公告》。根据有关法律规定，决定自2024年9月26日起对加拿大相关被调查措施启动反歧视调查。包括但不限于加方提出的对电动车等商品加征关税的措施和准备对电池等商品征税进行的公众咨询及其后续措施。调查自2024年9月26日开始，调查期限通常为3个月，特殊情况下可适当延长。[30]

【点评】震慑比说服更有效

加拿大的这波"骚操作"，无疑被视为紧跟美国政治站队的基本操作，同时，也有为利益集团服务和在2025大选表明强硬立场的目的。经济问题，中加关系，则完全不在加方的考虑范围之内。据悉，就在加拿大宣布对华加税前，美国总统国家安全事务顾问沙利文前脚宣布即将访华，后脚就去加拿大"布置工作"。沙利文一走，加拿大总理多鲁特就跳出来官宣，为沙利文打注脚，加筹码。后续对中国电池等产品的审查加税的动作等，也不排除是美国人的授意。

对于这种跳梁小丑，反制需要稳、准、狠，打疼才能起到震慑作用。不仅是制止加方，更是对美方表明态度。对付这种"货色"，震慑要比说服更有效。目前中方的反制行动是诉诸世贸组织、反歧视调查，以及对某些产品进行反倾销调查。中方不拿出点有力度的行动，加方恐怕还是会有恃无恐。

7.【9月】针对反补贴税问题，中欧反复磋商

9月，针对欧盟对华电动汽车发起反补贴调查，中方与欧盟各方密集沟通。

9月9日，商务部副部长李飞一行在比利时布鲁塞尔与欧委会贸易总司总司长韦恩德举行了会谈，并再次向欧方表达了希望对话磋商妥善解决中欧经贸摩擦、合理照顾彼此关切的意愿。

9月10日，在收到相关公司提供的最新资料后，欧盟计划对从中国进口的电动汽车征收的附加关税率进行小幅下调。[31] 此前，在欧盟委员会8月20日公布了对从中国进口的纯电动汽车征收最终反补贴税的决定草案。具体税率调整如下：特斯拉的拟议关税率将从9%降至7.8%；比亚迪17%税率维持不变；吉利汽车的新税率将从之前的19.3%降至18.8%；其他配合调查公司税率为20.7%；上汽集团和其他未配合欧盟调查的公司税率由36.3%降至35.3%。

9月11日，西班牙首相桑切斯结束为期四天的访华行程，在记者会上，桑切斯表示，西班牙正在重新考虑立场。

9月12日，欧盟委员会新闻发言人称，中国机电商会和所有电动汽车生产商提交的关于欧盟电动汽车反补贴案的价格承诺解决方案均未达到要求，欧方打算拒绝相关价格承诺申请。

9月16日，商务部部长王文涛在罗马会见意大利副总理兼外交与国际合作部部长塔亚尼。王文涛指出，欧盟对华电动汽车反补贴调查是当前影响中欧经贸合作的重大问题。希望欧委会响应各方的呼声，根据中欧领导人达成的共识，通过对话磋商妥善解决中欧经贸分歧。[32]

9月19日，商务部部长王文涛在欧盟总部会见欧委会执行副主席兼贸易委员东布罗夫斯基斯，就欧盟对华电动汽车反补贴案进行全面、深入、

建设性的磋商。[33]

9月23日，中共中央政治局委员、外交部长王毅在纽约出席联合国大会期间，会见了匈牙利外长西雅尔多。[34]此间，据外电透露，西雅尔多在会谈中承诺，在欧委会对中国电动汽车加征关税的投票中，匈牙利将会投下反对票。

8.【9月】美国变本加厉遏制中国智能网联汽车

9月17日，美国政府不顾国内外强烈反对意见，发布有关对华加征"301关税"的最终决定，在原有对华301关税的基础上，进一步提高对中国电动汽车等产品的关税。中方对此强烈不满，坚决反对。美国政府在今年5月宣布此次加征关税计划，对原产于中国的电动汽车加征100%的关税，半导体和太阳能电池加征50%的关税，锂电池和关键矿物征收25%的关税等。此次美国发布的最终决定与此计划没有改动。该计划并原定于8月1日生效，但由于收到大量反对加征关税的意见和扩大关税豁免范围的申请，美国政府在7月30日和8月30日两度宣布推迟生效日期。

9月23日，美国商务部工业和安全局发布拟议规则制定通知，以国家安全之名，提议禁止销售或进口集成了来自中国或俄罗斯相关特定软硬件的智能网联汽车。拟议规则将禁止进口和销售与中国或俄罗斯有联系的、集成到车辆连接系统（VCS）或自动驾驶系统（ADS）中的软硬件。该规则还将禁止与中国或俄罗斯有关联的制造商在美国销售包含VCS硬件或软件或ADS软件的网联汽车。提议在2027年开始对软件实施禁令，对硬件实施禁令将于2029年1月或2030年生效。据悉，在30天的公众意见征询期后，相关部门将起草最终规定，并计划在拜登总统卸任前公布，成为正式规定。2024年2月，拜登曾下令调查中国智能网联汽车是否对美国人构成安全风险。经过7个月的审议，拟议了这项禁令。

9月24日，加拿大政府迅速跟进。加拿大联邦副总理兼财政部长克里斯蒂娅·弗里兰当天声称，加方"绝对"在考虑效仿美国，禁止在电动汽车中使用来自中国或俄罗斯的相关软硬件。

【点评】封禁遏制不了科技的发展

"脱钩断链""小院高墙"是美国对中国发展高科技产业的态度。结合针对电动车等产品的加税，对智能网联软硬件的禁令，这些限制无疑是将代表中国先进科技代表的智能电动车彻底挡在美国市场之外。不仅如此，由于在智能领域，中国大量科技企业为全球提供软硬件产品。美国的禁令对中国科技企业走向国际市场无疑是一种巨大打击。

不过，美国的举动似乎与《三体》中"质子"封禁人类科技走向的行动如出一辙。你不能发展这些，只能搞搞那些。可惜的是，美国人不是"三体人"，中美之间的科技有差距，但没那么夸张。美国人与中国有着巨大的经济、社会和科技关联，不可能完全脱钩。如果封锁可以奏效，那么原子弹就不会被其他国家研发制造出来。禁令只会延缓，而无法断绝这种科技影响的扩散。如果说，美国的光刻机禁令催生了中国全产业链自主可控的光刻机产品的诞生。那么，对中国智能、电动汽车领域的禁令又会催生出什么呢？更不用说中国在智能电动汽车领域还拥有一定的科技优势。

从另外一个方面来看，这些限制中国新能源、智能网络技术的措施，也是美国内心焦虑乃至忧虑情绪的一种投射——中国的科技进步太快了。中美竞合博弈是当下的常态。中国最重要的事就是做好自己的事，只有我们自己强大了，才是硬道理。

9.【9月9日】中国贸促会汽车分会和上海贸促会就"2025上海车展主办方变更"一事分别发布"说明函"

9月9日，继8月底爆发的"2025上海车展主办方变更"的争端后，中国国际贸易促进委员会汽车行业分会发布了《致汽车企业及行业相关单位的说明函》。

全文如下：

近日，2025上海车展组织工作出现了一些突发情况，引发了广大汽车企业和行业相关单位的关注。作为上海车展连续二十多年的主办单位，中国国际贸易促进委员会汽车行业分会（下简称"我会"）就有关事项说明如下：

我会与上海市国际贸易促进委员会、上海国际展览（集团）有限公司（下合称"上海方"）于2002年签署并一直持续实施的关于上海车展的合作协议至今依然有效。

作为上海车展的主办单位，我会为确保汽车行业和上海车展健康、稳定的发展，维护上海车展的品牌和声誉及自身正当、合法的权益，在继续向主管部门反映和与上海方沟通的同时，依据相关法律法规，已于近日向司法机关提起对上海方的法律诉讼，有关事项等待司法机关裁决。

近期，上海方一系列单方面的决定和行为，给2025上海车展的组织工作带来了影响和动荡，致使2025上海车展存有各种不确定的法律风险和商业风险。作为上海车展的主办单位，我会为确保汽车行业和上海车展健康、稳定的发展，维护上海车展的品牌和声誉及自身正当、合法的权益，在继续向主管部门反映和与上海方沟通的同时，依据相关法律法规，已于近日向司法机关提起对上海方的法律诉讼，有关事项等待司法机关裁决。

根据有关部门对展会管理的相关规定，2025年上海车展属需办理会展信息登记备案的展会活动，不属于政府的行政审批范畴。2025年上海车展只有登记备案单位，不存在"上海车展批准单位"。上海方的单方备案行为属于违法，不影响我会继续作为主办方的权利。我会已依法向备案单位说明情况，申请变更完善2025上海车展主办单位。

我会提醒各汽车企业及行业相关单位，关注相关情况进展，注重保护自身权益和利益，规避各类风险。我会将及时通报有关事项的进展情况。

衷心感谢广大汽车企业和行业相关单位长期以来对我会工作的支持！我会将一如既往，以服务国家战略、服务汽车行业为己任，与各方携手，共同促进汽车行业的高质量发展。

中国国际贸易促进委员会汽车行业分会
2024年9月9日

同日，上海市国际贸易促进委员会也发布了《关于2025上海车展相关事项的说明》。

全文如下：

我会关注到有关单位近期单方连续发布的"关于2025上海国际汽车工业展览会有关事项的声明"以及"致汽车企业及行业相关单位的说明函"。在此，为以正视听，我会特作说明如下：

首先，感谢社会各界长期以来对上海车展的关注与厚爱。第二十一届上海国际汽车工业展览会（以下简称：2025上海车展）由上海市国际贸易促进委员会、中国汽车工业协会主办；上海市国际展览（集团）有限公司、上海车展管理有限公司承办；德国协办单位为慕尼黑博览集团；特别支持单位为中国机械工业联合会；支持单位为中国汽车工程学会。该组织架构是在各方共同意愿下达成的全新合作。展览日期为2025年4月23日至2025年5月2日，展览地点为国家会展中心（上海）。

上海车展的历届批准或备案单位均为上海市政府相关部门，且展会备案主办单位始终为上海市国际贸易促进委员会。2025上海车展已经获得上海市政府相关部门的备案，信息编号：沪商展览（2024）—XZ25—第347号。我会已签订了2025上海车展的展馆使用合同，我会与相关合作方具备合法的、排他的办展权利。

我会已于2024年8月初向2002年签署原合作协议的有关单位发出了《终止合作通知函》，2002年签署的原合作协议已依法终止。鉴于有关单位多年合作期间的严重违约行为，我会已向上海市第二中级人民法院提起诉讼，追究其违约责任，法院已依法受理相关诉求，立案日期为2024年8月20日。

我会友情提醒：根据主办单位授权，上海车展管理有限公司作为承办单位独家负责展位申请事宜。官方的参展申请报名表及报名渠道，是2025上海车展官方唯一指定报名方式。报名截止时间为2024年10月30日。

我会在此正告有关单位，立即停止一切侵犯上海车展及我会正当权益的不当行为，我会保留依法追究相关方法律责任的一切权利。

上海车展四十年的发展来之不易。我们将排除一切干扰，不忘初心，不辱使命，全面认真策划并全力以赴办好2025上海车展，引领打造中国汽车展览业的健康发展生态；坚决维护中外广大汽车企业的参展权益；坚决维护上海车展各主承办单位、合作方、参展商等的共同权益。我们相信，在各级政府部门的信任和指导下，在中外汽车行业及新闻媒体的大力支持下，在社会各界的关心帮助下，我会将联合中国汽车工业协会及相关各合作方，全力办好 2025 上海车展，拥抱创新，共赢未来，为推动汽车产业高质量发展做出贡献。

上海市国际贸易促进委员会

2024 年 9 月 9 日

双方的争端已经进入了司法程序 [35]。

10.【9 月 20 日】李书福亲自发布《台州宣言》，推进吉利战略转型

9 月 1 日，吉利控股集团组织全体管理层到吉利第一座工厂台州临海基地学习，共创《台州宣言》。

9 月 20 日，在台州国际汽车工业博览会"书福公开课"现场，吉利控股集团董事长李书福正式亲自发布《台州宣言》，宣布企业进入战略转型全新阶段。该宣言是吉利控股集团面对全球经济新形势和行业竞争新格局，进行战略审视后达成的发展共识。吉利集团将通过"战略聚焦、战略整合、战略协同、战略稳健、战略人才"五大举措，聚焦汽车主业，布局科技生态，提升竞争力，稳中求进。

战略聚焦。聚焦汽车主业，坚定不移推进电动化、智能化、网联化、共享化转型，继续提升内燃机汽车市场的核心竞争力，构建低碳交通生态科技优势，进一步巩固和提高吉利乘用车市场行业地位，为全球用户打造超越期待的智能出行体验。持续探索新能源商用车应用场景和运营模式，积极布局纯电、醇氢、增程等多技术路线，打造吉利新的增长点。

战略整合。全面梳理吉利各业务板块，厘清业务定位，制定中长期发展目标，调整优化产业布局结构，坚定不移地推进内部资源深度整合和高效

9月20日，吉利控股集团董事长李书福亲自发布《台州宣言》。

融合，进一步明晰各品牌定位，理顺股权关系，减少利益冲突和重复投资，提高资源利用效率。

战略协同。围绕汽车主业，强化在"天地一体"、软硬件布局、基础技术与核心部件共享、模块架构升级等科技生态领域的协同；加强各品牌与各业务单元间的互动，提升资源共享水平；充分发挥乘用车的体系化优势，赋能商用车业务，实现"乘商"并举发展格局。

战略稳健。坚持稳健经营，不盲目扩张，坚持精耕细作，打好阵地战；强化企业治理，提升管理效能；携手合作伙伴，充分利用专业化大生产、社会化大合作，打造产业链新优势，持续提高产能利用率，有效降低成本；进一步提高员工福利报酬，增加劳动者权益，走共同富裕发展道路；坚持依法合规，坚持以用户为中心，坚守道德底线，保证企业长期可持续发展。

战略人才。坚持"人人是人才，人人可成才"的理念，持续打造公开、公平、公正的人才发展土壤，践行"量才而用，人尽其才"的职业发展方向；

积极探索开放、共享的产教协同体系，推动产业与教育深度融合，不断优化人才发展体系，助力内生型人才茁壮成长，吸引有共同商业理想的全球同路人扎根吉利，促进吉利人才森林蓬勃发展。

【点评】行业步入稳健发展阶段，吉利又一次行动在别人的前面

李书福"转舵"了。这是他带领吉利发表的第二个宣言，进行的第二次战略转型。

吉利曾在 2007 年 5 月 18 日发布过《宁波宣言》。当时，中国汽车市场繁盛一时，自主崛起，合资称雄，跨国车企纷至而来，汽车正走进千家万户。一路高歌的同时，恶性竞争、价格战一直充斥市场。李书福敏锐地发现了繁荣之下的危机——跟随他人打低水平价格战，企业就没有出路。因此，他果断地决策进行战略转型，不打价格战，打技术战、品牌战、品质战、服务战、道德战，推动企业立足长远，提升到更高维度的市场地位上。本质上来说，这次战略转型，吉利要从低价低水平，向高技术、高品质、高品牌迈进。转型的效果立竿见影：2009 年帝豪上市，吉利汽车从造型到技术，从品牌到品质直接打破了用户心中的低价吉利的印象；2010 年吉利收购沃尔沃，在技术、品牌、品质等诸多领域直接跃升了一个台阶，直接站在国际舞台布局企业发展；此后，融合沃尔沃技术的吉利领克上市，向自主高端迈进……

17 年后的今天，中国汽车市场又一次站在了产业剧变的汹涌潮流中，吉利汽车也已经成为了一个拥有国内外诸多知名汽车品牌的跨国车企，业务范围广泛，多种能源路径并举，产业链庞大、研发体系复杂。这些都是过去的成果，但由此而逐渐出现和累积的成本问题、效率问题、人员问题等都可能成为未来发展的羁绊。当下的全球经济和汽车产业发展呈现出确定性与不确定性并存的特殊形态——智能化、新能源化、共享化和网联化已经成为当下汽车发展的共识；而对能源技术路径的具体选择，是纯电还是强混，是增程还是燃油，不同地区的市场和用户需求各异。更重要的是，随着大量新品牌进入中高端价位市场，用户的价格敏感度和技术品质敏感度直线提高，这些都是产业进程中无法忽视的课题。拥有几乎全路径技术选择和供应链体系的吉利，更需要应对这些不确定的挑战。

更为关键的是，汽车行业的发展已进入一个全新阶段，既要讲速度，也要讲协同，还要讲成本。吉利此次的战略整合，不仅符合其自身发展需求，也契合行业发展的趋势。随着市场竞争的加剧，过去依赖快速扩张带来的规模效应和市场份额的模式逐渐显现出诸多问题。《台州宣言》可以视为吉利回应当下乃至未来挑战的行动纲领。其四部分内容归纳起来就是保增长、提效能、控成本、重人才。有人说，吉利的行动是超前的，果决而迅速。他们对挑战的感受，对压力的感知是超前的。很快，一系列重大动作将在吉利内部展开。随之而来的，将会是一个更有活力、更有效率、更具竞争力的崭新吉利。

11.【9月23日】中国汽车流通协会向有关部门提交《紧急报告》

9月23日，中国汽车流通协会发表公告称，收到大量会员企业反映，持续的"价格战"等因素所带来的汽车市场剧烈变化，使得汽车经销商深陷泥潭，面临着资金流动性极度紧张的突出问题。流通协会据此向政府有关部门正式递交了《关于当前汽车经销商面临资金困境和关停风险相关情况的紧急报告》，为政府部门决策提供有效依据。据流通协会专家相关数据分析，8月，新车市场的整体折扣率为17.4%，今年1—8月，"价格战"已致使新车市场整体零售累计损失1380亿元，对行业健康发展产生较大影响。流通协会呼吁，政府相关部门能够高度关注当前汽车经销领域所面临的资金困境和关停风险问题，果断采取阶段性金融纾困政策措施，切实防止汽车经销领域系统性风险的发生。

12.【9月底】归航上汽乘用车，俞经民想让荣威成为"新大众"

9月底成都车展开幕，众多汽车品牌纷纷亮相，展示各自的最新产品和技术，其中就包括了刚刚完成人事调整的上汽乘用车。俞经民作为上汽集团股份有限公司乘用车分公司常务副总经理，在荣威的媒体沟通会上首次亮相，与他同步露面的还有一齐履新的上汽集团股份有限公司乘用车分公司副总经理祝勇。

一段时间来，上汽集团换帅，上汽旗下各个品牌进行人事调整，这一系列的变动也在行业中激起了层层涟漪。新的领导团队能否带领上汽乘用车在竞争激烈的市场中突出重围？他们又将带来哪些创新的理念和策略？这些疑问盘旋在众多业内人士和消费者的心头，使得上汽乘用车在成都车展上的亮相备受瞩目。上汽乘用车下一步该怎么做？俞经民以及祝勇给出了答案。

"从安亭到安亭，荣威新大众！"三年前，俞经民从上汽乘用车转岗至上汽大众，三年后俞经民再次回归上汽乘用车。三年的时间，俞经民完成了"从安亭到安亭"的奇妙旅程。然而，这三年，对于俞经民来说，不仅仅是履历的增长，更让他有了些新感悟。

在俞经民的描述中，上汽集团的这轮人事调整显得尤为紧迫。他们被点名后即刻上任，没有适应期便投身于紧张的工作之中。即便是像俞经民这样一个周末不愿开会的人，如今也忙碌在会议之间。而这些动作也向外界透露了一个信息：上汽乘用车需要动了，这种形势迫在眉睫！

同时，对于上汽乘用车这一轮的调整，俞经民也有一个形象且生动的总结：上汽乘用车分公司总经理王骏扮演唐僧，上汽集团创新研究开发总院副院长仇杰是孙悟空，上汽乘用车副总经理祝勇就是沙和尚，上汽集团创新研究开发总院副院长兼总设计师邵景峰是白龙马，而他本人就是八戒。"唐僧"引领方向；"孙悟空"攻克技术难关；"沙和尚"务实执行；"白龙马"设计助力；"八戒"助推发展。《西游记》团队各司其职同时紧密协作、相互配合，最终形成合力。

团队已然明确了各自的角色定位，下一步就是要充分发挥团队的合力，在激烈的市场竞争中开拓出一片新天地。所以，对于上汽乘用车，俞经民的新思考就是"荣威新大众"。将"荣威"比作"新大众"，这并非是简单的品牌对比，而是一种对汽车发展理念的深度思考。在他看来，荣威和大众在发展路线及思考上有着惊人的相似之处，两者皆秉持靠谱、务实的理念，不追求华而不实的炫技。在未来一段时间里，荣威要做好市场口碑。正如祝勇所说的那样："从卷技术这个角度来谈，上汽是不怕的，我们的'菜'已经摆好了！上汽大众有一句话叫'质量是上汽大众的生命'，这句话在上汽乘用车同样适用，两个品牌是一脉相承的。"上汽乘用车凭借在插电混动、纯电技术以及新一代底座技术等方面的卓越表现，已经准备好了丰富的"技术大餐"。而等待荣威的，就是市场后续的"点菜"。

当然，对于上汽乘用车来说，还有一件事刻不容缓，那就是梳理并明晰自身的品牌脉络。

在很多人的印象中，上汽旗下的自主品牌不少，包括主力选手荣威、MG，以及飞凡、智己等，这些品牌各具特色，也分别在各自的细分领域持续发力。但总给人一种各自为战、缺乏整体协同的刻板印象。深入剖析，这种印象的产生也与新汽车的发展历程紧密相关。在成都车展上，俞经民宣布，未来，上汽乘用车将把工作重点放在荣威、飞凡营销服务机构的融合上，并且将在以下三个方面承担起更大的责任：一、对用户做的承诺要兑现；二、答应经销商的事情，要好好做，更负责任；三、要加快速度，进一步发展荣威、飞凡的产品型谱。

荣威和飞凡在各自的细分市场中虽具有一定的产品优势，但也不可避免地存在产品型谱不够丰富、竞争力不足等问题。通过融合营销服务机构，可以更好地整合研发资源，显著加快产品研发和推出的速度，精准满足不同用户的多样化需求。同时，融合营销服务机构也将促进上汽乘用车在销售渠道、售后服务等方面的协同发展。通过建立统一的销售网络和服务标准，提高运营效率和服务质量，为用户提供更加便捷、高效的购车和用车体验。

从长远来看，上汽乘用车作为自主品牌的代表，其目标一定是全球化的，这更需要旗下品牌聚合优势资源、凝聚创新力量。这也是上汽乘用车必须要做的事情。

第十章

10 月

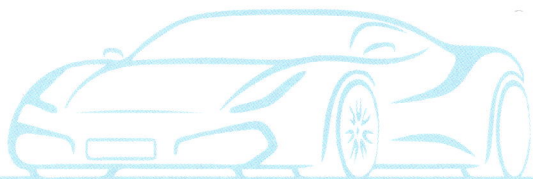

1. 【10月】欧盟关税大棒落下，中国边反制边沟通

10月，欧盟对华电动车反补贴关税的大棒最终还是落下了。

10月4日，欧盟议会投票通过对华征收反补贴税，法、意在内15国赞成。

欧盟的举动引起了中方的坚决反对，一方面发起反制措施，另一方面则继续邀请欧盟官员来华进行磋商，寻找双方都能接受的价格承诺方案。

10月8日，中方宣布对欧盟出口到中国的白兰地正式发起反倾销措施，并研究提高进口大排量燃油车关税等措施。[36]

10月12日，中国商务部发言人称，中方致力于通过对话磋商寻找解决方案，邀请欧方技术团队来华进行下一阶段面对面磋商。[37]

10月25日，商务部部长王文涛应约与欧盟委员会执行副主席兼贸易委员东布罗夫斯基斯视频会谈，双方回顾了前一阶段磋商的进展，重申了通过对话解决分歧的政治意愿，明确了继续将价格承诺作为本案的解决途径，并对下一步磋商方向做出指导。欧方就价格承诺方案提出具体建议，并提议双方技术团队就此进行视频磋商。中方同意立即启动下一阶段磋商，并欢迎欧方团队尽快来华。[38]

但中方的努力似乎没能改变结局。

当地时间10月29日，欧盟委员会发布消息称结束了反补贴调查，决定对从中国进口的电动汽车征收为期五年的最终反补贴税。当地时间10月31日起实施。被抽样的中国出口汽车企业将被征收反补贴税：比亚迪17.0%、吉利18.8%、上汽集团35.3%；其他合作公司将被征收20.7%的关税。在提出个别审查请求后，特斯拉将被征收7.8%的关税。所有其他不合作的公司将被征收35.3%的关税。

中方对此裁决结果不认同、不接受，并就此在世贸组织争端解决机制下提出诉讼。中方表示，将采取一切必要措施坚决位于中国企业的合法权益，同时也注意到，欧方也愿意继续与中方就价格承诺进行磋商。双方技术团队开始了新一阶段磋商，中方希望尽快达成双方均可接受的解决方案，避免贸易摩擦升级。[39]

【点评】中欧贸易争端，不止是中欧双边的事

很多人可能有这样的疑问，这一轮中欧之间的贸易摩擦，一直在拉拉扯扯，相互之间似乎在剑拔弩张，但又总还给对方留有一定的沟通余地。双方既要展现自己的立场，又总在进行反复磋商。即便是在欧盟的关税大棒落地之后，中欧双方居然还同意继续谈下去。

那么，中国为什么不像对加拿大那样，面对无理的关税措施进行坚决反击，反倾销、反歧视等各种手段都用上，而且，还是对其关键商品上强度？反制欧盟的白兰地、大排量汽车，影响才有多大？答案很简单，中欧贸易存在矛盾，可以小闹，不可以大打。中欧之间的贸易关系不能破裂。

中欧关系不仅仅是双边关系问题，更是一个中、美、欧三边博弈的战场。

美国对华的"脱钩断链""小院高墙"政策，已经成为其国策和上下共识，不会因美国大选换了总统就发生根本的变化。而欧盟作为当前中国最重要的国际贸易合作伙伴，其对中国打破美国的"围堵"，推动中国积极参与世界经济，并在科技、文化等领域保持健康交流等方面，有着重要作用。从这个角度看，欧盟与中国发生贸易大战，最符合美国的利益。

对欧盟而言，从整体上来说，中国依旧是其最重要的贸易伙伴之一，而且，欧盟一些国家在中国有着巨大的经济利益和政治关系，维护良好的关系对双方而言都是有利的。但是，欧盟内部一直都是一盘散沙，英国脱欧之后，法、德等国虽然是欧盟的主导国家，但各成员国的利益和意志都较为独立。特别是俄乌冲突爆发之后，美国对欧盟的影响进一步加深。因此，有人甚至认为，这一轮欧盟对华采取的反补贴税措施，是个别欧洲汽车企业背后鼓动，个别欧洲国家牵头，并很可能得到美国的幕后支持或者赞许。

从欧洲议会投票的结果可以看出，除了法国、意大利之外，其他投赞成票的国家，大部分的汽车产业都很薄弱，甚至没有。其中，不乏亲美的国家。有人认为，能够同时影响法国和意大利的欧洲车企，恐怕只有一家了。这家企业是此次事件始作俑者的嫌疑最大。而德国这样的汽车强国，对此坚决反对。令人遗憾的是，很多其他欧盟国家投了弃权票。这些国家要么因其关联性不大，持无所谓的态度，抱着中、美两边都不得罪的心态。由此，

也可以看出欧盟内部的复杂性。

那么，中国该如何应对？借用《毛泽东选集》中的名言可能会更好地理解中方当前的策略：分清"敌""我""友"；抓住主要矛盾的主要方面；团结一切可以团结的力量……

打破美国的围堵，保证中欧贸易关系健康持续发展是大局。欧盟内部有对华友善的国家，也有敌视我们的国家，这是需要区分的。由于欧盟已经宣布实施征收反补贴税，双方产生摩擦不可避免。但如何反制是门艺术。采取何种措施反制才能既对敌视我们的国家施加压力，又能争取和保护友好国家，这是很有讲究的。对白兰地、大排量汽车的反制，就是个信号。从一些端倪可以看出，法国和意大利已经接收到了这个信号。但是，仅仅如此还不够，还需要站在维系中欧长远利益的立场上，理解欧盟所关切的问题，尽力创造一个能够共同获利的模式，才能从根本上解决分歧，争取更多国家支持。这恐怕也是中欧双方都同意以"价格承诺"的方式继续磋商的根本原因。

要做到这些很不容易，需要克服很多难题。这也可能会是一个长期、曲折的过程，其间，斗争与妥协将会不断上演，考验着中欧双方的智慧。

2.【10月】合资40年，要给合资车企以正确评价

10月10日，对于大众汽车、上汽大众，乃至整个中国汽车产业来说，都是值得纪念的日子。40年前的这天（1984年10月10日），在北京人民大会堂，中国汽车工业总公司、上海拖拉机汽车工业公司和德国大众汽车公司正式签订《上海大众汽车有限公司合营合同》，由此开启了中国汽车合资快速发展的40年。

不过，就是这样一个具有历史意义的时刻，无论是上汽大众、大众中国，都只进行了一些低调的纪念，并没有大张旗鼓地进行宣传。有人认为，这是因为合资企业在当前中国汽车产业发生巨变的大环境下，遭遇了严峻的市场挑战，光环不再了，不好再说什么了。同时，伴随着以智能化和新能源技术为核心的产业变革，自主品牌乘势快速崛起，大有赶超合资企业的势头。

渐渐地，市场上出现了些质疑合资企业的声音。

面对这样的质疑，10 月 25 日，中国汽车工程学会名誉理事长付于武在一次行业会议上呼吁，要正视合资对中国汽车产业发展做出的历史贡献。他表示，中国的汽车工业在 20 世纪 80 年代基础非常薄弱，轿车是空白，商用车"缺重少轻"，是通过对外合资合作、向全球学习、引进技术、消化吸收、自主创新才逐步发展起来的。合资企业对于中国汽车产业的发展有着不可替代的重要推动作用。中国汽车产业在技术、资本、市场、品牌、国际化，甚至团队等都受益于合资企业。所以，要肯定合资企业的贡献。当前，合资企业面临三大挑战：第一个是要走出舒适区，在软件定义汽车的时代，要积极应对转型；第二个是要正视中国汽车市场结构性变化带来的合资品牌溢价能力的削弱；第三个就是自主品牌强势崛起，融合创新。付于武给出了他的建议：一是深入本土化，快速响应中国市场的需求，在中国建研发中心，进行本土适应性开发。二是加强与中国汽车企业的合作，形成协同创新效应。他说，谁也不能讲"全栈自研""全域自研"，无论是从产业链、供应链上，协同合作都是非常必要的。三是坚定走绿色转型、低碳发展之路。这方面合资企业在文化和理念上与我国倡导的大方向是一致的。四是合资企业也要开拓国际市场，增强市场韧性。

【点评】不能小看合资企业的后劲

大家都很清楚，中国汽车真正强势崛起，也就是最近这十来年的事。这要得益于汽车"四化"的浪潮，以及国家新能源汽车战略的坚定实施。而反观合资品牌，客观地说，从整体上看，无论从战略思路、技术转变、产业准备、市场调整等诸多方面看，确实没跟上。更不用说合资外方，不仅要面对中国市场，更是需要从统筹全球市场的角度，规划汽车技术路线和产品布局。因此，自然就会"大船转舵慢"，"照顾"中国市场的特殊需求动作有点迟缓了。但是，如果有人仅因为最近这个阶段合资企业、跨国车企在中国市场的下滑表现，产品没适应中国的新变化，就看轻了他们，扬扬得意起来，认为合资企业、跨国车企也不过如此，那么，这些人要么是傻，要么就是坏。

首先，需要弄明白，当前中国自主品牌真的强大到可以小看其他人的程度了吗？先说两个大家现在耳熟能详，基本上被视为新能源车标配的技术名词——"800V 高压充电系统""碳化硅电驱系统"。这两个技术最初是谁应用于电动车产品上的呢？是中国自主车企吗？并不是。800V 技术首先是在保时捷 2018 年推出的首款纯电跑车 Taycan 上，碳化硅的发扬光大则是因为 2018 年特斯拉在 Model 3 上向行业强推的结果。由于这两个技术能够大大提高新能源汽车的充电效率、电驱效率等，很多中国新能源车企快速将其引入自己的产品。无论是产业落地的速度，还是价格水平的控制，都远远优于国际车企。这个例子，至少说明了两个问题：第一，当前我们引以为傲的很多智能新能源技术，并非来自中国，而是引进、吸收，应用国际先进技术的结果；第二，中国的优势在于快速在本土落地，产业化、规模化，并降低成本，实现整车产品的优势。可见，中国自主品牌的进步绝对离不开国际汽车产业土壤的滋养，国际产业链合作伙伴的贡献不可忽视。无论是技术创新、材料应用、产品设计，还是芯片、新的智能科技的学习等，中国自主品牌汽车还有很长的路要走。动不动看不起这，看不起那，最后会摔大跟头的。所幸的是，汽车企业内的大部分人对此都很清醒。

其次，合资企业真的不行了吗？销量上看，去过一段时间好像是这样。但合资企业也在转变。大众、丰田、本田等在华的一批重点合资企业都在积极努力地调整产品和渠道，完善新能源产品线，学习熟悉新营销手段，不仅在纯电、增程等类型的产品上发力，更在燃油车传统优势上下了大力气。中国汽车市场正呈现多种技术路径并行，共同满足不同地区、不同用户需求的局面。因此，无论是纯电还是燃油、混动还是增程，都有其自身的市场空间。特别是燃油车市场，很多用户没有改变其固有的用车理念和购买偏好，合资企业的传统优势会随着其产品价格的进一步下探得到强化。

市场的天平正在悄悄地变化。合资企业随着纯电、混动、营销、渠道等短板逐渐补齐，其后劲儿将会被迅速释放出来。需要重视的是，合资企业对其品牌溢价的预期和产品价格的设定已经进行大幅度调整了。接下来，市场上竞争很可能会更加激烈、残酷。同时需要重视的是，正如付于武所说，如果合资企业也大规模向国际市场输出，那么，对中国自主品牌而言，肯定不会是个好消息。毕竟，中国产业链支撑起来的产品，在全球的竞争力有目共睹。

3.【10月】广汽求变

整个10月，广汽集团的消息不断：月初，延迟换届；上旬，公开市委巡查组反馈的问题及提出的整改意见；下旬，宣布对管理模式和组织机构进行改革，同时集团总部向一线搬迁；月底，公布三季度财报。这一系列动作所透露出的信息，让人们清晰地看到了广汽集团面临的巨大压力和广州市地方政府的焦虑。同时，从广汽的举措，也让人感受到了他们的应对挑战的决心和行动力。

十一假期，一则广汽延期换届的消息，在朋友圈里流传。广州汽车集团股份有限公司9月30日的公告称，原定于10月8日任期届满的该公司第六届董事会、监事会，延期换届选举。其原因："公司新一届董事会、监事会的换届工作正在筹备过程中，为保证公司董事会、监事会工作的连续性，公司第六届董事会、监事会的换届选举将适当延期进行，董事会各专门委员会及高级管理人员的任期亦相应顺延。"早就已经明确时间节点的换届工作，因为什么延期了？这引起了各方猜测。

10月9日，广汽集团在其官网公布了《市委第一巡察组向广汽集团党委反馈巡察情况》一文。该文显示，广州市副市长江智涛出席巡察反馈会议，广州市委第一巡察组组长欧阳钦顺分别向广汽集团党委书记曾庆洪和党委领导班子反馈了巡察意见，曾庆洪主持向领导班子反馈会议并作表态发言。可见此次会议规格之高。有消息称，这次巡视反馈会议是在9月30日之前举行的。9月30日，广汽就宣布延期换届了。

据该文透露，欧阳钦顺代表市委第一巡察组反馈了巡察广汽集团党委发现的问题。问题主要是："居安思危、'二次创业'意识不强，推动企业高质量发展存在差距；战略前瞻性思维不强，解困破局力度不足，科技创新驱动后劲不足，制造业立市主力军作用逐步减弱；'两个责任'压得不实，管党治党不够严格；干部人才队伍建设有待加强，党建工作不够规范。同时，巡察组还收到反映一些领导干部的问题线索，已按相关规定转纪检监察机关、组织部门等有关方面处理。"欧阳钦顺提出五点整改意见建议：一是勇于担当作为，破解企业发展困局；二是做强自主品牌，牢牢守住广州"汽车第一城"地位；三是聚力科技创新，培育发展新质生产力；四是强化风险防控，确保企业健康发展；五是加强队伍建设，支撑企业转型发展。曾庆洪表示，广汽集团党委诚恳接受、照单全收、深刻反思、坚决整改。从这则消息中，人们不难发现，广州市对于广汽发展的现状明显是不满意的，巡查组提出的问题很尖锐也很实际，提出的要求也很聚焦，核心就是做强自主、科技创新、防范风险，保住广汽的地位。

10月25日，广汽集团发布公告，其中一则重要信息是审议通过《关于管理模式和组织机构改革的议案》。公告称，为了推动自主品牌做大做强，加快完成广汽集团的转型调整，将对自主品牌的管理模式由战略管控向经营管控转型，并同步实施相关组织机构改革，建立高效灵活的市场化机制和组织体系，进一步降低运营成本，提升管理效率。同日，广汽集团宣布在11月2日将从目前珠江新城CBD的广汽中心整体搬迁至广汽传祺、广汽埃安和广汽研究院所处的番禺汽车城，以推进全要素向一线集中。

据悉24日，广汽集团就在广汽中心召开了管理模式改革及总部搬迁动员大会。这次搬迁和改革行动，可以说是广汽对巡查组整改意见的快速反馈。集团总部向自主一线前置，其实际意义和象征意义都很鲜明。另一方面，新一届集团领导层的人选问题，又一次被各界广泛关注。10月30日，广汽集团发布三季度报告，亏损严重。报告显示，该公司第三季度营收282.33亿元，同比下降21.73%；第三季度归上市公司股东净利润为 -13.96亿元，由盈转亏，同比下降190.40%；2024年前三季度营收740.4亿元，同比下降24.18%；2024年前三季度归上市公司股东净利润1.2亿元，同比下降97.34%。这一亏损状况着实令人吃惊，也让人不难理解广州市政府为何如此着急了。

11月2日，广汽集团总部整体搬迁至番禺汽车城，全要素向一线集中。

【点评】思危、思变、思进

今天中国自主品牌汽车蒸蒸日上的局面，令人欣喜。但是，一些原本取得过斐然成绩的企业却在新一轮竞争中落后了。广汽集团无疑是表现得比较明显的一家。

很多人认为，前些年广汽的高光时刻在很大程度上得益于旗下几家合资企业的成功。而今，合资企业的普遍下滑让广汽陷入了困境。这种看法似乎有些道理。但仅仅将广汽当前的困境归咎到合资企业表现不佳身上，又过于简单化了。须知，广汽的自主品牌也曾辉煌过，广汽传祺在MPV和SUV品类中保持了很强的竞争力，广汽埃安在当今中国新能源车市场依旧保持不小份额。如果仅仅从简单逻辑上来看，合资下滑了，自主品牌强势崛起，份额扩大，广汽集团的成绩单应该还不至于如此难看。可能问题恰恰就在于合资下滑得过快，而广汽的自主还不够强，导致在当下的竞争中还没有成为广汽的核心支柱。

从广州市巡查组反馈的问题和整改建议中，是能看出一些深层次问题的。

"居安思危、'二次创业'意识不强"，这是巡察组反馈的第一个问题，恐怕也是直击管理层思想层面的问题。如果从字面意义上理解，要"居安思危"，就必须未雨绸缪，前瞻布局；要"二次创业"，则必须敢于拼搏，勇于创新。这两点，恐怕恰恰是巡察组认为广汽所缺乏的。"战略前瞻性思维不强，解困破局力度不足"可以理解为是对这两句话的注解。随着三季度季报的发布，广汽的危局已经公开地展现在了所有人面前。"思危"，此时已经不仅是领导层的共识，更成为全体广汽人的共识。10月底的机构调整和总部搬迁行动，让人们看到了广汽面对危机的行动力。同时，广汽能将巡查组提出的问题和意见在官网上公开出来，没有遮掩，也足见其态度和决心。

而如何应对危局，则是项艰巨任务。当前的车市，已经不是一年一个样了，已经"卷"到几个月就换一个样了。创新科技的应用速度、供应链体系的成本控制力度以及新的营销和销售模式所带来的触达、转化效能等都在以极高的效率提升。这种"卷"意味着全方位的技术、产品、供应链、营销及销售模式的竞争。以前，广汽从合资伙伴那里学到的经验和理念，对其发展自主品牌帮助很大。但今天，产业发生了巨大变革，原先的优势已经不再适应当前的市场。"思变"已经成为广汽回避不了的课题。而这最需要的可能还是打破固有观念的勇气。

此前不久，广汽和华为签署了战略协议，将采用Hi模式，应用华为的智驾技术和智能座舱技术，共同打造传祺品牌的新车型。这在外界看来对广汽是一件好事。但据未经证实的消息称，其幕后积极推动，促成合作的竟然是广州市相关政府部门和领导。与之形成鲜明对比的是奇瑞。在今年成都车展上，奇瑞董事长尹同跃在与华为BU董事长余承东同台面对媒体的时候说，希望与华为多合作一些项目，奇瑞一定全力配合好。当时引起了不少媒体的唏嘘感慨。这也许是奇瑞认为自己需要引入外部更多新的元素和技术的加持吧。总之，今天看奇瑞的发展势头，这种"思变"所带来的推动力量一定发挥了重要作用。对于广汽而言，"思变"还有一个榜样可以学习，那就是上汽集团。上汽总裁贾健旭的"跪着做人，才有站起来的那天"的说法，以及"整零同"等变革思路，真的是敢于破局，敢于得罪人。

"变"的目的，是为了"进"。广汽的自主品牌要做大做强，如何聚集力量，如何全力支持，这可能已经被认为是"不是问题的问题了"。相信"思进"这件事，在所有广汽自主事业中，都是被高度重视的。但是，必须重视的是，合资品牌也要"思进"。中国汽车产业的崛起离不开合资企业的贡献。广汽更是如此。今天的合资品牌，如果仅仅依靠合资外方的输入，可能已经有些乏力。自主的技术优势、研发优势和产业链优势等，是否能反向给合资品牌提供赋能，从而在产品、技术、市场等方面获得更多的力量，这对广汽而言，可能更具有现实意义。"思进"在这里，内涵应该更丰富。

都说干汽车是一场马拉松，今天广汽面临的困难仅仅是整个赛程中需要逾越的一个山头而已。居安"思危"、处困"思变"、逆流"思进"，对跑完整个赛程会有很现实的意义。

4.【10月中旬】贾健旭内部讲话曝光，引发各界对上汽改革的高度关注

10月中旬，网络上突然流出了上汽集团新任总裁贾健旭在年中干部大会上的讲话。可以说是精彩纷呈，金句频出。不是因为话讲得好听，而是因为句句直击要害，不留情面，而且，在关键问题上下了大决心，不惜得罪人。就在前不久公布的上汽集团二季度财报显示，该公司业绩下滑幅度之大令人吃惊，压力给到了刚刚上任的新领导班子。

根据网络流传的内容显示，贾健旭认为，首要是调整主攻方向、侧围方向和合力的问题，即把自主业务视为主攻方向。上汽集团内部要集合多个大部门，形成大自主，"攥起一个拳头，对市场打过去"。另外，在他看来，上汽要成为"fast follower"，需要甩掉包袱，"什么都要干，那就什么都干不成，因为时间已经错过了"。对于合资企业，他认为要推动合资企业转型，将会触及根本业务模式。他还提到要以型谱为抓手进行资源管控。对于要投产车型，需要承诺市场份额做到多少、细分市场做到第几位。再基于产品型谱，确定动力总成型谱、电子架构型谱和七大技术底座的分配。一个型谱要负责5年时间，否则就是极大的浪费。

总的来看，贾健旭重点突出了几个方面的工作。一是降成本，重构整零协同的关系，集团旗下的核心零部件企业要成为成本中心，而不是利润中心；二是要低调做事，核心技术底座和关键技术的开发悄悄地干，"跪着做人"，站起来就是"一鸣惊人"；三是CTO（首席技术官）要当最大的销售，把技术卖个合资企业，分摊成本，扩大用户分母；四是销售抓效能，抓经销商的，更要抓自己的，新营销要会，IP、流量都要会，要直接指标，不要过程指标，获客成本也得降，全价值链降本。

对于上汽各品牌，贾健旭的要求各不相同：智己要担创新、强声量、上规模；上汽乘用车要提效能、理型谱、谋协同；上汽通用五菱要品牌向上、单车售价向上、利润向上；上汽大众要促油车、稳电车、上奥迪；上汽通用要树信心、求生存、谋发展。他认为，总的来说就是要提销量、降成本、求生存、谋发展。"一切为了活下去，先活下去，才可以谋发展。"

他特别提出了"整零同"的概念——零部件和整车一条心。零部件要给整车最好的技术、最新的解决方案，要一条心，在一起。"最大的问题就是整车和零部件之间的博弈，如果能比别人更早解决这问题，就能更早成功。"如果加上前面提到的，零部件要成为集团的成本中心，而不是利润中心，那么，上汽集团旗下的零部件板块将要为上汽打这场翻身仗承担基石作用。

据悉，这次年中干部会距离其就任上汽集团总裁仅仅一个多月。没有客套、没有空话，整个讲话给人的感觉就是压力、措施，有种不容讨价还价，干也得干，不干也得干的架势。"置之死地而后生。"这句话用来形容这个情境，似乎有些过了，但也只有这句话才能让人清晰地感受到上汽改革的果决和贾健旭的务实腔调。

【点评】上汽的改革思路很值得其他人学习

新官上任三把火。上汽新任总裁贾健旭的三把火，这么快就烧起来，着实令人吃惊。年中干部会上的讲话，虽然未经官方证实过，但从其内容如此实在，语言如此直接，涉及的问题如此深刻来看，可信度应该很高。

很多人看到这个讲话，都给予了很高的评价。但如果这个评价仅仅限于对上汽自己或贾健旭本人的，则格局太小了。贾健旭所提及的问题，破局思路，对各业务线的要求等，无疑对当下其他国有汽车企业而言具有很高的借鉴价值的。

原本得益于合资企业的发展，很多中方合作伙伴都赚得盆满钵满。平心而论，他们也确实在依托合资企业得天独厚的条件，引进技术，发展自主品牌。但从结果上看，还远远无法达到与合资企业平起平坐的局面。近十多年来，随着智能新能源技术的发展和推广，中国汽车产业发生了巨大变革。合资企业的市场表现急转直下。受其影响，合资中方也下滑严重。整个汽车市场竞争所呈现的技术向上走、配置向多走、价格向下走的趋势，短期内很难改变。"卷"就成了各车企非常头疼的事。原有的产品价格、价值认知体系被打破了，重构了。是坚持原来的那套，还是破局重生？这是摆在各家企业，特别是各国有汽车企业面前的难题。

当前，为了应对危机，整个行业都在讲两个词——"降本增效""突破创新"。那么，怎么才能降本？如何增效？在哪里突破？做什么创新？贾健旭的讲话为我们揭示了这两个词所涉及的具体工作和其所带来的具体影响。

在贾健旭看来，降本，要从全产业链着眼。供应链要重构零整关系，降低零部件采购成本；集团内各品牌，包括合资品牌都要积极采用自研技术，通过做大分母，分担研发成本；销售要提高效能，降低获客成本……此外，"整零同"的概念也让人耳目一新。消除整车与零部件的博弈，建立新的整零关系。这恐怕是所有改革都会面临的关键问题，可能也是最难解决的问题。用局部利益换取整体翻身，用新的业绩认可方式替代旧的利润考核指标，这些不仅需要智慧，更需要勇气。但在上汽体系内，很明显，贾健旭的改革得到了极大的支持。正如其所说的，先活下去，才能谋发展。

其他车企，特别是一些下滑严重的国有车企，又何尝不是如此？尽管各家有各家的难处和实际情况，但不会逃出效率低下、组织臃肿、成本过高、创新不足等这些问题。"降本增效""突破创新"是必修课，同时，也需要抓手和突破点。如果不好找，那么不妨看看上汽的做法。他们的经验和作风，很值得各方借鉴。

5.【10月15日】魏建军"直言"出海现状，对当下表现只打3分

10月15日，长城汽车董事长魏建军接受媒体专访，就中国汽车如何更好地"走出去""走上去"话题再次语出惊人，针对中国汽车出海表现，魏建军认为如果满分是10分的话只能打3分。他认为，中国车企虽然在国际市场上取得了一定成绩，但距离真正的全球化仍有很大差距，面临着品牌溢价能力不足、产品质量不够完善、全球化营销水平不高、全球化生产能力欠缺等问题，而且，中国汽车行业利润水平整体低于外资品牌，国际上对中国汽车的整体评分并不高。

对于品牌溢价能力，魏建军表示，中国汽车品牌在海外市场的溢价不高，品牌价值不如国外汽车品牌。在海外市场中国汽车多是卖产品而非品牌，品牌溢价低。这一现状要想扭转，中国汽车要在海外树立品牌，就必须有过硬的产品质量和技术实力，这是中国汽车走向世界的基础。只有全面提升产品质量和技术实力，才能满足全球消费者多样化的需求，赢得全球市场的认可。

对于产品质量，魏建军表示，中国汽车产品质量提升虽快，比美国车可靠性好，比英国车毛病少，但跟日本车相比在精细化程度上仍有差距。现在的问题是，很少有人愿意正视并公开讨论国产车与国际品牌之间在质量上的差距。

对于汽车核心技术，他表示："传统内燃机技术，我们肯定不如国外品牌；如果说电动车，人家也不是没有技术，只是没有这个战略。我们中国的动力电池，原始发明技术都是美国的，起源于日本，让韩国人发扬光大了。但电动车的产业链是中国最好，我们中国电动车只有这一点领先；剩下的什么电机、电控、我们用的这些芯片是美国的，不过我们的算法做得很好，这点是我们应该鼓励的。"此外，在其他核心技术领域，如内燃机技术，中国与欧、美、日等发达国家仍存在明显差距。不过，这一观点立即遭到了很多业内外人士的反对。他们认为，中国在新能源汽车的三电技术等方面已经取得了大量的创新成果和技术突破，部分技术指标处于世界领先水

平，像宁德时代、比亚迪等企业的电池技术在国际市场上也获得了认可。科技博主项立刚更是在社交平台上直接发文反对魏建军。项立刚表示："中国的电动汽车不仅在电池方面有核心技术，而且在智能驾驶、智能座舱、智能车灯、智慧底盘等方面都拥有核心技术，并且还是全球领先。而且，所谓的供应链就是这些核心技术支撑起来的，根本不存在什么没有核心技术，却拥有强大的供应链。"尽管反对声音不小，但还是不少人士认为"良药苦口""兼听则明"，一些智能新能源汽车的关键技术，例如芯片等，中外之间是存在很大差距的，这也是需要整个行业正视和共同努力的问题。

在海外运营方面，魏建军认为，很多中国品牌在年轻化、人才及全球视野下的价值观构建等方面还未准备好，与外资车企相比，全球化营销和运营水平不高。同时，目前还不具备全球生产能力。他说："中国车企出海在很多地区没有实现本地化生产，关税较高，竞争力和盈利能力就较差。此外，其他国家不会让你无限度地在当地卖中国车。"国际跨国车企基本都已经实现了从"产品出海"到"产业出海"的跨越，整车企业带领供应链一起出海，已经被证明是一种可以实现多方共赢的出海模式。但当前，中国车企多数还处于"产品出海"阶段。

另一个需要高度重视的问题，就是国内存在的行业乱象，及其向海外市场蔓延的趋势。魏建军对此深恶痛绝。他说，国内部分车企不讲规矩，恶性竞争，搅乱了汽车行业生态，这种情况在国内和国外市场都存在，严重伤害了中国的全球声誉，就如同国足问题不在教练，而是行业整体不守规矩，导致发展受限。他还对行业内牺牲产品质量的价格战、财务造假、偷工减料等不法行径进行了抨击。

对于价格战，他认为这让企业压力陡增，行业利润率降至新低，消费者也没有得到实惠，还会影响到后续的车辆维修保养。国际市场价格战趋势令人担忧。部分中国车企在海外采取低价甚至亏本销售的策略，虽短期内可获市场份额，但长远来看违反国际市场规则，损害了中国汽车整体形象。

对于"偷工减料"，魏建军认为造假者不应存在于行业中，汽车行业的"科技与狠活儿" 如偷工减料、弄虚作假等行为，会引发质量危机，最终由消费者买单，呼吁对这种不良现象重拳出击。

而财务造假等行为更是扭曲了中国汽车行业的价值观，冲击了市场的生产流通秩序、营销环境和法治基础，应严格禁止。

最后，魏建军强调了长期主义的重要性，做汽车不是百米冲刺，而是万米长跑，要培养能力，正确理解全球化，尊重他国文化，融合发展，注重科技创新与人才建设。

【点评】长城汽车的出海"方法论"

这次访谈是在长城汽车河北保定总部进行的。魏建军穿了一身白色T恤，显得很轻松。相比于之前"长城汽车如果挣不了钱，中国几乎谁的汽车都挣不了钱""中国汽车高质量发展是干死一个算一个吗"等令人咋舌的言论，这一次交流显得很平静。但是，从沟通的内容来看，则满满的严肃感和紧迫感。

当前，中国汽车走出去已经成为大趋势，但在海外遭遇的各种问题，挑战和压力，比比皆是，层出不穷。如何"走出去""走上去"，不仅是长城汽车重视的问题，更是整个行业都需要高度关心的问题。在魏建军看来，中国汽车想要"走出去"，要遵守国际准则，也要正视自身短板，只有真正建立从研发、生产到营销、服务的体系力，注重长远利益，才能真正实现可持续、高质量的出海。作为一个深耕海外27年的汽车品牌，长城汽车深知海外市场对于中国汽车的"审视"。这也是为什么从国内到海外，长城汽车始终在强调规则意识、底线意识，始终在冒着天下之大不韪，也要一遍一遍地站上台前，将"真话"讲出来。

在长城汽车看来，中国车企应注重长远利益，坚持技术深耕，尊重国际秩序和属地文化，追求有底线、有信誉、有质量的海外占有率，与所在地区合作共赢，共同发展，才能真正建立起品牌的全球竞争力。就好比运动员参加奥运会，想要走向国际、走向全球，就要遵守国际上的规则和底线；只有按规则办事，才能真正赢得国际市场的尊重，真正将中国汽车产品推向全球。

长城对于全球化步伐的生动理解还体现在其独特的出海模式上——生态出海。依托于森林生态体系，长城汽车始终聚焦产能在地化、经营本土化、品牌跨文化和供应链安全化的"国际新四化"，推动研、产、供、销、服全面出海。比如在生产制造和销售渠道方面，从 1997 年开始出海至今，长城汽车在欧亚、泰国、巴西拥有三座全工艺整车生产基地及多个 KD 工厂，海外销售渠道超过 1300 家。以泰国市场为例，其工厂和销售人员的规模超过 1000 人，其中超过 85% 以上都是本地员工。不仅充分支持本地人才发展，长城还参与到充电设备等本地化运营和推广中，在不断推动产业链本土化、控制制造成本的同时，持续培养当地消费者对于长城汽车产品、服务的消费信心。今年 5 月，在一场长城内部举办的名为"赢战海外"的国际组织暨机制变革大会中，长城汽车宣布将海外市场重组裂变为十大"战区"。第一次在组织形式上改变了原本只做贸易业务的模式，以区域为单位，进行研、产、供、销、服系列资源的统一调配，直接对接市场和用户。这样做不仅可以减少了海外团队沟通汇报的层级，也更容易在走出去的同时走进去，加深对当地市场的理解。

可以看到，长城的出海绝不仅仅是横向的"无脑"扩张，而是在深度理解、感知当地市场需求、文化的基础上，纵向深挖，最终产出最契合、最匹配当地市场的选项。

通过这一模式，长城汽车已经取得了不小的成果。2023 年，长城汽车的海外年销量首次突破 30 万辆，今年上半年，海外销量达到 20 万辆，截至 2024 年 6 月，长城汽车的海外累计销量已经突破 160 万辆。此外，长城汽车还登上了 2023 BrandZ 中国全球化品牌第 20 名，并成为 2023 金砖国家峰会官方用车和媒体峰会用车。

海外业务在长城内部的地位和重要程度在不断提高。今年 6 月初，长城汽车宣布将提升海外组织为一级组织，重新构建海外业务单元，对标丰田、现代，打造中国自己的世界级品牌。长城是一家"有性格"的企业，在当前愈加复杂、多变的市场环境，这种性格为长城招致了很多非议，却也恰恰是这种性格，给了长城不随波逐流、敢为人所不为的勇气。

6.【10月17日】2024世界智能网联汽车大会在京召开

2024年10月17—19日，2024世界智能网联汽车大会在北京亦庄举行。大会以"协同并进　智行未来——共享智能网联汽车发展新机遇"为主题，通过举办一系列活动，汇集各方经验智慧，推动智能网联汽车与关联领域协同发展。会议期间还举办2024中国国际新能源和智能网联汽车展览会、全国智能驾驶测试赛（京津冀）、自动驾驶未来城市嘉年华、智驾汽车消费周等配套活动，展示相关领域前沿成果。

由工业和信息化部、交通运输部、北京市人民政府共同主办的世界智能网联汽车大会（英文简称WICV）是我国首个经国务院批准的国家级智能网联汽车专业会议，自2018年起，已连续成功举办七届。

世界智能网联汽车大会旨在深化国际交流合作，推动汽车产业智能化、绿色化转型，打造智慧高效出行新方式，培育经济增长新动能。组委会秘书处将根据行业发展新动态、新趋势，进一步突出高端化、专业化、精品化、国际化特点，充分分享全球在政策监管、技术研发、产业培育、示范应用等方面的经验，共同推动智能网联汽车产业高质量发展。

7.【10月18日】奇瑞全球创新大会召开，"智能化也要不客气了！"

10月18日，以"科技·智驭未来"为主题的2024奇瑞全球创新大会在安徽芜湖拉开序幕。奇瑞汽车股份有限公司董事长尹同跃要将"不客气"进行到底，他说，明年，奇瑞的智能化也要不客气了！必须进入行业头部！

这句在智能化方面"不客气"并不仅仅是一句口号，在这场干货满满的发布会上，奇瑞展示了"火星架构、鲲鹏动力、雄狮智舱、大卓智驾、银河生态"五大技术领域持续进阶，在端到端大模型、云台智能底盘2.0、固态电池、飞行汽车、高阶智能驾驶技术方案等领域都取得了技术的重大突破。

在智能化科技方面，奇瑞不仅带来了大卓智驾C-Pilot 4.0，更宣布奇瑞

10 月 18 日，奇瑞汽车股份有限公司董事长尹同跃在 2024 奇瑞全球创新大会上表示，奇瑞的智能化也要"不客气"了。

智能车全面进入高阶智驾 NOA 元年。并不是一款、两款高端化产品将搭载，而是追求"全球验证"和"全品牌搭载"。奇瑞一直采用的是现阶段更为理性和稳定的软硬件配置，其智驾方案坚持多传感器融合路线。据悉，大卓智驾 C-Pilot 4.0 配备总算力高达 508TOPS 的双 Orin-X 芯片、1 个激光雷达、12 个摄像头、5 颗毫米波雷达以及 12 颗超声波雷达等多种类型传感器。据奇瑞汽车股份有限公司执行副总经理、奇瑞汽车工程技术研发总院院长、CTO 高新华介绍，未来，大卓智驾 C-Pilot 4.0 将进化为 C-Pilot 5.0。届时，通过端到端大模型和车路云协同，智驾系统的云端算力可达 1500PFlops，车端算力可以达到 1000TOPS，将实现车位到车位智驾功能。

在动力电池技术领域，奇瑞鲲鹏动力新成员鲲鹏电池品牌正式发布，也标志着奇瑞补齐了在新能源的最后一块拼图，该电池品牌涵盖"方形磷酸铁锂系列、方形三元系列、大圆柱三元系列"三大品类，采用电芯自休眠钝化技术、智能温控以及全天 24 小时的智能呵护，使电池循环寿命得到显著提升，并且在经过翻滚刮底等严苛测试后，依旧保持安全无自燃。奇瑞固态电池的研发一直在继续，2024年能量密度达400Wh/kg，到2025年达600Wh/kg，将在2026年实现定向运营，在2027年实现批量上市，纯电续航里程有望突破1500km。

在安全设计方面，奇瑞独特的太空舱级笼式车身技术，已经拥有65项发明技术，最新应用的高强度钢铝88%。独创了精准限力式脱落安全技术，采用精准可控的副车架脱落技术来降低对车型舱的侵入和减少对车内车型的伤害，伤害值降低20%。此外，还有三重冗余式电子解锁技术，在危险工况下可100%实现车门解锁并弹出，以及多维度全包裹防护技术，零重力座椅可在全场景使用。现场展示出了多辆经过严重碰撞的"战损车"。据现场工作人员介绍，这是因为奇瑞非常关注用户实际遇到的典型事故发生场景，证明奇瑞产品在面对高空跌落、陡坡翻滚、炸药炸车等测试场景时也依然能够保障车内人员安全撤离。

对于未来出行发展的探索一直是各大车企争相追逐的焦点，在奇瑞眼中，未来的竞争关键看来一个是要"上天"，一个是要"开放"，只有从两个维度不断拓宽技术边界，才能拥有足够的技术深度和广度来适应快速变化的行业发展趋势。在此次活动上，奇瑞正式宣布三体复合翼飞行汽车成功首航，该产品首创三体对接机构：飞行模块＋座舱＝飞行形态、行驶模块＋座舱＝汽车形态。据介绍，这款飞行汽车支持飞行及行驶两种模式无人驾驶，可实现陆空无人驾驶模式切换，助力解决城市交通拥堵问题。

而从高阶智驾到端到端大模型，从固态电池到飞行汽车，奇瑞的"不客气"不仅仅是瞄准了明年，而是瞄准了接下来五年甚至是十年的规划，不断探索未来出行的技术发展边界。

【点评】"不客气"背后的文化密码

"我认为，驱动奇瑞越过一个又一个山峰的是奇瑞独特的文化特质。这种文化可能包括从芜湖周围吸收的徽商文化、小岗村文化以及奇瑞自身的小草房精神，还包括尹同跃身上一种'兄长'特质。"10月17日，在北京飞往南京的航班上，曾经担任奇瑞汽车副董事长的郭谦也在这趟飞机上。

谈及今天奇瑞为何能完成一个又一个看似不可能的跨越的时候，郭谦表达了自己的看法。

一天之后的 10 月 18 日，奇瑞科技创新大会在芜湖召开。这是一场超过3000 人参加的大会，既有 20 多位不同领域的权威院士，也有来自全球一百多个不同国家的 700 多名投资人朋友。尹同跃在会上宣布："今年我们的新能源开足马力，今年确保第三，力争第二。"明年，奇瑞的智能化也要不客气了，必须进入行业头部！用尹同跃的话来讲，每年的科技创新日，都要"吹个牛"。今年的"吹的牛"就是智能化。

没有人质疑奇瑞实现这种目标的能力，因为奇瑞已经用实际成绩证明自己能够完成一个又一个的挑战。很多人惊讶，作为汽车行业公认的"老实人"，奇瑞的起势是从什么时候开始的？奇瑞今天的变化究竟源自哪里？

首要的因素，是它的领导者。

人们常说，一家企业的领导人的性格往往会深刻影响企业的调性。今天中国汽车市场中很多企业其实都有着鲜明的性格特质，尹同跃的性格特质

2024 奇瑞全球创新大会人头攒动。

并不突出。所有接触过尹同跃的人，都会感受到他的温文尔雅，能把身边所有人照顾得很好，让所有人如沐春风的感觉。这也让尹同跃在奇瑞内部呈现出一种类似"兄长"的领导气质。

据尹同跃身边的人会议，他似乎总是在潜移默化中通过施展个人魅力让下属心服口服、主动追随。他不去过度讲个人对事物市场理解，而是更多的是带着大家一起去学习，一起去研究。他更愿意强调共同的愿景与目标，用合适的资源激发凝聚下属。这种性格传导至企业身上，一个很明显的特质是无论是产品规划、发展战略还是营销传播，奇瑞表现得都要更加低调、谨慎和务实。但同时这种务实和低调，带来的效果确实显而易见。

很多人越来越相信尹同跃说的话，相信尹同跃的决策和判断，一起拧成一股绳想要把事情干成。这在产品发布会上奇瑞方面领导越来越大的嗓门，越来越自信的表述，员工越干越有劲、越干越明白、越干越自信的状态中也可以窥得端倪。而一旦这种内部信心、内部力量建立和凝聚起来，形成的对于企业整体的支撑和推动作用是显而易见的。

第二个关键，是文化因素，这是软实力，更是企业的"终极法宝"。

奇瑞高速增长态势的背后，离不开长期发展过程中形成的企业文化。就像郭谦总结的那样，奇瑞身上至少有三种截然不同却相辅相成的文化与精神：奇瑞小草房奋斗精神、安徽小岗村改革勇气、徽商传承的儒商文化。

20世纪90年代，为改变安徽的地方经济结构，抓住轿车进入家庭的发展机遇，安徽省在芜湖市启动了"951工程"，尹同跃响应号召，从长春一汽回到了安徽，在芜湖城北的荒滩上，几间简陋的"草房"中，开启了奇瑞的创业之路。在如此艰苦的条件下，奇瑞从无到有、从小到大、从弱到强的发展，"小草房"也逐渐成为了奇瑞创新创业的文化图腾，并演变成了独特的"小草房精神"——有骨气，敢担当，不惧困难，永不放弃，用有限的资源，创造无限的梦想，永远保持忧患意识。

那么，如何理解奇瑞身上所蕴含的"小岗村"精神呢？查阅历史，人们就难发现，当年首开全国"包产到户"改革先河的小岗村，那18位村民是在一份包产生死状上按下血手印的。改革要承担巨大的风险，但是小岗村的村民，敢于尝试，敢于变革，敢于承担风险。正是这种精神让他们在历史上留下了重要的一笔。奇瑞的骨子里又何尝不是如此？我们今天看到的他们每一次成绩、每一个新品牌的崛起、每一项新技术的推出、每一个国际新市场的开拓，无不充斥着鲜花和掌声，但其背后，都是奇瑞人在巨大的压力和风险下迈出的第一步。

自古以来，皖南由于良田较少，人口众多，为了生计，走南闯北，有"徽骆驼"之称，其突出的特点：一是百折不挠，坚韧不拔；二是"贾而好儒"，崇尚知识；三是知恩图报，回馈家乡。这些在"汽车徽商"——奇瑞汽车董事长尹同跃、比亚迪董事长兼总裁王传福、蔚来董事长李斌等身上，都有充分的展现。

从小草房到世界500强，在新能源领域从此前的倒数到今天的行业四强，奇瑞走的每一步都是有迹可循、有本可依的，能够学习和复制的。回过头来看，奇瑞其实就是做对了两件事：一是依托技术创新建立自身的护城河，完成奇瑞在新能源汽车市场的突围；二是通过内部信心的建立，发挥企业的生态活力，持续激发企业向上的潜力。也正是在做对这两件事的基础上，目前，奇瑞成为全行业唯一燃油、新能源双增长，国内、国外双增长的汽车企业。在创新大会现场，奇瑞还向外界宣告了其下一步的目标："我们要像20年前投入发动机一样，把智能化，把AI作为奇瑞下一个20年、40年的重大机遇和突破方向。""要让奇瑞从过去非常纯粹的'理工男'，变成拥有超级大脑、超级智慧的'超人'。"

8.【10月18日】长安科技生态大会召开，大秀"数智"实力

2024年10月18—21日，第四届长安汽车科技生态大会在长安汽车数智工厂举行。长安汽车集中发布了基于端到端大模型赋能的长安智驾、天衡分布式电驱技术平台、智慧新蓝鲸3.0等诸多技术品牌；展示了长安启源E07、深蓝S05、阿维塔07等数智化新品的迭代升级；正式揭幕与华为、联通深度共创的全球领先的长安汽车数智工厂，以及正式营业全球首个无人销售体验空间。

长安智驾是面向未来的交互式智驾技术，本质是具身智能。它能将对外界环境的感知与内部决策过程，有效地转化为与物理世界及人类用户的实际交互行为，并从中不断验证并优化其认知与行为策略，实现自我进化，迈向更高层次的智慧与效能。

天衡分布式电驱技术平台，带来全新"超矫健 超聪慧 超安全"的价值体验。天衡分布式电驱涵盖两大系列：一是天衡 X，提供 440kW—640kW 动力，适用于中大型车辆；二是天衡 S，功率可达 1 兆瓦，整车动力超 2 兆瓦，动力搭载超越坦克。天衡分布式电驱创新采用了 BTB 高集成电机控制器、可变电力电子控制技术、智慧可变温控技术、SOLA 超薄减速器和氮化镓车载充电技术。此外，还应用了 20 多项行业先进技术。天衡分布式电驱平台内单电驱可提供 1MW 峰值功率、10000＋N·m 峰值扭矩、67L 体积。

智慧新蓝鲸 3.0 作为全域动力解决方案，通过对用车精打细算，让使用成本进入"2 时代"，以 200km 综合路况的中短途出游实测，综合使用成本仅需 0.22 元/km；三大硬核模块，打造极智省钱 CP，即混动专用发动

10 月 18 日，第四届长安科技生态大会在长安数智工厂举行。

机、数智电驱、增程模块三大平台，其中混动发动机热效率达到44.39%，储备热效率达到47.03%的行业最高水平，高效混动电驱油电转化系数达3.63kWh/L，驱动电机最高效率达到98.1%，还有全球首发500bar高压燃油喷射系统、150mJ高能点火系统、16：1行业最高压缩比设计，黑科技拉满。

本届科技生态大会发布了长安启源E07。长安启源E07实现了SDA架构、天枢大模型、长安智驾、天域OS、天域智慧座舱、天衡智能底盘、天驭智能增程7大技术成果的量产搭载。此外，大会还发布了阿维塔07、深蓝S05、长安启源A07/A05/Q05，它们同样是长安汽车跃迁数智化主赛道的重磅产品。

除了技术和产品，10月21日，长安汽车数智工厂正式挂牌。同时，华为认证该工厂为"华为&长安智慧工厂全球样板点"，中国联通认证其为"5G未来制造样板点"。数智工厂在定制、数智、品质三大方面实现创新。定制方面，改变传统工厂千人一车的生产模式，支持用户在线下单，在线选择颜色、配置，实现千人千车，是业内深度实现C2M的工厂。数智方面，基于华为数字化转型经验赋能和智慧工厂解决方案，以"一云一网一平台"的业界领先技术架构，联合打造了统一的生产数字平台和"AI+数字孪生"运营系统。品质方面，基于行业一流的高精度自动化作业，大数据赋能质量全过程管理，建立整车档案实现全过程可追溯，通过在线AI视觉检测技术，实现质量全过程透明化管控。

10月21日，长安汽车全球首个线下版Top space——无人销售体验空间在重庆观音桥正式开业。这不仅是一个没有销售人员的汽车产品展厅，更是一个高度自动化、数据驱动的体验空间。通过虚拟现实(VR)、人工智能等高科技手段为用户提供无缝、个性化的购车体验，成为未来汽车全新销售概念的具象化展示。

【点评】扎堆的科技日，长安的"唯一性"在哪？

大型企业科技日这条赛道，正在变得拥挤。前不久的奇瑞全球创新大会、东风科技创新周，再到之前蔚来、小鹏相继举办的NIO IN、1024科技日，大家都在通过展示自身在多元技术领域成果来提升竞争力。

10月21日，第四届长安汽车科技生态大会在长安汽车数智工厂及长安科技园落幕。在长达四天的大会中，以"新汽车 新生态"为主题，长安汽车全方位展示了自身面向新汽车时代战略阶段性的落地成果。更重要的是，在一系列的产品、技术、战略落地的背后，可以看到长安汽车始终如一地对于自身"唯一性"的打造。在如今无限内卷的新汽车市场当中，长安汽车深知，持续建立自己的独特性和唯一性，是最难也是最关键的一环。

在过去很长一段时间，国有车企常常被贴上"效率低""步伐慢"的标签，尽管相对于其他国有车企来说，长安汽车的动作已经称得上激进，但仍不可避免地遭遇着类似的看法。尤其是放在当前行业内各车企"争奇斗艳"、各领风骚的关键节点中，地处西部重庆的长安所做出的动作、布局常常被外界不自觉的忽略或者说缺乏感知。

因此，当今天长安以数天的科技日为媒，将一个完整、清晰的新能源战略、技术一一呈现在外界面前时，展现出不输于任何企业的产品、技术实力，必须承认，其实是远远超出外界预期的，甚至让外界感觉到有些"可怕"。

回看四天的长安汽车科技生态大会，从10月18日长安启源A07、A05、Q05三款车型的进阶上市，到10月20日深蓝S05的上市，再到10月21日长安启源E07的正式上市和阿维塔07的下线，在四天的科技生态大会中，几乎没有"产品空白期"。

这不仅是雄厚体系实力和深厚技术储备的支撑，也愈加清晰地描绘出长安汽车在面向智能电动汽车时代的整个战略布局。不算这次大会中上市的几款车型，仅仅上半年，长安汽车就推出全新新能源产品3款，改款10余款，产品势能全开。

如果说过去长安在新能源品牌的打造上总是给外界一种"东一榔、头西一棒追"的感觉，那么如今则给人一种"不怕卷"、坚定向前、我全都要的力量感。这种"力量感"不仅是在国有企业中少有，也是当前很多企业所不具备的，这也是长安汽车所体现出来的第一层"唯一性"。

仔细观察长安这一次在生态科技大会中在新能源领域品牌、产品实力上的爆发和释放，其实有着一个非常明确的突破点：科技。不管是新能源汽车整体的解决方案，还是智能化方向的创新，长安在每一个方面都有着自身独特的优势和特点，这种独特恰恰源于当前长安汽车对于新汽车的独特理解——数智化。

以此次科技生态大会上发布的 SDA 天枢架构为例，作为长安打造的国内首个面向未来具身智能的类人架构，天枢架构统筹了"智驾、智舱、车身、动力、底盘"五大智能汽车领域的海量数据，并基于软件定义的底层逻辑，能够高效协同全车控制路径，为实现 AI 汽车大脑的集中运算和中枢控制打下坚实基础。再比如天枢大模型，是长安汽车立足于用户交互式智驾的需求而打造的新一代智能驾驶大模型，通过引入具备世界知识的多模态大语言模型，可以实现拟人的交互智能和可进化的智驾体验。

依托于这一模型，长安启源 E07 支持 AI 语音编程、多意图语音车控、可见即可说、车端智能问答；并带来了行业首创独一无二的 AI 交互式智驾，舱驾一体，通过语音即可指导智驾完成一系列指令。类似于切换车道、亮灯警示等辅助驾驶功能都可以通过语音指令来指挥完成，在触发 AEB 功能后还会主动播报。

可以看到，长安在新能源、电动化转型这条道路上，越走越清晰。大会上，长安汽车股份有限公司董事长朱华荣明确表示，公司未来将推出 37 款数智化产品，整体目标是到 2030 年，集团年销量达 500 万辆，其中长安自主品牌占 400 万辆、新能源车型占 60%、海外销售占比 30%。此外，长安汽车未来五年将投入 2500 亿元，招聘 1 万名以上科技研发人员。

此外，长安汽车与联通、华为共同打造的长安汽车数智工厂也正式揭牌。在行业专业人士看来，数智工厂的建立是长安汽车通过数字化和智能化技术进步，实现战略突破，构筑新质生产力和世界级竞争力的重要手段。不仅是长安与当前先进科技公司在技术层面的碰撞，更是一场产业链深度整合的尝试。据了解，未来，长安启源、深蓝汽车、阿维塔多款产品都将在这一工厂生产制造。

10 月 21 日，长安汽车数智工厂正式挂牌，同时，华为认证该工厂为"华为＆长安智慧工厂全球样板点"。

9.【10 月 18 日】魏建军发微博，强调汽车行业发展要坚守规则，遵循规律

10 月 18 日，长城汽车董事长魏建军在个人微博上转发了由长城汽车官方发布的名为《中国汽车行业发展需要遵守规则、遵循规律》的海报，并附文表示："中国汽车竞争日烈，长城汽车坚守规则与规律，奋力推动行业健康发展。人生当有广阔旷野去驰骋，企业须依正确轨道而前行，长城誓为汽车强国梦拼搏不止。"[40]

该海报全文如下：

中国汽车行业发展需要遵守规则、遵循规律

2024 年是中国汽车行业既飞速发展又竞争加剧的特殊时期，国家大力倡导公平竞争、依法治国以及反对内卷行为，汽车产业作为国家经济发展的关键支柱，正处于机遇与挑战并存的重要阶段。中国始终致力于实现汽

车强国的梦想，而这一梦想的达成离不开汽车行业各个参与者的共同努力，需严格遵守行业规范，并积极践行环保理念。

回溯到 2023 年 4 月 11 日，长城汽车基于对行业规范以及环境保护的高度重视和深切关注，向生态环境部反馈了某车企在混动车型中使用常压油箱、涉嫌整车蒸发污染物排放不达标的问题。自反馈之后，国家监管部门以极强的责任感和专业精神，全身心地投入到对该问题的全面调查之中，以确保能够准确把握并妥善处理这一事件。这一过程充分展现了国家依法治国的理念以及对行业规范的高度重视，同时也彰显了政府在维护市场秩序以及生态环境方面的积极作为，体现了政府对待重大问题时的审慎态度以及推动行业健康发展的坚定决心，为中国汽车行业的未来发展筑牢了坚实的根基。

此事件引发了一系列的网络争议，但更多有识之士以及行业媒体同长城汽车一起，站在了心忧中国汽车行业健康发展的这一边。例如吉利汽车高管杨学良在公开演讲中，明确对混动汽车使用常压油箱、排放不达标的行为给予了谴责，这无疑充分体现了行业内对于规范发展以及公平竞争的共同追求。

令人遗憾的是，网络中还出现了诸多针对长城汽车的恶意抹黑以及故意带节奏的言论，这些言论涵盖了企业、产品以及市场等多个维度。

一个车企的兴衰荣辱，怎能够与整个大地的广袤美丽相提并论？令人欣慰的是，混动车型匹配高压油箱已经逐渐被广大消费者所了解和重视。直至当下，在中国这片广袤的土地上，装配常压油箱的混动车型已经停止新车销售。

然而，我们不得不正视一个现实，市场上仍然有数以百万计使用常压油箱的混动车型在行驶，这些存量车型不但可能潜藏着诸多问题，而且可能涉及侵害消费者利益。

尽管自身地位可能相对低微，但长城汽车始终秉持着"位卑未敢忘忧国"的精神，将持续致力于推动中国汽车行业朝着更加健康、环保、高效的方向发展，不断增强消费者对中国汽车品牌的信心，为中国汽车行业的长远发展全力以赴地拼搏，为早日实现中国汽车强国的梦想而坚持不懈地努力。

长城汽车股份有限公司

2024 年 10 月 18 日

回溯事件起因，2023 年 4 月 11 日，长城汽车向生态环境部、国家市场监督管理总局、工业和信息化部递交举报材料，就比亚迪秦 PLUS DM-i、宋 PLUS DM-i 采用常压油箱，涉嫌整车蒸发污染物排放不达标的问题进行举报。长城汽车认为，比亚迪部分车型排放不达标，涉嫌造假，违背公平竞争原则，必须挺身而出，替行业发声。

当时，针对长城汽车的公开举报，比亚迪方面紧急发表公开声明，回应称："我们坚决反对任何形式的不正当竞争行为！并保留法务诉讼的权利！"比亚迪在声明中表示："长城所说的情况，测试车辆由长城购买、保管并安排送检，中汽中心（天津）按长城的要求进行了相关项目的检测。比亚迪认为测试车辆严格来说，不符合国标要求的送检状态，即应由第三方抽样、保管及送检，并要求完成 3000km 磨合后测试，而长城送检的车辆在检测时，里程仅为 450—670km。鉴于以上，我们认为其检测报告无效，长城不能以此作为依据！"

此后双方经常发生口水战，积怨越来越深。到了 2024 年，虽然双方都不再指名道姓，但在上半年的一些场合，还是针锋相对。而下半年，火药味渐渐淡了下来。

6 月初的重庆汽车论坛期间，比亚迪品牌及公关处总经理李云飞将车市竞争比作"打牌"，要量力而为，不应因一时得失而置气或破坏规则。"有人把牌打出来了，你能跟就跟，跟不了就过，不要置气，也不要翻桌子，因为还有下一局。"

6 月 19 日，在全新哈弗 H6 上市发布会上，长城汽车 CGO 李瑞峰公开回应"牌桌论"。他表示，汽车行业的市场竞争犹如一起上桌打牌，跟不上可以喊"过"。但如果桌牌上有人"出老千"，长城就要发出预警，站出来"敲桌子"甚至"掀桌子"。李瑞峰还表示，中国汽车品牌是个整体、是个符号。"'卷'没问题，但要健康地'卷'，良性地'卷'，有底线地'卷'，这个底线，就是要给用户带来长期的拥车价值。"

8月7日，魏建军在接受媒体采访时公开表示："现在汽车行业有些乱，不能做那些恶意弄虚作假、欺骗用户的事，甚至造假、不合规、走捷径，用这种不正当的手段来竞争，欺骗消费者。这实际上也是在欺骗社会、欺骗政府、欺骗同行。""改革开放40多年取得的成果来之不易，我们这些车企有责任去维护它、保护它。我们应该站出来说话，对这种不当竞争，就应该站出来讲，要维护好我们这个经济秩序。""你要是老是'出老千'，谁还跟你玩啊？""这件事，不仅是我们汽车产业的事，也是中国对外形象的事。""高压油箱的问题上，我们在国际上的竞争者里面有欧洲企业、美国企业、日本企业……别人怎么看我们？影响非常严重。你可以看看大众的排放门，影响还在继续。这个油箱的影响，一点不比排放门低。""我们公司也定下一个原则，一个是要有底线思维。合规，这是高压线。再一个是要看长远，不能有短期思维。"……

10月15日，魏建军在接受媒体采访时再次强调："各行各业，都要有序的制度和法律。而且要有法必依，不能有法不执行，成为一个摆设。制度、秩序、法规，很重要。""我们之所以站出来说这个话，因为那些造假伤害了我们。""前段时间，广汽的曾总（指广汽集团董事长曾庆洪），老曾出来说了句实话，被一棍子闷回去了。所以，行业里现在大家都不愿说。一些老总，还有那些真正明白汽车产业的人，都不敢出来说话。现在的氛围非常不好，你一说话，就被网爆。有些那个偏执的、不理性的、假爱国的，都是对社会的伤害。""国家应该加强监管，出重拳，打击造假，在国外，你要敢造假，处罚很厉害。""下一个倒下的就是财务造假者、产品造假者，他们就不应该被允许上牌桌。这才是规则。"

这两次访谈，长城汽车均在官方微博上发布，同时，魏建军也在其个人微博上传播。

可以看出，18日的这个海报，更像是对这么长时间长城汽车为该事件做的一个总结。

有意思的事，比亚迪方面在 6 月重庆论坛之后，就一直保持低调。甚至在 7 月 25 日举行的新车上市发布会上，比亚迪集团执行副总裁、乘用车 COO 何志奇还向哈弗致敬，赞扬其"单枪匹马守护中国 SUV 市场的长城"。何志奇在谈及 SUV 市场时称："在很长一段时间里，中国的 SUV 市场也是被合资品牌垄断。十几年前，中国品牌 SUV 还不是市场的主流，哈弗的出现，改变了这个局面。从 2013 年到 2021 年，哈弗 H6 连续九年拿下 SUV 市场销量冠军。可以说，长城汽车以一己之力守住了中国 SUV 市场的长城。"他的这一表态，被业内视为比亚迪试图缓和与长城汽车关系的举措。

10. 【10 月 24 日】地平线敲钟，中国智驾产业的"另类突围"

10 月 24 日 9 点 30 分许，地平线创始人兼 CEO 余凯敲响开市锣，宣告地平线正式挂牌上市。开盘后不到 2 分钟，股价上涨超过 35%，总市值一度达到 706.2 亿港元，成为港股今年最大的科技 IPO。

在整个智驾科技企业圈子中，地平线并不是最先敲钟上市的，在此之前，禾赛科技、速腾聚创、黑芝麻智能都曾先后登陆资本市场。但在行业专业人士看来，作为智驾领域的明星企业，地平线的上市实际上是最具代表性的。它的成功 IPO 标志着中国本土智能驾驶产业链的日益成熟，即便是放在全球资本市场中，也是一个不可忽视的"大事件"。更为关键的是，对于地平线来说，上市只是一个开始，后续如何高效率利用现有的资源实现长远的、可持续的高质量发展才是重点。

地平线找到了"最佳上市节点"。

事实上，作为国内头部的智能驾驶解决方案提供商，这并非是地平线有关上市的第一次消息。2020 年，地平线传出赴科创板上市；2021 年，又有消息称地平线要去美股上市；但最终，今年 8 月，地平线确定于港交所递表并进一步获得证监会备案。

总的来说，地平线经历过多次"预备上市"，并非一路顺风，这一次的顺利上市也是天时、地利、人和的最终结果。

其中，一个最核心的因素在于市场认知的成熟。

数据显示，在智能驾驶技术快速发展的背景下，2023 年全球新乘用车中智驾渗透率达 65.6%，行业预计，到 2026 年和 2030 年，智能汽车销量将进一步增长，渗透率分别达 80.3% 和 96.7%。随着智能驾驶渗透率的持续攀升，消费者对智能驾驶需求日益高涨，智能配置成为购车决策中不可或缺的关键考量因素。

与此同时，有行业人士表示："从技术来看，目前自动驾驶正由 L2 级别向 L3 级别过渡，有部分企业已进入了商业化阶段，投资人越来越看到高阶智能驾驶的未来前景，这将是一个庞大的万亿级市场。自动驾驶相关企业纷纷加快上市进程，希望进一步提高企业知名度和影响力，加快融资效率、加大研发，抢占市场。"

另一方面，今年以来港股市场的回暖趋势以及针对科技型企业的新策略也给了地平线上市的重要条件。

目前，港股市场年内的涨幅已跃居全球主要市场之首，超越了包括美国和日本在内的多个指数。尤其是进入 2024 年第四季度，香港特区政府财政司司长陈茂波的最新报告指出，恒生指数在短短 15 个交易日内累计上升超过 5600 点，升幅达到 33%。

2023 年 3 月，港交所推出 18C 改革，即未有收入、未有盈利的"专精特新"科技公司赴港上市，针对特专科技企业豁免了营业收入、净利润、现金流等所有财务指标要求，只在预期市值、研发投入等方面设置门槛。尽管地平线是在主板上市，但恰恰符合了当前很多的国内智能驾驶供应商的主要特征。

天时、地利之外，地平线做对了什么？

更重要的是，在天时与地利之外，当前地平线本身也正处于一个高速增长的发展阶段，资本认可，表现亮眼，更齐备了在长期竞争中保持领先的核心要素：一套完善的产品结构、坚固的技术护城河以及健康的营收和现金流。

根据招股书，2021 年至 2023 年，地平线营业收入分别为 4.67 亿元、9.06 亿元、15.52 亿元，营收复合增长率达 82.3%，毛利分别为 3.31 亿元、6.28 亿元、10.94 亿元，增长趋势明显。

资料显示，自2021年推出大规模量产解决方案起，按年度装机量计算，地平线已经是国内首家且最大的提供前装量产高级辅助驾驶和高阶自动驾驶解决方案的本土公司。目前，地平线已经与包括比亚迪、长安、长城、吉利、奇瑞、大众汽车集团等40多家主机厂达成前装量产合作，累计定点车型数量超过290个，已有超过150款车型达成SOP。

2024年上半年，仅凭借征程系列计算方案，地平线就以28.65%的份额位居市场第一，覆盖低、中、高阶全场景智驾量产需求。同时，地平线在自主品牌乘用车前视一体机计算方案市场（L2 ADAS）以33%的份额跃居第一。

此外，地平线还具备高度灵活及可扩展的商业模式。比如与大众的合作就是一个典型代表。2023年11月，地平线与大众汽车集团合资成立酷睿程科技有限公司，负责智能驾驶方案的研发。据知情人士透漏，酷睿程将为大众开发两套智能驾驶解决方案，目前高阶方案尚在规划阶段，L2＋级别的低阶方案研发进展更快。

可以说，地平线的IPO是集"天时、地利、人和"于一身，是在内外部环境综合考量下的结果，其背后既有着时代浪潮的助推，也有着地平线作为"智能驾驶先行者"对于技术、产品、品牌价值长期的坚守和打磨。

IPO不是终点，高阶智驾才是"最终战场"。

当然，对于地平线来说，IPO并不是终点。这一点余凯也曾经在朋友圈表示："上市不是结束，甚至不是结束的开始，但也许是开始的结束。"

在这个从0到1的阶段上，地平线取得了非常漂亮的成绩，至少在国内以及低阶的L2级辅助驾驶市场，诸如Mobileye之类的传统巨头，已经被远远甩在了身后。数据显示，今年上半年，地平线在中国市场自主品牌乘用车搭载的智驾方案中，以28.65%的市占率位居第一；在前视一体机计算方案市场（L2 ADAS）中，地平线则以33.73%的市场份额位居榜首。

但对于任何一家智驾科技企业来说，如何推动高阶智驾的落地乃至真正无人驾驶的愿景，才是最终的战场。尤其是面对激烈的市场竞争，动力性能、传统价值愈加"廉价"的背景下，各家车企都在寻找产品的溢价点，高阶智驾成了突破的核心。

在地平线看来，2025年是高阶城区智驾进入"跨越鸿沟"的决赛阶段。

2024年9月，地平线正式向外展示了其 Horizon SuperDrive™ 全场景智能驾驶解决方案（简称 HSD）的最新成果。通过在全国12座城市进行系统泛化能力的挑战测试，面对重庆急弯狭坡、大同连续环岛、广州的人车混行等不同城市的复杂环境，HSD 都展示出了极高的适应性和灵活性。

不难看出，站在高阶智驾爆发的前夜，地平线在执行的其实是一个朴素而行之有效的决策路径，即借助资本市场的力量，寻找更优质的资源，加速高阶智驾的落地。在这个意义上来说，挂牌上市之后，地平线如何高效率利用现有的资源，推动自身的进一步发展，对于整个智驾产业的发展，也是一个值得关注的重点。

第十一章

11 月

1.【11月1日】比亚迪10月销量破50万辆，11月第1000万辆新能源车下线

11月1日晚间，比亚迪发布10月销量海报，10月单月销量突破50万辆，达502657辆。其乘用车共销售500526辆，同比增长66.2%，再创中国车企月销纪录，再创全球车企新能源月销纪录，其中，海外销售31192辆。

从各乘用车品牌的销量表现看，王朝海洋销售483437辆，10月同比增长66.9%；方程豹汽车销售6026辆，腾势汽车销售10781辆，仰望汽车销售282辆。

从乘用车车型销售表现看，纯电动车189614辆，上年同期为165505辆，同比增长14.56%；插电式混合动力310912辆，上年同期为135590辆，同比增长129.30%。

根据中国汽车流通协会乘用车市场信息联席分会狭义乘用车批发数据显示，比亚迪10月销量比第二名吉利汽车的108700辆要高出391826辆。

11月18日，比亚迪第1000万辆新能源汽车下线，成为全球首家达成第1000万辆新能源汽车下线的车企。

2.【11月1日】全新奥迪A3发布，一汽奥迪在挑战中尝试应变

奥迪前段时间日子不好过，被各方"卷"得够呛。现在他们也要来"卷"别人了。11月1日发布的新奥迪A3，让"燃油党们"有肉吃了。有人说，这次发布的新奥迪A3，很大程度上可以看成是伪装成中期改款的换代车型。一个是因为新奥迪A3进行了动力升级。该车全系搭载了全新的EA211 evo 1.5T涡轮增压发动机，最大功率达到118kW，峰值扭矩为250N·m。相比老款1.4T发动机的最大功率110kW，新款发动机在动力输出上有了显著提升。新奥迪A3 WLTC工况下的百公里综合油耗仅为5.87L—6.04L，显著优于老款车型。而且，该车还支持加注92号汽油，大大降低了车主的负担。另一个是其外观进行了大升级，新车辨识度很高。这款车新打造出了独特的

"L"型镀铬装饰条，让整个前脸更加年轻、动感。两侧的空气导流槽经过重新设计，增强了车辆的稳定性和操控性。该车还首次引入了可发光的四环标志。在智能交互方面，新奥迪A3全系标配先进的虚拟座舱系统，该虚拟座舱系统具备强大的界面个性化定制功能。而且，该车还配备了IPA智能辅助泊车系统。可以看出，一汽奥迪很尽力地在迎合用户的喜好。

这次推出的有两个款型，一个是奥迪A3 Sportback，长4354mm，轴距2630mm；另一个是奥迪A3L Limousine，长4606mm，轴距2730mm。前者售价16.58万元—18.99万元，后者价格为16.99万元—19.39万元。也就是说，新奥迪A3最高也才不到20万元。这样的配置定价，可以说将重构20万元以内燃油车的市场价格。官方都这个价位了，更有些经销商喊出了比品牌官方指导价更优惠的市场报价。这让其他人怎么玩儿？

奥迪最近一个阶段压力很大。核心是要解决如何守住燃油车的传统阵地、如何守住BBA豪华车地位、如何开拓新能源市场等问题。奥迪品牌究竟是什么？产品应该是什么样的？用户喜爱、选择奥迪，究竟在选择什么？这些问题不回答清楚，在眼花缭乱的中国市场中，奥迪很可能会迷失自我。

从新奥迪A3身上，人们看到了一些积极的改变，更看到了奥迪的坚守。首先，是对自己对固有阵地的坚持。在燃油车市场，奥迪有自己的传统人群，铁杆粉丝，这些人喜欢奥迪，但也需要奥迪有新的样子、新的技术、新的派头，也需要奥迪进行快速响应和改变。新奥迪A3在这方面做得不错——外观改得更年轻，动力更换后更强劲，智能科技能配备上的尽量配备上，最重要的，价格既然已经卷成这样，索性，官方直给个打动人心的定价。奥迪划了条线，其他人就得看着这条线重新考量了。

第二，是对品牌的坚守。奥迪品牌素来强调科技。科技，曾经是奥迪的标签。对于传统汽车科技，奥迪有着很强的实力。新奥迪A3的1.5T发动机优秀的性能表现，让人眼前一亮。其他整车技术、底盘技术等都可圈可点。这份坚守很值得尊敬。据悉，奥迪接下来还有更多新技术、新产品投入市场。据说，其先进的电子电器架构下的新产品将会让人眼前一亮。如果这些能早日实现，早日推向市场，那么可以说，奥迪可期。

3.【11月5日】与中国同行60年，丰田进博会上诠释"可持续"的真谛

2024年，是丰田汽车产品进入中国市场的第60个年头。丰田以一场独特的展会纪念这个特殊的年份。11月5日，2024年第七届进博会在国家会展中心(上海)正式开幕。本届进博会上，丰田展台通过"Best in Town"（做当地最好的企业公民）、"Multi-Pathway"（多路径新能源技术）、"Mobility for All"（为了所有人的移动出行自由）三大主题区域，进一步展示了实现碳中和以及面向未来的发展理念。它不仅展示了丰田在新时代的汽车理念，也回忆了60年来在中国驶过的点点滴滴。

深耕市场，与中国汽车休戚与共

今年是进博会举办的第七年，作为连续七年参展的进博会"全勤生"，丰田展现出了自己在中国的坚守。现场展出的一辆来自1964年的"老爷车"，掀开了中国用户对丰田60年之前的记忆。来自1964年丰田首次进入中国市场的皇冠轿车，是丰田根植中国的序幕，从那一刻起，皇冠成为无数中国消费者对于豪华车的心之所向。其后，丰田佳美(凯美瑞)进入中国，更让"开不坏的丰田"深入人心。

丰田的产品与技术在持续的发展中伴随中国用户走过了60年，得到了超过2000万中国用户的喜爱和选择。而丰田"精益生产方式"为当时还在摸索阶段的中国汽车产业，乃至更多的制造业企业提供了宝贵的经验和启示。

丰田的"激进"与"全面"之道

新能源与智能化不仅掀起了一场技术的革新，更在对整个汽车产业格局进行重塑。面对新一轮变革，传统跨国车企正站在关键的十字路口左右摇摆，而丰田作为最早进入中国市场并在中国汽车产业发展中扮演重要角色的外资品牌，其早已给出了自己的选择。

就像在进博会"Multi-Pathway"（多路径新能源技术）展区所展示的一样，与大部分跨国品牌在电动化上选择主动"撤退"来降低自身转型压力的路线有所不同，丰田认为在汽车可持续发展和市场竞争中，多元化的技术储备才是应对不确定性的核心武器。从这个层面上来说，丰田的电动化发展战略，

包含混合动力车（HEV）、插电混动车（PHEV）、纯电动车（BEV）、氢燃料电池车（FCEV），而不是押注某一技术路线。

早在 2005 年时，丰田引进了混合动力的代表车型——普锐斯。十年之后，丰田在中国实现了混动车型的国产化，促进了后续 PHEV、BEV 的国产化，推动了多路径战略的落地；同年丰田带来了首款氢燃料电池车型 MIRAI。无论是混合动力车型的持续优化，还是纯电动和燃料电池汽车技术的积极探索，丰田都不遗余力。时至今日，丰田仍在践行 HEV、PHEV、EV、FCEV 在内的电动化汽车研发与普及，而即将上市的 bZ3C、铂智 3X 等车型都是丰田实现"全面"之道的有效证明。

在进博会上，丰田展出了在氢能事业的最新成果，相当于氢燃料电池车"心脏"的燃料电池系统排成一排，包括 TL Power150、260kW + 燃料电池系统，具备高效率、低氢耗、长寿命的特点，为车辆提供切实可靠的动力；还有搭载 TL Power300 燃料电池系统（双系统）的 49t 氢燃料电池牵引车，丰田提供长途重载运输场景下的双系统产品，将助力氢能在干线物流中发挥重要作用。

除了新能源汽车的技术、产品外，丰田也在积极储备面向未来的下一代电池技术。丰田不仅聚焦在使用阶段，在电能回收再利用方面也在开展诸多尝试，此次中国首次亮相的丰田 Sweep 储能系统，就可兼容多种类、不同衰减程度的退役电池，使不同容量的电池都能均衡使用，提升使用寿命。

多元化的技术发展是一条艰辛的路，为应对中国市场的竞争环境，丰田的在华战略已经从"In China，For China"升级到"In China ，With China"的全新阶段，强调本土研发，逐步加快本土产品迭代和技术升级的步伐。而这也充分证明了丰田始终坚守长期主义的价值观，能够根据时代需求变化不断调整，迅速将多能源技术战略与电动化、智能化趋势相融合，通过多路径实现了可持续性的发展。

在华公益路，30 余年不止步

丰田汽车产品进入中国市场整整 60 年。其间，在人才培养、环境保护等公益之路走了 30 多年。这就是丰田与众不同之处。在丰田的 60 年中国发展履历中，它最大的一个标签就是先履行社会责任，做当地最好的企业公民，将"量产幸福"带到丰田触及的社会当中。

今年的进博会上，可以明显看到丰田将很大一部分展台设置为"Mobility for All"（为了所有人的移动出行自由）。埃尔法福祉改装试作版的全球首次亮相，康复支持机器人 Welwalk 的到来，以及 bZ3 纯电动（福祉版）的即将投入使用，都可以看到丰田秉承初心，不断为中国用户提供社会所需要的多元化产品和服务，满足包括老人、残障人士等特殊人群在内的每一个人的出行需求。

4.【11月】特朗普赢得美国大选，中欧反补贴税谈判取得进展

2024年11月6日，特朗普宣布在美国总统选举中获胜，成为第47任美国候任总统，2025年1月20日将正式上任。"美国优先"、反对移民、贸易保护等政策倾向，在其重返白宫后很可能会成为迅速变成实际政策予以执行。

特别是贸易保护，特朗普一直强调要对出口到美国的商品加税。他认为外国输入的产品"大幅度夺取了本地美国人的工作机会"，胜选后，他承诺要让制造业和工业回流到美国，以及对外国输入的产品全面征收关税的承诺很可能将随之兑现。他表示考虑对所有进口商品征收10%至20%的全面性关税，并针对中国商品征收60%或更高的关税，甚至在底特律演讲中夸张地提到可能对中国车企在墨西哥的车厂施加高达100%甚至200%的关税，以确保此类车厂的产品无法流入美国。对待美国的盟友国家，特朗普同样发出了加税的威胁，特别是针对德国、日本、韩国，甚至包括加拿大、墨西哥等。当地时间11月25日，特朗普表示上任后将对墨西哥和加拿大进入美国的所有产品征收25%关税。同时，特朗普还宣称将对进口自中国的所有商品加征10%的关税。

特朗普在上一任期内便曾采取了一系列措施来限制中国产品的进口，并对大量中国产品征收关税，造成了较大冲击。2018年美国加征关税后，中

国商品在美国的市场份额由 2017 年的 22% 下滑至 2023 年的 14%，其中被加征关税商品的出口跌幅远大于其他品类。如果特朗普所说的对中国加税政策实施，那么中国商品在美国市场的份额将很可能进一步下滑。这将对中国经济产生不小的负面影响。

汽车行业也不乐观。早在特朗普执政时期，中国汽车除了面临一般适用于美国进口汽车的 2.5% 常规进口关税外，还需要额外缴纳 25% 的关税。204 年 9 月，美国贸易代表办公室官网已经公布了对华 301 关税调查中的关税相关细则，大幅度上调了电动车、锂电池、太阳能电池等中国产品的进口关税。其中，中国电动汽车出口到美国的关税将从 25% 提升至 100%，中国的钢铁、铝、电动汽车电池和关键矿物加征 25% 的关税。此外，美国商务部针对中国智能网联汽车的限制规定也开始实施，意图彻底将中国智能网联汽车排除在美国市场之外。

海关数据显示，2023 年中国新能源车出口量达到 177.3 万辆，同比增加了 67.1%；而 2023 年中国对美国出口的新能源汽车总量仅为 1.25 万辆，主要出口车辆来自特斯拉上海工厂等美国车企。尽管中国直接出口到美国的汽车数量较少，但借墨西哥作为出口美国的跳板之路是否能走通，已经很成问题了。根据《美国—墨西哥—加拿大协定》，诸多门类的产品从墨西哥出口美国、加拿大可享受较低关税，甚至零关税。墨西哥被不少中国车企视为进入北美市场的一块跳板，奇瑞、比亚迪、长城等车企均已经在南美布局。2024 年初，比亚迪被曝出拟计划投资 10 亿美元在墨西哥打造电动汽车工厂。5 月份，比亚迪首款皮卡 BYD SHARK 在墨西哥首发。此外，上汽名爵、奇瑞也曾被曝出计划在墨西哥建厂。数据显示，目前，中国在墨西哥建厂的 A 股汽车零部件公司数量已超过 20 家。

除中国之外，一些欧美车企也在墨西哥设有工厂并向美国出口。2023 年，墨西哥向美国出口了约 300 万辆汽车。其中，美国汽车制造商占据了一半的份额。墨西哥也是大众汽车、宝马汽车和奥迪汽车等车企的主要制造中心，生产的车辆主要面向美国市场。

为了堵住墨西哥这条"免税通道"特朗普对墨西哥曾发出过严重的关税

威胁，甚至起过想把墨西哥踢出《美国—墨西哥—加拿大协定》的念头。2024 年 10 月，特朗普在芝加哥经济俱乐部的演讲中表示，如果他再次当选，将对包括欧洲和墨西哥在内的进口汽车征收高额关税。"我们将对每一辆从墨西哥入境的汽车征收 200%，甚至是 1000% 的关税。如果我当选总统，你们就卖不出这些东西了。"

就在特朗普胜选前后的这段时间，中欧关于电动车反补贴税的后续磋商交涉一直在继续。

11 月 2 日，欧盟技术团队抵达北京。2—7 日，中欧技术团队在北京进行了 5 轮磋商，就欧盟对华电动汽车反补贴案价格承诺方案的具体内容进行了深入交流。[41] 据称，取得了一定进展。

11 月 4 日，中方将欧盟对我电动汽车反补贴终裁措施起诉至世贸组织争端解决机制。中方认为，欧方反补贴终裁措施缺乏事实和法律基础，违反世贸组织规则，是对贸易救济措施的滥用，是借反补贴之名行贸易保护主义之实。[42]

11 月 6 日，特朗普胜选，此后不断放话无差别对各方"加税"，欧洲感受到了巨大压力。中欧谈判变得微妙。

11 月 25 日，据德国媒体报道，欧洲议会贸易委员会主席贝恩德·朗格表示，欧盟在特朗普入主白宫后必须重新调整其竞争政策。他说，至少在有关中国电动汽车的关税争端中有望达成协议。欧盟目前仍在与中方就电动汽车发补贴税问题进行谈判，并将与中国达成取消关税的解决方案。

11 月 28 日，商务部新闻发言人确认了谈判取得进展的消息，目前磋商仍在进行中。[43]

5.【11 月 7 日】奥迪与上汽战略合作推出 AUDI 品牌，首款纯电概念车 AUDI E 亮相

11 月 7 日，奥迪发布新品牌 AUDI，其首款概念车 AUDI E 首次亮相。这是继 5 月奥迪与上汽集团签署战略合作协议后，迅速落地的合作成果。

新品牌 AUDI 及其产品是基于奥迪与上汽集团双方联合开发的智能数字平台共同打造的。

对于该平台，奥迪提供高端汽车产品设计和工程技术，上汽集团提供加速创新和成熟的技术生态系统。具体到这次亮相的概念车的研发合作，有消息称，奥迪方面负责 AUDI 概念车的外观、底盘调教等部分，上汽集团负责概念车的智能座舱、智能驾驶部分。据悉，智能数字平台具有高度通用性和灵活性，专为中型和中大型（B 级和 C 级车）智能网联纯电动车型设计，其平台设计尤其适用于底盘较高的 SUV 车型，以及极具动感的低底盘车身车型。首款量产车型为中型车（B 级车），预计于 2025 年年中发布。

对于此次新品牌发布和概念车亮相，奥迪和上汽集团重要高层给予了高度重视。奥迪汽车股份公司管理董事会主席兼技术研发董事、奥迪全球 CEO 高德诺（Gernot Döllner）、奥迪汽车股份公司管理董事会市场及销售董事石柏涛（Marco Schubert）、奥迪·上汽合作项目 CEO 宋斐明（Fermín Soneira）等多位奥迪高层，与大众中国董事长兼 CEO 贝瑞德（Ralf Brandstätter）一起，为新品牌 AUDI 站台。上汽方面，上汽集团董事长王晓秋，总裁贾健旭以及上汽集团副总裁、总工程师祖似杰，上汽大众总经理陶海龙等高层也悉数到场。

高德诺表示："通过发布这个聚焦电动智能网联车型的新品牌，奥迪将积极拥抱更多中国追求科技潮流的客户群体，进一步开辟在华增长新路径。""在（与上汽）正式宣布合作仅过了 6 个月之后，我们的合作成果在今天就已经呈现给大家。（2025 年年中起）接下来的三年里，我们还会有三款量产车陆续推向中国市场。"

来自奥迪的宋斐明担任奥迪·上汽合作项目 CEO。他此前是奥迪 A 级到 C 级细分市场电动车型系列负责人，是拥有 25 年大众集团工作经验的管理者，如今在上海带领项目团队并推动合作成果落地和新品牌的发展。宋斐明代表德方管理团队，拥有"一票否决权"，并直接向德国总部的奥迪 CEO 汇报。这一汇报体系充分显示出奥迪总部对该项目的重视程度，也表明奥迪上汽项目在整个奥迪全球战略中的独特地位。此前，奥迪方面曾表示，奥迪·上汽合作项目不只是一个"试验田"，而是一个拥有独立体系、全面支持的全新合作形式，涵盖了从研发到营销的完整布局。

对于新品牌 AUDI 的用户和产品，宋斐明认为，AUDI 品牌的目标用户是对技术有热情、渴望尝新的年轻一代，这种精确的定位区别于传统豪华车的受众，并为 AUDI 品牌赋予了更贴近中国市场的本地化基因。据悉，AUDI 品牌的产品策略不再单纯地对标奔驰和宝马，项目团队还将蔚来、理想等中国新势力列为参照对象。这表明 AUDI 品牌不仅是对传统豪华品牌的竞争，还要在本土市场中与新势力比肩，探索更具竞争力的价格和服务体系。

面对中国市场的快速变化，奥迪·上汽合作项目在研发流程上做出了重大调整。为应对高节奏的市场需求，该项目建立了德国奥迪、上汽集团和上汽大众三个协作团队，在德国与中国两地间进行不间断的接力式研发。通过这种"全天候工作模式"，项目团队可以在德国和上海进行实时交接，有效延长研发时间，使两地团队的日工作时长总和达 20 小时以上。同时，AUDI 品牌在研发方式上采用了"并联模式"，多个研发环节可以同时进行，大大提高了产品开发速度。此外，数字化的开发工具也让一些原本需要依赖实车验证的实验，通过虚拟手段在早期阶段就可完成，有效缩短了研发周期。宋斐明指出，奥迪·上汽合作项目的目标是"在白纸上重新绘制"，以最快的速度推出更符合市场需求的新产品。据悉，概念车 AUDI E 的研发周期约为 18 个月，相较于传统的 30 个月左右，时间进度大大提前。

这次亮相的 AUDI E 概念车长 4870mm，宽 1990mm，高 1460mm，轴距 2950mm，车型定位为 B 级纯电动 Sportback 车型。其前后轴双电机的总输出功率高达 570 kW，在标志性的奥迪 quattro 四驱系统的加持下，AUDI E 概念车零至百公里加速仅需 3.6 秒。AUDI E 概念车搭载的电池容量达到 100 kW 时，满电状态下 CLTC 续航里程超过 700 km。智能数字平台还采用了具备超快充电功能的 800 伏创新架构：快充 10 分钟即可使续航里程增加 370 km。

AUDI E 概念车的智能数字平台采用智能分区电子架构，可支持下一代智能汽车功能和远程在线升级（OTA）。该平台内置高通骁龙 5 纳米 8295 芯片，算力高达 30TOPS，确保用户获得高清的 AUDI 数字界面体验。AUDI E 概念车搭载了适用于行驶和泊车场景的高级智能驾驶辅助系统。远程泊车辅助系统和自学习泊车系统可实现无忧智能泊车。

奥迪·上汽合作项目在新品牌的塑造上也进行了大胆探索，没有采用奥迪经典的四环标志，而是采用字母 AUDI 的设计。宋斐明强调，这种做法使得 AUDI 品牌在定制化设计和产品风格上拥有更多自由，可以更迅速地调整，以应对中国市场的快速变化和多样化需求。这一策略既保持了奥迪对品质的执着，又赋予了品牌更强的本地化适应性。

【点评】从进入到融入，AUDI 能否成为解题新合资时代的"钥匙"？

11 月，中国和欧洲汽车行业的目光都聚焦在了上海：奥迪在这里正式发布新品牌 AUDI。奥迪和上汽的高层悉数到场。作为奥迪 115 年历史上首次发布的新品牌，全新的豪华电动汽车品牌 AUDI 不仅是奥迪·上汽合作项目的结晶，也被认为是合资企业努力解题新汽车时代的一次积极尝试——36 年前，奥迪成为第一个进入中国市场的国际豪华汽车制造商；36 年后，以奥迪·上汽合作项目为肇始，奥迪正在尝试成为第一个真正意义上融入中国市场的国际豪华汽车制造商。

新 AUDI 带来了什么？

从中国汽车走向市场化起，人们就有这样的疑问：豪华汽车的高溢价，到底是 LOGO 背后的身份、文化加持，还是高品质、高性能基础上的产品技术赋能？

几十年后的今天，不在沿用醒目四环 LOGO 的 AUDI，给出了自己的答案：新时代的"豪华"需要新的价值坐标。其中，新技术、新体验、新设计理念自然不可或缺，但能否从市场真实需求出发，构建全新的合资、合作模式，更快、更好地读懂新汽车时代更是重中之重。

今天的合资企业，正在中国市场经历着前所未有的磨砺与考验：在中国这个全球最"卷"也最先进的汽车试验场中，即便是最一流的汽车企业也很难独自应对所有挑战。

因此，合资企业需要在中国市场完成"蜕变"，就需要将跨国企业的产品、品牌积淀与中国企业在新能源、智能化方面的优势有机结合，实现真正的强强携手、优势互补。

AUDI 是奥迪基因与中国创新的结晶

对此，时任上汽大众总经理贾健旭就曾明确表示："拾遗补缺是必须的……关键还要动脑筋'拿'，要找到不足在哪里，知道从哪里能找到强项去弥补它这个缺。拾遗加补缺，这样才能说好'in China for China'的故事。"

今天，集合了奥迪与上汽综合优势的AUDI，正在成为贾健旭"拾遗补缺"理论的又一个重要样板。事实上，只有当那些荣誉满满的豪门车企放下身段，用更积极的态度与中国合作伙伴构筑全新的合作模式，用更年轻的方式聆听中国消费者的真实诉求，"新合资时代"才会真正开启。在这方面，奥迪无疑再次成为一个勇敢的"探索者"。

探索者的偶然与必然

尽管合资企业必须进行"中国化改革"已经成为行业共识，但想要走出舒适区依然困难重重。探索者需要的不仅是勇气，还需要足够的实力：上汽集团在新能源、智能化等方面的积累，也给了同行者敢于走出舒适区，直面新竞争环境的底气。

正是这样在产品、技术乃至模式层面更加深度的合作，让人们在首款AUDI E概念车上，既能找到奥迪经典的驾乘体验、独特的灯光设计，也能看到极具中国传统美学的设计元素以及更为前沿的数字及智能网联系统。

尽管AUDI E概念车尚未经过市场检验，不过奥迪与上汽合作中所产生的化学反应显然已经超出了很多人的预期。"（在大众汽车集团工作的）25年中我从来没有经历过像这样一个如此令人兴奋的项目。"在宋斐明看来，中德双方团队无缝衔接的高效配合是新品牌AUDI快速取得进展的关键。

奥迪与上汽产生了奇妙的化学反应

同时，宋斐明也提到，在项目推进过程中，与时任上海汽车集团股份有限公司副总裁、上汽大众汽车有限公司总经理贾健旭，现任上汽大众总经理陶海龙，上汽集团副总裁、总工程师祖似杰等高管的密切沟通、高度信任，同样是项目快速推进的关键。

而对于上汽集团而言，立足产业布局优势，进一步开拓全球视野，加速智能化、国际化转型是其着眼长期的战略发展导向。这从上汽集团的人员任用中也可以窥见一二：2023 年，曾负责过上汽集团整车业务在欧洲市场的开拓，并带领延锋走上智能化、国际化转型道路的贾健旭出任上汽大众总经理一职。而随着贾健旭履新上汽集团总裁，一个更具国际化业务经验和跨文化沟通能力的团队，正在成为上汽开拓海外业务、拓展合资新模式的主力军。这样的基础，也让奥迪与上汽新合作模式顺利推进成为必然。

美美与共的多元时代

尽管有着一个不错的开头，但是奥迪·上汽合作项目的未来发展依然充满不确定性：任何一个创新的合作模式，面对的从来不是确定性的成功，而是充满不确定因素的挑战与机遇。不过对于拥有庞大空间和复杂需求的中国汽车市场而言，多元化依然是中国汽车产业发展的必然：合资品牌与自主品牌的良性竞争与长期共存，才是产业变革带给中国乃至全球消费者最好的礼物。

多元化的关键，在于融合。"AUDI……融合经典奥迪基因与中国创新，充分诠释"美美与共"的精髓，为中国市场带来最先进、最优质的产品。"奥迪汽车股份公司管理董事会市场及销售董事石柏涛（Marco Schubert）如此认为。显然，上汽与奥迪方面对 AUDI 发布盛典"美美与共，共创新境"的主题都有着深度的理解。

尽管不同文化背景、不同擅长领域下的企业，想要实现真正的融合还需要更多的时间与耐心。但是随着奥迪·上汽合作项目的进一步深入，这一项目的未来也将为合资以及自主品牌提供更多的发展样本与借鉴意义。

与此同时，AUDI 品牌的未来也并不局限于中国："全球豪华汽车客户的平均年龄大概在 55 岁左右，而在中国大概只有 35 岁，20 岁的年龄差让中国用户对于豪华汽车的需求也非常不一样。"奥迪·上汽合作项目 CEO 宋斐明（Fermín Soneira）在谈到中国市场的特点时强调。

AUDI E 运用了更多年轻化元素

事实上，年轻化、电动化、智能化，同样是全球豪华汽车的发展方向。在这几个方面更领先的中国市场进行的突破与尝试，也有机会让 AUDI 在全球豪华汽车的未来竞争中，处于领先地位。届时，AUDI 更有可能成为中国汽车产业进一步向世界展示自身实力、实现"逆向合资"的完美平台。"（AUDI 品牌）如果能在中国成功，那就一定能在全球成功。"宋斐明对此也坚信不疑：AUDI 品牌将依托奥迪与中国顶尖科技技术成果，以中国市场为起点，向全球市场辐射奥迪豪华智能电动车的影响力。

也许，AUDI 这把"钥匙"打开的不仅是"新合资时代"的未来，更有可能为中国汽车产业在"最大"基础上走向成熟、走向"最强"带来更多可能性。

【点评】在新汽车道路上，新的变化才刚刚开始

没有想到，全新奥迪豪华电动品牌发布及首款概念车型 E Concept 的亮相会引发舆论的广泛赞誉。此前，几乎每个跨国车企在面对新汽车挑战时所采取的举措，包括推出的新产品，都很难得到认可。这种截然不同的反响背后，一定有值得深思的原因。

首先，在新汽车的道路上，跨国车企开始迎头赶上。我一直在讲新汽车的概念，它的内涵不仅仅是能源动力的转换，而是全新概念、技术、思路、供应链和方法的结合，创造出一种全新的汽车。它以新能源电动化为特征，以智能化和数字化技术为核心。这种特性对每一个传统车企来说，都是一个全新的认知过程。这次，奥迪与上汽合作的新品牌 AUDI 官宣，不仅传递出将传统的"四环标"换成奥迪字母标 AUDI 的信息，更重要的是，在新 AUDI 标志下，将推出基于全新开发的智能数字平台的纯电产品。这让大家觉得，奥迪对新汽车的认识到位了。记者们见多识广，之前很多跨国车企推出的新汽车总让他们觉得缺少了点什么。

其次，在新汽车的道路上，一定要了解中国汽车，融入中国市场。很多人说，这次全新奥迪电动品牌的发布被大家认同，一个重要原因在于与上

汽集团的紧密合作，成功将奥迪的基因与中国创新成果深度融合。奥迪全球董事石柏涛表示，中国在数字化和电动化方面持续树立了标杆。奥迪·上汽项目 CEO 宋斐明表示，中国正引领全球汽车行业的变革。了解中国汽车合资合作的人都明白，达成这样的共识非常不容易。一方面，过去的传统汽车时代是由跨国公司定义汽车；另一方面，新汽车的赛道是由软件定义汽车。中国汽车走在了前列，面对这一事实，跨国车企开始进行难能可贵的反思。人们常说，目标明确了，态度也有了，方法也找对了，剩下的只是时间了。

我始终认为，在新汽车的道路上，中国开了个好局，但最终实现领先远没有人们说的那么简单轻松。相反，我们要清醒地认识到，留给中国汽车企业的"好日子"不会太久，况且我们自身还面临很多迫切需要解决的问题。跟跨国车企一样，中国车企在新汽车的征程中，同样需要重新对标，需要有清醒的认识。

前不久，奔驰动力电池回收工厂在德国竣工投产。德国总理朔尔茨出席仪式。一般人不会理解，一个规模并不大的工厂竣工，为何政府首脑会亲自到场并发表讲话，这其中意味着什么？在仪式结束后，我与戴姆勒奔驰全球 CEO 康林松交流时，他表示这是奔驰迈向脱碳的关键一步。他提到，奔驰致力于零碳中和的未来，不仅在电动车领域，更在整个价值链中强调循环经济应该和脱碳相辅相成。这样的"高、大、上"的表态让我突然意识到，面对新汽车，奔驰的做法比我们想象的要深远得多。

过去一段时间，中国汽车市场常常有新势力和科技公司对传统车企"开炮""出题"，给人感觉是传统车企落后了。这话说了很多年，说多了难免让人产生疑惑，后来者说了这么多，推出了那么多的新科技，别人学也该学会了。更何况，传统车企中有大量的专业技术人才。有人说，后来者总说自己有别人没有的东西，而传统车企往往纠结于"有和好"的问题而不发声。拿着话筒不说话，话筒自然被说话的人抢了过去。虽然这样的比喻并不完全准确，但将新汽车的未来视为一个更复杂的议题，甚至与国家的循环经济联系在一起，至少为我们在讨论新汽车未来格局时提供了一些启发。

中国新汽车的领先，有一个必须强调的特点，那就是它的研发是建立在全新供应链基础上的。跨国车企百年领跑汽车行业，形成了稳定的供应链，但同时也限制了它们对新汽车的理解和想象空间。这一点，跨国车企已经意识到了。雷诺汽车在中国的合资经历并不成功，很多人都认为它已经退出了中国市场。实际上，这两年，雷诺在关闭传统合资厂的同时，悄悄地做了两件事：一是与中国的合作伙伴合作，将中国的新汽车产品和技术贴上雷诺的标志，通过雷诺的渠道在国际市场销售；二是在中国成立了面向全球研发中心，基于中国全新的供应链进行全球汽车的研发。据悉，不少跨国车企都在采用类似的方法推进新汽车的发展。这也是我认为中国汽车在享有先发优势的同时，必须保持紧迫感和危机意识的原因。

康林松表示，这两年，除了德国，他在中国停留的时间最长。他提到，奔驰每年年末都有一个"战略周"，所有高管集中讨论未来的战略。今年，他决定将这个"战略周"搬到中国，让大家感受中国所发生的一切，感受中国的速度与竞争，让大家明白中国的成功将助力奔驰在全球取得更大成功。奔驰已经在中国投入了数百亿用于新汽车的发展，最重要的是，康林松坚定认为，奔驰要做的就是在数字化体验方面引领风潮。明年，奔驰将开启新一轮产品攻势，这也将是奔驰历史上规模最大的一次。

在新汽车的道路上，新的变化才刚刚开始。

6.【11月】哪吒遭遇严重危机，积极谋求自救

11月7日，哪吒汽车传出开始进行大规模裁员。据媒体报道，有内部人士透露，此次裁员比例最高或达到70%。该人士还透露，目前全公司9月的工资只发放了一半，10月的工资发放情况尚未得到确认。对于裁员赔偿方案，该人士表示，目前听到的赔偿方案是N＋1，赔付将在60个工作日内落实。有哪吒汽车内部人士表示："正在分部门沟通，各部门有差异，总体比例没那么高。"对此，哪吒汽车相关负责人证实公司正在进行组织架构调整，比例未知。

早在2024年2月，哪吒汽车就被爆出迟发工资、年终奖、公积金等。

那时哪吒 CEO 张勇公开表示，员工年度绩效审核完成后，就会发放。此后，哪吒释放了不少积极信息，包括销量成绩、IPO 节奏等。在北京车展上 360 创始人也是哪吒投资人的周鸿祎还帮助哪吒上演了一场网红大戏，为哪吒汽车赚足了流量。6 月 26 日，哪吒汽车正式向港交所递交申请，启动 IPO 进程。按照港交所有关规定，企业申报港股 IPO 的材料有效期为 6 个月。截至 11 月暴雷，该 IPO 申请尚未获得通过。

除了裁员，哪吒汽车还面临着欠薪的困境。有媒体报道称，认证信息为哪吒汽车员工的网友在社交平台上发文表示，公司已经好几个月没有发工资了。这一消息再次引发了业界对哪吒汽车财务状况的担忧。一位员工表示："目前全公司 9 月的工资只发了一半，10 月的工资发放情况尚未得到确认。我们都在担心，接下来的工资还能不能按时发放。"

这充分表明，哪吒汽车的资金链已经面临巨大压力，财务状况非常严峻。

据哪吒汽车发布的数据显示，2024 年前 9 个月交付量为 8.59 万辆，同比下降 12.13%。这一销量数据不仅远低于年初设定的 30 万辆全年销量目标，也远远落后于竞争对手。据其招股书显示，哪吒汽车 2021 年至 2023 年分别实现营收 50.87 亿元、130.50 亿元和 135.55 亿元，但分别净亏损 48.4 亿元、66.66 亿元和 68.67 亿元，三年累计亏损高达 183.73 亿元。

资金链的严峻形势不仅影响了员工工资，还波及了供应商货款的支付。

11 月 8 日，A 股上市公司埃夫特发布公告，因合众新能源宜春分公司拖欠合同款约 4819.54 万元，公司已经向法院起诉宜春合众，要求支付拖欠的合同款并赔偿逾期付款损失。同时，埃夫特还将宜春合众母公司合众新能源列为第二被告，要求其对上述欠款承担补充清偿责任。

11 月 14 日，东风科技披露，因被哪吒汽车运营主体合众新能源拖欠货款共计 1273.03 万元，其子公司东风延锋向法院提起仲裁申请。14 日前，该案达成诉前调解。

11 月内，哪吒汽车新增了数起因合同纠纷而被诉至法庭，申请冻结股权或资产的申请。

11 月下旬，更传出了哪吒新能源汽车制造公司被桐乡人民法院冻结 10

亿股权的传闻。不过，25 日，公司回应称此为误读，经合众新能源公司申请，桐乡人民法院已经接触了相关冻结措施。

这家曾在 2022 年拿下造车新势力销量冠军的企业，在短短的 1 个月时间，接连被曝出裁员、欠薪、拖欠供应商款项等负面信息。一时间，哪吒似乎走到了生死边缘。

不过，哪吒汽车还在积极行动竭力寻求外部资源，以尽快实现供应链的稳定运营。

11 月 14 日，有消息称，哪吒正推进重大战略调整，大幅压缩整合一二级部门，优化管理层级，本轮调整后人效将提高 40%，组织运营效率提高 50%，相关运营费用大幅降低 50% 以上。哪吒汽车称，力争 2025 年 2 月实现经营现金流转正。

11 月 18 日，南宁产投汽车工业集团供应商大会在南宁召开，旨在推动哪吒汽车南宁工厂恢复生产和经营，保障哪吒 AYA、X 出口车型业务的持续进行。参加此次供应商大会的企业包括南宁产投集团及旗下汽车工业集团、柳州五菱汽车工业公司，以及合肥国轩高科动力能源、湖南中车时代电驱科技、广西双英集团等数十家供应链公司。据悉，早在 11 月 4 日就传出，哪吒汽车与南宁产业投资集团达成战略合作，后者将为哪吒汽车提供供应链金融支持，帮助哪吒汽车全面统筹、组织在南宁基地的原材料采购、生产、物流 KD 件出口等业务。通过天眼查 11 月查询信息显示，南宁产投集团为南宁市人民政府市管企业，南宁产投汽车工业集团则由前者 100% 出资成立，对外投资有多家汽车产业链、供应链企业。

据资料显示，南宁工厂为哪吒汽车出口车型的生产基地，产品包括哪吒 AYA、哪吒 X 等。哪吒汽车此前已进入东南亚市场。

7.【11 月 8 日】提前实现年销 50 万辆任务，找寻捷途密码

11 月 8 日，2024 捷途汽车全球旅行 + 大会在福州举行。这是捷途汽车首次面向世界，邀请来自全球 62 个国家和地区的 1000 多位旅行玩家，全

面展示"旅行 +"战略成果，并发布全球生态品牌"JETOUR LIFE"、全球用户品牌"捷途同行 Traveler"，正式推出捷途和平精英战神版。捷途汽车以中国的"旅行 +"引领全球旅行越野文化，让世界用户共享中国汽车品牌高质量发展带来的。

11 月 15 日，在第二十二届广州国际车展上，捷途汽车携自由者、旅行者、山海 T1、山海 T2、山海 L7、新大圣、和平精英战神版等集体亮相，向全球用户秀出了捷途肌肉，再一次引发了人们的高度关注。

"捷途"，一个创立短短 6 年的中国汽车新品牌，截止到今年 10 月底，已经累计实现销量 439327 辆，同比增长 89.3%。其中，国内销量达到 283610 辆，同比增速 113.3%，预计 11 月底提前实现年销售 50 万辆的目标。对比整个汽车行业的微增幅，这个速度令人咋舌。然而这仅仅是个小目标，据悉，捷途汽车预计到今年底能够实现销量 55 万辆。2025 年，他们将挑战 80 万辆目标。

今天，人们看到的捷途汽车，已经不仅仅是一个汽车品牌，更是一个面向全球的，一种生活方式的代名词，一类人群的集合体，一种汽车文化的印记。人们更愿意用"捷途现象"来高度概括这个后起之秀的一切。

那么，为什么捷途汽车能有这样高的速度、这样高的人气、这样强劲的发展能量？捷途高速成长的密码究竟是什么？从他们最近的一系列动作和成绩，特别是国际化的成就中，人们似乎可以一窥端倪。

可以说，捷途不仅仅是中国的捷途，更是世界的 JETOUR。从今年 1—10 月国内外销量的占比来看，国内销量占捷途汽车总销量的 64.56%，海外销量占 35.44%。可以看出，捷途对海内外市场是并重的。

早在 2019 年的时候，他们就开始进行全球化战略布局谋篇海外，目前已覆盖中东、非洲、中南美、亚太、独联体等 63 个国家和地区，已建立起 2000 + 销售及服务网络。特别是 2024 年，捷途汽车正式进入南非、马来西亚、印度尼西亚等右舵新兴市场，并在积极布局欧盟 / 类欧盟市场。

在海外市场，捷途作为中国汽车品牌的典型代表，表现突出。奇瑞汽车股份有限公司副总经理李学用表示，中国汽车征战全球主要有四大优势：

第一是新能源的优势，电池、电机、电控、混动的技术优势；第二是供应链的优势，布局完善、成本优势、反应速度快；第三是针对跨行业电子产业、互联网产业全面融入汽车产业所带来的优势；第四是整个适应市场的反应速度、尊重用户的企业的进化创新能力。而这些不仅仅是对中国品牌走向世界优势的总结，更可以被视为捷途高速发展的关键因素。

抓住新能源的优势，特别是混动赛道

关于新能源的优势，李学用认为："过去大家划分车型是否豪华，大多以发动机的排量作为主要的标准，而现在由于有了混动技术和纯电技术，我们可以同样用1.5T的混动发动机、2.0T的混动发动机，加上电机的辅助，带来400kW、500kW、600kW的功率输出，完全可以达到V6、V8等发动机更强大的输出动力。因为有了电动和混动，让豪车不能只是以发动机排量的大小来划分。"

中国在新能源技术的电池、电机、电控、混动技术应该说走到了世界的前列。"我们在混动技术上，目前采用插电式混动技术，它既可以用油又可以用电，应该说是很好地能够满足用户的需求。如果说中国市场大家比较喜欢动力强劲还更省油，当我们输出到海外的时候也一样，比如在乌兹别克斯坦这个国家，混动车一去到了乌兹别克斯坦就很受欢迎，说明全世界的用户都是一样的，都希望动力更强悍而油耗更低更经济，所以我相信中国的混动技术在全球都会获得更大的欢迎。"捷途要打造全球第一电混越野品牌。在中国，对于混动的市场反馈又何尝不是如此？

供应链的能力也会转化到主机厂身上

关于供应链的优势，李学用表示，正是因为有了完整的供应链作为支撑，中国汽车，特别是捷途才能在短时间内打造新的汽车品牌。"这在全世界其他国家，我相信是没有这个优势的。"不仅如此，"中国的供应链完善、反应速度快，而且成本能力极强。这种成本能力也会转化到汽车主机厂身上来。"李学用说。中国汽车供应链强悍的成本能力，在今后激烈的国内市场竞争中，将发挥更关键的作用。正因如此，奇瑞一直在强调"In somewhere，For somewhere"的理念，要将中国的供应链带到全球去，服务当地市场。这与跨国汽车公司在华喊出的"在中国，为中国"大有异曲同工之妙。

跨行业应用结合将"新"植入人心

关于跨行业应用结合的优势，"我认为中国的汽车在跨行业的应用结合上肯定走在了市场的前列。"李学用说，"在中国，将互联网技术、3C电子产业的技术等，应用到汽车上，已经很成熟了。"比如说自动驾驶辅助功能、智能座舱的诸多功能，以及冰箱、彩电、沙发等舒适性配置等，这些都已经能很好地应用在汽车上了。"中国企业很善于将跨行的优势整合到汽车行业里面来，而跨行的优秀企业也进入了汽车行业，比如说华为、小米，因为有它们的进入，所以它们将电子产业敏捷的反应能力、高度依赖互联网的营销能力、先进的科技突破能力迅速带入到汽车行业，将中国整个汽车产业很有效地跟电子产业进行整合和互联网产业进行整合。"

用户思维、快速反应，在捷途这里不是句空话

关于面对用户快速反应，进行创新的优势，很多人基于此认为，捷途是一个将自己视为一家具有客户思维、创新思维、快速反应思维的新汽车品牌。李学用表示，中国品牌在适应能力、在满足用户需求、快速做出市场反应和应对的能力上，相对国外品牌是比较强的。他说："我们要向传统的汽车产业，比如说日本企业、德国企业学习他扎实的发动机技术、底盘技术、操控等。我们一直在迭代、一直在学习，奇瑞27年以来一直在研发发动机，一直在做底盘。与此同时，我们更具备在中国这块土地上，大家对用户的深刻理解。我们认为，汽车带来的享受，不仅是驾控，还有更多的互动、更多的舒适、更多的回馈、更多的价值体验。"捷途一直在做加法，这种加法都来自用户的喜爱、来自对用户的尊重、来自用户需求的汽车的演变，而不是主机厂认为汽车应该是什么样一个交通工具。"这个理念太不一样了，要完全按用户的需求来，所以这样打造汽车的差异化、迅速迭代的能力和迅速应对市场反应的能力，我认为是很有优势的。"

在国内，捷途有直面客户的工程，目前已经直面通过微信好友方式添加超过31万名用户，收集用户超过5万条意见，一般用户意见的采用率为5%

左右，可以说，捷途的车是与用户共创出来的。"我们每一款新车从立项开始到最终定型出车，都有与用户不低于20次以上的深度共创，不低于百次以上的意见征集共创，所以才有捷途汽车，在海外我们也是一样。"李学用说。

上述这四点，似乎能够让人看到捷途成就的源泉。但这里需要强调的是，这些关键点，不仅仅是捷途汽车看到了，很多汽车行业里的有识之士也都能看到。但为什么捷途能够充分释放出其中的巨大能量来？这里，蕴藏着其独特的密码——坚实的技术底座和持续拼搏的企业文化。

捷途密码——技术与拼搏

李学用认为，作为捷途的本身，首先还是技术，不管在中国，还是在全球，产品的本身是技术，品牌的本身是产品，用户的选择是在选择产品、选择品牌、选择技术。奇瑞基于27年的发动机和变速箱的技术能力，再结合中国目前比较成熟的电机电控能力。因此，可以说现在，捷途是"站在巨人的肩膀上，打造捷途的昆仑越野平台、打造捷途的混动越野技术"。"我们希望

2024年前10个月，捷途累计销量约为43.9万辆，同比增长89.3%。奇瑞汽车股份有限公司副总经理李学用认为，捷途密码可能没什么特殊之处，唯有技术和拼搏精神。

打造全球第一的混动越野品牌，希望以混动作为主要的突破点，这是因为我们的混动系统是由奇瑞高功率、大扭矩的混动发动机，再结合 P1、P3、P4 三个电机构成，这样输出功率可以做到 400kW 左右到极限 1200kW。这样再通过我们的混动变速箱，去调节功率和扭矩，做到低转速、大扭矩。我们有 1 挡、2 挡、3 挡混动变速箱。大家知道电车很多是单挡位的，我们用了更具技术优势的 3 挡混动变速箱。"得益于奇瑞坚实的混动技术，上个月上市的捷途山海 T2 这款自重 2.3 吨左右的 SUV，凭借其 115 千万的发动机，外加 3 个电机，采用 P1、P3、P4 结构，总的输出功率可以达到 455kW。"山海 T2 在挑战被称为中国'沙漠珠峰'的必鲁图峰时，毫不废力，在落差接近 600 米的道路上，行驶超过 1km，直接一口气就爬上这个'沙漠珠峰'。"李学用说，"这个地方，据说只有价格超过百万的越野车自称上去过。所以我相信强大的技术能力是我们能做好全球'旅行 +'的关键和根本。"

另一个就是拼搏精神。中国品牌车企比外国品牌更有拼搏精神，捷途似乎又是其中的佼佼者。"捷途能取得这个增速，也是我们团队内部在不断地挑战自己。"捷途汽车副总经理、国内营销中心负责人张纯伟表示。"挑战"这个词的背后，是夜以继日的辛勤工作，以及在研发、制造、用户、渠道、品牌、营销、传播等众多链路上的创新和体系建设。人们很容易将捷途的这种拼搏文化与加班结合在一起，但是，拼搏来自内心的事业感和责任心，而加班仅仅是被动的应对工作。两者进发的创造力和执行力是不能同日而语的。但要能让人具有这种持续的拼搏精神，没有一个好的团队文化，没有一个传承下来的优良传统，是很难想象的。

捷途密码可能也并没有什么特殊之处，一说起来，大家都知道，但要是真做起来，而且是坚持做下去，这背后没有精神和文化力量的支持，几乎是不可能的。捷途密码，很难被复制的原因，恐怕也正源于此。

8.【11 月 12 日】红旗品牌九章智能平台隆重发布

11 月 12 日，在于深圳举行的 2024 中国一汽红旗品牌新能源之夜活动上，红旗品牌九章智能平台隆重发布。

作为新红旗具身智能体的"大脑"，九章智能平台统领认知、计算和决策。其以全栈自研的飞刀架构为中枢，构建了强大的整车智能化底座，通过车云协同的 AI 算法持续训练迭代，为用户提供"随心"的灵犀座舱和"安心"的司南智驾。

其中，FAW.OS 是飞刀架构的灵魂。它是九章智能平台的整车级操作系统，采取了红旗独有的"三维一体化"技术：软硬件一体化、交互一体化、算力一体化，使得智能汽车、路侧设施乃至个人终端之间形成完整的生态系统。

在飞刀架构的坚实基础之上，全新一代"红旗灵犀座舱"应运而生。九章智能平台将"体验式数字座舱"的理念拓展至用户全链路的使用场景。在"五觉"设计中，重点打造用户感知度最高的视觉、听觉，智能调动整个座舱的原子功能，让用户感受到心有"灵犀"一点通的妙趣。

全新一代"红旗灵犀座舱"拥有行业首发的同轴双焦面 AR-HUD，具备 65 英寸超大沉浸画幅、远近景结合的呈现方式，并融入可动态调节显示视角的 AI 人眼追踪技术，让信息获取更轻松；全新一代"红旗灵犀座舱"的九成音响，采 DiracPRO 高端音效算法和自研的"零"失真管理算法等，实现 36 声道的完美协同配合，音乐发烧友亦可拉满沉浸感；搭载只需 30 分贝的"悄悄话"即能唤醒的语音助手，通过意图决策控制引擎让对话效率更高，正常 15 秒的导航对话可缩减至 5 秒，做到句句有答复、事事有回应的高效率沟通。

为满足用户多样化需求，九章智能平台的"红旗司南智驾"提供了 5 种系统解决方案，构建了覆盖"算法—算力—数据"的技术集群和软硬件全栈产品集群。

为了提升感知精度，红旗品牌采用了三目立体视觉方案，仿生双目可精确锁定目标的立体形状和空间位置，测量精度达到 5 厘米；长焦单目则能识别 300 米以外的目标，保障高速场景的安全性。

更值一提的是，红旗司南智驾已在全国所有城市实现 99% 以上的左右转成功率，支持路径长达 2km 停车楼跨层记忆泊车，平均耗时不到 30 秒，真正让用户解放双手，尽享从容。

目前，红旗品牌正在开发下一代融合了"视觉、语言和动作"的多模态世界大模型，推动智能汽车不断向四轮具身智能体进化。

9.【11 月 14 日】2024 年中国新能源汽车第 1000 万辆下线

11 月 14 日上午，2024 年中国新能源汽车 1000 万辆达成活动在湖北武汉举行。这是中国新能源汽车产量首次突破年度 1000 万辆。

资料显示，从 2009 年的"十城千辆"规模推广起步，到 2018 年年产销量过百万辆，中国新能源汽车用了近 10 年时间；再到 2022 年的年产销量超过 500 万辆，用了约 4 年时间；进一步到今年产量首次突破年度 1000 万辆，仅用了约两年时间。

数据显示，2023 年，中国新能源汽车产销量占全球比重超过 60%。同

11 月 14 日，2024 年中国新能源汽车 1000 万辆达成。

时，中国新能源汽车持续领跑全球，引领着全球汽车产业的转型发展浪潮。据统计，从 2015 年开始，中国新能源汽车产销量连续 9 年位居全球第一。

10.【11 月 14 日】吉利优化极氪、领克股权结构，推进全方位整合

11 月 14 日，吉利控股集团发布公告，将向吉利汽车（吉利汽车控股有限公司的简称，股票代码：0175.HK）转让其所持有的 11.3% 极氪智能科技股份。交易完成后，吉利汽车对极氪的持股比例将增至约 62.8%。同时，对领克汽车进行了股权结构优化，极氪将持有领克 51% 股份，领克其余 49% 股份继续由吉利汽车旗下全资子公司持有。

在当天的吉利汽车控股有限公司 2024 年三季度业绩电话会上，吉利汽车控股有限公司行政总裁桂生悦详细解读了此番整合的幕后考量，吉利控股集团总裁、吉利汽车集团董事长、极氪智能科技 CEO 安聪慧明确了两个品牌整合后的发展方向。据悉，此次整合意在梳理两个品牌的管理线条，实现效率提升，避免内耗，未来领克与极氪品牌都将保留，但会在产品层面有更明显的区隔。

桂生悦解释称，在整合前，吉利汽车、沃尔沃和吉利控股分别持有领克 50%、30% 和 20% 的股份，此次极氪收购吉利控股和沃尔沃持有的 20% 和 30% 股份，并通过向领克增资实现控股 51% 的目的。"此次操作完成后，吉利汽车将成为极氪的绝对控股股东，同时透过极氪所持有的领克权益，从原先的 50% 上升到 81%。"桂生悦说。

从根本上讲，此次整合完成后，吉利汽车和极氪的股权架构都会更加清晰明了，同时理顺管理线条，并大幅减少了关联交易。此外，此番整合中，尽管沃尔沃退出了领克的股东，但依然会为领克在海外，尤其是欧洲市场的发展提供支持。桂生悦透露，未来领克会与沃尔沃继续加强合作，并且找到了更合适的合作方式。

整合，在现阶段对于极氪与领克两个品牌有着共同的正向价值。"如果不整合，无论是领克也好，极氪也罢，综合竞争力一定是上不去的。"桂

生悦说。两个品牌虽然有不同定位，但在售价有重合交叉的情况下，必然会带来"同业竞争"问题，企业运营过程中也会出现相互影响的"内部矛盾"，站在吉利汽车的角度，这必然对整个公司的发展不利。

此前两个品牌遭遇的一些市场问题也说明了整合的重要性。例如领克Z10 的上市时，有被认为背后是极氪的影子。有人指出，领克的纯电产品如果极具竞争力上市，就可能会影响极氪的市场，但兼顾极氪的利益后拿出的产品，又被舆论诟病是极氪的"库存货"。而如果未来极氪进入到插混市场，也几乎可以肯定会面临同样的挑战。"如果不整合，我相信这样的事情会越出越多。"桂生悦说道。另外，整合也可以帮助两个品牌更好地实现资源共享，避免重复投资和叠加花费的局面。

两个品牌的整合，可以在研发、架构、销售等层面实现资源高效利用，同时拉升规模带来成本降低。这也是当下市场环境改变后，面对激烈竞争的一种必然选择。这些优势包括消除同业竞争；品牌定位互补，助力产品组合提升；产品架构统一，实现研发能力互补；销售网络互补，扩大用户触及范围；规模经济效益，推动降本增效。

桂生悦还透露了一个细节，即这次吉利汽车从母公司收购极氪股份全部采用现金支付，而非以往以股份和现金结合的方式，是因为吉利汽车希望保障小股东的权益不被稀释，同时对吉利汽车未来发展有坚定信心，此外目前良好的现金情况也提供了条件支撑。

就在此次股权调整前不久，吉利将几何品牌并入到银河品牌体系。这也是《台州宣言》后的首次整合。吉利汽车集团 CEO 淦家阅透露，通过整合，几何经销商纳入到吉利银河 B 网，整体的标准得到全面升级，对客户和经销商都带来价值。同时，采购、技术、质量等都实现了协同，减少浪费，提升效率。同样的效能，也会体现到领克与极氪。

安聪慧表示领克与极氪未来会保持双品牌战略，在市场端相对独立，极氪定位豪华科技品牌，覆盖主流豪华市场，领克定位全球新能源高端品牌，覆盖中高端市场。两个品牌依然会保持品牌价值感和产品价位的区隔，以实现市场覆盖的最大化，但会从产品层面进行梳理，以避免产品的市场冲突。

以车型来看，极氪将聚焦于中大型车型，而领克主打中小型车型。而以能源形式划分，领克在小型车上聚焦纯电，在中型车上聚焦混合动力；极氪在中型车上聚焦纯电，在中大型车上聚焦混合动力。在技术层面，两个品牌将完成最大化的协同，包括机械架构、电子架构、三电系统、智舱和智驾领域，通过2—3年的时间进行聚焦。"我们在机械架构层面，会最大程度减少架构数量，在电子架构层面会逐步走向统一，智驾则要全面自研和统一的技术路线。座舱硬件、底软保持一致，但应用层面会保留领克的flyme Auto和极氪的ZEEKER OS。"安聪慧表示。

据悉，在完成技术协同整合后，也会更好地改善供应链规模化效应和现有工厂的产能利用率。此外，相关支持部门会完成组织优化和效率提升，以实现成本降低。安聪慧预计，研发投入可以降低10%—20%，供应链规模化效应可以降低成本5%—8%，产能利用率提升看降本3%—5%，行政部门的整合可以降低10%—20%成本。

此外，在渠道建设层面，领克与极氪也可以实现高度互补，极氪目前聚焦于一二线市场，而在三四线市场，借助领克的协同，可以快速覆盖市场，并且降低渠道建设投入。

安聪慧还透露，在领克与极氪发挥协同效应的同时，极氪与吉利汽车在未来也会有进一步地协同，在研发、测试、制造等领域，实现大吉利控股层面的共享协同。

【点评】吉利的战略整合反映出中国汽车正迈向稳健调整新阶段

这次吉利控股集团推动的领克与极氪的整合，标志着在落实《台州宣言》以及推进吉利战略转型走向深入迈出了至关重要的一步。

今年9月，吉利控股集团董事长李书福代表吉利汽车发布《台州宣言》。在此宣言中，吉利控股表示未来通过"战略聚焦、战略整合、战略协同、战略稳健、战略人才"五大举措，提升竞争力，推动可持续发展。从《台州宣言》出炉至今，舆论场始终对这一战略性的宣言保持了高度关注。

在业内人士看来，《台州宣言》能够得到大家的广泛关注，本质上是中国汽车走到今天，面临诸多内外部挑战以及问题的时候，大家也在思考中国汽车的下一步究竟去向哪里以及以什么样的方式去往目标。吉利作为世界 500 强车企、中国民营车企的先锋代表，它的决策和办法能够给到大家一定的借鉴意义。目前，汽车行业的发展已经到了一个全新的阶段，即"既要讲速度，又要讲协同，还要讲成本"。吉利此次的整合其实也体现了这样的基本特征，其不仅符合企业自身的发展需求，也顺应了行业当前的发展趋势。

从这个角度来看，这一次极氪、领克以及吉利汽车的股权调整，就有了更为深刻的意义。

中国汽车：从扩张到调整的必然转变

入世以来，尤其是过去的十年，中国汽车产业迎来了前所未有的发展机遇，一大批中国汽车企业在此千载难逢的机遇中一跃成为全球知名的汽车企业和品牌。

在此过程中，扩张是中国汽车企业共同的选择。无论是民营车企还是国有车企，都不约而同地带领行业创造了前所未有的扩张期。在这一时期，几乎所有车企都通过并购、合作、新建和自主研发迅速扩大规模，国内市场的竞争愈加激烈，国际市场布局也遍地开花。

然而，随着市场竞争的加剧，原本依靠扩张带来的市场份额和规模效应的模式逐渐暴露出问题——资源浪费、重复建设、品牌内耗等一系列弊端，开始困扰行业的发展。

更为严重的是，"内卷"现象的加剧。过度的市场竞争导致了大量同质化产品的出现，各大车企在价格、技术、设计等方面的差异化逐步缩小，竞争变得更加无序和低效。过去依赖扩张和单纯追求市场份额的策略，已难以适应今天复杂多变的全球经济环境和国内日益激烈的竞争压力。行业已经进入了一个转型的关键时刻——从过去的扩张时代进入到调整与稳健发展的新阶段。

这一转变不仅是吉利控股面临的挑战，也是整个中国汽车行业普遍面临的问题。车企们必须从"做大"转向"做强"，从单纯追求规模的扩张，转向聚焦核心竞争力、优化资源配置和提升运营效率的战略调整。单靠增加市场份额和品牌数量，已无法保证长期可持续发展，反而可能带来更多的内耗和资源浪费。

行业分析人士指出，吉利控股的股权调整正是顺应这一大趋势，通过优化内部品牌结构、加强品牌间协同，减少重复投入和竞争，提升整体的运营效率。这一举措不仅帮助吉利集中力量推进核心业务，也为未来的长远发展打下了更加稳固的基础。在全球竞争环境日益复杂的今天，企业必须冷静审视过去的扩张逻辑，优化资源配置，形成核心竞争力，才能在未来的竞争中立于不败之地。

让吉利更协同、更高效

长期关注吉利控股的业内人士普遍认为，吉利此次股权调整的核心意义，实际上是对其庞大品牌体系进行深度梳理，是对过去一系列品牌产品布局重新审视。

过去几年中，吉利控股通过多元化的并购和自主研发，建立了包含沃尔沃、路特斯、吉利、领克、极氪、极星、LEVC等多个子品牌的复杂商业结构。尽管这些品牌在市场定位上有所区别，但在实际运营中，品牌间的资源重复投入和相互竞争不可避免，这种竞争往往导致了整体资源配置的低效与内耗。这一现象不仅影响了品牌的独立性，也导致了整体竞争力的分散，成为吉利在未来竞争中的潜在风险。

此次股权结构优化调整，不仅将吉利汽车与极氪之间的资本纽带进一步加强，更关键的是，极氪与领克两大品牌将在技术研发、产品设计、供应链管理、生产调度等多个层面实现更深度的协同。

这种协同效应的提升，意味着吉利控股能够更好地整合资源，减少重复投入，消除内部分歧，从而优化整体运营效率。正如前文所言，对于当前激烈的市场竞争而言，单纯依赖过去的扩张模式和品牌多样化战略，已经无法满足未来市场的需求。

行业分析人士认为，通过加强品牌间的协同与资源整合，吉利控股不仅能提升旗下品牌的市场竞争力，更能有效提高整体集团的运营效率和创新能力。

根据吉利方面透露，未来极氪将继续聚焦高端豪华市场，以其"豪华、极致、科技"的品牌定位，与领克的"潮流、运动、个性"形成鲜明区隔。两者将在产品研发、制造流程、营销渠道等方面实现高效协同，最大化技术创新的潜力与市场拓展能力。通过这种协同，吉利控股不仅能够加速资源共享和成本管控，还能在激烈的市场竞争中更具备突出的市场响应能力和创新速度。

在全新的市场环境下，企业必须走向高效、协同的运营模式，才能在全球新能源汽车行业中占据领先地位。吉利控股的此次股权调整，既是应对内外部市场变化的务实之举，也是迈向长期可持续发展的关键一步。未来，吉利控股将通过这种深度整合，持续提升核心竞争力，进而实现更高水平的全球化竞争和品牌价值的提升。

引领中国汽车行业迈向稳健调整新阶段

在吉利控股宣布股权调整方案后，业内出现了不同的声音。有观点认为，这一调整在某种程度上揭示了吉利过去扩张品牌决策上的一些失误。对此，有专家指出中国汽车行业正是在变化中不断学习、总结和提升的，如果不变，就没有今天的市场规模。市场在变，消费者在变，内外部环境在变，企业不变怎么行？这番话直指行业发展的动态本质，反映出任何决策都是在特定历史条件下做出的。

与此同时，也有业内人士认为，不能仅凭今天的市场状况来否定当年的决策，这显然是错误的历史评判方式。的确，从今天的视角来看，吉利的多品牌战略已经面临资源整合和效率提升的需求，但过去的决策也有其合理性和时代背景。事实上，企业战略的正确与否，应该在当时的宏观环境、市场需求、消费者行为等多重因素的综合影响下进行评估。

吉利的股权调整不仅仅是其内部战略的优化，更代表了中国汽车行业正在经历的一场深刻变革。进入深度调整期的中国汽车行业，正面临着前所未有的市场挑战。国内市场竞争日趋激烈，国际市场的不确定性不断增加，促使车企必须从战略层面进行深刻反思和自我重塑。如何优化资源配置，减少无效竞争，提升效率并实现可持续发展，已经成为全行业的共性问题。

在此背景下，吉利控股选择了"聚焦与整合"的战略。这一战略调整，不仅是吉利自身发展的需要，也为整个行业提供了一个宝贵的示范。通过优化股权结构、加强品牌间的协同，吉利控股正朝着更加稳健、高效的方向迈进。极氪与领克的深度协同，将在研发、生产、营销等多个方面形成合力，提升整体竞争力。这种从多品牌战略向集中聚焦的转型，表明吉利对行业未来的深刻洞察，也让我们看到中国汽车企业在全球竞争中的战略进化。

11.【11月15日】广汽集团发布三年"番禺行动"，挑战自主品牌销量200万辆

11月15日，在第22届广州车展上，广汽集团宣布开启三年"番禺行动"，通过四大改革举措、五大保障，力争在2027年实现自主品牌占集团总销量60%以上，挑战自主品牌销量200万辆。广汽集团总经理冯兴亚在发布会上表示："广汽集团新的转型变革已经迈出了坚实的步伐，我们将砥砺前行、不负众望，未来三年为大家呈现一个全新的广汽！"

广汽集团在本次车展正式发布三年"番禺行动"，希望在保持品质、安全、用户满意度行业领先地位的基础上，通过品牌引领、产品为王、科技领先、国际市场拓展四大改革举措，再造一个充满干劲的"新广汽"。

在品牌引领方面，广汽集团希望在保持其自主品牌"高品质"共性的前提下，重塑自主品牌的品牌特色，把广汽传祺打造成主流、大气、高品质的首选，把埃安打造成先进、新潮、高品质的代表，把昊铂打造成科技、豪华、高品位的代名词。

在产品为王方面，广汽集团未来三年，自主品牌22款全新车型将密集推出，其中2025年上市7款，全面覆盖纯电、增程、插混等所有主流新能源动力形式，满足不同消费者的多元化需求。广汽传祺将与华为深入合作，推出全新的中高级SUV、MPV和轿车三大系列车型，全部搭载华为的高阶智驾技术；埃安、昊铂的主力车型将全系搭载广汽增程技术，纯电续航、综合能耗都将达到行业领先水平。

11月15日，广汽集团总经理冯兴亚发布三年"番禺行动"。

在科技领先方面，广汽集团坚持打造科技广汽，截至目前累计自主研发投入超过 500 亿元。在新能源领域，已经量产了行业领先的弹匣电池、超级快充、夸克电驱技术，全固态电池技术也会按计划在 2026 年装车搭载。另外，在智能化的下半场，广汽埃安今年连续推出了四款高阶智驾车型，率先将高阶智驾和大模型技术普及到了 15 万级，为更多的消费者带来了高端的智能化体验。广汽将以第三代星灵电子电气架构 EEA3.0 为基石，快速推出基于生成式 AI 的端到端智能驾驶技术和行业领先的端云一体大模型多模态交互系统。2025 年，广汽将保持产品智驾体验和智驾技术国内领先；2027 年，进入全球智驾第一阵营，让世界汽车产业见证中国力量。

在国际市场拓展方面，广汽马来西亚工厂和泰国工厂在今年建成投产，产品已经进入海外近 70 个国家和地区，国际化进入了整车出口和当地生产并行的全新阶段。到 2027 年，广汽将进入全球 100 个国家和地区，挑战出口 50 万辆，为全球消费者提供更丰富的产品体验。

为了确保目标达成，广汽集团提出要落实"五大保障"：加快构建一体化组织保障、产品开发流程保障、市场化体制保障、高水平人才保障、充裕的资金保障，为做大做强自主品牌护航。

一体化组织保障方面，以总部搬迁、下沉一线为起点，总部从战略管控转变为经营管控，实施自主品牌一体化运营，实现自主品牌研产供销统一调度，推动资源向一线集中，进一步降低运营成本，提升管理效率，确保灵敏应对激烈变化的市场环境。

产品开发流程保障方面，导入 IPD 集成产品开发流程，畅通从产品定义、开发到上市的全流程，打造爆款车型。

市场化体制保障方面，过去，广汽通过率先实施职业经理人改革和员工持股，并成功孵化了像如祺出行、巨湾技研和星河智联等独角兽企业。下一步，广汽将积极推进集团层面的二次混改，建设更具市场化属性的汽车集团，提升市场竞争力。

高水平人才保障方面，广汽近期已经在新能源、智能驾驶、国际化、产品设计等领域引进了多名全球顶尖人才。下一步，在推行"328"人才工程的基础上，广汽将实施人才倍增计划，壮大高水平人才队伍。

充裕的资金保障方面，未来三年，在研发和产业化方面，广汽集团将至少投入 500 亿元，确保"番禺行动"的资金需求。

12.【11 月 15 日】红旗金葵花国雅上市，售价 140 万元起

11 月 15 日，红旗金葵花国雅于广州车展正式上市。中国一汽总经理、党委副书记刘亦功出席发布会并致辞，中国一汽总经理助理兼红旗品牌运营委员会副总裁柳长庆主持发布会。该车推出两款车型，3.0T V6 和 4.0T V8 两款车型，售价分别为 140 万元和 186 万元。同时，新车还推出了首批用户尊享 5 重权益。

外观方面，红旗金葵花国雅将古典元素与现代审美完美融合，前脸尺寸巨大的直瀑式进气格栅内部带有点阵式镀铬条进行点缀。而车头两侧标志性的圆形大灯配合下方延伸的雕花细节，整体视觉感受极具气势与豪华感。

新车侧面造型较为修长、舒展，并在车窗边框、车门把手及侧裙等处采用镀铬元素进行点缀，在前翼子板处还带有标志性的红旗徽标，彰显其身份。另外，红旗金葵花国雅还配备豪华感十足的大尺寸镀铬轮圈。该车尾部多处细节部位同样带有镀铬元素点缀，两侧纵向排列的尾灯组点亮后也极具辨识度。

内饰方面，新车内部同样采用简约、大气的设计风格。此外，新车还采用了双拼配色和木纹饰板，豪华感十足。座椅方面，新车的座椅支持一键舒躺、后排高度智能化等配置，彰显尊贵感与舒适感。

动力方面，该车采用混合动力技术，3.0T 涡轮增压六缸发动机 + 电动机或 4.0T 涡轮增压 V8 发动机 + 电动机。其中 3.0T V6 发动机最大功率为 290kW，4.0L V8 发动机，最大功率为 360kW。

"国雅上市，填补了中国汽车行业超豪华行政轿车市场的空白。"刘亦功在讲话中提及红旗金葵花国雅上市对品牌及行业的重要意义。他还表示，"以国雅上市为全新起点，红旗金葵花将坚守初心、塑造经典，持续为全球用户倾力献上彰显中国风范的顶级体验，向世界展示中国超豪华品牌的独特魅力与蓬勃力量！"

红旗金葵花将为高端定制需求用户提供至臻共创定制服务，用户可与工程师和工匠大师深度交流。工匠大师会依据用户用车习惯、风格偏好、个性需求，融合大漆、细木镶嵌、苏绣、点翠等千年非遗工艺，打造专属颜色、材质和纹理。活动现场，柳长庆从 "国风之韵、国宾之尊、国器之劲、国辇之智" 四个维度，概括了红旗金葵花国雅在外形设计、内饰布局、动力组合、智能配置方面的卓越表现。

13.【11 月 22 日】2024 世界互联网大会"乌镇咖荟·汽车夜话"召开，倡导共建新汽车命运共同体

11 月 22 日，由寰球汽车与桐乡市人民政府联合主办的 2024 世界互联网大会"乌镇咖荟·汽车夜话"活动正式举行。此次活动以"共建新汽车命运共同体"为主题，深入探讨新汽车的未来愿景，为行业变革注入更多智慧与启发。

自 2020 年创办以来，"乌镇咖荟·汽车夜话"至今，乌镇汽车夜话已成功举办五届，逐渐成为数字经济和智能汽车结合领域影响力较大的交流与合作平台。寰球汽车集团董事长吴迎秋表示，连续五年举办的"乌镇咖荟·汽车夜话"证明"互联网＋汽车"是一个拥有无限可能的话题，以往每一次"夜话"都让行业对新汽车的变化与发展有了新的认识。当前中国汽车产业正从战略扩张迈入稳健发展的新阶段。这种阶段性的变化需要我们对未来有一个清晰的认识。在当前环境下，我们在看到市场对抗竞争的同时，更要看到"团结"的力量。中国新汽车的使命是定义未来，只有对标世界、洞察趋势，才能在下一个十字路口抢占制高点。2024 年，是新汽车发展的关键一年。在智能化、绿色化、数字化深刻影响全球汽车产业链的背景下，如何在技术革命中挖掘机遇、在市场变革中形成共识，已成为中国汽车行业迫切需要回答的问题。

共建新汽车命运共同体，推动产业高质量发展

进入"新汽车"时代，电动化、智能化、网联化和共享化的加速推进，使得汽车产业内外的各个环节，甚至与其他产业之间的协同和融合，已达到前所未有的密切程度。从国内到国际，从技术到用户，从社会责任到全球化布局，每一个维度都需要行业内外的携手共建。共建新汽车命运共同体不是终点，而是方法。所谓共建新汽车命运共同体，是通过共享技术研发成果，加速创新步伐；是共同应对环保法规与市场变化，避免恶性竞争造成的资源浪费；是通过整合资源，建立统一的行业标准与规范，提升整个产业的生产效率与产品质量，从而推动汽车产业从传统制造向高端智能、绿色环保的高质量发展阶段迈进，使汽车产业在全球经济格局中持续发挥重要影响力并引领未来出行变革。中国国际贸易促进委员会机械行业分会会长周卫东在致辞中从技术创新的协同共进、产业链上下游深度融合与协作、开放包容的国际合作理念三个层面表达了对于"共建新汽车命运共同体"的认识与理解，他认为汽车产业协同至关重要，深度融合的产业链体系必不可少。面对市场变化和竞争压力时，一定要以长远的眼光看待，企业竞争的最终的目标不是你死我活，而是合作共赢，美美发展。中国汽车流通协会会长肖政三在致辞中指出，当前的汽车行业正处于结构调整与转型升级的关键节点，但无论是从供给层面还是需求层面来看，都存在着一些"怪象"，此时我们仍然要坚定信心，不忘初心。"打造共同体"代表着汽车制造商、零部件供应商、经销商、售后服务商等，要紧密合作，它们如同一个命运共同体，一荣俱荣，一损俱损。"共建新汽车命运共同体"不仅是一种呼吁，更是对行业未来的美好期待。团结的力量不仅能带来效率，更能打开行业新的可能性。在这个充满挑战与机遇的时代，团结是最珍贵的资源，合作共赢是最有力的答案。行业的命运掌握在每一家企业手中，但行业的未来属于我们所有行业从业者。

新汽车时代，打造"共赢中竞争"的新模式

"共建新汽车命运共同体"，不是排除竞争，而是要呼吁让竞争更加有意义。竞争必须存在，但应该在更健康、更有方向的基础上展开；合作不断深化，但它的目标是为每一家企业创造更多独特的成长机会。立足中国汽车品牌的发展，吉利控股集团董事长李书福在主题演讲上提及，推进能源革命和产业变革，实现绿色低碳和可持续发展已经成为时代主题。绿色甲醇行业的发展不仅关系到中国的能源安全和绿色发展，也是实现碳中和及能源内循环、能源自给自足的现实路径。同时李书福建议，可以把汽车和互联网区块链技术结合起来，通过区块链技术来识别汽车使用的是碳化石能源还是可再生能源，识别出来是使用可再生能源的汽车才是真正的新能源汽车。重庆长安汽车股份有限公司总裁、党委副书记王俊在致辞中表示，共建新汽车命运共同体是在人类命运共同体下，中国汽车品牌推进全球汽车产业发展应有担当。汽车产业一定会向新生态演进，而共建新汽车命运共同体，目的是通过创新合作来降低成本提高效益，加速科技成果的转化运用，解决共性问题，为消费者创造差异化的价值，共同助力汽车产业高质量发展。聚焦新汽车品牌，零跑汽车创始人、董事长兼 CEO 朱江明在分享中提出，共建新汽车命运共同体，没有竞争不可能！只有竞争才能促进发展，但必须是公平、有序的竞争。而零跑通过 9 年坚持自研自造，从电池包到电驱到电子元器架构，再到智能座舱等，都建立起了自己的护城河，打造自己绝对

的竞争力。作为国企新势力，岚图 CEO 卢放在讨论中则表示，汽车作为改变世界的机器，在新一轮科技革命和产业革命深入发展的形势下，加强各国、各产业、各企业之间的纽带联系，在共建命运共同体中发挥越来越重要的作用，汽车企业的前途命运紧密相连。开放合作无止境，奔流向上正当时，我们要坚持长期主义，坚定走好开放合作之路，不忘"本来"，吸收"外来"，更好地开创未来。北汽新能源总经理张国富则认为，新能源与生俱来的新，正是这种"不新则退"的竞争模式，才使中国汽车产业在全球树立了新地位。面对新时代的机遇与挑战，唯有共创、共荣、共赢，共建新能源汽车行业命运共同体，促进大产业圈发展形成新格局，才是把握当下、赢得未来的正确道路。基于"共建新汽车命运共同体"，乾梁汇理事长、上汽乘用车常务副总经理俞经民发出上汽声音，表示"命运共同体"有时候听起来苦哈哈的，而我们要美美与共，美美与共才是命运共同体的年度热词。美美与共，要深刻地学习，各美其美，美人之美，美美与共，天下大同。不光自己要美，要大家都美。

构建竞争优势与文化认同，为汽车发展注入原动力

汽车行业的天空足够宽广，容得下所有人的精彩；汽车行业的未来足够丰富，每一个参与者都能找到属于自己的位置。对于市场中的任何一个企业来说，竞争优势是在市场中立足的根本。聚焦汽车行业，新能源技术、智能驾驶技术等技术创新是构建竞争优势的关键要素，能让产品脱颖而出；高效的生产管理与优质的售后服务也不可或缺，可提升客户满意度与忠诚度；而文化认同则是凝聚企业内部力量与吸引消费者的灵魂。当企业将竞争优势与文化认同深度融合时，才能为汽车的持续发展注入源源不断的原动力，使其在市场浪潮中保持强大生命力与独特魅力，实现各方的长远利益和可持续发展。在品牌原力场讨论中，路特斯集团 CEO 冯擎峰认为品牌并非自我标榜，而是在用户心中建立的认知与链接，品牌的一致性一定要保持全球统一。捷豹路虎中国与奇瑞捷豹路虎联合市场销售与服务机构总裁吴辰提出，品牌并非一蹴而就，而是在漫长岁月中由众多元素点滴累积而成，需不断探索，最重要的是坚持走在正确的道路上。此外，奇瑞汽车股份有限公司副总经理李学用表示，共建新汽车命运共同体，要敢于竞争。但是竞争一定是有底线、价值观的竞争，守住企业发展基本线的竞争，这样才能让市场良性发展。比亚迪集团品牌及公关处总经理李云飞表示，竞争就是市场经济的本质，我们要敢于竞争、拥抱竞争，但竞争前提是合法合规和差异化，不能胡来，要长期可持续发展。在新能源和智能化的浪潮中，全球汽车行业正在经历深刻的转型与重构。面对当下复杂的市场环境与激烈的行业竞争，不同品牌要在竞争与合作之间的找准平衡点，同时企业也必须在各自的品牌建设中，通过适度的协作找到属于自己的差异化优势。

走向"台前"，供应链成为企业核心竞争力

中国汽车市场正经历前所未有的变革与挑战，无论是汽车制造商、零部件供应商、科技研发企业，还是能源供应商、交通基础设施建设者，甚至消费者群体，都被紧密编织在同一个命运共同体中。以往供应链多处于汽车产业的幕后，但在新汽车时代，其重要性被推至台前。供应链的稳定可以直接影响车企的生产连续性，优秀的供应链管理成为企业核心竞争力。可以说，中国新能源汽车竞争的核心本质就是供应链的竞争。在"赋链新时代"的主题讨论中，博世中国总裁徐大全博士表示，从新技术应用的角度来看，中国是最快、最超前而且是引领的。如果不在中国有一定的位置，将来可能失去很多的机会。斑马智行联席CEO郝飞提出，高性能计算平台的实现，除了芯片，还需要底层操作系统软件；AI大模型将会彻底改变人车交互方式，重塑服务生态，实现产品体验升级、用户黏性提升。从供应链视角审视，智米科技CEO、iCAR品牌首席产品官苏峻博士表示，工业化生产的核心在于效率，企业的发展也是以效率为根本，当达成产品与供应端的高度融合时，意味着整个社会运转效率价值的极大提升。中国兵器工业集团北斗应用发展研究院首席科学家周益认为，数字化与工业建设的推进，离不开物、车、人精准的定位信息以及时间信息的有力支撑，这些是推动供应链高效、精准运转的关键力量源泉。地平线总裁陈黎明坦言作为新兴公司有很多优势，是硬件公司中最懂软件的，是软件公司中最懂硬件的。其对于前瞻技术的探讨和研究，把技术变成产品落地，有很大的优势。

新汽车是一场变革。共建新汽车命运共同体与推动汽车的高质量发展紧密相连，相辅相成。新汽车命运共同体可以为中国汽车高质量发展提供了广阔平台，助力中国汽车向高端制造迈进。同时，中国汽车高质量发展的成果又会反哺命运共同体，增强中国汽车产业在全球的影响力与话语权，进一步推动新汽车命运共同体在国际舞台上的构建与完善，实现全球汽车产业的和谐共生与持续进步。

【点评】中国新汽车的使命，不是守住现在，而是定义未来

11 月 22 日，由桐乡市人民政府与寰球汽车联合主办的 2024 世界互联网大会"乌镇咖荟·汽车夜话"正式启幕。聚焦"共建新汽车命运共同体"的行业议题，桐乡市相关领导、资深行业专家、协会代表、企业大咖、权威媒体等百余位嘉宾齐聚乌镇，组成了行业"最强大脑"，深入探讨新汽车的未来愿景，为行业变革注入智慧与启发。

这个活动，由寰球汽车坚持举办，至今已有五年。五年来，我们大家共同见证了汽车产业从高速发展到深度转型的历程，也在这里探讨了许许多多新汽车领域的诸多重要问题。为何坚持五年与大家在此相聚？因为我们始终相信，"互联网＋汽车"是一个拥有无限可能的话题。事实证明，以往的每一次"夜话"都让我们对新汽车的变化与发展有了新的认识。

今年主题是"共建新汽车命运共同体"，对此，可以我们将从三个层面进行探讨。

第一，中国汽车产业正从战略扩张迈入稳健发展的新阶段。这样的阶段性变化，需要我们对过去有一个清晰的梳理，对未来有一个新的认识。必须要看到，新汽车的发展是行业、技术甚至是发展模式边界不断创新、突破的过程。不仅如此，市场需求日趋多元化，外部环境更加复杂化，资源高效利用的重要性被进一步放大，越来越多的变化在提醒我们：汽车产业的逻辑正在向"稳健发展"与"战略聚焦"转变。

未来的竞争，不仅要速度，更要效率，还要成本。"跑得快"固然重要，但"轻装上阵，跑得稳、跑得远"才是决定胜负的关键。2023 年，我们活动的主题是"推动新汽车高质量发展"。高质量发展不是口号，而是一场全方位的重塑。它要求企业以更高的战略定力和更深的资源整合能力，推动自身走向更可持续、更具竞争力的未来。

第二，在当前环境下，我们在看到企业对抗竞争的同时，更要看到"团结"的力量。新能源汽车的崛起与智能化的渗透，为汽车行业注入了空前的活力。我们正在见证一个技术与市场迭代加速的时代。但越是在这样的节点，越要深刻体会到——面对新技术，尤其是面对复杂的外部环境，所有汽车行业的参与者融合在一起，在今天比过去任何时候都重要。从"产品导向"到"生态导向"，新汽车的行业逻辑正在被改写。

今天，汽车产业不再是单点突破的战场，而是一个高度协同的生态系统。从研发到制造，从市场到服务，每一个环节都需要上下游企业的协同创新与资源共享。只有这样，才能降低成本、提高效率，为用户创造真正有价值的产品。

造车新势力与传统车企的互相借鉴，科技企业与制造企业的深度融合，甚至跨行业资源的有效协作，都是破解当前复杂问题的一种选择。中国汽车产业当前最不能忽视的，就是联合的力量。汽车产业需要更开放的姿态、更强大的协作精神，让"协同与共赢"成为行业竞争的新逻辑。

第三，一定要认真研究新汽车的下一个十字路口。中国汽车走出了一个好局，如何将这个好局持续下去？这是一个不能回避的问题。技术的更新迭代、世界汽车同行的你追我赶，中国汽车在创新的路上不能停歇。下一个十字路口的汽车是什么？我们必须在这个问题上拿出新的答卷，让中国汽车再次领先。中国新汽车的使命，不是守住现在，而是定义未来。只有对标世界、洞察趋势，才能在下一个十字路口抢占制高点。

"共建新汽车命运共同体"不仅是一种呼吁，更是对行业未来的美好期待。我们相信，团结的力量不仅能带来效率，更能打开行业新的可能性。在这个充满挑战与机遇的时代，团结是最珍贵的资源，合作共赢是最有力的答案。行业的命运掌握在每一家企业手中，但行业的未来属于我们所有行业从业者。

14.【11月26日】上汽大众合资协议延长至2040年

11月26日，在上汽大众40周年之际，上汽集团与大众汽车集团在上海签署延长合资协议，进一步加强长期合作伙伴关系，将上汽大众的合资期延长至2040年。此次续约，也将双方的合资期限从40年延长至55年。

回顾此前的40年，上汽大众是改革开放的排头兵，也是中德经济合作的示范标杆。1984年10月，中德双方在北京人民大会堂正式签署合资合营合同，上汽大众成为中国最早的轿车合资企业。在中德双方长期共同努力下，中国汽车零部件产业实现"从无到有"飞跃式发展，现代化的中国汽车工业体系加速成型。此次是双方的第二次续约，将合资期延长为55年。提前续约，充分体现了中德双方对40年合作成果的认可，对合资企业、中国汽车产业乃至中国经济未来发展的强大信心，也意味股东双方合力赋能上汽大众的未来发展已经清晰、坚实。

面对汽车行业转型升级趋势，中德双方将融合各自优势资源，支持上汽大众基于中国市场开发多款包括纯电、插电混动在内的全新车型，计划到2030年，上汽大众将推出18款新车型，其中有15款将专为中国市场开发。

在燃油车赛道，上汽大众聚焦油车智能化，今年上市的双车途观L Pro和帕萨特Pro打响Pro家族头阵，计划2025年初，将向市场推出途昂Pro。

在新能源领域，2025年，AUDI品牌首款高端智能网联电动车型将在年中推向市场。2026年起，基于专为中国市场打造的CMP平台开发的两款紧凑级电动汽车将首次投入市场，三款插电式混合动力车型、两款增程版车型也将陆续进入电动出行领域。

基于合资企业全新的发展战略以及产品结构，股东双方也在同步加快对上汽大众产能布局的整体研判、调整升级，逐步缩减燃油车产能，加大向智能网联新能源汽车生产的转型。

安亭生产基地是上汽大众的发源地，也是核心生产基地。从2015年起，上汽大众深入推进安亭生产基地的产业布局规划升级与产城融合，推动安亭基地朝着电动化生产中心、研发创新中心、智能制造中心加速升级迈进。

【点评】上汽大众推动合资合作进入改革深水区

作为中国汽车行业第一个合资车企，上汽大众的合资合作模式不仅引入了德国先进的生产技术和管理模式，还推动了中国汽车零部件产业的诞生和成长。早期，上汽大众以引入桑塔纳车型为契机，带动了国内汽车产业链从零起步的快速发展。伴随技术本地化的推进，上汽大众逐渐建立起完善的生产体系和供应链网络，成为国内市场的领导者。从第一辆桑塔纳到如今的 ID. 系列新能源车型，上汽大众始终保持对市场的高度敏锐性，在产品迭代、技术转型中书写了合资企业的成功故事。四十年来，上汽大众不仅推动了中德经济合作深化，还以市场化、专业化、国际化的运作模式为其他中外合资企业提供了经验模板。

翻开历史的书卷，上汽大众不仅书写了合资合作的典范篇章，还见证并参与了中国汽车工业从无到有、从弱到强的伟大历程。

如今，中国汽车工业正在经历一场前所未有的深刻变革。以新能源化、智能化为核心的技术革命正在全面重塑产业格局，而消费升级与多元化需求的涌现，则进一步驱动市场结构的调整与进化。在这样的背景下，中国汽车产业已经从传统制造领域的"跟跑者"逐步转型为技术革新的"领跑者"，成为全球汽车行业新一轮竞争的焦点。

可以看到的是，"电动化＋智能化"的全球行业转型浪潮，在中国市场表现得尤为突出和深刻。2023 年，中国新能源汽车销量占全球总量的60% 以上，稳居全球最大新能源市场的地位。不仅如此，中国消费者对智能化功能的接受度和需求也在快速增长，智能座舱、自动驾驶等配置正从高端市场逐步下探至主流车型，成为影响购车决策的关键因素。这种技术与市场的双重驱动，促使中国在全球范围内成为新能源汽车和智能化创新的"桥头堡"。

更重要的是，中国市场的独特性让它具备了成为"全球汽车试验场"的天然优势。一方面，中国拥有高度开放的政策环境和庞大的消费群体，为技术创新提供了广阔的应用空间；另一方面，国内企业近年来在电池技术、智能网联以及数字化运营等领域的突破，也为行业注入了全新的竞争活力。

在汽车行业专家看来，中国汽车产业的迅速崛起，不仅改变了全球汽车制造的版图，也深刻影响了跨国企业的战略布局。在新能源与智能化的转型大潮中，国际品牌不再只是技术输出者，而是需要深入融入中国市场，围绕本土消费者的实际需求进行深度定制和产品开发，中国市场的技术成果与应用经验，也将成为全球汽车产业未来发展的重要参考。

在世界汽车产业格局深刻调整与重塑的关键时间节点上，股东双方选择延长合作，不仅是对过往合作的肯定，更是对未来15年甚至更长时间行业趋势的战略研判和前瞻布局：

第一，过去四十年的合作表明，"中德合作"这一模式在未来全球产业转型中具有强大的生命力和适应性。这样的特质放在当下显得尤为重要。在全球汽车行业迈入"电动化＋智能化"新时代的关键阶段，市场的不确定性和技术的快速迭代，对企业间合作的灵活性和前瞻性提出了更高要求。"中德合作"模式以其兼具全球技术视野和本地化市场适配能力的特质，为产业转型提供了坚实支撑。

第二，此次合作的延续，既表明了大众对中国市场长期增长潜力的认可，也体现了对中国在新能源技术创新中的重要角色的重视。对大众而言，未来的电动化与智能化战略不仅需要依赖中国市场庞大的消费潜力，更需要借助中国企业在动力电池、智能网联等领域的技术优势，以实现全球业务的全面升级。

第三，新合资时代，传统的"拿来主义"模式已不再适用，尤其是随着市场需求的变化和竞争格局的演变，这一模式的局限性更加明显。新能源与智能化时代的竞争更加注重技术的差异化与本地化适配，这要求合资企业从"单向技术引进"转向"联合技术创新"。

其中，大众汽车作为全球电动化的先行者，拥有MEB、PPE等先进平台技术，而上汽集团则在中国本土新能源市场积累了丰富经验，例如自主研发的高能量密度电池、智能驾驶算法等。通过合作，上汽大众可以同时利用国际技术资源与本地化优势，探索适合全球和中国市场的双赢产品。在行业观察人士看来，这一模式的价值在于，它不仅能够提升合资企业的

全球竞争力，还为中外汽车产业的共赢发展提供了新的可能性：在"全球 +
本地"的双循环框架下，推动资源、技术和市场的高效整合。

上汽大众此次续约，正是基于对中国市场长期增长潜力的共识。这一
决定反映了双方对中国市场不仅是销量中心的认可，更是技术创新中心的
认可。同时这也标志着中外合资企业正步入深水区，未来的合作将不再仅
仅局限于技术引进与市场扩张，而是通过资源共享和优势互补，在新能源、
智能化和可持续发展领域实现协同创新。

15.【11 月 26 日】比亚迪要求供应商降价 10% 引发行业热议

11 月 26 日，一封有关比亚迪乘用车要求供应商降价的邮件激起汽车行
业的热烈讨论。该曝光的邮件，据悉是比亚迪发给其供应商要求降价的邮件。
邮件称，2025 年市场竞争将更加激烈，进入"大决战""淘汰赛"。为增
强比亚迪乘用车竞争力，比亚迪需要整个供应链共同努力，持续降本。因此
比亚迪对供应商所供货产品提出要求，即从 2025 年 1 月 1 日起降价 10%。

11 月 27 日，比亚迪集团品牌及公关总经理李云飞在微博上发文表示，
与供应商的年度议价，是汽车行业的惯例。我们基于规模化大量采购，对
供应商提出降价目标，非强制要求，大家可协商推进。

11 月 28 日，特斯拉对外事务副总裁陶琳在微博上发文称，特斯拉已将
与供应商的付款周期压缩至 90 天，远低于中国新能源汽车企业的 300 天付
款周期。她强调，特斯拉的成功不仅仅是依赖低成本，而是依靠与供应商
的"共生共赢"和持续的"技术革新"。"成本控制 = 技术创新 + 高效管
理 + 减少一切不必要的开支。保障供应商利益，并不意味着提高产品价格。"
陶琳直言不讳。尽管她没有提及任何其他友商，但业界都认为这是对比亚
迪要供应商降价的一种表态。

11 月 29 日，有比亚迪内部人士称，比亚迪共有 8000 多家供应商，收
到降本通知邮件的供应商不到 1%。另一位比亚迪内部人士透露，降本方案
是按领域有节奏推进的，此次降本要求邮件主要发给了电控和传感器供应

商，数量为几十家；未来不排除会扩展到其他领域的供应商。

2024年，汽车行业价格竞争激烈，"内卷"严重，行业平均利润微薄。数据显示，2024年前10个月，中国汽车行业的收入为83320亿元，同比仅增长2%。然而成本却高达73113亿元，同比增长3%，行业利润率仅为4.5%，远低于6.1%的行业平均水平。

与此同时，车企的技术升级、产品创新等的步伐又在进一步加快。整车企业向产业链端传导压力已经成为常态。这次比亚迪降价邮件事件，已经被行业视为2025年更加惨烈价格战的前兆。一方面要更好的产品，一方面要更便宜的价格，在产业链整体利润水平很难保障的情况下，汽车的品质、质量、安全等都将无法得到保障。业内很多有识之士早已对此极为担忧，他们认为，这种状况不改变，受损害的最终还是中国汽车产业和中国消费者的利益，"没有最终的赢家"。

16.【11月26日】尊界S800亮相，用中国文化打造新豪华

"一千个人心中，有一千个哈姆雷特。"对于豪华的理解，国内外品牌在如何具体体现尊贵感、稀缺感、豪华感、先进感等，则受到东西方文化差异的影响很大。

11月26日，华为用尊界S800诠释了他们心中，豪华轿车应该是什么样子。在华为Mate品牌盛典上，鸿蒙智行旗下被称为"时代旗舰"的尊界S800正式亮相，这款车长5480mm，宽2000mm，高1536mm，轴距达到3370mm，预计售价100万—150万元，亮相即开启预订，意向金2万元。在预订启动48小时后，这款车就已经收到2108个预订订单。

不仅是华为鸿蒙智行在向更高、更豪华的市场迈进，其他中国品牌也在积极行动。就在此前不久的2024广州车展上，一汽红旗推出了金葵花国雅，这款车以140万元的起售价投放市场。比亚迪仰望的第三款产品——仰望U7也在车展上正式开启预售，这款车他们定位旗舰级行政轿车。另外，蔚来旗舰级行政轿车ET9也将在12月的NIO DAY蔚来日活动上市，这款车

的预售价达 80 万元。这从一个侧面反映出，中国汽车产业在技术实力、制造实力、设计实力等，已经有了可以与国际豪华品牌一较高下的能力了。

但是，打造一款豪华产品并不容易，并不是靠堆料就能获得消费者的认可的。首先，豪华车的设计理念很重要。这种理念，诠释得好了将会给车主一种精神上的支持和吸引力。这种理念更不是 PPT 上的说辞，工程师们是真的会将这些设计元素和理念落实到车上的各个细节之中。据介绍，尊界 S800 采用"天地人和"的设计理念，"汇聚时代群星的力量，探索宇宙的无垠"，采用全新纵横星瀚设计语言。"天地人和"是中国传统文化的核心理念。该车采用"纵横星海"设计语言，力图体现出这四个字所能联想的感官感受。因此，由车顶组成的车头四横两纵元素，就是为了要展现"天地纵横"的气度。车尾的"星云画卷"尾灯与 MAEXTRO 标识融合，灯组内呈现出星云与星环的随动变化。比较独特的是"摘星"门把手的设计，据说是为了"带来手揽日月摘星辰的体验"。有媒体现场调侃说，这都"卷"到门把手上了。

不可否认的是，尊界 S800"纵横星海"设计语言，塑造出了一种尊贵感，一种有中国文化内涵的尊贵感。这将是尊界的家族化设计特征。需要强调的是，将中国文化元素应用在高端产品上的做法，如果做好了，会具备很强的辨识度。例如，在红旗品牌的高端车型设计中，就采用了很多更鲜明的中国传统文化元素。

豪华的另一个关键，体现在材质、用料和细节之处。用户最直接能接触到的，往往是座舱，特别是后排乘员空间。这个空间需要足够大的腿部和头部空间，需要足够强的舒适感、需要有足够丰富的功能。但仅仅满足这些，只能说高档、高级，真正难的是细节。车身细节、内饰细节、座椅细节、智能科技体验细节等。这些细节，将是这款车价值塑造的关键。有个玩笑说，中国用户对于豪华内饰的诉求，靠某个地方出产的小牛皮和缝线老师傅已经满足不了了，科技与狠活他们都要。

尊界 S800 并没有公布内饰设计。仅在广州车展上，采用保密方式让部分少数人进入了车内，实际感受了其内饰的设计风格和细节。据部分观后的人表示，仅看内饰这款车就值 100 万元。而在亮相发布仪式现场，仅仅亮相了后排两个独立座椅加星空顶的内饰设计图。华为常务董事、终端 BG 董事长、智能汽车解决方案 BU 董事长余承东说，尊界 S800 内饰设计的亮点很多，星空顶只是车内最普通的一个配置。据悉，"该车选用天然材质，每处细节经数百道工序打磨。""车内每个位置都享受独立专属的视、听、触、感的体验，并提供创新的全主动感知服务。"这种全主动感知服务，对于具备强大的可穿戴设备技术供应能力的华为来说，可能正是其技术强项。

技术先进性，永远是豪华的基础。而这也是这个市场最重要的门槛。放眼历史和当下豪华品牌的产品，无不是因其在某项科技上的领先，而塑造了其豪华地位的。尊界 S800 的技术先进性，可能更倾向于智能科技，而也是中国汽车产业当下所具备的优于欧美同行的一个明显优势。据介绍，尊界 S800 采用六代机理念、8S 设计标准打造，具备超级巡航、超机动性、超级信息感知、超级隐私、天地网联、人工智能辅助、主动防护系统与超可靠性。尊界 S800 首发第二代途灵平台——途灵龙行平台，做到智能驾驶、智能座舱和智能域控的"三智"融合。此外，尊界 S800 还按照 L3 智能驾驶架构设计，对未来的智能扩展预留空间。

如果从科技进步的角度看，尊界 S800 以及其他中国品牌豪华车型的推出，不仅仅是对市场的一次冲击，更是中国汽车技术、汽车工程水平的顶级体现。

17.【11 月 30 日】广汽与华为签署深化合作协议，打造全新高端智能汽车品牌

11 月 30 日，广州汽车集团股份有限公司（以下简称广汽集团）与华为技术有限公司（以下简称华为）举行智能汽车战略合作签约活动，双方签署了深化合作协议。广汽集团将在传祺、埃安和昊铂之外，打造一个全新的高端智能新能源汽车品牌。广汽集团将以新品牌为载体，与华为发挥各自优势，通过产品开发、营销及生态服务等领域的合作，为用户带来领先的智能化体验。

广汽集团董事长曾庆洪、总经理冯兴亚，华为轮值董事长徐直军、智能

汽车解决方案 BU CEO 靳玉志见证签约。广汽集团副总经理阎先庆、华为智能汽车解决方案 BU 副总裁迟林春分别代表广汽集团和华为签约。

据悉，随着汽车电动化、智能化的加速，双方发挥各自在硬件和软件方面的优势，强强联合，在智能汽车产品开发、营销及生态服务等领域深度合作，符合双方企业的共同发展目标。有消息称，广汽和华为的合作是全栈式的合作，从产品的定义、开发到汽车制造、销售服务及用户生态等都有涉及，是全领域的合作。

广汽集团与华为一直保持着紧密的战略合作伙伴关系，合作已经覆盖从硬件到软件、从产品到云端、从研发到智能制造等多个领域。此前，广汽旗下传祺品牌现已和华为展开合作，并于 9 月 24 日正式发布了全新概念车 1 Concept。该车采用了华为智能汽车解决方案，搭载传祺 i-GTEC2.0、华为鸿蒙座舱和乾崑智驾 ADS3.0 系统，量产版本将在 2025 年第一季度上市交付。预计 2025 年上半年，广汽传祺将有三款与华为合作车型推出。

第十二章

12 月

1.【12月1日】Stellantis 集团 CEO 唐唯实突然辞职

当地时间 12 月 1 日，Stellantis 集团宣布，Stellantis 集团董事会于当地时间 12 月 1 日接受了唐唯实 (Carlos Tavares) 辞去其 Stellantis 集团首席执行官职务的请求，该辞呈立即生效。

当地时间 12 月 2 日，Stellantis 集团公告称，集团任命其新一任首席执行官的流程正在顺利进行中，该流程由集团董事会的一个特别委员会管理，并将于 2025 年上半年完成。Stellantis 集团的临时执行委员会将代表集团董事会把控公司的运营方向并对业务进行监督。该临时执委会将由 Stellantis 董事长约翰·艾尔坎（John Elkann）担任主席，并由主席及 9 名管理人员组成。

而此前 10 月 10 日，Stellantis 集团曾宣布唐唯实将于 2026 年年初任期届满时卸任集团 CEO 并退休。

在 Stellantis 发布的一份声明中，对唐唯实辞职的原因进行了解释，据称是由于针对 Stellantis 的未来，唐唯实和 Stellantis 董事会以及部分股东之间有不同的看法。另据外媒报道，唐唯实是在和董事会讨论如何遏制销量疲软和股价下跌时发生了争执，并选择辞职。

2021 年年初，菲亚特克莱斯勒汽车公司与 PSA 集团正式在各自的股东大会上，批准了两家汽车集团进行合并，成立新公司 Stellantis 集团。原 PSA 首席执行官唐唯实成为 Stellantis 的首席执行官。

自担任 Stellantis 集团首席执行官以来，唐唯实一直坚持"降本增效，利润为先"的管理理念。在这一策略的指导下，Stellantis 确实取得了短期的财务成功，尤其是在 2022 年和 2023 年间，其营业利润率显著提升，远超之前的 7% 的平均水平。2023 年财年，Stellantis 集团获得创纪录的净利润表现。其中，净收入为 1895 亿欧元，较 2022 年增长 6%；净利润增长 11% 至 186 亿欧元；工业自由现金流为 129 亿欧元，较 2022 年增长 19%。

但是，这一做法的代价也是巨大的，2023 年，Stellantis 大规模裁员，全年累计向 4 万名员工提供自愿买断方案。对人力缺口部分，Stellantis 将一些工程工作外包印度、巴西等低人工成本的国家。在北美，Stellantis 将与销量挂钩的经销商薪酬机制，改成了与发货量相关，同时，还压缩了合作营销费用，以减少支出。此外，Stellantis 不断出售或关停部分品牌，唐唯实甚至考虑出售或停产不盈利的品牌。在中国市场，对神龙项目转向"轻资产商业模式"，并将广汽菲克停止运营，菲克品牌彻底退出中国。阿尔法·罗密欧、玛莎拉蒂等品牌也屡屡传出要出售的消息。

由于过于强调短期效益，从而牺牲了旗下众多品牌的长远发展，研发投入不足，导致新车型换代速度缓慢，很难满足全球市场日益多样化的需求。Stellantis 2024 年上半年，调整后的经营利润为 85 亿欧元，同比下滑 57 亿欧元。今年第三季度的营业收入下降 42%，新车销量更是下滑 36%。北美经销商被压库压垮，也成为巨大拖累。根据 2024 年 12 月的财务预测，Stellantis 集团 2024 年营业利润率将大幅回调至 5.5%—7%，集团盈利水平再次落回到之前的状态。

不过，在新能源汽车兴起的时代下，唐唯实也意识到必须有所行动，但依靠 Stellantis 的研发体系，时间太慢、成本太高，因此，引入中国合作伙伴成为他的重要一步。2023 年 10 月，Stellantis 集团作价 15 亿欧元，获得零跑汽车 21% 的股权，双方达成全球战略伙伴关系。2024 年 5 月，双方成立零跑国际，Stellantis 和零跑分别持股 51% 和 49%，零跑的新能源产品开始借助 Stellantis 的渠道进入欧洲市场。与零跑的合作，为 Stellantis 的电动转型保留了一个火种。12 月 2 日，Stellantis 中国发言人在一份声明中表示，零跑汽车与 Stellantis 的合资公司不会受唐唯实辞任集团 CEO 的影响。

2.【12 月 2 日】 美国对华半导体出口采取管制新规引发中国强烈反对，行业建议中国汽车企业谨慎采购美国芯片

12 月 2 日，美国商务部工业和安全局（BIS）发布了出口管制的"强化版"新规，进一步限制中国人工智能和先进半导体的发展。根据当天 BIS 的公告，新的规则主要包括 5 个方向：对 24 种半导体制造设备和 3 种用于开发或生产半导体的软件工具实施新的管制；对高带宽存储器（HBM）实施新的管制；

针对合规和转移问题的新的"红旗警告"（Red flag guidance，相当于强化预警，防止规避出口政策）；在《出口管制条例》(EAR) 实体清单中新增加 140 个名单（包括 136 家中国公司、1 家日本公司、1 家新加坡公司和 2 家韩国公司）并进行 14 项修改，涵盖中国设备制造商、半导体晶圆厂和投资公司，所有这些实体被认定参与先进集成电路或半导体制造项目的开发和生产；以及几项关键的监管变化，以增强先前管制的有效性。

早在 2022 年 10 月，BIS 就发布了一项临时最终规则 (IFR)，以限制中国购买和制造某些高端半导体。2023 年 10 月和 2024 年 4 月，BIS 又进一步更新了规则，此次则是在此前基础上的再升级。BIS 新规动用 FDP 规则，管制有所升级，针对 EAR 中的某些先进的半导体制造设备、超级计算机等进行了规则修改，并且新增了对 HBM 等的限制、修改了先进 DRAMI 的定义。实体清单还涵盖了众多国产 EDA、半导体制造商、光刻胶厂商、大硅片厂商、功率半导体及 ODM 厂商和半导体投资机构，从半导体产业链层面全面遏制国内发展，试图削弱我国发展本土半导体生态和先进人工智能的力量。

新规的影响主要涉及三个方面：将中国主要半导体设备商纳入实体清单；加大了中国半导体行业获取 HBM 技术的管制；实施"长臂管辖"，新规升级，对部分公司启用 FDPR（外国直接产品规则）第三方国家的公司向部分"实体清单"的公司提供产品也需要获得美国的出口许可。当前，半导体底层技术的自主可控已形成共识，近几年的国产化亦取得一定成效，但是在产业链最上游的核心设备及零部件、决定先进制程的光刻机、影响 AI 芯片升级的核心硬件 HBM 等领域，依然有较大差距。

市场已有所预期，由于相关企业已有准备，已经提前进行了长期囤货和去美供应链切换，短期实际影响有限，对企业业务连续性不构成显著影响，长期而言则需放弃幻想，自立自强，有望进一步加速全产业链国产化进程。而当前白热化的科技制裁，也将使国产化进程再次提速，自主可控进程迈入新阶。半导体各环节国产化，系实现半导体产业链自主可控关键一环。先进制程及先进封装等领域国产化进程预计进一步加速，自主可控需求迫切。

12 月 2 日，外交部、商务部以及国内 4 大协会密集发声坚决反对美方这种做法。中国外交部表示，中方一贯坚决反对美方泛化国家安全概念，滥用出口管制措施，对中国企业滥施非法单边制裁和"长臂管辖"，这种做法严重破坏国际经贸秩序，扰乱全球产供链稳定，损害所有国家利益。[44]中国商务部回应称，半导体产业高度全球化，美方滥用管制措施严重阻碍各国正常经贸往来，严重破坏市场规则和国际经贸秩序，严重威胁全球产业链、供应链稳定。包括美国企业在内的全球半导体业界都受到严重影响。中方将采取必要措施，坚决维护自身正当权益。[45]

12 月 3 日下午，商务部发布了《关于加强相关两用物项对美国出口管制的公告》，宣布禁止两用物项对美国军事用户或军事用途出口；原则上不予许可镓、锗、锑、超硬材料相关两用物项对美国出口；对石墨两用物项对美国出口，实施更严格的最终用户和最终用途审查。该公告同时强调，任何国家和地区的组织和个人，违反上述规定，将原产于中华人民共和国的相关两用物项转移或提供给美国的组织和个人，将依法追究法律责任。这被外界视为中国针对美国滥用对华半导体出口管制措施的反制。[46]

中国互联网协会、中国半导体行业协会、中国汽车工业协会、中国通信企业协会也在 12 月 3 日当天密集发声表示，美国汽车芯片产品不再可靠、不再安全。为保障汽车产业链、供应链安全稳定，建议中国汽车企业谨慎采购美国芯片。其中，中汽协发布声明称，美国政府随意修改管制规则，严重影响了美国芯片产品的稳定供应，中国汽车行业对采购美国企业芯片产品的信任和信心正在被动摇，美国汽车芯片产品不再可靠、不再安全，为保障汽车产业链、供应链安全稳定，协会建议中国汽车企业谨慎采购美国芯片。

3.【12 月 3 日】极氪、领克整合定名"极氪科技集团"，打造中国的新式"BBA"

12 月 3 日,极氪与领克宣布战略整合后新公司定名:"极氪科技集团"——旗下拥有极氪汽车、领克汽车双品牌，力争通过两年时间努力，打造一个年产销百万级全球领先的高端豪华新能源汽车集团。据悉，两大品牌战略整合后，前端保持两个品牌独立运营，中后台充分整合。

吉利控股集团总裁、极氪科技集团 CEO 安聪慧预计，通过最大化协同，研发投入将降低 10%—20%，BOM 成本将降低 5%—8%，产能利用率提升 3%—5%，营销服管理费用降低 10%—20%。据了解，截至 2024 年 11 月底，领克汽车交付 32679 辆，极氪交付 27011 辆，合计近 6 万辆，1—11 月极氪领克交付超 45 万辆，新能源占比超 75%，2024 年度交付将达到 50 万辆 +。

不难看出，整合后的领克与极氪将成为吉利旗下的高端豪华新能源汽车集团，进而在极氪美股上市公司之中展现出更大的主体价值和市场估值。这一过程，显然不仅仅是股权上的整合，更是在资本市场上的精准布局。

然而，这场整合的意义远不止如此。

在更深层次上，极氪与领克将在技术研发、产品创新、供应链管理、制造工艺、营销服务乃至国际市场拓展等方面全面加强协同合作。它们的目标直指 2026 年底——打造成为年产销百万辆的全球领先高端豪华新能源汽车集团。对于消费者而言，尽管市场营销、商业模式和用户运营等方面的变化暂时不会过于显著，但可以预见的是，品牌背后深层的资源整合将潜移默化地提升消费者的体验感与品牌认同。

毫无疑问，极氪与领克的整合，正是吉利在应对未来豪华新能源汽车市场的战略布局，也是主动迎接全球车企转型浪潮的一次强有力的出击。从初步崭露头角到如今的深度联动，这一整合标志着两大品牌正朝着同一个远大目标迈进——将极氪与领克打造成中国的"BBA"，即在新能源领域与奔驰、宝马、奥迪等世界顶级豪华品牌展开激烈竞争，力争在全球豪华车市场占据一席之地。

中国汽车进入稳健发展新阶段的务实之举

2024 年 11 月，吉利控股集团宣布，旗下的极氪与领克两大品牌正式实现战略整合。此举标志着吉利汽车迈出了跨越发展的关键一步。在极氪和领克分别拥有一定市场影响力的基础上，吉利通过股权调整和品牌整合，试图形成协同效应，加速实现品牌的技术整合与市场扩展。

这一整合源自吉利控股集团在《台州宣言》中提出的五大战略举措，尤其是"战略整合"和"战略协同"的目标。吉利希望通过整合旗下多个品牌与资源，提升整体效能，减少重复投资，从而在未来的市场竞争中占据更有利的位置。

入世以来，尤其是过去的十年，中国汽车产业迎来了前所未有的发展机遇，一大批中国汽车企业在此千载难逢的机遇中一跃成为全球知名的汽车企业和品牌。在此过程中，扩张是中国汽车企业共同的选择。无论是民营车企还是国有车企，都不约而同地带领行业行业创造了前所未有的扩张期。在这一时期，几乎所有车企都通过并购、合作、新建和自主研发迅速扩大规模，国内市场的竞争愈加激烈，国际市场布局也遍地开花。

然而，随着市场竞争的加剧，原本依靠扩张带来的市场份额和规模效应的模式逐渐暴露出问题——资源浪费、重复建设、品牌内耗等一系列弊端，开始困扰行业的发展。更为严重的是，"内卷"现象的加剧。过度的市场竞争导致了大量同质化产品的出现，各大车企在价格、技术、设计等方面的差异化逐步缩小，竞争变得更加无序和低效。过去依赖扩张和单纯追求市场份额的策略，已难以适应今天复杂多变的全球经济环境和国内日益激烈的竞争压力。

行业已经进入了一个转型的关键时刻——从过去的扩张时代进入到调整与稳健发展的新阶段。

这一转变不仅是吉利控股面临的挑战，也是整个中国汽车行业普遍面临的问题。车企们必须从"做大"转向"做强"，从单纯追求规模的扩张，转向聚焦核心竞争力、优化资源配置和提升运营效率的战略调整。

极氪和领克的整合，便是适应这一行业发展新背景，推动以稳健聚焦为核心的《台州宣言》落地的具体实践。

通过股权的调配，极氪的持股比例进一步提升，同时领克的股东结构也得到了优化。具体来看，极氪通过收购领克的 51% 股份，重新划定了品牌的战略框架。与此同时，极氪与领克将在研发、生产、销售等多个领域展开深度合作，进一步提升整体的市场竞争力。

在新能源汽车日渐成为主流趋势的当下，汽车市场已经进入了全新的竞争阶段。无论是国内的"新势力"品牌，还是国际传统车企，都在快速布局新能源市场。面对这种竞争态势，吉利的这一整合举措无疑具有前瞻性。通过品牌和资源的协同作战，极氪和领克可以更好地发挥各自的优势，减少资源浪费，增强市场竞争力。

打造全产业链的技术优势

根据此前吉利方面透露的信息，极氪和领克的整合将极大促进技术研发与产业链协同。两者的技术互补性非常强，整合后的优势将体现在产品架构、动力系统以及智能化技术等方面。

极氪的技术优势主要体现在纯电平台与三电技术上。作为吉利控股的新能源旗舰，极氪始终注重电池、电机、电控等核心技术的研发，其旗下的"SEA浩瀚"平台为多个车型提供了强大的支撑。极氪不仅在车辆性能、续航以及智能化方面取得了突破，还在全球范围内与诸多领先技术公司达成合作，提升了品牌的全球竞争力。

领克则在插电混动（PHEV）领域拥有明显优势。其"EM-P"超级电混技术，已成为品牌的核心竞争力之一。通过与极氪的技术融合，领克将能够在插电混动技术领域实现更大的突破，同时为极氪的插混车型提供更多技术支持。极氪与领克的整合，意味着在全产业链技术布局上，吉利控股将形成更强的技术支撑。通过统一的研发平台，两者不仅可以在动力系统、电池管理、智能化技术等方面实现共享，还能够在供应链、生产流程等方面优化资源配置，提高整体生产效率。

此外，极氪和领克的整合还将促进智能化技术的融合。尤其是在智能座舱、智能驾驶等核心技术领域，两个品牌可以资源共享和优势互补，具备全栈自研和产业链垂直整合能力。整合后的品牌将在智能化和驾驶体验方面提供更加丰富和多元化的产品，提升消费者的用车体验。

通过技术和资源的深度整合，极氪和领克将打造一个全产业链的强大技术体系，在新能源汽车市场中占据更加有利的竞争位置。

总而言之，通过协同作战，两大品牌不仅将增强市场竞争力，还将为中国高端新能源汽车的崛起奠定基础。未来，极氪和领克将以技术创新为支撑，在全球豪华品牌阵营中占据一席之地。

从中高端到更豪华市场的双向突破

对于当前的吉利而言，极氪与领克的深度整合并不仅仅是为了提升内部效能，更是为了在市场上创造更大的突破。两者在品牌定位和市场覆盖方面各具优势，整合后将能够通过资源共享与优势互补，进一步加速对豪华新能源汽车市场的渗透。

极氪，作为吉利控股在新能源领域的高端品牌，始终把"豪华"和"科技"作为品牌的核心定位。从技术研发到产品设计，极氪不断强化其豪华属性，力求在全球范围内与传统豪华品牌竞争。截至 2024 年 11 月，极氪累计交付量已经突破 39 万辆，展现出强劲的市场增长势头。作为吉利控股的重要组成部分，极氪不仅专注于高端市场，还通过不断创新产品，提升了品牌的全球影响力。

而领克则在市场定位上有所不同。自品牌成立以来，领克就致力于成为一款面向全球市场的高端新能源品牌，主要覆盖中高端市场。其产品设计注重用户需求与市场导向，逐步突破了价格天花板，成为中国市场上少数几家能够同时满足高端和年轻化需求的品牌之一。今年 1 至 11 月，领克的销量已接近 26 万辆，进一步巩固了其在全球新能源汽车市场的地位。

两大品牌整合后，极氪将借助领克强大的经销商网络，进一步加速下沉市场的布局，特别是在四五线城市。领克的市场表现与品牌影响力，将帮助极氪在更广泛的市场层级中实现更强的渗透力。此外，极氪的高端定位与领克的中高端战略互补，将形成协同效应，共同推动极氪科技集团在国内外市场的突破，最终实现年产销百万级的目标。

这一战略不仅是对国内市场的优化布局，也旨在面对全球豪华品牌的挑战。从中高端市场到豪华市场的双向发力，将帮助吉利控股打造出具有全球竞争力的高端新能源品牌。

如果说在燃油时代，中国品牌的高端化还处于探索阶段，那么在新能源时代，极氪与领克的整合无疑为中国汽车品牌向豪华电动化转型提供了一个全新的范例。通过资源整合与技术协同，这一整合不仅提升了吉利控股集团的整体实力，也为中国新能源汽车市场带来了更多可能。

中国汽车产业的高端化之路，或许正是从这一场品牌整合开始，迈向属于自己的"BBA"时代。

4.【12月4日】张勇不再任哪吒汽车 CEO，创始人方运舟发内部全员信

12月6日，从哪吒汽车传出消息，因公司战略调整，张勇不再担任CEO，转任公司顾问。哪吒汽车创始人、董事长方运舟兼任公司CEO。同时，方运舟向公司全员发公开信称，哪吒汽车将实施六大改革举措，立足国内进行全球化扩张。通过一系列改革，哪吒汽车将在全力以赴实现IPO的同时，未来2—3年内能实现销量一半在国内、一半在国外，2025年整体毛利率转正，2026年公司整体盈利。他表示，哪吒汽车将进行二次创业，下一步将实施六大改革，包括坚定贯彻"以人为本"。尊重人才，激发人才最大的创新动力和创新活力；推行全员持股计划，让每一位小伙伴共享哪吒发展和奋斗的成果；通过优化重组实现组织更加扁平高效、精简中后台、削减行政成本，推动年轻化；变革组织机制，建设一个更加透明、高效、廉洁、有活力的新哪吒。让有才华有能力的小伙伴能够脱颖而出，保证务实肯干的小伙伴能够多劳多得；重塑企业文化。打造一支有理想、有闯劲、有担当、有抱负的战斗铁军；战略上业务聚焦，浴火重生，走向海外。专注在更符合市场期待、毛利率为正的产品，国内适度竞争，放眼海外，努力打造几款全球热卖车型。

5.【12月4日】北京最大奥迪经销店改卖新势力品牌，被依约退网

12月中，一则落款时间为12月4日的北京华阳奥通汽车销售有限公司（以下简称北京华阳奥通）公告，引发了业内的高度关注。该公告称："……我司即日起将不再进行一汽奥迪品牌的经销业务……"公告还表示，为了保护用户权益，将继续为奥迪用户提供保养维修服务。

12月12日，有媒体探访该店，发现店面的外观已变成了AITO问界授权用户中心，店内停放着一辆问界M7的展车。据工作人员称，该店将从12月下旬起接受问界品牌车型的试驾和订单。

成立于2010年的华阳奥通，曾是奥迪在华的"顶流"经销伙伴。其标志性经营体2012年9月正式开业。该经营体是位于北京顾家庄桥北300米，占地超10万平方米的"奥迪综合园区"。园区内四栋主体建筑包括新车销售、售后维修、培训中心以及酒店。其中，独立城市展厅因其超大的面积、高档的装潢、齐备的设施以及配备的优秀销售服务人才等原因，一度被誉为是北京乃至亚洲最大的"奥迪天地"。北京华阳奥通的销量也很客观，据统计，2015年，该一汽奥迪新车单月销量首次突破300辆；2017年，奥迪新车累计销量达1万辆；2022年，奥迪新车累计销量突破2万辆。

对于上述公告所说的"不再从事一汽奥迪品牌经销业务一事"，有媒体向一汽奥迪官方客服求证，回复称："华阳奥通目前已经不是奥迪授权的门店了，其已和厂家终止合作。"此间，网络上流出一汽奥迪内部对渠道合作伙伴就近期几个退网事件做的"说明"。据流出的"说明"截图显示："北京华阳奥通，原来的店是'奥迪天地'，投资巨大，品牌在去年已同意资产活化，把1号楼租给其他品牌，3号楼租给酒店，把新车、二手车、品牌培训中心集中到2号楼，但新车展厅建成没多久投资人希望把新车展厅再次活化给其他品牌，这个店也同样是售后亿元，人员团队非常优秀。投资人都想保留奥迪授权，但迁到一个差一些的地址，把原址拿出来做新势力品牌，且未批先建，我们只能执行'经销商协议'的约定，予以退网。"

2024年，国内已有多家奥迪经销商门店被爆出关停、退网的消息。价格战下，包括奥迪在内的众多豪华车经销商压力巨大。不少豪华汽车品牌经销商往往倾向于与近来新兴起的几个品牌合作，这一方面与新品牌和产品具有超高人气；另一方面也与他们的灵活开店政策有很大关系。例如，有的新品牌在发展渠道时，就允许有意向转型的经销商优先利用现有门店资源进行调整，而不必完全按照传统的新品牌门店设立流程。

有意思的是，在上述"说明"中，一汽奥迪方还针对这一现象进行了苦口婆心地劝说。他们专门提到了新势力短期网络布局迅猛，入网后单店能否盈利？奥迪让合作伙伴稳定盈利36年，新品牌能让你盈利多久？这些都需要理性分析和判断。

6.【12月10日】上汽大众举办公司成立40周年纪念活动

12月10日，上汽大众举办40周年"共出众 启新篇"活动。上海市和嘉定区人民政府、行业协会、股东方、供应商、经销商、用户、媒体等各方代表齐聚上海安亭，共同回望40年的一路同行，共启出众新征程。

上汽集团党委书记、董事长王晓秋在仪式上表示："四十年来，在中德两国领导人的关心和支持下，上汽集团与德国大众精诚合作，取得了丰硕的成果，不仅推动了上汽大众的发展壮大，同时也带动中国汽车零部件行业的发展，奠定了中国汽车产业链的坚实基础。一直以来，上汽大众都是中国汽车行业的合资标杆。上汽大众的四十年，书写了跨国公司与中国市场双向奔赴、互利共赢的佳话，实现了中德两国经济、技术、文化等各个领域全方位的交流融合。站在四十周年的新起点，上汽和大众再次续约，我们将继续紧密携手，不断拓宽彼此合作的广度和深度，共同支持上汽大众的发展，助力合资企业在电动化、智能化领域'二次创业'。相信上汽大众定能在新赛道上激荡出澎湃活力。"

大众汽车集团管理董事会主席奥博穆表示："客户至上、敢为人先、前瞻战略，这正是大众汽车集团与上汽集团合作取得成功的关键。四十年来，上汽大众已成为中国汽车产业的重要支柱。我们携手推动了中国移动出行产业的高速发展，我们的产品亦赢得了数千万客户的信赖。中国是大众汽车集团的第二故乡。我们将矢志不渝、继续扎根中国，并以饱满的创业精神，落实强大的战略规划。我们锚定'2030目标'，并将秉持'in China for China'战略，在智能网联汽车时代继续勇立潮头。上汽大众合资合作续约、强有力的产品蓝图，都是我们迈向这一目标的重要里程碑。我们推出的新一代智能电动汽车将集前沿技术和卓越品质于一身，并将全心全意满足中国客户的需求。"

1983 年 4 月 11 日，第一辆桑塔纳驶下流水线。

今年以来，上汽大众通过一系列重大战略举措，不断突破既有模式，也为合资合作注入全新动能：

5 月 20 日，上汽集团与奥迪汽车签订合作协议，正式启动上汽奥迪智能数字平台 Advanced Digitized Platform 的联合开发，全新智能数字平台的生产基地也同步启动更新换代。

6 月 27 日，大众汽车集团、上汽集团、大众汽车（中国）投资有限公司、大众汽车（中国）科技有限公司、上汽大众在上海签署多项有关上汽大众新产品项目的技术合作协议。内容包括在中国开发三款插电混动车型以及两款纯电车型的技术合作协议，中德双方共同为合资企业"技术赋能"，开启合资合作全新篇章。预计自 2026 年起，并跨越 2030 年，合作开发的多款插电混动车型、纯电车型将陆续推向市场。

11 月 26 日，上汽集团与大众汽车集团在上海签署延长合资协议，进一步加强长期合作伙伴关系，将上汽大众的合资期延长至 2040 年。此次续约，也将双方的合资期限从 40 年延长至 55 年。

一系列的举措让"变革"和"重塑"成为上汽大众迈入40岁之际的关键词。此次股东双方选择延长合作期限，不仅是对过去四十年合作成果的高度肯定，更体现了对未来十五年乃至更长时间行业趋势的精准研判与前瞻布局。

活动现场，上汽大众展示了部分正在开发的新智能技术。未来两到三年，上汽大众将推出多款基于全新混动平台以及纯电动平台的产品。它们都将拥有智慧的车载"大脑"，搭载高效安全的新三电系统以及城市 NOA 功能；全新设计的交互界面，将会提供焕然一新的互动体验；AI 大语言模型也将助力智能座舱，更注重场景融合，为用户提供更加自然、直观、个性化的使用体验。

奥迪新豪华电动品牌 AUDI 的首款车型，也将在 2025 年推向市场。新车基于奥迪与上汽集团联合开发的智能数字平台打造，该平台具有高度通用性和灵活性，专为中型和中大型（B级和C级车）智能网联纯电动车型设计，其平台设计尤其适用于底盘较高的 SUV 车型，以及极具动感的低底盘车身车型。新品牌、新平台、新设计，AUDI 即将在安亭拥有升级焕新的专属生产基地。

【点评】上汽大众如何走好下一个 40 年

12 月 10 日，上汽大众成立 40 周年仪式现场，上汽大众股东双方领导悉数到齐，上海市政府领导到场祝贺。毫无疑问，这是一件具有标志性意义的事件，如同当年上汽大众标志性的成立一样。上汽集团党委书记、董事长王晓秋的致辞令人印象深刻，金句频出。诸如"一代人有一代人的责任""四十年少，再出发"等表述，令人印象深刻。

很明显，作为中方股东的最高操盘手，王晓秋的这些表态，给了上汽大众 40 年一个非常强的定义：40 年只是序章，上汽大众还有更值得期待的下个 40 年。这不仅是对上汽大众一个强烈的信号，某种程度上也是对当前中国汽车合资合作的一种再思考。回望以上汽大众为标志的中国汽车合资合作的历程，不仅是在总结一段工业史，更是在探寻合资合作的前进方向。

四十年来，合资合作的意义早已超越单个企业的范畴，成为推动中国汽车工业体系化发展的关键力量。在技术层面，合资企业将全球领先的动力总成、底盘设计和制造工艺引入中国，为产业升级奠定了基础；在产业层面，合资模式催生了国内零部件供应链的崛起，形成了完整而强大的工业生态；在生态层面，合资企业通过营销网络、服务体系和用户体验的完善，为整个行业树立了标杆；在人才培养方面，一家又一家的合资企业堪称中国汽车工业的"黄埔军校"，为行业输送了大批技术和管理精英。这些成就，不仅是合资合作成果生动的展现，更是中国汽车工业迈向更高台阶的基础力量。

一段时间以来，合资企业在依赖外方技术的过程中，也曾面临"过于依赖"的质疑。有些企业在享受市场红利时，逐渐丧失了对用户需求的敏锐触觉，缺乏以客户为中心的市场导向，被外界批评为患上了"巨婴症"。这些现实问题深刻提醒我们，合资合作的初心在于"合作"二字，而非单纯的引入或模仿。唯有在合作中不断培育自身能力，才能在变革中立于不败之地，真正实现工业现代化。

改革是合资合作的起点，创新则是推动持续发展的核心动力。从上汽大众创立之初引入桑塔纳、帕萨特等经典燃油车型，到如今上汽集团与大众汽车在新能源与智能化技术领域的深度协作，以及对未来目标与愿景的共同梳理，以上汽大众为代表的合资企业创新步伐始终未曾停歇。

在新能源与智能化时代，传统的"拿来主义"模式已经无法满足市场需求的深刻变化，也难以应对行业竞争格局的全新挑战。随着消费需求越发个性化、多元化，技术竞争逐渐从单纯的性能比拼转向对用户体验和差异化价值的深度挖掘，这对合资企业的创新能力提出了更高要求。未来，简单的"单向技术引进"已不足以支撑企业长期发展，合资企业必须转型为"联合技术创新"的典范，通过资源整合、技术协同和本地化研发，构建更贴近市场的产品与技术生态。这种由"输入"向"共创"转变的合作模式，能够更好地满足中国市场需求，同时在全球市场中形成技术优势。

此次合作的延续，也充分反映了大众汽车集团对中国市场长期发展潜力的坚定信心，同时也展现出对中国在新能源技术创新中关键角色的高度重视。对大众而言，中国市场不仅以其庞大的消费潜力成为推动全球销量增长的重要引擎，更是在动力电池、智能网联等核心技术领域走在世界前列。

未来，大众的电动化与智能化战略要想在全球范围内实现持续突破，中国市场将不可或缺，而与中国企业深度合作，则是大众实现技术领先和业务升级的关键路径。

可以预见，在未来的新能源汽车与智能化浪潮中，上汽大众将继续以中德合作为核心，以联合创新为驱动，打造更多契合中国市场需求、具有全球竞争力的优质产品。

【点评】汽车合资没有"后时代"

本周，上汽大众举行了合资40周年庆典活动。规模不大，但有关各方高度重视。尤其值得一提的是德国大众汽车集团管理董事会主席奥博穆专程赶来出席。此前，很多人认为他可能来不了。德国那边，因大众方面关厂裁员，正引发工人抗议示威。可见大众集团方面对此次上汽大众40周年生日的重视。

近几年来，中国的合资车企陆续遇到挑战。先是韩系、法系，接着是美系，现在是德系和日系。销量下滑、利润见底，甚至开始出现亏损。有的退出，有的收缩，有的想方设法转型。在外界看来，汽车合资还要不要搞都是个问题了。这样的背景下，此次上汽大众的40周年庆典给我们带来了不一样的感受。至少，相对于合资的低靡和茫然，上汽大众传递的是一种信心和希望。据了解，近几个月，上汽大众的销量在走稳走高，今年销量超过120万辆没有问题了。这个数据可以看出上汽大众是有底气搞这个生日庆典的。在筹备这场庆典时，上汽大众总经理陶海龙就说，这个活动不仅要搞，还要好好地搞，搞出响声，搞出动力来。

很显然，上汽大众这场生日庆典不仅是为自己搞的，也是为合资企业双方股东搞的，更是为中国汽车合资搞的。上汽大众作为中国最早的合资车企之一，曾经带给人们很多的第一，是中国汽车40年合资的风向标。今天，当合资走入了大调整，合资车企普遍下滑的时候，上汽大众理所当然要站出来，传递信心、指明方向。我们看到，过去几年中，围绕着上汽大众怎么搞，中外双方一直在努力。前不久，上汽奥迪发布字母标品牌和概念车，就让大家感到，面向新汽车、面向未来，上汽大众的股东双方已经走在了行业合资的前列。"美美与共，共享新篇"，预示出了上汽大众下一步合资的新思路。此次生日庆典上，奥迪字母标的概念车就摆放在主舞台上。上汽大众下一个40年怎么干，他们第一个答卷已经有了。在生日庆典前几天，上汽大众股东双方签署了新的合资合作协议直到2040年。看得出来，双方有信心，也有办法将合资这件事做好。

上汽大众用40周年庆典告诉大家，中国汽车合资这件事是可以搞好的。当前合资只是遇到了问题，需要调整。只要方向明确，方法对头，双方能形成共识，未来发展空间很大。我曾经说过，中国汽车合资不会没有了，而是不一样了。其中，要强调的就是，合资车企的定位必须要变。这些年，一直有人用"后合资时代"来定义合资。这样的界定容易带来误解。所谓"后时代"也就是快要结束的时代。当下很多人对汽车合资这件事没信心，不看好，就是这个逻辑下的认识。

在我看来，中国汽车合资应该经历了三个时代。第一个时代就是以市场换技术的时代；第二个时代就是在中国为中国的时代。现在我们正进入在中国为世界的时代。如果我们以这样的思维逻辑去定义合资，合资的路会越走越宽。记得在第一个阶段时，人们经常会问合资外方，其中国战略是什么？其实在那个时候，哪来的中国战略？在中国只需做一件事，卖车赚钱。以市场换技术，本身就说明了，一边是不会造车想找个老师学习，一边是你想学习先给钱。本质上是外方说什么就是什么。到了第二个阶段，中国市场有竞争，中国消费者对汽车的理解认识变得挑剔了、独特了，中国的汽车行业水平也提升了。如果还是当初的拿来就卖，一定卖不好。这就有了在中国为中国的说法。今天，世界汽车进入了新汽车时代。这个时代，汽车概念变了，不再是四个轮子＋一个发动机，也不再是四个轮子＋一台电脑，而是新物种。它是全新技术下的新物种，设计的逻辑也变了，造车的方法也变了，变得令传统车企跟不上趟了。就像大众汽车集团目前遇到挑战一样，人们需要新汽车，但大众汽车给不了。车卖不动了，钱挣不到了，自然就要裁员、关厂了。而这个时代的中国汽车行业完全不一样，它是新汽车的领先者、领跑者。它的三电技术、智能化技术（智舱、智驾技术）都领先了，跨国车企要学、要赶，时间不够，成本也下不来。

这就是当下合资车企始终破不了局的关键。合资外方一定要看到，新汽车的出现不仅仅是中国的事，最终一定是全球的事。既然在中国有了合资合作，就要好好地把握这样的合作机会，将中国的合资提升到在中国为世界的层面去认识。这样的话，不仅合资企业有了活力，跨国车企在全球也有了活力。当然，做到这一点对于跨国车企来说不是一件容易的事。这涉及重新定位、定义合资，重新定位、定义中国的汽车产业，特别是要重新定义汽车，哪一件事都难。

奥博穆在庆典当晚就乘专机回德国了，他又要面对仍在抗议的员工。令他头痛的现实面前，希望他将在中国看到的、听到的、感觉到的东西结合在一起统筹考虑，这也许是个好办法。

7.【12月11日】中央经济工作会议在北京举行，提及开展"人工智能 +"行动，并强调整治"内卷式"竞争 [47]

12月11—12日，中央经济工作会议在北京举行。会议指出，2025年要保持经济稳定增长，保持就业、物价总体稳定，保持国际收支基本平衡，促进居民收入增长和经济增长同步。会议确定，2025年要抓好9项重点任务，其中提到，要以科技创新引领新新质生产力发展，开展"人工智能 +"行动，培育未来产业。同时也强调，要"综合整治'内卷式'竞争，规范地方政府和企业行为"。

8.【12月11日】奔驰宣布唐仕凯将于 2025 年退休，12 年深耕中国赢得高度评价

12月11日，梅赛德斯 - 奔驰宣布 2025 年董事会人事调整计划。其中，现任大中华区负责人唐仕凯将于当年 2 月起担任中国事务特命代表，负责交接工作，7 月底合同期满后正式退休。根据安排，公司现任产品策略及规划负责人佟欧福（Oliver Thöne）将自 2025 年 2 月 1 日起接任唐仕凯，担任董事会成员。

梅赛德斯－奔驰董事会主席康林松对唐仕凯 12 年在中国的任职表现给予了高度的评价："（唐仕凯）在华任职的 12 年间，他与团队一起推动我们在华的销量增长了三倍多，大幅拓展了本土生产网络和研发实力，并打造了一个精干卓越的中国团队。凭借其高超的文化领悟力及杰出的战略沟通能力，唐仕凯出色地代表我司在华推进各项业务，并赢得了本土合作伙伴们的尊敬和高度认可。"

过去的 12 年，是唐仕凯在中国的职业生涯时长，也是中国汽车产业从高速发展迈向深刻变革的关键阶段。作为梅赛德斯－奔驰集团大中华区业务负责人，唐仕凯在中国的 12 年，映射的不只是奔驰在中国的成长轨迹，更是全球豪华车企如何在这个全球最大汽车市场中适应、学习、重塑的探索之旅。

12 年前，唐仕凯来到中国，彼时的奔驰尚未完全找到与这个市场的最佳契合点。无论是产品策略还是市场响应速度，奔驰都显得有些"水土不服"。高端市场的空间尚未形成，本土化研发能力极为有限。在这个消费需求快速变化、用户群体日益年轻化的市场，奔驰面临的最大挑战，是如何从德国的全球体系中，走近中国消费者的真实需求。

唐仕凯的策略很清晰：立足中国，加速本土化。12 年来，从打造中国专属长轴距车型，到建设上海研发中心，奔驰不仅在中国市场"制造"，更开始在这里"研发"和"定义"。唐仕凯所推动的，是奔驰从"适应中国"到"深耕中国"的进化。如今，上海研发中心已经成为奔驰在德国之外覆盖领域最全面的研发基地，中国团队主导的项目，不仅影响着中国市场，更为全球提供创新灵感。

唐仕凯流利的中文，成为他在中国市场的一大标志。但中国教会奔驰的，远不止语言技巧。12 年来，中国市场的迅速崛起，让全球汽车产业深刻认识到"消费者为王"的市场逻辑。中国年轻消费者对智能化、数字化的需求极为敏感，他们希望汽车不仅是交通工具，更是生活方式的延伸。这种需求的细腻多样，正是奔驰在全球转型中不断汲取的养分。

唐仕凯曾直言，中国是"奔驰的健身房"。从语音识别到自动驾驶，从智能座舱到用户交互设计，中国的创新速度和市场反馈，为奔驰提供了不断调整的动力。尤其是在电动化领域，中国市场的领先地位，迫使奔驰在全球战略中重新校准节奏和优先级。这种互动关系，塑造的不仅是奔驰的产品，更是其品牌适应新时代的能力。

过去 12 年，中国市场成为奔驰全球最大的单一市场，其贡献占奔驰全球销量近 30%。但这并不意味着可以高枕无忧。新能源汽车的崛起、本土品牌的竞争加剧，以及消费观念的深刻转型，都在对传统豪华车企提出新的挑战。唐仕凯的回答是：坚持奔驰的核心价值，同时赋予它新的表达方式。

他推动奔驰在中国市场推出了一系列针对性产品，例如 EQ 系列，以及高端纯电车型迈巴赫 EQS SUV 和 G 级纯电越野车。这些产品延续了奔驰在豪华、品质、安全上的品牌基因，同时通过技术创新和用户体验的重塑，适应了市场的新期待。

奔驰用行动证明，豪华并非是静止的，它可以通过与时代共舞，找到更长久的生命力。唐仕凯的卸任，标志着一个时代的结束，但他为奔驰留下的遗产，将长期影响这个品牌在中国乃至全球的走向。

唐仕凯曾说："中国虽非故土，却亲似家园。"这不仅是他个人感情的表达，也是奔驰对中国市场的态度写照。12 年的时间，他见证并推动了奔驰在中国市场从摸索到辉煌的过程，也让奔驰从中国市场学到了如何更好地面向未来。

随着唐仕凯卸任，奔驰在中国的故事将翻开新的篇章。面对日益激烈的市场竞争和产业变革，奔驰能否延续"行稳致远"的步伐，重塑"何以奔驰，唯有奔驰"的价值，将决定它在全球汽车行业中的未来地位。而无论如何，唐仕凯在中国的 12 年，为奔驰留下的不仅是市场的成就，更是一份关于品牌价值、创新精神和时代适应力的宝贵遗产。

【点评】唐仕凯要退休了，奔驰在华业务会受影响吗？

梅赛德斯－奔驰集团董事会成员，负责大中华区业务的唐仕凯将要退休了。听到这一消息，许多人的第一反应是，奔驰在华业务会不会受影响？

毕竟唐仕凯在这个位置上已经 12 年了。特别是过去几年间。中国汽车市场发生了很大变化，奔驰努力在改变，适应新形势的变化。这其中唐仕凯的作用肯定是有分量的。

12 年，唐仕凯是外界公认的"中国通"。熟悉他的人都亲切地叫他"老唐"。这 12 年，让他与包括媒体在内的中国各界打交道的过程中交下了很多朋友。大家想知道的关于奔驰的事，都可以找"老唐"问，他有什么疑问也随时可以找中国朋友聊。记得他当年到中国上任之初，正是奔驰在华业务遇到问题，需要调整之时。那个时候，大家都互不熟悉。但每次交流开场，他都会说，奔驰在中国遇到了问题，你们怎么看？姿态放得很低，态度十分诚恳，根本看不出他是奔驰全球的董事。跟"老唐"打过交道的人都有一个共同的印象：一点架子都没有。这样的特点，让他在中国的工作很快打开了局面。

本土化，一直是跨国汽车公司在中国拓展业务的核心。尤其是像奔驰这样的大品牌，本土化首先意味着要强化文化的融合。这一点上，奔驰是有过教训的。由于文化上的差异，一件不那么大的事，很容易变成"店大欺客"的事件。奔驰方面意识到加大本土化工作的力度，是改善奔驰品牌形象的最直接有效的工作。唐仕凯上任后，有人开玩笑地说这个人"面善"。加上他在与中国同行交流时的"低姿态"，给奔驰在中国的"本土化"做了一个很令人信服的背书。可以说，当时选择唐仕凯出任奔驰负责大中华区业务就是看中了他身上独具的亲和力。

2023 年 3 月，段建军出任北京梅赛德斯－奔驰销售服务有限公司的总裁兼首席执行官。这是奔驰在中国推动本土化又一新的举措。让一个中国人任中国市场的一把手，是奔驰历史上没有过的事，一方面是段建军的业务能力强，另一方面也是奔驰方面深知本土化的重要性。相信这样的任命也一定与唐仕凯下场推动有关。今天看，在段建军的带领下，奔驰中国的市场营销做得有声有色，被媒体视为最会做品牌的车企。

这些年来，"在中国为中国"几乎所有的跨国车企都在说。但真正做到位，做出效果来的不多。是否真正做到融合、融入中国是其中非常重要的关键。这里所指的融合、融入其实是跨国车企面对中国新汽车浪潮的新课题。怎么看中国新汽车的崛起？怎么看中国汽车与世界汽车的关系？怎么从中国新汽车的快速发展看汽车未来的路径和方向？站在像奔驰这样的跨国车企的角度可能是一种答案，站在快速崛起的中国汽车一边可能是另一种解读。就在一周前，我与"老唐"有一次见面。他说，最近一段时间来，在德国总部的时间大大超过了以前。他的一个工作重点就是反复告诉总部同事中国汽车发生了什么？中国汽车还将发生什么？奔驰应该怎么办？我问"老唐"，总部同事听进去了吗？他表示：有的听进去了，有的听懂了，有的还要连续说。他说，中国发展得太快了，一定要让总部的同事真真切切地了解到这一点。这样的表述，跟我前不久在德国与梅赛德斯－奔驰集团股份公司董事会主席康林松交流时，得到的回答完全一样："要让奔驰全球的高管都来看中国发生了什么。感受中国速度，中国竞争。让大家都知道中国的成功将助力奔驰在全球的更大成功。"在此次奔驰总部官宣唐仕凯将退休的消息中，康林松说："唐仕凯在华任职的 12 年间，他与团队一起推动我们在华的销量增长了三倍多，大幅拓展了本土生产网络和研发实力，并打造了一个精干卓越的中国团队。凭借其高超的文化领悟力及杰出的战略沟通能力，出色代表我司在华推进各项业务，并赢得了本土合作伙伴们的尊敬和高度认可。"唐仕凯在中国的作用，奔驰总部的评价很高。

唐仕凯将要退休了，奔驰在中国的业务还将继续，奔驰在中国的本土化推进更要继续。特别是中国的新汽车发展速度还将加快，首先需要判断，这对唐仕凯的继任者是一个不小的挑战。好在奔驰总部方面已经意识到了这一点，新的接任者明年 2 月到任，唐仕凯到明年 7 月正式退休。这样的双轨安排，"扶上马送一程"的意思很明显，相信奔驰的决策和接任者的能力一定会让奔驰在华的业务有新的、更好的结果。

9.【12月11日】北京现代获双方股东 10.95 亿美元增资

12 月 11 日，北京汽车正式对外发布一则股东注资公告。北汽投与现代汽车订立协议，双方同意根据各自于北京现代注册资本的权益比例共同向北京现代注资 10.95 亿美元，双方分别注资 5.475 亿美元。注资将分期进行。于注资完成后，北京现代的注册资本将增至 40.74 亿美元，北京现代仍将由北汽投及现代汽车分别拥有 50%，并将继续作为本公司合营企业入账。

这一外商投资项目被业内视为北京市本年度规模最大的单笔投入。对于北京现代而言，其意义远不止于资金层面的支持，更标志着企业发展方向的深度变革与重塑。在当前中外合资合作模式屡遭质疑的背景下，这一注资行动也为合资企业探索如何顺应市场变革提供了极具价值的现实范例。

近年来，随着本土品牌的崛起和全球汽车产业加速向新能源与智能化转型，传统合资企业的模式遭遇了不小的冲击。行业内质疑声频频涌现，"技术换市场"的争论再度升温。北京现代此次注资，无疑是在这样的背景下释放的一个积极信号：合资企业的价值并未消失，中外股东对中国市场的未来前景依然充满信心。

公开数据显示，北京现代成立 20 年来累计销量已超过 1000 万辆，建立了涵盖生产、制造、研发、营销和服务的完整体系。这一注资行动，既是对企业现有业务体系的有力支撑，更是对中国汽车市场巨大潜力的又一次坚定确认。

作为股东之一，北汽集团在这一注资中的角色尤为关键。作为中国本土的汽车巨头，北汽集团在推动此次北京现代注资中展现了更为积极的态度。对北汽而言，这不仅是一次资金上的投入，更深刻地反映出其对北京现代在合资合作框架中角色定位的重新审视与战略调整。

值得注意的是，此次股东双方对北京现代的注资并非单纯的财务纾困之举，而是伴随一场全方位、深层次的战略调整。据了解，注资资金将用于研发创新和新能源领域的技术布局，而非仅限于传统的生产制造和销售环节。这充分表明，中外股东双方已认识到，未来汽车产业的竞争核心将不仅仅聚焦于市场份额的争夺，更在于技术创新能力的较量以及品牌价值的协同塑造。

北汽方面明确表示，此次注资与国家"引进来"的政策导向高度契合，同时也为北汽在京汽车产业链协同发展带来了新契机。作为北京市今年内最大的外商投资项目，它为北京区域汽车产业链注入了全新的活力，有力地助推北京巩固其作为全国汽车产业中心的关键地位。尤其在当前全球供应链格局深度调整的宏观背景之下，这样一项意义重大的投资举措无疑将为北京经济的稳健、可持续发展增添更为强劲的韧性与支撑力。

北汽集团董事长张建勇此前曾表示，今年以来，北汽一直聚焦"两稳、两突破"。其中，"两稳"指稳合资和稳商用车板块。合资过去占的比重较大，同时北汽也是全国最大的商用车生产家，所以这两个板块是北汽需要稳住的重要基盘。北汽将继续加大投入，保持与合作伙伴的紧密合作，坚定不移推动首都制造业水平质量提升。而"两突破"则是北汽集团要在自主品牌和海外市场方面进行突破。把中国汽车产业做大做强，真正屹立于世界之林，这是北汽和合作伙伴的共同目标。

北京现代此次注资，也可以视为是对这一全新行业发展趋势的积极呼应与有力践行。从产品的本地化生产到研发的全面本地化，北京现代正在以实际行动重新诠释合资企业在新时代背景下的全新角色内涵与使命担当：未来，只有通过深度合作，共同应对新能源和智能化的挑战，才能在竞争中占据一席之地。

此前，北京现代董事长吴周涛曾表示："合资企业具有天然优势。现代是全球化品牌，在海外市场的知名度、美誉度及包括渠道等都有明显优势，（这意味着）北京现代必须去开拓国际市场，在这一过程中，我们产业链的优势，不管是规模化、成本，还是品质等，都会释放出能量，帮助我们做好全球市场。"

权威人士指出，北京现代的这次注资行动，是一场关于合资企业未来的实践探索。它表明，合资企业并非过时的商业模式，而是需要通过持续的创新与协作找到新价值。对北京现代而言，这不仅是一笔资本的注入，更是一场面向未来的转型宣言。而对于整个行业来说，这也传递了一个积极信号：中国汽车产业的大门始终向外开放，合作的价值从未改变。

10.【12 月 11 日】极越汽车爆雷，舆论对经营未转正的新势力车企产生信任危机

12 月 11 日下午，极越汽车 CEO 夏一平给全体员工发了一封内部信，称公司在当前形势下，必须进入创业 2.0 阶段，要做好 4 方面事，其中第三条提及"合并智能重复部门和岗位，变革低效的内部工作流程"。夏一平在内部信中还提及，极越汽车已经从年初的月销几百辆，增长到了月销 3000 辆的水平，通篇给人的感受是鼓劲、奔向下一程。

但当天，极越汽车就突然曝出"公司原地解散"、"社保公积金断缴"等令人极为惊讶的消息，全网震惊。此时，一些门店销售人员还在直播，还有用户在下订买车。

12 月 12 日上午，由于事发过于突然，员工情绪激动，夏一平被堵在公司要求给予解释，并解决社保和赔偿问题，一时间各种谣言四起。同时，有供应商秀出催款函，要求支付欠款。

极越汽车爆雷事件不仅成为影响极为恶劣的网络事件，更成为当地的重大舆情事件。

据传，经地方政府协调，极越汽车两大股东百度和吉利汽车在 13 日发表联合声明，表示会积极协助妥善处理此事，解决员工社保缴纳和离职员工善后问题，维护用户车辆正常使用、售后和维修保养事宜，大体上由吉利负责售后维修保养，百度负责车机和软件维护等。

尽管员工和用户问题逐渐平息，但大批供应商的欠款问题被迅速引爆，部分供应商因欠款多达上千万元而被卷入旋涡，遭遇极大困境。

至于爆雷的原因，网上有人猜测是百度最近为准备新的 30 亿投资而进行的审计调查发现，极越汽车账目混乱，存在高达 70 亿元的不明亏空，因此，投资被喊停。而双方股东均不愿继续投入资金，导致了此次爆雷。这一传闻并未得到证实。但极越汽车资金枯竭已是事实。

随着时间的推移，该事件逐渐从针对极越汽车本身问题的高度热议，很快延展到针对造车新势力整体的怀疑。结合今年高合停产、哪吒危机，行

业和舆论纷纷对目前还未实现经营资金正流向的新势力车企产生了极大的不信任感。

11.【12月15日】奇瑞星途星纪元 ET 增程四驱上市，尹同跃的科技新豪华执念

12月15日，奇瑞高端品牌 EXEED 星途在北京了举办星纪元之夜，活动现场，星途全新星纪元 ET 增程四驱上市，新车共推出三款配置版型，官方指导价为 23.98 万—28.98 万元。

不同于一般的新车上市发布会，很多人对全新星纪元 ET 增程四驱的期待远超其他车型。就像奇瑞汽车股份有限公司董事长尹同跃所明确的，"明年奇瑞智能化也要不客气了"。而全新星纪元 ET 增程车型作为其在智能领域"不客气"的首个成果，不仅承载着星途向上的更大使命，且在市场竞争中存有更强的实力。现如今，全新星纪元 ET 增程四驱高调入市，其凭借着"超越期待、超越时代、超越豪华"的全新价值体验，为中国高端增程拿出了新"样板"，更为重要的是，在星纪元的这份答卷中，外界看到了星途在智能化赛道的强大"攻势"。

尹同跃誓要打造科技新豪华

尹同跃不止一次地强调，星途星纪元要打造成为名副其实的科技新豪华品牌，成为代表中国汽车的全球名片，代表中国豪华品牌的全球名片，星途星纪元就是中国汽车走向世界汽车舞台中央的新纪元 。在星纪元的基础之上，星纪元 ET 正是引领该产品再突破的明星车型。而新能源时代中再突破的基础，就是智能化技术上的比拼。随着全新星纪元 ET 增程四驱的正式推出，星纪元也被称为是加速高端增程市场智能化进程的重要之举。

此前尹同跃指出，奇瑞会像20年前投入发动机一样，把智能化和 AI 作为下一个20年、40年的重大机遇和突破方向。此时聚焦全新星纪元 ET 增程四驱，外界似乎已经从诸多的技术应用与升级体验中感受到了星途在智能化方面的决心。客观而言，星纪元车型本身自站高位，搭载 8295P 芯片

并升级全新 EXEED OS 系统，结合雄狮智舱 Lion AI 大模型技术加持，一举斩获"华舆奖·中国年度典范智能座舱"奖项，以实际行动践行智能化的卓越追求。与此同时，全新星纪元 ET 增程四驱支持手机钥匙、手机语音控车等功能，极大地优化了用户的用车体验。

而在智驾层面上，全新星纪元 ET 增程四驱首搭拥有行业顶级硬件及算法的猎鹰智驾，配备 30 颗高性能传感器，采用算力达到 508TOPS 的双 Orin-X 芯片，能够达成行业领先的高速领航、城市领航以及智能泊车等卓越功能。据了解，星途将于 2025 年 1 季度开通覆盖全国的端到端无图智驾，彼时用户便能畅享全新星纪元 ET 增程四驱独有的智驾三点掉头以及 HPA 跨层记忆泊车、离车泊入等智能化驾驶功能，真正实现全国畅行无阻、有路即可驰骋的灵动、精准且安心的全新驾乘境界。

全新星纪元 ET 增程四驱的"含金量"

在汽车科技与性能的多元领域中，全新星纪元 ET 增程四驱的卓越之处绝非仅局限于智能层面。正如奇瑞汽车股份有限公司执行副总经理 CTO、奇瑞汽车工程技术研发总院院长高新华博士在活动上所分享的，拥有黄金增程、雪豹四驱、猎鹰智驾三大硬核科技及七项全维度的科技奢享全家桶，全新星纪元 ET 增程四驱将成为现代新中产喜爱的十全十美之车。

从这些层面再度审视全新星纪元 ET 增程四驱，便能深切体会到星途对其产品实力所保持的坚定信赖与高度期许。定位于一款增程车型，全新星纪元 ET 增程四驱的"含金量"不言而喻，其搭载的黄金增程系统，配备行业量产最高 44.5% 热效率增程专用发动机，可实现 1L 油发电 3.7 度，WLTC 馈电油耗低至 5.9L/100km，纯电续航达 240km，综合续航达 1500km，实力位居行业第一。与此同时，新车搭载奇瑞专属电池品牌鲲鹏电池，17.5 分钟即能将电池包电量从 20% 充至 80%，续航增加 144km，真正做到了高效能与低能耗的双优兼得。全新星纪元 ET 增程四驱不仅可享受产品的经济性，更在用车体验上做到了极致。新车在原有云台智能底盘的基础上再度进阶，高阶智能扭矩控制系统总功率达 345kW，可实现百公里加速仅 4.8s，在同级车型中排名第一。同时，全新星纪元 ET 增程四驱更有越野、雪地、沙地等 7 大场景驾驶模式，真正诠释了四驱系统的强大适应性与全场景驰骋的非凡魅力。

这款十全十美的全新星纪元 ET 增程四驱在性能技术上追求极致、毫不含糊，在设计与配置方面同样出色，全方位满足用户的多元需求。新增的多款外观三色以及内饰颜色方案，为广大年轻消费者提供了丰富的个性选择空间，使其能够彰显独特的个人品位与风格。而备受赞誉的"会呼吸的座椅"迎来进一步升级优化，新增通风功能以及同级车型中独一无二的按摩功能，让乘坐者在车内的每一刻都能尽享舒适惬意，将乘坐舒适度提升至全新高度。此外，新车搭载 Lion Melody 大师级音响再次升级，满足 Audio Vivid 全景声标准，行业首发的智慧无麦 K 歌、星动吧台等配置，让豪华成为全新星纪元 ET 增程四驱的标配。

步步登高的星途星纪元

星纪元 ET 能够广受市场关注，绝非一时的运气使然，而是星途星纪元深度洞察用户需求、精准把握市场趋势，进行创新与改进所收获的必然成果。回溯至这款车的上市初期，它就彰显出极为强劲的市场竞争力。这背后所依托的，不仅仅是产品自身过硬的实力，更是星途星纪元坚定不移地秉承"以用户为中心"理念的有力见证。据了解，在新车的研发进程中，星途星纪元邀请星纪元 ET 用户深度参与其中，担任产品经理角色，从产品的构思、设计到优化，全程紧密合作，深度共创。如此这般，最终推动着星纪元 ET 在激烈的市场竞争中脱颖而出。作为星途星纪元的首款纯电与增程双动力车型，星纪元 ET 在高品质的竞争舞台上已然夯实了奇瑞塔尖品牌形象的坚实基石。而如今全新星纪元 ET 增程四驱的重磅登场，更是如同强劲的引擎，持续推动着星途品牌向着更高的目标快速攀升。

从另一个维度审视，以此次全新星纪元 ET 增程四驱的成功上市为全新起点，星途星纪元已然全面开启新能源转型的加速键。依照相关战略规划，星途星纪元在未来的发展蓝图中，还将持续发力，陆续推出豪华大 6 座 SUV E07、豪华旗舰 MPV E08、豪华旗舰 SUV E09 等一系列令人期待的全新车型。届时，整个星纪元系列产品阵容将得到极大的丰富与扩充，形成涵盖多种车型、满足多元需求的强大产品矩阵。

【点评】没有豪华品牌，中国汽车难说强

奇瑞旗下星途星纪元 ET 增程四驱版上市了。奇瑞汽车股份有限公司执行副总经理、奇瑞汽车工程技术研发总院院长 CTO 高新华给大家带来了三大"核心科技"与七项"全家桶"。奇瑞汽车股份有限公司总经理助理、星途营销中心总经理黄招根表示，该车在各项指标上实现了全面超越，给现场媒体留下了深刻的印象：这款星纪元 ET 增程四驱版新车型有很强的硬实力。与此同时，大家对奇瑞汽车股份有限公司董事长尹同跃的一句话印象更深：奇瑞要将星纪元打造成新汽车时代的豪华品牌。这不仅对该产品做了强力背书，也明确了奇瑞下一步的发展目标。

奇瑞要向高目标迈进了。这个信息背后，是奇瑞在取得 2024 年高增长的业绩后，给自己制订的新规划。过去的一年，奇瑞始终在聚光灯下，这让尹同跃和他的奇瑞每一步变化都成了研究行业与市场的风向标。曾经的一句"奇瑞要不客气了"，让大家看到了它下一步的"不一般"。此次星纪元上市活动中，笔者没听到他有什么新的"不客气"，但说出了要干豪华品牌这件事，多少还是让大家嗅到了一丝相同的味道。在当下，中国品牌汽车是该多思考如何打造豪华品牌了。

品牌向上，这些年大家都在说，也都在干。但直接将之聚焦在豪华品牌是不容易的，是需要点底气的。毫无疑问，以奇瑞今天的业绩，以它市场一半在国内，一半在海外的独有表现，包括此次通过星纪元 ET 增程四驱版所展现给大家的研发实力，奇瑞完全有资格来碰碰豪华品牌这个"天花板"。据了解，最近一段时间，尹同跃频繁在多个国家出差。看到中国品牌汽车，尤其是奇瑞汽车在海外市场越来越受欢迎，有领导问尹同跃，中国品牌汽车在国际市场上强大的标志是什么？尹同跃认为，一个是海外市场份额的多少，另一个是中国豪华品牌汽车的占比。相信在此次上市活动中，尹同跃提出打造新汽车时代的豪华品牌，一定与他这样的认识有直接关系。高新华说，奇瑞已经专门成立了豪华研究院。照此看来，推进豪华品牌，奇瑞不仅是想到了，也已经开始做了。

为什么说拥有豪华品牌是中国汽车强大的标志？因为这意味着强大的

技术实力，但更重要的是它对行业市场的"定义权"。汽车产业一百三十多年的历史，奔驰、宝马、奥迪（BBA）站在了豪华品牌汽车阵容的"C位"，"定义权"自然落在它们一边。因此，传统汽车消费者对这些豪华品牌的认知，决定了中国品牌想进入豪华品牌的队伍是一件非常难的事。今天，中国汽车"大"起来了，出口明显增多了，但是没有"定义权"就很难说强起来了。新汽车的出现，让中国车企，特别是像这些年发展迅速的奇瑞向豪华品牌进军有了机遇和可能。产品变了，技术变了，市场变了，消费者喜好和需求也变了，这意味着"定义"也变了。谁能想到，奇瑞今年的出口超过了100万辆，黄招根说，星纪元品牌的用户中，70%消费者都是从合资品牌转过来的。这些都是中国汽车技术实力的提升和"定义权"开始转移的最好佐证。尹同跃给星纪元的品牌目标定位为新汽车时代的豪华品牌，这同样给了我们启发：打造豪华品牌，时间和机遇站在了中国一边。如果这事能成，让中国定义汽车将不再是一句空话了。

中国定义汽车，定义豪华品牌的机遇是新汽车带来的。如何定义好它，一定要建立全新的逻辑和语境。就像尹同跃说的那样，再做一个传统意义上的BBA没有实际意义。一方面，用传统概念和方法论干，汽车已没有更多创新突破的空间；另一方面，今天的市场和消费者呼唤新汽车，让豪华品牌新汽车的建立有了庞大的市场基础。站在市场和消费者一边，站在新汽车的一边，才有中国汽车今天开始影响全球产业格局的成就。但这是不够的，如何来做是个问题。有意思的是，星纪元ET的上市，提出了重新定义科技新豪华，这说明新的豪华一定是新科技带来的，它有科技硬实力做支撑。换句话说，只有拥有了科技硬实力，中国汽车的豪华品牌才能被认同，豪华品牌一定是对科技硬实力的价值认同。如果星纪元被大家认同了，也一定是奇瑞科技硬实力在更高层面上的价值认同。这样的认同对世界汽车产业格局来说才可能是真正需要的。

当下，中国汽车产业发展非常快，尤其是智能化技术的变化与发展逐渐超出了许多人的想象。日新月异、快速迭代的智能化技术一定是像奇瑞星途星纪元这样的品牌，向上、向豪华路上获得"定义权"的核心点。自动驾驶、激光雷达等技术过去都是百万级别的豪车才有的概念和配置，现在都变了，像 NOA（Navigate on Autopilot，自动辅助导航驾驶）等高阶智能化技术已经成为中国品牌汽车的标配，成为消费者去评判一个车好坏的标准。科技平权，这些年被许多中国品牌车企提及，花更少的钱就能得到最先进的科技带来的驾乘感受和体验。平权本身就是对传统定义的挑战，这是中国汽车面对未来最有底气的实力体现，这也一定是科技新豪华最有说服力的解读。

打造属于中国汽车的豪华品牌正当时。机不可失，尹同跃给奇瑞定的路，给星纪元定的目标，一定不仅是奇瑞的事，它同时也是中国汽车的事。做强中国汽车这关必须得过，而且必须从今天就开始。

12.【12 月 16 日】iCAR V23 开启奇瑞与年轻市场对话的"新方式"

12 月 16 日，奇瑞旗下 iCAR 品牌全新车型 iCAR V23 发布。

作为 iCAR 品牌升维的全新力作，定位为 A 级新能源风格越野 SUV 的 V23 不仅在设计上独树一帜，更在驾驶体验、智能科技上带来全面革新，官方指导价区间为 9.98 万—13.98 万元。新车共推出 301 两驱青春版、401 两驱进阶版、501 四驱高阶版三款版型。

V23 自问世以来就引发了业内的高度关注。其作为奇瑞汽车与小米生态链企业智米孵化的年轻创业团队深度合作的最新作品，互联网基因究竟和传统车企如何融合？

iCAR V23 选择了一条独特的"风格越野"新品类赛道，即以轻越野和城市通勤为主，探索年轻人喜爱的新玩法。在发布会上，苏峻将 V23 的产品特征概括为"经典复古 × 科技赛博"、"数字智能 × 硬派姿态"、"钢炮操控 × 机械趣味"、"舒适轻奢 × 工具百变"四对"反义词"，能够将"对立"变为"统一"，也说明 V23 成功地在汽车设计与功能的多元维度中找到了和谐共生的密码，打破了传统观念中诸多非此即彼的局限。同时，苏峻也在采访中指出，V23 既要"好玩"更要"好用"，这也说明其产品打造兼具经典与创新，也同时兼顾性能实力和情绪价值。

外观来看，车身尺寸长 4220mm、宽 1915mm、高 1845mm，接近 1∶1 的高宽比，配合 21 英寸大轮毂，赋予整车超越同级的体量感和视觉冲击力。此外，V23 还搭配了圆形大灯、固定式侧踏板、C 柱盲窗等经典越野元素，与现代科技外露式四角透明毫米波雷达罩、立体悬浮式"小书包"等设计相结合。

动力方面，V23 四驱车型搭载 155kW 双电机，一体式线控制动系统表现出色，支持舒适刹停，能够有效抑制制动点头现象。续航方面，V23 提供三种容量的电池组供消费者选择，其中四驱版搭载同级最大的 81.76kWh 三元锂电池，CLTC 续航达 501km，还具备"反向虚标"的续航能力。在城市里开续航达成率 106%。此外，V23 还提供 5+X 种驾驶模式以及轮边限滑、43° 接近角、41° 离去角和 600mm 的涉水深度等配置，轻松应对各种复杂路况。

每个时代都有属于自己的特色产品，像燃油时代的方盒子产品有奔驰大 G、Jeep 牧马人等，而 iCAR V23 或许就是新能源时代年轻人的新选择。

新能源市场已经格外拥挤，尤其在 10 万—15 万元区间，更是自主品牌主力车型相互角逐的战场。而作为市场的后来者，iCAR V23 想要在纯电方盒子的细分市场迅速打开规模显然并非易事。

那么对于 iCAR V23 来说，究竟该如何权衡主流需求和小众特色功能？究竟该如何实现上量？在苏峻看来，所有的主流品牌都是由边缘品牌成长而来，像可口可乐、甲壳虫车型等都具备着惊人的文化内核，也都是从一条看似小众但实际上具备足够潜力的赛道切入，这是很多优质品牌的成长之路，也是 iCAR V23 所选择的发展路径。

同时，他也指出为 iCAR 品牌设立的标准是向一个有特色的同时又有规模化的企业去发展，而不是去成为一个靠规模、靠量取胜的公司，因为只有这样 iCAR 才能在整个汽车史上最为独特地留下一笔。

苏峻更是生动地比喻为要成为年轻人的"冲锋衣"，他表示冲锋衣之前被视为是户外场景才会穿着的衣物，但是现在冲锋衣已经成为了日常穿着，这就是从小品类切入变成大众产品的案例，V23 现在就是要成为年轻人的"冲锋衣"，也将成为一款"叫好又叫座"的产品。

长期以来，奇瑞一直留给外界技术理工男的形象，而透过这场发布会以及媒体专访，却显而易见的感受到，奇瑞的新能源转型也多了一种更为新潮的"极客范儿"。甚至有不少媒体都表示："iCAR 更像新势力了。"可以说，从 iCAR 品牌身上，奇瑞找到了和年轻人沟通的新方式，不仅仅是在产品打造上更符合当下年轻人的消费需求，更是在营销策略、品牌打造、市场推广上更具备年轻化的思维。

在业内人士看来，这正是因为苏峻的北京智米创业团队融入奇瑞后，为其不仅带来了互联网思维的碰撞，更带来了更接近年轻人的用户思维。凭借互联网基因的加持，iCAR V23 能够深度挖掘用户数据，精准把握消费痛点与偏好，从而在产品功能设计上实现定制化与个性化的突破。

同时，传统车企的技术实力保障了车辆在机械性能与制造工艺上的卓越品质。从底盘调校的精准稳定，到车身结构的坚固耐用，再到动力系统的高效可靠，无一不是奇瑞长期技术积累的成果展现。这种融合使得 iCAR V23 既具备互联网创新带来的新颖体验优势，又不失传统车企所赋予的扎实基本功与品质信赖感。

13. 【12 月 20 日】2025 上海车展主办方争端民事纠纷案开庭[48]

12 月 20 日，上海法院的开庭公告显示，中国国际贸易促进委员会汽车行业分会（以下简称中国贸促会汽车分会）与上海市国际贸易促进委员会（以下简称上海贸促会）等机构的合同纠纷案件，于当天下午在上海市第二中级人民法院开庭。

上海法院 12368 官方平台显示，上述两家机构相关的合同纠纷，涉及两场开庭：一场的原告方是中国贸促会汽车行业分会，被告方为上海贸促会和上海市国际展览 (集团) 有限公司（以下简称"上海国展集团"）。另一场原告为上海贸促会和上海国展集团，被告方是中国贸促会汽车行业分会和中国汽车工业协会。

此前，针对 2025 上海国际车展的主办权，中国贸促会汽车分会与上海贸促会都曾公开发表声明，双方均向司法机关提起法律诉讼。

有意思的是，在 8 月 27 日上海贸促会等单位召开的"2025 上海国际汽车工业展览会新闻发布会"的相关信息中，当时宣布的 2025 上海车展的组织架构为：上海促进会、中国汽车工业协会主办，上海国展集团、上海车展管理有限公司承办等。而今，在诉讼信息中，中国汽车工业协会也赫然成为上海方面的起诉对象。其中发生何种变故，目前尚无从得知。

14.【12 月 23 日】本田日产开启合并谈判

12 月 23 日，日本本田汽车公司和日产汽车公司在东京共同宣布，本田、日产和三菱汽车三方已签署谅解备忘录，本田与日产将正式开启合并谈判。另外，由于日产汽车持有三菱汽车 24% 的股份，三菱汽车表示将在 2025 年 1 月底前对是否参与整合做出决定。本田社长三部敏宏、日产社长内田诚以及三菱汽车社长加藤隆雄共同出席了当天的记者会。本田社长三部敏宏（Toshihiro Mibe）在联合新闻发布会上表示："中国汽车制造商以及新参与者的崛起，极大地改变了汽车行业。我们必须在 2030 年之前建立与它们作战的能力，否则我们就会被击败。"

据悉，两家公司正在考虑通过成立控股公司并将各自公司纳入旗下的方式进行合并，业务整合的最终协议（包括股份转让计划）计划在 2025 年 6 月签署，2026 年 8 月正式成立控股公司并同步上市，届时两家公司各自的股票都将退市。据了解，控股公司过半数的内部董事和外部董事将由本田提名，总裁将从本田提名的董事中选出。值得关注的是，本田方面对这次合并提出了前置条件，要求日产汽车必须在明年 6 月之前实现扭亏为盈。

目前，本田汽车和日产汽车分别是日本第二大和第三大汽车公司，按 2023 年销量估算，算上三菱汽车，三家公司全球总销量估计将达 800 万辆左右。如果合并成功，届时，新成立的公司将成为丰田和大众之后，世界第三大汽车集团。该合并也将成为自 2021 年菲亚特克莱斯勒汽车公司与标致雪铁龙集团合并成立 Stellantis 以来，全球汽车行业规模最大的一次重组案。

据了解，此次合并谈判提出发展目标是，合并后的新控股公司营收实现 30 万亿日元，营业利润超过 3 万亿日元，利润率达到 10%。合并后，本田和日产双方将保留各自的品牌。

针对合并后的发展方向，本田社长三部敏宏表示，两家公司需要在电动汽车和智能驾驶新技术的开发方面付出更多努力。日产方面称，如果业务整合得以实现，双方将致力于整合彼此在知识、人力资源和技术等领域的管理资源；实现更高水平的协同效应；增强应对市场变化的能力；并期待提升中长期企业价值。此次合并首要目标就是实现车辆平台即汽车基础架构的共享。由于平台开发耗资巨大，如未来实现三方合并，超过 800 万辆的销售规模带来的平台共享效果将十分显著。同时双方还将共享世界各地的工厂资源，提高开工率，共同推进 EV 充电网络优化，推动零部件共通化、提升规模效应，整合供应商资源等，寻求降本增效。此外，为了提升新一代汽车竞争力，本田和日产还将共同开发软件，以及研究统一车载电池、电机、逆变器等核心部件规格的可行性，以降低研发成本、加快开发速度，提升智能化、电动化水平。后续两家公司业务的融合将会是一个中长期项目，预计要到 2030 年以后才能取得明显进展。

对于本田、日产合并的原因，开启合并谈判的原因，与全球汽车产业正在发生的智能化、新能源化浪潮有很大关系。日本车企转型迟缓，销量不断下滑，促使它们"抱团取暖"。

近年来，日产和本田汽车在全球市场的经营情况不容乐观。根据日本主要汽车制造商公布的财报数据，2024 年 4—9 月的半年时间里，丰田、本田、日产、三菱和马自达五家车企净利润均同比下滑。其中，日产汽车净利润仅192 亿日元（约合人民币 9 亿元），同比暴跌 94%。此前，日产汽车还宣布将全球裁员 9000 人，并削减 20% 的产能，并下调了对 2024 财年的预期，以应对主要市场销售下滑的局面。本田汽车 2024 年 4—9 月的营业利润率从 2023 年同期的 7.2% 降至 6.9%，税前利润同比下降 15.6% 至 7419 亿日元。目前，本田汽车制造业务营业利润率仅为 3.6%，远低于其摩托车部门的 18%。

在销量表现方面，全球销量来看，日产汽车11月产量同比下滑14.3%至271980辆，全球销量下滑1.3%至278763辆；本田汽车11月产量同比下滑20.4%至329987辆，全球销量下滑6.7%至324504辆。

在中国市场，下滑幅度更为严峻。日产汽车2024年11月在中国市场包括乘用车和轻型商用车两大事业板块在内的销量共计6.35万辆，同比下滑15.14%；1—11月上述两大事业板块累计销量为62.17万辆，同比下滑10.53%。本田汽车2024年11月在中国的终端汽车销量为7.68万辆，同比下降28.02%；1—11月累计销量为74.04万辆，同比下降30.70%。

严峻的市场压力迫使日产和本田不得不考虑采取合并的方式，提高效率，降低成本，优势互补，以图渡过难关。早在今年8月1日，双方就已经签署了深化战略合作伙伴关系的谅解备忘录和基础技术研究合作协议，开始进行一些汽车智能化的基础研究。

在双方合并谈判过程中，郭台铭的鸿海精密工业也表现出对收购日产股权的浓厚兴趣。这也让日产与本田产生"危机感"，加速了启动合并谈判的进程。

对于本田日产的合并，外界有着不同的看法。12月20日，曾被日产汽车起诉限制居住，后逃出日本的日产汽车前董事长卡洛斯·戈恩表示，日产寻求与本田达成协议，这表明前者处于"恐慌模式"。戈恩当时称："这是绝望之举，而不是一项务实的交易，因为坦率地说，两家公司之间很难找到协同效应。"12月23日，戈恩在接受采访时对本田和日产的潜在合并能否成功再次表示怀疑，称日产的计划毫无道理。戈恩认为："从行业角度来看，两家公司充满了雷同之处，而互补性是合并的必要条件，但本田和日产之间不存在互补。如果合并最终成行，我个人认为不会成功。"

15.【12月25日】一汽集团进行大规模人事调整

12月25日、26日两天，一汽集团进行了大规模人事调整，对一汽–大众、研发总院以及解放等多个业务板块的30多位高管的岗位进行了变动。

12 月 25 日，一汽 – 大众官方微信公众号发布重要人事调整消息：中国一汽党委常委、副总经理陈彬兼任一汽 – 大众党委书记、总经理；潘占福不再担任一汽 – 大众董事、党委书记、总经理，调回中国一汽工作；聂强任一汽 – 大众党委副书记、工会负责人，不再担任一汽 – 大众副总经理（商务）及销售公司总经理、党委书记；吴迎凯接替聂强担任一汽 – 大众副总经理（商务）及销售公司总经理、党委书记。

25 日下午晚些时候，中国一汽研发总院也宣布重要人事任命：研发总院原党委书记、院长王德平担任中国一汽首席科学家兼研发总院高端汽车集成与控制全国重点实验室主任、技术中心主任。研发总院原党委副书记、常务副院长马岩担任中国一汽首席科学家，分管整车开发及造型工作。研发总院（科技创新管理部）原副部长、高端汽车集成与控制全国重点实验室主任李丹负责一汽飞行汽车项目。

12 月 26 日上午，一汽解放召开董事会，选举公司原总经理李胜担任一汽解放董事长，同时聘任公司原常务副总经理于长信担任一汽解放总经理。同时，李胜担任一汽解放党委书记，田立新担任一汽解放纪委书记，董亚洲担任一汽解放总经理助理。

这是由董事长邱现东和总经理刘亦功搭班以来，中国一汽进行的动作最大的人事调整，也是邱现东自 2023 年 8 月执掌中国一汽以来，进行的第二轮人事大变革。第一轮变革是 2023 年 10 月，涉及多个部门及旗下多个品牌近 30 名高管。

16.【12 月 26 日】问界 M9 上市 12 个月大定突破 20 万辆

12 月 26 日，鸿蒙智行发布年度战报，问界 M9 上市 12 个月大定突破 20 万辆，稳居 50 万元以上车型销冠，豪华车市场格局被改写。

数据显示，问界 M9 连续 8 个月蝉联中国豪华市场 50 万元以上车型销量冠军，超过了排行榜上前 20 名其他车型的总和。这一成绩不仅是市场对问界 M9 强劲竞争力的认定，更是中国自主豪华品牌崛起的一个缩影。华为所带来的汽车智能科技创新，为包括问界 M9 在内的鸿蒙智行旗下诸多产品提供了强有力的产品力。依托华为在芯片、软件、硬件、生态等全栈自研技术的优势，问界 M9 在驾驶感受、智能化座舱和自动驾驶技术等方面，相比传统豪华汽车品牌展现出了更为独特的竞争优势，打造出全新的"科技豪华"理念。

早在 10 年前，华为就开始对汽车智能化、网联化技术进行持续投入，每年研发投入达到上百亿元，直接研发人员达 7000 人。近年来，在智能驾驶技术和解决方案上持续投入 5000 名研发人员，保证汽车智能化核心技术领域的前沿身位优势。持续的研发投入也造就了鸿蒙智行持久的创新性与敢想敢干的精神。

汽车产业向智能化、电动化转型，也带动了国内高端汽车消费结构的变化。而面对智能化加速发展和用户需求升级，豪华的内涵正在被重新定义，除了品牌光环外，消费者对动力、配置、智能化等方面提出了新需求。

"基于华为终端过去十多年消费者业务积累的质量管控、销售服务、品牌营销等优秀经验，鸿蒙智行拥有更出色的高端产品定义能力、更精准的高端用户需求把握能力、更为体系化的销售服务网络，从而创造出既满足功能需求，又具有良好用户体验的产品。"华为常务董事、终端 BG 及智能汽车解决方案 BU 董事长余承东说。

"鸿蒙智行不是孤军奋战，我们与赛力斯、奇瑞、北汽、江淮等车厂建立了深度合作关系，共同推进汽车智能化技术的发展。"华为终端 BG 智选车业务部总裁汪严旻称。

在鸿蒙智行的矩阵中，通过"四界"完全体的产品布局，全面覆盖了从豪华到超豪华的各个市场细分领域，包括问界 M9、问界新 M7 系列、享界 S9、智界 R7、尊界 S800 等车型，满足不同消费者的需求。数据显示，问界新 M7 已连续 12 个月蝉联新势力销冠；问界在中国市场豪华品牌用户净推荐值表现排名第一；智界 R7 上市两个月，大定突破 4.2 万辆；享界连续 17 周稳居 40 万元以上纯电轿车销量榜首；尊界 S800 发布 48 小时预订 2108 辆。

17.【12月27日】吉利向2025年第九届亚冬会提供350辆醇氢电混汽车，展现其醇氢技术在高寒地区的应用优势

12月27日，吉利汽车正式将350辆醇氢电混汽车，交付给了哈尔滨2025年第九届亚冬会组委会，作为官方指定用车，服务本届亚冬会。这是甲醇汽车首次大规模服务大型综合性国际体育赛事，是吉利全球首创零碳甲醇点燃亚运主火炬后的又一重要行动。

据悉，吉利此次交付的第四代帝豪醇氢电混汽车将与此前交付的纯电、电混等智能精品车型一起，在火炬传递、交通保障、礼宾服务等多个场景服务亚冬会，同时还投入哈尔滨的出租车运营。吉利在哈尔滨布局了完善的甲醇加注网络，进一步展现其醇氢技术在高寒地区的应用优势。

吉利深耕甲醇技术20年，已成功研发20余款甲醇动力车型，累计行驶里程超200亿公里。此次投入亚冬会的第四代帝豪醇氢电混汽车，搭载全球首款醇电混动系统，结合高热效率1.8L醇电混动专用发动机、智能混动驾驶模式以及三面液冷高性能电池等尖端技术，成为同级最节能、最低碳的混合动力轿车。

此次交付的350辆第四代帝豪醇氢电混汽车，开创性地搭载了全球首款醇电混动发动机和混动电驱，碳排放相比同级汽油车减少42%，每行驶1万公里，可减碳约0.8吨，不仅在高寒、高原地区的低温条件下仍可快速启动，还能回收利用发动机余热，减少驾驶室内采暖功率能耗，兼具了环保性、稳定性，堪称新能源汽车在高寒地区的最佳解决方案。

甲醇作为一种绿色清洁燃料，具有燃烧高效、排放清洁、储运便捷的特性，是实现"双碳"目标的理想选择，更是破解北方新能源困局的最优解。由于哈尔滨等北方地区冬季气温低，电池的性能大幅降低，直接影响纯电动汽车续航里程。以甲醇作为能源的醇氢电混技术，可以有效解决极寒气候条件下纯电动汽车续航里程衰减问题，是北方新能源的最佳选择。

吉利控股集团董事长李书福在10月底表示，吉利下一代甲醇乘用车采用"醇氢动力"的超醇电混技术。该技术可在同一燃料箱实现甲醇和汽油

的任意比例灵活混合，结合 PHEV 插电混动系统，实现"可醇、可电、可油"。搭载这一技术的车型有望 2025 年推出。

此外，吉利醇氢动力技术在商用车领域的应用进展迅速，在客车、商用车上均有装备醇氢动力的产品推出，甚至在船用动力领域方面也有突破。

18.【12 月】众多车企加速飞行汽车布局，国家发改委成立低空经济发展司统筹低空经济发展

12 月 12 日，吉利沃飞长空全球总部基地开工，该项目布局总部办公、研发和生产制造低空出行航空器等业务，主要用于沃飞长空自研 AE200 产品的批量化生产。此前 10 月 12 日，在成都淮州机场，吉利沃飞长空全自研战略产品 AE200 eVTOL 验证机完成公开演示飞行。

12 月 14 日，小鹏汇天的"陆地航母"飞行汽车在上海核心商务区陆家嘴完成试飞，其预售单价在 200 万元以内，2026 年实现量产交付。之前 10 月 27 日，小鹏汇天飞行汽车智造基地正式动工，这是全球首个利用现代化流水线进行大规模量产的飞行汽车工厂将用于生产分体式"陆地航母"的飞行体部分，规划年产能 1 万辆。

2024 年 12 月 18 日，广汽集团发布了全新飞行汽车品牌 GOVY 高域，主营业务涵盖飞行汽车整机及其生态产品的研发、生产、销售、服务等领域，并致力于推出从产品到平台的系统化解决方案。其首款复合翼飞行汽车 GOVY AirJet 首发亮相。官方信息显示，GOVY Air Car 面向 20km 内的短途跨越式出行需求；GOVY AirJet 面向 200km 内的中短途立体出行需求。

2024 年 12 月 21 日，长安汽车与亿航智能签订战略合作协议，共同开展飞行汽车的相关技术研发，主要集中在电动垂直起降航空器（eVTOL）和狭义陆空两栖飞行汽车的研发、制造、销售和运营，并探索成立未来出行生态科技合资公司。

12 月 27 日，国家发改委低空经济发展司正式亮相，将进一步推动低空经济发展。低空经济发展司的成立背景包括政策推动、市场潜力和产业协

同需求。政策方面，国家已将低空经济写入国家规划，并重视其发展。[49][50]

低空经济发展司的职责与意义包括统筹协调发展、规范行业秩序、推动创新发展和促进区域协调发展。它将负责统筹低空经济整体发展规划，协调解决空域管理、安全监管等实际问题，避免政策冲突和管理混乱。同时，制定和完善相关法规、标准，加强市场监管，规范企业行为，提高准入门槛，保障高质量发展。

此外，低空经济发展司还将通过政策引导和资金支持，鼓励企业加大研发投入，推动技术创新突破，促进低空经济与新兴技术的深度融合，培育新经济增长点和产业业态。根据不同地区条件，指导各地合理布局低空经济产业，推动区域协调发展，形成优势互补的发展格局，带动区域经济转型升级，缩小发展差距。低空经济发展司的成立将为我国低空经济的健康发展提供有力保障。

19. 【12 月 29 日】新吉奥通过港交所上市聆讯，将成为"中国房车第一股"

12 月 29 日，新吉奥房车有限公司（以下简称：新吉奥）顺利通过港交所聆讯。此前 5 月 28 日和 11 月 29 日，新吉奥先后两次向港交所提交上市申请。经过不懈努力，新吉奥的第二次申请成功通过了港交所聆讯，这意味着"中国房车第一股"即将诞生。

根据招股说明书介绍，新吉奥在澳大拉西亚地区（大洋洲区域名词，包括澳大利亚、新西兰及附近的太平洋岛屿）拥有广泛的房车业务网络。该公司设计、开发、制造及销售定制拖挂式房车。招股说明书引用弗若斯特沙利文的资料，根据 2023 年的销量数据，新吉奥在澳大拉西亚地区的房车行业中市场份额位居第二。截至 2024 年 6 月 30 日，公司已成功量产 49 款房车，均为标准房车，涵盖中端最畅销品牌 Snowy River、豪华品牌 Regent 及半越野品牌 NEWGEN 三个特色品牌下的八个不同系列，产品阵容强大。

新吉奥创始人缪雪中是汽车行业的老人，早年曾是在吉利汽车任职。2003 年创办吉奥汽车，以 SUV、皮卡为主营产品。2010 年，吉奥汽车与广汽集团战略合作，成立广汽吉奥。2014年，缪雪中并购澳大利亚30多年历史的知名房车品牌Regent，正式进军澳洲市场。2016年，缪雪中成立新吉奥，主营房车和新能源汽车。新吉奥在房车领域，特别是澳洲市场逐步站稳脚跟。

新吉奥浙江拥有占地面积约47567平方米的工厂，焊接、喷漆、层压、裁剪及家私五个专门车间及两条先进的组装线组成。此外，在澳洲还有两条组装线以承接房车的最终组装，迅速满足当地客户的改装定制需求，使之成为国内制造能力的重要补充。

据悉，新吉奥此次IPO募集所得资金净额将主要用于建立新的生产基地及升级现有生产工厂；扩大业务营运，通过加强销售及经销网络以进一步扩大客户群及提升客户黏性，并进一步扩大在澳洲和新西兰房车行业的市场份额；持续的产品研发工作；营运资金及一般企业用途。

20.【年终的话】该对汽车行业"内卷式恶性竞争"有个说法了

12月31日，吉利控股集团董事长李书福发表了2025年新年致辞。在展望新的一年时，李书福特别提到了要"旗帜鲜明地反对内卷式恶性竞争"；"不搞大跃进式恶性发展"。这两句话给人触动很深。作为汽车行业代表性人物，发出这样的声音，一定不是随便说说，应该是有所指的。值得大家深入思考。

"内卷"是2024年汽车行业的一大特色。进入新的一年，大家普遍关心的一个最核心的话题：这样的"卷"何时是个头？李书福的这两句话，表达了吉利方面对"内卷式恶性竞争"的深恶痛绝。相信汽车行业很多同行都有相同的看法。毕竟刚刚过去的一年，在"快速发展"的背后，汽车行业太多企业的日子并没有外界想象的那么"风光"。赔本赚吆喝，甚至连吆喝都没有赚到的已经不是个别现象了。越来越多的车企包括供应商、经销商都在呼吁：汽车行业的这种"内卷"不能再下去了。

记得2024年7月，中央的一次高层会议提出"要强化行业自律，防止内卷式恶性竞争"。它被解读为这是针对汽车行业来的。为此，行业协会还牵头搞了一个企业自律承诺。最终没看出什么效果。值得注意的是，就在上个月，中央经济工作会议发出明确指示，要综合整治"内卷式"恶性竞争，规范地方政府和企业行为。从"防止"到"整治"，我们已经看到，如果当初的内卷式恶性竞争只是一种苗头现象的话，现在已经成为阻碍行业、经济健康发展的严重问题了。李书福的呼吁代表了汽车行业对于当下内卷式恶意竞争的一种认识和看法。值得引起行业方方面面的高度重视。

实事求是地说，围绕着汽车行业内卷式恶性竞争的话题，过去一段时间来存在几个有意思的现象：有的认为，竞争就像玩牌，要输得起。言外之意，没有什么卷不卷、恶性竞争一说。有的认为，竞争要讲规则，要经得起检查、考问。有的甚至很有针对性地说，谁要在牌桌上出"老千"，就要掀牌桌。先别问是否卷不卷，就这针锋相对的火药味就足以说明了汽车行业内卷的程度了。

汽车行业到底有没有内卷式恶性竞争？到了需要有关部门认真调研、给个说法的时候了。这应该是有关管理部门贯彻落实中央经济工作会议精神的一个重要举措。过去的几年中，中国汽车借着新汽车的新赛道，获得了快速的发展，成为中国经济的一张亮丽的名片，很大程度上是先发优势得来的。这种先发优势与国家、政府各部门的科学决策和正确的措施密不可分。接下来的路怎么走？在当下必须在中央提出的发展新质生产力的高标准下去思考。

将汽车行业打造成新质生产力的典范，应该成为汽车行业今年的新目标。这个目标也应该是国家的目标。这是不同于过去已经取得成绩上的高目标。这个高目标，一定要讲可持续性。百花齐放才是满园春，可持续一定是汽车行业全产业链的良性发展。它是主机厂与供应商、经销商，都"有利可图""共生共荣"的关系。李书福提到的大跃进式"恶性发展"，就是在提醒大家，当前这样的产业链关系已经被破坏了，卖再多的车也是不可持续的。同时也告诉我们在看待竞争和竞争格局的时候必须有更高的、全局性站位和方法论。所谓竞争，无非就是同行间的你追我赶，但中国汽车的竞争要的是中国与国外同行的竞争。这样的目标，身处其中的每个车企都要明白其中的道理。换言之，放在世界汽车竞争的大舞台上，只有中国赢了才是真正的赢。我们要的是国家的竞争力。面对快速变化的技术革命，面对复杂的国际竞争环境，中国汽车首先要的是团结和融合的力量。内卷甚至是恶性竞争，一定不利于行业的健康发展，一定与国家的大利益相背离。

从"防止"到"整治"内卷式恶性竞争，已经不再是这样的现象有没有，而是有关部门必须要敢于对内卷式恶性竞争说不。相信汽车行业也期望有关部门在新的一年中有鲜明的态度。而不只是协会搞个自律承诺那么简单。事实说明，让中国汽车行业有一个良性的健康的发展环境，不仅要有高的站位，全局性的安排，依规依法，一定是有力的保障。对"内卷式恶性竞争"有个说法，就是要回到法治的轨道上来。国家利益面前、法律面前该说不就说不，该说停就得停。新的一年开始了，中国新汽车的新征程上，要的就是这样的新态度和新办法。

回望2024
中国汽车

2024年，对于中国汽车来说是个不同寻常的年份。这一年，有太多成就值得赞叹，也有太多问题需要重视；有太多的创新引领突破，也有太多的乱象需要治理。这一年，一方面是新产品、新技术、新现象层出不穷；另一方面是整个行业都在"卷"价格、"卷"产品、"卷"技术。这一年，越来越多的国家和地区的人民感受到了中国智能新能源汽车所带来的超值享受，同时，也有不少地区出于不同的目的，着急忙慌地筑起了各种壁垒。

究竟该如何看待、评价中国汽车的2024年？它究竟给行业留下了什么样的深刻印象？展现出了什么样的发展趋势？对未来留下了哪些深刻影响？部分企业、行业领导、专家，给出了自己的看法。

砥砺前行、突破创新的 2024 中国汽车

重庆长安汽车股份有限公司党委书记、董事长　朱华荣

2024 年是纷繁复杂，充满不确定性的一年，也是砥砺前行、突破创新的一年。这一年让我印象最深的就是伴随着新能源持续高增长的同时，智能化产品也在加速普及。

早在 2014 年，习近平总书记就曾强调指出"发展新能源汽车是我国从汽车大国迈向汽车强国的必由之路"。十年磨一剑，2024 年我国新能源汽车年产销量迈上千万辆级台阶，分别达到 1288.8 万辆和 1286.6 万辆，新能源汽车产销量连续 10 年位居全球第一。中国新能源汽车向全世界展现出了中国速度。长安汽车新能源也呈现出了良好的发展趋势，智能电动品牌深蓝汽车，仅用 29 个月销量累计就突破 40 万辆，刷新同级市场最快纪录；引领智能豪华新风尚的阿维塔品牌，也在 2024 年单月销量突破了 1 万辆大关。

伴随着新能源汽车高速增长的同时，智能化产品加速普及，在 AI、5G 等技术的发展和赋能下，智能制造能力提升，智能化产品加速亮相上市。截至 2024 年，长安汽车共推出 19 款智能新能源产品，近三年平均每年新推出 6 款。2025 年将上市 13 款新能源智能化产品，并将不再开发非数智化新产品，未来 3 年将推出 35 款数智新汽车。

2024 年中国汽车产业呈现了特征鲜明的几个趋势。

第一，从市场趋势来看，国内汽车总销量同比增速 1.6%，整体持续呈现稳中有进的态势，而海外市场则大有可为。2024 年，全球汽车销量 9000 多万辆，中国之外的市场占 2/3。2024 年中国汽车出口总量 585.9 万辆，同

比增长 19.3%，其中长安汽车海外销量 53.6 万辆，同比增长 49.6%，据此趋势判断，海外市场广阔天地，中国品牌大有作为，未来可达成至少 1000 万辆海外市场规模。

第二，从产业趋势来看，一是数智汽车进化趋势明显，汽车正在向多功能平台产品转变。未来的新汽车将是移动多功能空间、智能计算终端、数据采集载体以及移动储能单元，也就是可进化的智能汽车机器人。二是低空经济是风口，陆海空一体化出行生态成大势所趋。预计到 2025 年底，长安新一代飞行汽车将完成试飞；到 2028 年，长安的人形机器人将生产下线。三是产业链出海成为大势所趋，全球资源整合成为必然。四是传统车企与传统车企之间，车企与 ICT 企业之间，整车企业与供应伙伴、营销服务伙伴之间正不断诞生新的合作关系。

第三，从产品趋势来看，软件定义汽车转变为 AI 定义汽车，引领一系列新的变革。未来的新汽车将是可进化的智能汽车机器人，汽车也将成为连接"人、机、车、家、办"的关键一环。比如长安启源 E07，它打破了传统汽车的固定形态，实现"形态可变，功能可变，软件可变"，兼具轿车的操控和舒适性、SUV 的空间和通过性，可以轻松满足我们生活全场景下的不同用车要求。

第四，从技术趋势来看，中国汽车产业正在从"电动化上半场"转向"智能化下半场"。数智技术应用将重塑汽车产业格局，重塑研、产、供、销、运全价值链。比如长安汽车在数智运营方面，加强 DDM 中台数智建设，通过 AI 算法实时预测需求波动，优化库存管理，降低运营成本，并将节省的成本全部用于用户。加强智能化技术研发与掌握，基于 SDA 平台及天枢大模型赋能，发布智能驾驶"天枢智驾"、智能座舱"天域座舱"和智控底盘"天衡底盘"三大智能技术。

2024 年，中国汽车产业还出现了一些值得研究和注意的现象。

例如，在这个"流量为王的时代"，"流量"已经成为新的生产要素了。以小米为代表的 ICT 企业的互联网思维营销是值得研究学习的。在流量争夺战中，我们长安汽车的高管们也在纷纷下场，搭建起一个"人人都是自媒体、人人都是产品官、人人都是传播员"的企业 IP 矩阵。

再比如，除了汽车产品的数智化，制造端的数智化转型体现得更为明显。2024 年，正式启用的长安汽车数智工厂，融合 AI、软件一体封测等 40 余项尖端技术，获得工信部颁发的"卓越级智能工厂"荣誉。数智工厂不仅向客户提供千人千面的个性化定制产品，更使交付效率提升 40%，制造效率提升 20%、成本降低 20%、能耗降低 19%。今年将加速推动旗下所有工厂陆续向数智工厂迈进，赋能高质量生产。

此外，在跨界融合，合作创新方面，汽车产业正在加速与 AI、通信、科技、能源、家居等生态融合发展，B2C、B2B、B2B2C 等合作模式更加多元。

需要重点强调的是，中国汽车走向国际市场已经成为全行业的高度共识，且发展迅速，但是，同时也存在很多问题和挑战，需要引起行业的重视。深度参与全球化是中国汽车做大做强的重大机遇，2024 年我国汽车整车出口 585.9 万辆，2025 年中国汽车海外出口将保持高速增长，其中东南亚、中南美、中东非等区域市场保持良好增长趋势。但从"走出去"到"走上去"也面临着地缘风险预判不够、法律合规经验不足、舆论环境认知不到位、海外产业布局不完善、对海外用户洞察不深刻以及文化差异等诸多挑战。

面对 2025，我们预计全球市场总量稳步增长，2025 年将接近 1 亿辆规模；中国汽车销量平稳增长，2025 年预计突破 3200 万辆。

沧海横流中，中国汽车需要坚持长期主义，赢到最后

奇瑞汽车股份有限公司董事长　尹同跃

中国汽车的"卷"要变成"展"，要打造世界级品牌

对于 2024，我印象最深的就是汽车行业竞争格外激烈，格外"卷"。当然我跟人聊天的时候，别人说汽车行业已经算"卷"得比较晚了，家电、手机行业早就"卷"了好几轮。"卷"的一个原因是中国人本身非常勤奋，最后常常"供大于求"，形成"内卷"式的竞争。但"卷"更关键的原因还是技术创新不足、应用不足、创意不足。大家挤在同一个赛道、同一个维度上同质化竞争。

所以我特别希望"卷"换个名字，换个方向。"卷"的反义词是"展"，我们还是要往上"展"，往左、往右"展"，往海外"展"，开拓更大的市场，更多的细分赛道。"卷"也要换个维度，不要只"卷"价格，应该"卷"技术、"卷"创新、"卷"创意、"卷"品质、"卷"品牌，做高价值和品牌溢价。中国很多东西已经成为世界第一，特别是销量、速度、规模，但是品牌还没有成为世界第一。我们希望未来能打造一批世界级品牌，像做艺术品一样做汽车产品，让大家爱不释手，能够流传给下一代，变成价值和财富的传递。

科技创新推动中国品牌自主崛起

整个中国汽车产业在 2024 年的表现极具韧性，产销规模、出口等都创造了历史新高，特别是在新能源技术的强势推动、国家"以旧换新"政策的提振下，创造了两个里程碑意义的节点：一是我国新能源汽车强势崛起，全球领先优势明显。年产量突破 1300 万辆，刷新了全球汽车历史的新纪录，

也被作为中国经济发展的"课代表"，因此还写入了 2025 年的《政府工作报告》。二是自主品牌的市场份额显著提升，高端化突破非常明显，占据中国车市的主导优势。2024 年自主品牌乘用车的批发份额突破 65%，零售份额突破 60%；到 2024 年 12 月份，20 万元以上车型中，自主品牌占比达到 41%；20 万元以上新能源车型中，自主品牌占比更是高达 74.4%。

我们认为，中国汽车呈现几个显著趋势：一是 AI 技术引领行业变革，重塑产业格局。汽车属性加速从交通工具向移动智能终端转变，各家车企都在加快推进人工智能、高阶智驾、大模型技术的普及和应用，以及生态的建设。智能化的快速发展，又会进一步带动对固态电池、芯片等核心技术的需求。我们认为，未来一个时期的技术突破将集中在"2C4 智 + ESG"，2C 即电池、芯片，4 智是智舱、智驾、智慧管理、人工智能，以及 ESG 技术。二是国内市场产品结构加速向混电油"433"的格局转变，新能源高速增长，插混更是成为增速最快的细分赛道。三是中国市场重心上移，20 万以上占比超 30%，一二线市场空间巨大，为品牌向上带来机会。四是中国汽车进入"大航海时代"，海外市场成为各家车企重点布局方向，整体出口呈现"量价齐升"的趋势。

汽车产业要持续健康发展必须关注如何平衡发展速度与质量的问题

最值得关注的还是如何平衡发展速度与质量的问题，要警惕"内卷"带来的劣币驱逐良币，最终造成一损俱损；避免汽车工业农业化，创收不创利。

因为"内卷"带来的价格战，2024 年中国汽车虽然产销量大丰收，但"创收不创利"现象明显，全年中国汽车行业收入破 10 万亿，增长 4%，利润却降了 8%。中国汽车流通协会报告也显示：2024 年超 84% 经销商价格倒挂。一方面，价格战导致车企、经销商的利润空间不断被压缩。为了降低成本，一些车企不得不削减研发投入和服务质量。另一方面，频繁的价格波动也会让消费者产生观望情绪，影响市场健康发展。

"内卷"带来的生存压力，也会让一些车企对新能源、智能化等新技术的应用变成投机行为，冗余堆砌，仓促上车，忽视安全品质的反复验证，给消费者带来风险和隐患。同时，"内卷"有伴随"出海"向外蔓延的趋势，不仅容易刺激海外市场筑高贸易壁垒，也会因为忽视了产品品质和品牌，影响整个中国汽车的国际形象，重蹈当年摩托车出海的覆辙。

2025，中国汽车将从"电动化普及"迈向"智能化决胜"

可以预见，2025 年竞争会更加激烈：行业整合加剧，新能源渗透率加速突破，智能化竞争进入白热化，汽车出口从产品出海向产业链出海转变。中国汽车将从"电动化普及"迈向"智能化决胜"，技术创新与全球化能力成为分水岭，行业在激烈震荡中向高附加值攀升。

我们认为，沧海横流中，中国汽车还是要通过品牌向上、市场向外、技术向未来、产业向生态链高端、管理向卓越，坚持长期主义，才能在这一轮科技大革命、产业大变革、行业大洗牌之后，成为留在牌桌上的最后玩家。

走进消费者的心，
做"懂车更懂你"的汽车公司

上海汽车集团股份有限公司总裁、党委副书记 贾健旭

2010 年，上海世博会上，我们大胆畅想了未来 20 年汽车行业的发展前景，包括绿色循环能源、无人驾驶、智慧交通系统等，现在大部分都已成真。2015 年，上汽首次提出汽车发展"新四化"理念，即电动化、智能网联化、共享化和国际化，目前国内汽车行业正朝着这四个方向奔涌向前、势不可当。

2024 年，中国汽车产业发生了巨大变化，对我们而言更是一个全新的开始。全行业在关心当下生存现状的同时，都在思考未来的发展方向。因此，这里我们更想立足当下，探索中国汽车未来一段时间的发展轨迹。关于 2025 年乃至未来 10 年汽车发展的新阶段和新起点，我们认为，相较于以往趋同质化的竞争，汽车将更彰显用户的个性化身份，成为体现用户个人喜好和性格特征的另一重要载体，汽车行业将很快进入个性化时代。

第一阶段，是汽车软件个性化。就像手机上的 App，汽车上装载的软件、智驾系统等，借助与 AI 的高度融合，将直接反映出你的个人偏好特点和性格特征。

第二阶段，是汽车硬件个性化。就好比服饰，通过品牌和搭配，可以简单分析出你的个人人物画像。未来汽车硬件的选择，也会凸显你的个人圈层。随着电子电气架构的不断完善，汽车硬件的可拓展性、可选择性会越来越丰富。

上汽也将紧紧围绕如何实现你的个性化需求，构建最完整、最全面、最丰富的产品和软件矩阵。我们要实现的不仅仅是懂车，更是要懂你。More than Auto！

让智能驾驶更安全，实现全车型安全的最高标准

要实现未来汽车产业的新业态，智能驾驶是其中最为重要的路径载体。那智驾最关键和最突出的是什么？现在网上，很多围绕智能驾驶的讨论，都集中在对人的安全、对道路的安全和对社会的安全上。最先考虑的永远是安全。

我们用最严苛的标准，构建上汽全球车的全球标准，让上汽车成为钢筋铁骨下的移动堡垒，不怕撞；我们用最成熟的技术，构建智驾普及化趋势下，自主可控的 ADAS、VMC 等智能化数字技术，打造不会撞的主动安全。完成了上汽车的安全保障从 99% 向 99.99% 的进化。

最后的 0.01%，我们用引领未来的安全主动应对方案，发挥全链路、全打通、全开放的自研优势，利用线控底盘、SafeUnit、固态电池等颠覆性、引领性创新技术，实现跨系统的、精冗余的安全控制体系。就算撞了，也不怕。

让智能驾驶变得更有乐趣，实现你的个性驾驶

安全是自由的前提，自由是安全的彼岸。在全方位的安全保障下，我们不仅要让你放心开，还要放手开。

现在智驾随处可见，人人都能用到。但这智驾是你喜欢的吗？这智驾是你个性的体现吗？我们要通过软件个性化，给予消费者更多的个性化驾驶选择。目前，地平线、大疆、华为、Momenta 的高阶智驾方案，正在上汽智己、荣威、名爵、宝骏、上汽奥迪、上汽大众等多平台、多品牌上陆续落地。

同时，我们将利用智驾与 AI 智舱的深度融合，通过语音、驾驶习惯自学习、驾驶环境场景等，定制个性化、场景式智驾推荐，让智驾能一看就会、一说就懂、一开就爱。此外，无论是电能带来的极限加速，还是燃油车的经典机械之美，我们不给你做单选题，让你随意选择，体验全体系、多风格的驾驶乐趣。

我们给予消费者的将不只是智驾，更是借助软件个性化，给予用户选择智驾、寻找自己驾驶乐趣和生活方式的自由选择权。

懂你的车，更懂你的心，实现你的智能化汽车

有了安全的车、好开的车，我们还要有懂你的车。信息化、数字化时代，什么最懂你？毫无疑问是手机。我们要围绕手机，通过"算力共享，生态共融"打造最懂你的个性化智能汽车。

打造可以装进口袋的智活座舱，没有手机支架的智活座舱。满足全生态，基于上汽自研的银河全栈座舱 3.0，全面对接手机三大系统，市场手机品牌覆盖率超过 90%。满足全场景，与 OPPO 等伙伴实现深度融合，拓展包括手机、手表、耳机、眼镜等海量生态场景，实现无缝衔接、完全同步、0 学习成本，做到 100% 的全车控制。效能全优化，语音识别率近 100%、控制延时小于150 毫秒，近万公里零死机，实现行业车机系统第一梯队。

除了发力手机端，我们还在发力 AI。我们已成功引入 AI 大模型，与AI 届头部企业实现强强合作，打造最懂你的 AI 汽车。我们的 AI 汽车不仅能实现路线出行规划、问答解惑等基础运用场景，还能根据你的喜好，一句话定制个性化座舱设置、剪辑路书、规划景区；我们的 AI 汽车有自学习、自演进能力，让场景无限丰富和拓展，能在驾驶习惯、体感温度、音乐氛围等多领域，主动给予关怀。

颜值即正义，实现每个人心中的个性情车

AI、智舱、智驾，是我们在软件个性化上积极进取的目标，而基于整个供应链体系打造的个性化产品，是我们在硬件个性化上不断探索和追求的方向。

全球顶尖设计大师约瑟夫·卡班将巴黎的浪漫锻造成车轮上的流动雕塑，当奥迪的德式精密哲学与智己的山水意境碰撞，当美式的奔放自由与儒雅的英伦气质交相呼应，我们传递的不只是全世界的汽车美学，更是世界村文明的交响。是文明的交融，各美其美。

后续一年时间内上汽将陆续推出十多款全新车型，展示全新设计语言，包括倾向家庭出行（大型 SUV）、全地形探险（越野车）、追求极致速度（运动型跑车），亦或是宜商宜家（皮卡）等，一切基于你个性延展出来的个性化汽车产品，上汽 "全家桶" 都应有尽有。

　　面对行业竞争、面对新势力崛起、面对质疑，上汽的回答就是：岁老根弥壮，阳骄叶更阴。国外不缺百年车企，但中国还缺。上汽要成为中国的百年车企。上汽不仅懂车，更要懂消费者。上汽要做的，不仅是造好车，更要走进消费者的心，做最懂你的汽车公司。

2024，"数质"之变

中国国际贸易促进委员会汽车行业分会会长　王侠

刚刚过去的 2024 年，正如习近平总书记在新年贺词中所讲的那样："一个个瞬间定格在这不平凡的一年，令人感慨，难以忘怀。"

对汽车产业来讲，2024 年虽然"卷"声依旧，但一个个数据定格在这不平凡的一年：全年汽车销量稳中有升，跨过 3100 万辆的历史新高；中国品牌乘用车占比突破 65%；新能源汽车销量接近 1300 万辆，单月渗透率突破 50%；L2 级智能驾驶上车率超过 50%，更高阶的智能驾驶测试渐成气候；全年出口接近 600 万辆，巩固了全球第一的位置；中国车企在全球销量排行榜上首次闯进前五。一系列硬核成绩表明，中国汽车产业正加速向高质量发展。

在可喜的数据背后，则是一些内在的甚至是本质的变化。

首先，市场营销从简单的"卷"价格转为价格、流量、用户一起"卷"。

据统计，2024 年，国内汽车市场降价车型高达 200 多款，比 2023 年明显增多，而且是新能源、燃油车都大量卷入。

从 2024 年北京车展开始，车企老总们纷纷下场直播，动辄上亿的转评赞、几千万的观看量，其传播热度直接碾压传统营销手段。

越来越多的车企声称要转型为用户型企业，要把用户运营当成核心竞争力打造，用户共创、用户社群、积分兑换、车友会、粉丝节等形式花样翻新。

市场竞争的加剧增强了市场活力，加速了技术创新，一定程度上让消费者受益，但也暴露出一些问题。如何避免将营销战变味成口水战？如何避免拉踩式营销反噬企业形象？如何将价格战升级为价值战？值得全体汽车人深度反思。

其次，技术变革继续向纵深发展。

无论是电池、电机、电控等新能源核心技术，还是智能底盘、智能座舱、智能驾驶、智能制造等技术都在不断迭代升级，寻求全面突破。尤其是智能化技术普及率越来越高，高阶智驾开始上路，全民智驾的时代已经开启。

再次，消费升级趋势明显。

随着经济的企稳和人们消费观念的改变，高端化与个性化正成为汽车消费的新趋势。消费者愿意为更高品质、更强性能、更独特的产品买单。与2020 年左右相比，2024 年，我国 20 万—30 万元车型市场份额从 14% 提升到近 20%，30 万—40 万元车型从 7% 提升到超 10%。

最后，产业结构继续重塑，合资与自主、传统车企与新势力在竞争中继续分化。

2024 年，自主品牌乘用车市占率大幅提升，接近 2/3，彻底摆脱了与合资品牌多年的缠斗。但合资车企也开始真正重新审视自身的市场定位和竞争策略，积极寻求转型升级的突破口，加大对新能源汽车、智能网联等领域的投入和新产品的布局，下滑的趋势会逐渐减缓。

有的企业高速增长，有的低速徘徊甚至下滑，行业排名动荡不定，停产甚至破产的危机不时出现。种种迹象表明，淘汰赛正呈现加速之势。

在接下来的 2025 年，我认为，中国汽车市场平稳发展的大趋势不会改变。国家一系列稳增长、拉消费、促民生、强金融、重实体的政策会逐渐释放出应有的能量，经济大势平稳向好是确定的。

对汽车产业来讲，2025 年有几点值得特别注意：

一是新能源将继续成为市场增长的主要推动力，但新能源车的盈利问题将会成为下半场的胜负手。

二是技术突破将变得更加重要。价格战源于同质化的产品，而同质化的产品源于同质化的技术。对供应链企业来讲，核心技术的突破会成为生存发展的不二法门，而对整车企业来讲，体系能力则显得更加重要。

三是要用新发展理念开拓海外市场。美国政坛更迭和俄乌战争、巴以冲突出现新情况等导致国际形势的不确定性进一步增加，中国的汽车出口会面临更多的困难，我们要做好打拉锯战、持久战的准备。除了继续巩固产品、技术、成本、服务等方面的优势外，更重要的是从市场的国际化升级为产业的全球化，出口与投资并举，整车与供应链联动，谋求全产业链的全球布局。同时加大开发非欧美市场的力度，为全球化开拓更广阔的蓝海。

市场复苏不易，警惕陷入"增量不增收，增收不增利"的怪圈

中国汽车流通协会会长　肖政三

2024 年，中国汽车行业发生了不小的变化。给我留下最深刻印象的是新车市场在多重挑战下努力实现复苏，但陷入"增量不增收，增收不增利"怪圈。

受经济下行、市场周期、国际环境等多重因素的交织影响，新车市场仍展现出强大的韧性和活力，呈现企稳复苏的态势。通过政策引导、技术创新、产业升级等多方面的努力，新能源汽车继续保持高速增长，成为推动市场复苏的重要力量。同时，智能网联技术的快速发展，为汽车产业带来了全新的发展机遇，加速了汽车行业的数字化转型和智能化升级。自主品牌的崛起，特别是在新能源汽车和智能网联领域的亮眼表现，进一步增强了中国汽车市场的竞争力和影响力，2024 年自主品牌在国内市场的市占率突破 60%，创下历史新高。相比 2020 年 35% 的市场占有率，四年间实现了大幅跃升，增长幅度高达 70%。与此同时，随着汽车市场供给相对过剩与需求不足的矛盾不断凸显，叠加长期惨烈的"价格战"和燃油车基盘持续萎缩情况，汽车产业以及流通行业整体利润率持续承压，普遍陷入"增量不增收，增收不增利"的怪圈。

总的来说，2024 年中国汽车展现出了明显趋势。

首先，从行业趋势看，整个汽车产业链、生态链出现严重恶化。从供给看，生产企业产能增长而营收和利润下滑，品牌厂家在整车和零部件供应、库存结构、车型搭售、售后支持等各方面的目标和策略，与当前市场现实情况严重不符；从需求看，新车价格倒挂，经销商销量和利润大幅减缓，

豪华品牌经销商也出现大面积亏损。

第二，从市场趋势看，"价格战"持续进行，汽车市场陷入"增量不增收，增收不增利"的怪圈。价格倒挂现象已成常态，新车经销商销售出现较大面积亏损，面临资金流动性极度紧张的突出问题，正承受来自供需双侧的压力，与此同时，经销商正在努力做好服务的前提下加速转型，寻求从汽车经销商转向汽车服务商的生存发展之道。

从具体现象来看，我认为汽车促销费政策、二手车行业发展和新能源汽车进入新阶段等方面，值得关注和研究。

2024年我国出台的有关汽车促消费政策发挥了很大作用。为解决汽车市场发展中出现的问题，不断优化政策环境与营商环境，国家陆续出台了《关于打造消费新场景培育消费新增长点的措施》、《关于加力支持大规模设备更新和消费品以旧换新的若干措施》、《汽车以旧换新补贴实施细则》等一系列政策法规，为汽车市场和流通行业的发展注入新的动能和活力。特别是2024年2月，习近平总书记在主持中央财经委第四次会议时强调指出："要鼓励汽车等传统大宗消费品以旧换新。这是推动高质量发展的重要举措，既利当前更利长远。"总书记的重要讲话精神，为做好汽车消费工作指明了方向。3月，国务院正式印发了《推动大规模设备更新和消费品以旧换新行动方案》，将汽车以旧换新和支持二手商品流通交易作为重点内容。各省、自治区、直辖市积极响应并迅速采取行动，确保政策措施得到有效落实，从而更加有力地激发和释放了汽车市场的活力。

二手车行业也得到了快速发展。二手车行业利好政策逐步显效发力，行业多领域积极变化，转型步伐加快，2024年全年交易量达1961.42万辆，交易金额突破1.28万亿元。二手车经销业务和零售业态正在加速形成，以诚信交易为显著特征的二手车行业新环境建设不断推进，努力实现像选购新车一样便捷地购买二手车，但受诚信缺失等因素影响，尚未完全实现透明、可信赖的交易环境。

此外，新能源乘用车进入了新阶段。通过政策引导、技术创新、产业升级等多方面努力，新能源汽车成为推动市场回升向好的重要力量。自2024年

7月起，新能源乘用车零售渗透率连续突破50%，新能源汽车发展进入全新的阶段，2024年全年新能源乘用车零售量为1089.9万辆，同比增长40.7%。同时，得益于其保有量的增加，新能源乘用二手车市场也展现出强劲的增长势头，全年新能源乘用二手车的交易量为112.85万辆，同比增长47.9%。

在良好的发展势头之下，行业也存在很多问题。对此，我们不能放松警惕。比较集中的问题体现在产能释放过剩与需求相对不足方面。这成为当前汽车市场的主要矛盾。尤其是市场竞争白热化带来终端价格严重倒挂的状态，新车盈利萎缩后靠汽车金融保险等衍生业务维持低毛利的被动局面以及面临的资金流动性极度紧张等突出问题，让经销商处在生死存亡的关头。2024年汽车行业利润率仅为4.3%，低于整个下游工业利润率及2023年的水平。2024年8月，新车市场的整体折扣率达到了17.4%，更显示出市场竞争的激烈程度。2024年1—11月，"价格战"已致使新车市场整体零售累计损失1776亿元，对行业的健康发展产生了较大的影响。

对于2025，很多领导、专家和机构都给出了自己的预判。我这里着重从政策层面和市场层面分析一下。

从政策层面看，2025年1月8日，国家发展改革委、财政部联合印发了《关于2025年加力扩围实施大规模设备更新和消费品以旧换新政策的通知》；1月17日，商务部等8部门联合印发了《关于做好2025年汽车以旧换新工作的通知》（以下简称《通知》），标志着2025年汽车以旧换新工作已经进入了"深化再加强"的新阶段。中国汽车流通协会初步测算，享受报废更新补贴的乘用车超过500万辆，享受置换更新补贴的乘用车超过1000万辆，2025年汽车以旧换新政策将惠及更多消费者。

从市场层面看，在以消费为导向的买方市场，百花齐放的汽车产品特别是新能源汽车产品带来了更加多元化的竞争，一方面，品牌厂家已经在探索营销模式的创新，打消解决消费者购车的顾虑和痛点。另一方面，经销商也将有机会进一步发挥自身独有的渠道优势，因为经销商作为渠道的价值核心就在于服务。经销商过去在资源时代没有去深耕于服务，而在2025年已经成了必修课。通过服务更好地提升客户黏性，才能实现价值增长。

中国汽车产业国际化的跨越式发展

国家信息中心原副主任、正高级经济师　徐长明

2024年我国汽车市场在3000万辆台阶上还有一定比例的增加，这是难能可贵的成绩。除了市场自身的成长之外，必须要强调的是，这主要得益于国家出台的各种鼓励政策，对促进消费起到了重要作用。

从结构上看，2024年中国汽车的"三个化"得到了强化——电动化、智能化、国际化。电动化、智能化这两个"化"，行业研究得很多，我就国际化这块多谈一点看法。

中国汽车国际化连续4年实现了跨越式发展，国内及国际影响力显著提高，未来前景依然广阔。可以从三个角度来看：

第一，中国汽车国际化的位势迅速提高了。

对中国汽车产业而言，这个提高体现在汽车出口的数量占我国汽车产量的比重有了很大提高。根据中国汽车工业协会（以下简称中汽协）数据显示，4年前这个数字大概只有4%，到2024年就已经提高到了18.6%。也就是说，每销售100辆车里，有18.6辆车销到海外。而且，国际市场做得好的企业，像奇瑞、上汽，他们的出口量在自身总销量中的比重就更大了，例如，奇瑞汽车，其出口量已经占到了其总销量的45%。出口已经变成把国内企业拉开差距的很重要一个点。对国际汽车市场而言，中国汽车从2023年开始就已经超越了日本，成为汽车出口量全球第一了，2023年出口491万辆。2024年第一的优势更加明显，2024年出口增长到了586万辆。

第二，中国汽车国际化的稳定性非常强。

稳定性强体现在两个方面，一个是需求侧的市场分布多元化，一个是供

给侧的出口企业多元化。

从需求侧来看，多元化的特征非常明显。根据海关统计的汽车出口数据显示（不含低速电动车），2024 年，中国对欧洲（不含俄罗斯）出口了 107.5 万辆，对俄罗斯出口了 115.8 万辆。如果把两个合起来，我们对整个欧洲的出口量就达到了 223.3 万辆的水平；对亚洲的出口也达到了约 200 万辆。对北美洲的出口在 70 万辆左右，对南美洲的出口在 55 万辆。可见，中国汽车的出口市场分布广泛、多元，因而出口的稳定性就比较强，即使在某个地区出口受到一些阻碍，也不会导致整体出口形势有大的变化。例如，俄罗斯现在出台了"汽车报废税"，税率比较高。如果在其本土生产的话，报废税就会有一些减免。这是一种减少进口，鼓励出口企业去俄罗斯本地投资生产的措施。因此，我国对俄罗斯的整车出口未来很可能会受到一些影响。但是不管怎么样，它的影响对整体而言还是较为有限的。

从供给侧来看，也是多元化的，而且越来越多的整车企业加入到了这个赛道里来。根据中汽协的统计，2024 年中国出口规模达 80 万辆及以上的企业有两个，一个是奇瑞，出口量 114 万辆；一个是上汽集团，出口 86.4 万辆。出口量在 40 万—60 万辆的企业有吉利、长安、比亚迪、长城等。出口量在 20 万辆左右还有几家企业。因此，即便一两家企业出口遇到一些问题，也不会导致整体出口有大的波动。

所以说，由于需求侧和供给侧的多元化等方面的原因，中国汽车出口局面稳定性较强。从深层次来看，这个特点也是中国自主品牌汽车竞争力提升的外延。2024 年国内市场，自主品牌乘用车销量已经占乘用车总量的约 60% 了，说明自主品牌在国内市场的竞争力显著提升了。这种竞争的提升必然外延到国际市场上去。

第三，我国汽车国际化的前景非常广阔。

一个原因就是海外市场汽车总需求仍将增长，而且海外市场的增量主要来源于新兴市场。新兴市场的增长是过去这二三十年全球汽车增长的主要动力。未来也还是主要的增长点。像越南、印度尼西亚、印度、土耳其以及非洲的一些人口大国，人均 GDP 水平多数处在 1000—10000 美元之间。研究表明，这个区间正好是汽车千人普及率提升最快的阶段。我国在2000—2017年之间的人均GDP也处于这个区间，国内的汽车销量也处于高速增长期。一大批新兴经济体，只要经济顺畅发展，也会遵从这样的市场发展规律。

另一个原因，就是中国品牌汽车的国际竞争力在快速提高，特别在新兴市场，消费者对中国品牌汽车的偏好很高。分析SIC国际销量数据库的数据表明，在新兴市场，每卖100辆电动车，就有约51辆是中国品牌；在成熟市场，每卖100辆电动车也约7辆是中国品牌。与之相辅相成的是这些国家的消费者对中国品牌汽车的评价很高。例如，泰国的消费者已经认为中国品牌电动车就是第一品牌了，从各个角度来看都有很好的口碑，所以在泰国电动车市场占比更高。在泰国，2024年中国电动车占该国电动车市场的77%。燃油车竞争力虽然不如电动车，但在海外市场的占有率也在逐步提高，如在新兴市场油车销量中的占比，2022年只有5.4%，2023年增长到8.6%，2024年就达11.4%了。而且跟电动车一样，新兴国家的消费者对中国的燃油车的评价，也是很高的。

中国汽车产业在挑战中持续发展

中国汽车技术研究中心有限公司党委委员、副总经理　周华

2024 年，我国新能源汽车和汽车出口取得的耀眼成绩。全年新能源汽车产销首次突破千万辆，分别为 1288.8 万辆和 1286.6 万辆，新能源渗透率达到 40.9%，连续 10 年位居全球第一。全年整车出口 585.9 万辆，同比增长 19.3%，继续保持全球第一地位。

一、我国汽车产业整体持续蓬勃发展

从行业层面看，自 2017 年以来利润逐年下滑，2024 年跌至 4.3%，低于全国规模以上工业企业利润率 1 个百分点。

从技术层面看，2024 年企业加大对全固态电池的研发力度，加快自研智能驾驶芯片、国产化率不断提高，开展"端到端"等技术的上车应用、积累大量经验。

从产品层面看，2024 年相关政府部门发布了自动驾驶汽车准入和上路通行试点名单、车路云一体化城市试点名单，推动智能化、网联化技术水平向更高的层次和阶段发展。2025 年相关政府部门发布了 L2 组合驾驶辅助监管政策，促进新技术规范应用和安全水平提升，预计 2025 年智能网联汽车渗透率将会达到 70%。

从市场层面看，在促销费等政策驱动下，2024 年汽车产销累计完成 3128.2 万辆和 3143.6 万辆，同比分别增长 3.7% 和 4.5%，连续 16 年稳居全球第一。

二、行业面临的三个现象需要引起重视

在看到成就的同时，2024 年汽车行业出现的三个现象需要大家给予关注。

一是行业"内卷"扩散至全产业链。在价格方面，据统计，2024 年降价车型数量达 227 款，远超 2023 年全年的 148 款，乘用车平均降价约 1.6 万元。在成本方面，部分整车企业持续压低供应商利润、延长付款周期。2024 年多个车企向供应商提出降价要求，平均付款周期从 2023 年的 150 天拉长至 182 天。

二是地缘政治因素加剧阻碍产业国际化发展。2024 年美西方进一步实施限制我国汽车产业发展的若干政策。5 月，美国宣布对中国生产的电动汽车、锂电池等加征关税，并不断释放出限制中国智能网联汽车的信号。6 月，土耳其、加拿大等对中国产汽车额外征收关税。10 月，欧盟拟对中国产电动汽车征收 17%—35.3% 的反补贴税。

三是汽车行业裁员增多的现象也需要引起高度重视。据不完全统计，2024 年 12 家车企以不同形式裁员总计超 1 万人。

三、2025 将是挑战与机遇并存的一年

展望 2025 年，我国汽车产业形势整体依然向好，预计汽车市场保持稳中有升、智能网联进一步加快应用、"内卷"态势将逐步缓和、行业自律得到加强、优胜劣汰可能加速，但外部环境依然不容乐观，汽车出口将受到一定影响。

一是市场、政策持续驱动，汽车产销预计稳定增长。中央经济工作会议提出"明年要保持经济稳定增长"，汽车以旧换新、公务用车采购等政策将为汽车市场注入新的活力。预计 2025 年全年销量达到 3250 万辆，同比增长约 3.8%。新能源汽车全年销量突破 1500 万辆，增长约 20%。

二是智能网联、飞行汽车等前瞻技术将加快示范应用。2024 年端到端等技术不断成熟，相关试点政策逐步实施。国家发改委成立低空经济发展司，多家企业发布了飞行汽车产品，低空经济的发展将逐步驶上快车道，预计 2025 年首批试点车型将完成产品准入并正式上路，车路云一体化将加快推广，飞行汽车加速应用示范。

三是外部环境不容乐观，将影响产业国际化发展与供应链稳定。2024 年开年，美国发布政策禁止销售或进口中国企业等网联汽车和相关零部件，欧洲也可能受其影响采取类似的手段。美西方多个国家领导人持续更替，也带来汽车产业政策的不确定性。汽车数据跨境、碳足迹、关税、半导体限制等新型贸易壁垒依然持续。预计 2025 年我国汽车出口增速放缓至约 15%，出口量约 700 万辆。芯片等关键零部件的供应将持续受阻。

四是行业"内卷"将有所缓和，但企业经营压力还未能根本性得到改善，行业优胜劣汰可能加速。中央经济工作会议明确提出，要综合整治"内卷"式竞争，预计 2025 年相关部门等可能出台相关措施促进行业自律。在市场供大于求和宏观经济增长放缓的状况下，预计 2025 年部分企业继续以降低价格换市场，降本压力将传导至产业链上下游。在市场、政策的驱动下，预计 2025 年经营不善的企业有可能爆雷，市场持续向头部企业集中。

四、中汽中心践行央企职责使命，持续推动行业健康发展

强化汽车标准化工作，为"一带一路"共建国家提供中国方案。中国汽车标准化研究院先后支撑主管部门发布《2024 年度汽车标准化工作要点》《国家汽车芯片标准体系建设指南》等纲领性文件。牵头发布国际标准 2 项，新项目立项 11 个，为历年之最。举办 2024 世界汽车标准创新大会（WASIC 2024）、第六届中国—东盟汽车标准法规合作对话会，与东盟汽车产品工作组（APWG）联合开展适用于东盟国家的电动汽车标准体系研究。支撑市场监管总局与东盟、非洲、乌兹别克斯坦及圭亚那标准化管理机构开展多双边合作会谈，支撑"中国标准"和"中国方案"走出去。

发挥国家智库核心功能，主动咨政支撑产业可持续发展。作为国家汽车产业重要的技术支撑单位，中国汽车战略与政策研究中心全年完成部委委托任务 423 项，支撑政策制定 25 项，上报研究成果 88 篇，多项研究成果得到党和国家领导人的重要批示和高度关注。

深耕"测评国家队"品牌，国际影响力取得显著提升。全力塑造"测评国家队"品牌形象，先后发布 C-NCAP、C-ICAP、C-GCAP 全新测评规程和面向 2030 年的技术路线图革，发布中国商用车测评品牌，进一步完善我国汽车产品测评技术体系；举办东盟十国道路交通安全能力提升培训，召开第三届汽车测评创新大会，首次在海外召开了测评国际专家委员会会议，成功获得 2025 Global NCAP 申办权。进一步向全球推广汽车安全领域的"中国经验"。

2024 新能源汽车产业发展的六个特点

中国电动汽车百人会副秘书长　师建华

2024 年，中国新能源汽车市场延续了强劲的增长势头，其中，也出现了很多变化。而放眼全球新能源汽车市场，则呈现了不同的发展趋势。我认为，可以从六个方面来梳理 2024 年中国以及全球新能源汽车产业发展的趋势。

一、中国和新兴市场是当前电动化发展势头最为迅猛的区域

中国的新能源汽车市场规模最大，增速最高，产销量占全球 60% 以上。根据中国汽车工业协会统计数据，2024 年，中国新能源汽车产销分别完成 1288.8 万辆和 1286.6 万辆，同比分别增长 34.4% 和 35.5%，新能源汽车新车销量达到汽车新车总销量的 40.9%，较 2023 年提高 9.3 个百分点。国家新能源汽车规划目标是：到 2025 年底产销量渗透率达到 20%，我们是提前、超额完成了任务。

中国的新能源汽车产品的结构也发生了很大变化，进入到以电为主多元技术路线蓬勃发展的阶段。消费者对于汽车消费的要求已经不是"有没有"，而是"好不好"，如何好玩、好用，个性化和差异化需求在不断增加。这种需求的变化对新能源汽车多元技术路线的发展起到了推波助澜的作用。

另外，一些新兴市场区域，如墨西哥、泰国、马来西亚、巴西、澳大利亚等国家新能源汽车的发展速度也很快。这些国家新能源汽车发展方向清晰、目标明确。在税收减免、补贴、路权等方面实施了配套政策，推动了市场的快速增长。

二、欧美市场电动化势头出现阶段性放缓

欧洲两个最大的新能源汽车市场——德国和法国下滑的幅度比较大，

主要原因是欧洲经济增长放缓，缺乏相对便宜、性价比好的电动汽车供应。同时，德国和法国的补贴在逐渐退出或者减少，这也拖累了整个欧洲；而美国虽然有明确的减碳目标，但是电动化增速比较慢。通用汽车和福特汽车因为没有达到市场预期，都在调整他们的新能源汽车节奏和电动化相关布局。

但欧美也有部分企业和区域在加快电动化进程。比如大众汽车身处欧洲这样的大环境下确实也快不了，因此，大众选择了在中国发展新能源汽车，在动力电池、智能化以及其他领域加强与中国伙伴的深度合作来快速补齐电动化短板；西班牙作为欧洲第二大汽车生产国，年产量达 300 万辆，也很重视电动化发展。他们积极开展与中国企业的合作，大力支持中国在西班牙投资并与本地企业建立起长期合作关系，以带动本地产业转型发展，奇瑞 2024 年就在西班牙与当地车企合资建厂生产新能源汽车；在美国，特斯拉还是保持良好的竞争力，从产品到技术都在不断创新。加利福尼亚州政府积极推动电动化，建立了成熟的法规体系，积极开展公共领域电动化、基础设施建设，累计推广新能源汽车超过 500 万辆。

三、全球电动化产业布局及技术创新方向更加明朗

动力电池作为电动汽车核心部件，价值高（成本占整车 40% 左右），需求量大，预计到 2030 年全球动力电池总需求量将超过 3500GWh。目前全球动力电池产能主要集中在中国、欧洲和美国。截止到 2023 年底，这三个区域产能分别为，中国 1800GWh、欧洲 170GWh、美国 150GWh，三者占全球总产能的 90% 以上。其中，中国动力电池产能远远超过欧洲和美国。欧美也在加快构建本土动力电池产业及其供应链。

而动力电池现在还处在创新和发展的活跃期，全球整车及动力电池企业正在积极抢占新一轮技术高点，布局动力电池下一代技术，以期赢得未来发展的领先优势。动力电池技术创新主要体现在两个关键层面：一是现有电池体系在基础材料、系统集成等方面仍有较大的迭代空间；二是新体系电池技术（全固态电池、钠离子电池等）也展现出了较大的创新发展潜力。如果全固态电池能够实现产业化、量产装车，那么电动汽车又会有跨越式发展。行业基本判断全固态电池到 2027 年左右开始装车，2030 年左右实现产业化。

四、人工智能驱动的智能化加速汽车产业变革，智能化需求也大幅度提升

新能源和智能化是中国发展新汽车的两个重要方向，这两个方向给中国自主品牌、中国汽车产业带来了很大发展机会，在这两个方面中国汽车产业都走在了前列。从全球角度看智能化，到2030年全球智能驾驶产业规模会达到2430亿美元，智能座舱产业规模可以达到680亿美元，智驾和智舱将成为推动汽车零部件增长的驱动力。很多优势企业都在加大智能化和AI化的投入，包括特斯拉、华为、比亚迪、小鹏、长安、吉利等都在大规模投入，并积极加强核心竞争力建设，同时扩大他们的朋友圈，加强与高科技公司、软件公司、芯片公司、智能驾驶公司等的合作。2024年，我国智能领域产业规模迅速扩大，智能化功能渗透率加速提升，L2及以上辅助驾驶乘用车新车渗透率达到50%以上。

在购车消费方面，国内汽车消费者对汽车智能化的认可度越来越高，绝大部分用户对AI技术上车应用持积极态度，追求更先进的自动驾驶功能、更好的智能座舱体验和美观的造型设计。当下，中国消费者购买新能源汽车更加关注智能化功能；而今天的欧美新能源汽车市场，消费者重点关注的还停留在动力总成性能指标的初级消费阶段，比如续航里程、拥车成本、驾驶效率、电池衰减，等等。

展望2030年，中国消费者将更加关注基于智能化能力的个性化场景，引领智能电动汽车的消费。同时，智能电动汽车的功能与体验也将持续提升，以满足各类不同消费者的需求。

五、传统大型车企还是处于盈利阶段，但是利润在加速收窄

国际传统车企目前依然靠燃油车赚取高额利润。这些企业在产品、技术、品牌价值等方面在全球大部分区域依旧保持优势。海外主流车企54%的销量集中于欧、美、日、韩等地区和国家市场，同款车型海外市场溢价较高，拉高了营收。

但是，国际传统车企利润收窄趋势已经显现。2023年美国通用汽车公司净利润率5.89%，相比2021年缩减了2%；福特汽车公司缩减比例更是达到10%。在国内，合资品牌燃油车市场面临较大压力，合资燃油车市场份额已经降至 40% 以下，而且这个趋势还在加大。因为中国新能源汽车市场环境远远优于国外，而中国自主品牌的崛起提升了新能源汽车的市场竞争力，加大了燃油车市场面临的压力。

六、部分新能源车企盈利能力稳步提升，正在跨越盈利拐点

多数新锐新能源车企目前仍然处于投入期，研发投入还未形成收益，单车成本高、毛利率不及燃油车，加上品牌分散，单车难以形成规模，品牌价值尚不能形成溢价。而一些优势新能源汽车企业盈利水平稳步提升，新锐新能源车企盈利能力出现改善。例如特斯拉、比亚迪、小鹏、理想、零跑这些企业的利润率都呈正增长。一些新锐新能源车企通过卖车赚取利润的良性发展轨道会越走越好。

回顾 2024 年，越来越多的新能源智能企业在跨越盈利拐点。一方面，新能源车企的盈利性随着规模的提升逐步得以改善；另一方面也得益于电动化零部件成本下降和智能化功能的支撑起到了产品溢价的作用。

同时，我们也需要清醒地认识到，不可能所有车企都会盈利，能够实现盈利"转正"的新锐新能源车企非常不易，这么多企业都想活下去，竞争会更加激烈。

从长远看，绿色、科技与创新能力是未来车企竞争力的核心。而新锐车企具有新能源、自动驾驶等高科技能力和产品，将成为高价值企业。祝愿他们能够走得更远。

欢迎中国汽车走向世界

宝马集团董事　高乐

今日中国之动向，将引领明日世界之方向。

中国市场是宝马全球战略的核心，不仅是宝马最大的单一市场，更是推动未来出行创新的强大引擎。

2024 年，BMW 和 MINI 品牌在中国的纯电动汽车销量实现了同比增长 7.7%，累计交付新能源车超过 40 万辆。丰富的汽车产品组合，深受中国消费者喜爱。即将推出的新世代车型是宝马设计、技术和理念上的重大飞跃。目前，我们正在加速推进 2026 年新世代车型的量产准备工作，中国将成为本土化生产和消费者推广的主市场，为中国客户提供量身定制的产品。

需要强调的是，中国制造的宝马汽车的品质，与德国本土制造的产品一样好，甚至更好。

宝马将继续坚持"家在中国"的战略，深化本土化创新，与中国市场共同成长。面对多样化的市场需求，宝马坚持多技术路径并进，特别是氢能，这与中国的国家创新技术发展战略高度契合。我们相信，氢能是实现零排放未来出行的重要一环，我们愿意在氢能领域和中国携手合作，共同推动汽车产业可持续发展。

当前，数字化正在重塑汽车行业，而中国无疑是这一变革的前沿阵地。我们正全力投入数字技术，致力于为客户打造卓越的数字化体验。

在开放合作和产业链方面，宝马始终认为，自由贸易是全球汽车产业的基石。宝马支持自由贸易，并持续对合作伙伴和供应商贯彻"双赢"战略方针。面对日益增加的变化、不确定性和复杂性，我们对中国供应链的实力和韧性充满信心。我们相信合作的力量。宝马将继续携手供应商打造可持续供应链，推动中国汽车产业高质量发展。

宝马的目光不会离开中国，将继续坚定对中国市场的投入，特别是前沿技术领域，不断提升自身硬核研发能力。

宝马也欢迎中国汽车制造商走出中国，走向世界，就像中国在 20 年前非常欢迎我们一样。

专家眼中的 2024

尽管 2024 年，中国汽车产业交出一份亮眼"成绩单"，但是中国汽车的风云变幻，足以让人感慨万千。在繁荣景象之下，技术创新速度加快、市场竞争压力加剧，产业协同要求提高，汽车行业呼唤高质量发展的声音更迫切了。汽车技术专家和相关行业的领导又是怎么看 2024 的？

中国国际贸易促进委员会机械行业分会会长周卫东：

机械产业水平高低决定新能源汽车的未来

新能源汽车不仅是传统汽车产业的替代，它更是一场推动制造业技术进步的革命。在传统汽车生产中，机械制造技术一直占据主导地位，而随着电动汽车的兴起，新的技术要求与挑战迫使机械行业向更加智能化、数字化的方向转型。特别是在电池生产、电动机制造和整车组装等环节，智能制造技术的应用正在成为提升生产效率和确保产品质量的关键。

在过去，汽车的制造依赖于繁重的人工操作，而现在，随着智能化生产设备的引入，整个生产过程变得更加精准与高效。在这场革命中，机械行业作为基础支撑，发挥着举足轻重的作用。无论是自动化生产线的升级，还是精密制造技术的应用，都在加速新能源汽车的量产和技术迭代。

尽管新能源汽车在技术上不断突破，但智能网联汽车的发展仍面临着诸多挑战，尤其是在智能化与网联化的融合方面。智能网联汽车的推广不仅是汽车产业的单一任务，而是多个行业必须协同合作的结果。

智能网联汽车并非仅限于车内的技术革新，它更依赖于外部环境的支撑，包括道路基础设施、通信技术以及大数据的实时处理能力。智能网联汽车的真正应用，不仅是汽车如何实现自动驾驶和智能控制，更是如何与整个交通系统进行实时互动和信息共享。想象一下，如果一辆智能汽车能够通过与道路交通信号灯、其他车辆和智能监控系统的连接，实时调整行驶路线和速度，那么交通效率将大大提高，甚至可以有效避免交通事故的发生。

智能网联汽车的普及需要在汽车行业之外，更多依赖于道路信息系统、智能交通管理和 5G 通信技术的支持。而这就要求多个行业紧密合作，共同推动基础设施的建设和技术的融合。单靠汽车厂商的力量，难以在短期内实现智能网联汽车的大规模应用，跨行业的协同合作是必须的。

随着新能源汽车的普及，机械制造行业正在进入一个全新的发展阶段。传统的机械制造模式正在被智能化生产方式所替代，未来的制造业将不再是单纯依赖机器的运作，而是通过智能化设备、数据分析和人工智能等技术的融合，形成更加高效、灵活的生产体系。

现在的制造业，已经不仅是在机械装配线上简单地进行零部件的组装，而是通过高度智能化的生产系统，进行精准的产品设计和实时调整。例如，在新能源汽车的生产过程中，机械设备和智能机器人能够实现实时监控、数据采集与分析，从而不断优化生产流程，确保每一辆汽车的质量和安全性。而这些技术的背后，离不开机械制造与信息技术的深度融合。

随着人工智能、大数据、云计算等技术的不断进步，智能化制造将在全球范围内得到更广泛的应用，推动新能源汽车产业向更高效、更可持续的方向发展。未来的汽车不仅是一个交通工具，它更是一个智能终端，能够与周围的环境进行深度互动。随着技术的不断突破，新能源汽车将不再局限于作为电动交通工具的概念，而是向智能网联汽车、自动驾驶汽车等多样化方向发展，成为未来智慧城市的重要组成部分。

中国电工技术学会秘书长韩毅：

新能源汽车的科普工作仍需重视

电动汽车的崛起为电气工程提供了更多的应用场景和挑战。电池技术、充电基础设施，以及电力电子设备的技术突破，正是推动新能源汽车快速发展的关键。电动汽车所采用的电力驱动系统、智能化控制系统和高效的电池管理技术，都离不开电气工程的支持。从电池的研发到电力系统的优化，再到智能化控制技术的创新，电气工程无疑是新能源汽车得以实现的幕后英雄。

不过，随着智能网联汽车的兴起，韩毅也意识到，尽管这一技术前景广阔，但其普及依然面临一系列难题，看似美好的技术未来，跨不过成本等门槛。自动驾驶、车与车之间的互联互通、智能交通系统的建设……都需要电气工程与汽车行业的紧密配合，甚至需要跨领域的协同合作。

智能网联汽车的技术创新不仅局限于汽车本身，更涉及道路信息系统、交通信号控制、数据传输等多个方面。为了让智能网联汽车技术能够真正落地，整个社会必须共同推动基础设施的完善。如果在智能汽车的应用中，交通信号与汽车本身不能实时共享信息，那么即使车载技术再先进，事故的发生也难以避免。因此，电气工程不仅要为汽车提供核心技术支持，还要与其他行业共同打通"车路协同"这一发展路径。只有这样，智能网联汽车才能从技术实验室走向千家万户，真正实现"智能"与"网联"的价值。

然而，即使是技术创新层出不穷，公众对新能源汽车的接受程度依然存在一定障碍。电动汽车和智能网联汽车的推广，不仅是对技术的推动，更需要全社会共同参与的科普工作。尤其是当前电动汽车市场中，存在着诸多关于电磁辐射、续航能力等方面的误解。韩毅无奈地表示，这些谣言和偏见阻碍了新能源汽车的市场接受度，尤其是在一些较为保守的消费者群体中，电动汽车的购买决策往往被这种"误解"所左右。除了企业自身的宣传，更多的技术科普平台应当建立，以确保公众能够全面、客观地了解新能源汽车的技术特性。

随着新能源汽车行业的蓬勃发展，行业对技术人才的需求愈发迫切。新能源汽车的市场化不仅是技术的迭代更新，更离不开专业人才的支撑。尤其是在汽车销售过程中，很多销售人员对电动汽车的技术知识了解甚少，这导致了他们在向消费者推荐时，往往只是停留在产品的表面，无法深入讲解其技术优势与使用技巧。

这对消费者的购买决策产生了很大影响。尤其是那些第一次接触电动汽车的消费者，他们希望从销售人员那里获得更多的技术解答。如果销售人员对新能源汽车的技术不了解，消费者自然难以打消心中的疑虑。可见，加强专业人才的培养，是推动新能源汽车行业稳步发展的关键。这不仅能提升销售人员的专业素养，更能让消费者在选车时，获得更全面、更有价值的信息，最终促使他们做出更为理性的购买决策。

清华大学壳牌清洁交通能源中心主任、清华大学燃烧能源中心副主任帅石金教授：
产能过剩风险、技术标准不统一等现象仍需警惕

中国汽车行业机遇与挑战并存，企业需在技术创新和市场拓展上持续发力，同时应对潜在风险。

当前汽车行业正经历着深刻变革，在技术层面，智能驾驶技术取得显著突破：第一，高阶辅助驾驶功能从高端车型向 15 万—20 万元价位段拓展，华为 ADS 3.0 和小鹏端到端大模型推动 L3 级自动驾驶商业化试点，地平线、德赛西威等供应商在算力与算法领域筑起技术壁垒；第二，"端到端"技术打通智能驾驶全链路，车企借助大模型优化算法效率，算力需求急剧增加，例如，理想汽车计划 2025 年实现全场景端到端能力，华为规划 ADS 4.0 技术迭代；第三，车企在绿色技术与材料创新等方面持续加速，例如，可持续材料（如生物基材料、可回收材料）广泛应用于车身和内饰，甲醇电混技术实现零下 40℃低温启动，吉利计划 2025 年推出醇氢电混车型。

从产品趋势来看，智能化座舱与个性化定制愈发重要，车载娱乐系统集成高级音响和多媒体功能，成为购车重要考量，车企也推出更多定制服务满足消费者需求；纯电、插混、增程式车型多元化动力路线并存、同步发展，比亚迪、吉利等企业借此覆盖市场需求，插混车型在主流 A 级车市场加速渗透；跨界融合与新品类探索成为新的发展趋势，飞行汽车和人形机器人成为新赛道，小鹏汇天、广汽集团推出飞行汽车产品并计划 2025 年完成适航认证，吉利子公司沃飞长空研发电动垂直起降飞行器。

此外，在汽车行业高速发展的进程中，有诸多值得警惕的现象：第一，产能过剩风险，新能源汽车和传统汽车产能快速扩张，可能导致产能过剩，加剧市场竞争；第二，技术标准不统一，智能网联汽车技术标准不统一可能影响行业协同发展，增加企业研发成本；第三，原材料价格波动，电池等关键原材料价格波动可能影响新能源汽车成本控制和企业利润；第四，国际贸易摩擦，全球贸易环境不确定性增加，可能对中国汽车出口和国际合作带来挑战；第五，环保压力加大，随着环保法规趋严，汽车行业面临更大的减排压力，企业需加大环保投入。

2025 年中国汽车行业将迎来新能源汽车和智能网联汽车的快速发展，同时也面临技术、市场、政策和供应链等多方面的挑战。企业需要不断创新和提升竞争力，以应对这些挑战并抓住发展机遇。

清华大学汽车碰撞试验室主任张金换教授：

一体化压铸、智能车身材料仍是汽车关键研发方向

新能源汽车的安全性仍然是行业关注的核心问题，尤其是电池的防护、热管理及碰撞稳定性，直接影响到整车的安全水平。

当前，电池与电池包安全领域依然是技术创新与挑战并存。第一，热失控管理仍是关键挑战，尽管 2024 年电池包的结构设计已大幅优化，但高能量密度带来的安全风险依然存在。部分车企采用了全域热管理系统，即不仅针对电池组，还覆盖电机、电控，提高热失控的预警能力。第二，CTC（电池车身一体化）在部分车型上开始应用，但如何在保证车身强度的同时，确保电池的可维护性，仍是一个未完全解决的问题。第三，电池防护结构优化，许多企业在 2024 年加强了电池下护板的设计，如采用双层防护结构（上层为铝合金，下层为高强度钢），以应对底部剐蹭或托底撞击带来的安全风险。

随着新能源汽车产业的竞争进一步加剧，车企在车身结构、安全技术和智能化方面也展开激烈角逐。在车身结构创新方面，车企更加关注材料轻量化与安全性的平衡：第一，在多材料融合应用方面不断探索。2024 年的新能源汽车的车身设计普遍采用铝＋钢＋复合材料的混合结构，以兼顾轻量化与刚性。第二，越来越多的新能源汽车采用一体化压铸后车身结构（如特斯拉、理想），其优势在于减少焊点、提高刚度，但维修成本较高。国内部分企业（如小鹏）探索了局部可拆卸式压铸结构，即在关键部位增加拆卸设计，以降低维修成本。

在智能安全技术的升级方面，L2+ 级驾驶辅助几乎已成为新能源汽车的标准配置，然而不同品牌在夜间 AEB（自动紧急制动）、侧向避障等技术上逐渐拉开差距，像以理想 L 系列为代表的高端 SUV，在 AEB 系统中引入 AI 视觉识别＋毫米波雷达融合技术，显著提升了对儿童突然闯入等复杂场景的识别能力。在智能座舱方面，几乎所有新能源车型都在 2024 年采用大屏＋语音交互的座舱设计，同质化问题严重，市场反馈趋于疲软。虽然极氪、问界等部分品牌开始在车载语音助手上引入 AI 个性化功能试图区分用户体验，但仍未实现真正意义上的创新突破。

在 2025 年，一体化压铸仍将是行业趋势，但可拆卸模块的应用可能会增加，以降低维修成本。并且，车身材料可能进一步向智能材料发展，如形状记忆合金或自修复聚合物，提升碰撞后的可修复性。此外，未来的 ADAS（高级驾驶辅助系统）将更加注重车辆与行人的交互，AEB 系统可能会增加多传感器融合方案，提升对复杂环境的应对能力。

同济大学汽车学院教授、汽车安全技术研究所所长朱西产：
汽车产业"大吃小""快吃慢"现象将加剧

新能源汽车渗透率在 2024 年实现了飞速提升，以超乎预期的速度提前十年达到了 50%，在新能源汽车的细分领域中，市场格局也出现了新的变化。如今，新能源汽车的主流车型不再是纯电动，插电混动和增程车型凭借其独特优势，迅速崛起并成为市场的主力军。在智能驾驶领域也同样取得了重大突破，NOA（导航辅助驾驶）渗透率已成功超过 16%，这一关键节点意义非凡，意味着 NOA 成功跨过了技术普及的"鸿沟"，实现了从研发到量产的关键跨越，后续将快速提升渗透率。

在当前的汽车行业智能化转型的浪潮中，人工智能毫无悬念地成为车企角逐的核心战场，算力平台构建、用户数据闭环软件工具开发以及芯片技术成为技术热点。

在新能源汽车领域正在经历的深刻变革中，"大吃小"现象愈发显著。实力强劲的企业纷纷通过兼并重组的方式实现规模的快速扩张。在规模化的生产运营模式下，企业能够凭借强大的议价能力降低零部件采购成本，分摊高额的研发投入，完善供应链体系，从而全方位提升自身的市场竞争力。这种以规模为核心驱动力的发展路径，正重塑着新能源汽车行业的格局，促使资源向头部企业集中。

在智能化竞争浪潮中，"快吃慢"成为主导法则。这一领域的突破需要充满活力与创造力的小团队，而智能化竞争的核心在于数据驱动的人工智能技术以及搭建数据驱动平台。在这个过程中，企业间的竞争焦点正从高强度的人力投入（如"996"工作模式），逐步转向对算力和数据资源的激烈争夺，单纯依靠人力的"内卷"已无法在智能化竞赛中占据优势。

在2025年，中国汽车产业将迎来关键的洗牌期，"大吃小"和"快吃慢"两大趋势相互交织，共同推动着行业的深度变革。年产量不足200万辆的主机厂以及未能有效利用人工智能赋能提升效率的企业，将面临被市场淘汰的命运。

北京航空航天大学交通科学与工程学院学术委员会主任徐向阳教授：
汽车行业仍需高度关注"卷"带来的问题

回望2024年汽车市场，留给人印象最深的是，从年初的价格战开始，"卷"就成为汽车行业竞争激烈的代名词。在"卷"的同时，中国汽车特别是自主品牌汽车得到了快速发展，无论是技术、产品还是市场占有率都发展到了新的高度，自主品牌市场占有率超过六成，新能源汽车市场占有率过半。然而，伴随中国新能源汽车技术、市场引领全球发展，美欧等发达国家开始用关税等手段限制中国汽车海外扩张，使中国汽车在海外的发展遇到了全新的挑战。

回望 2024 中国汽车｜专家眼中的 2024

从行业趋势来看，中国汽车行业竞争格局发生了很大的变化，电动化、智能化、高性价比成为中国汽车发展趋势。其中，自主品牌市场占有率快速提高，新能源汽车市场占有率快速提高，合资品牌受到巨大的挑战，国有汽车企业受到民营汽车企业的巨大挑战，以比亚迪、吉利、长城、奇瑞为代表的民营汽车企业成为行业的龙头企业。并且，新造车势力在这一时期呈现出两极分化的发展态势，成长与死亡并存。部分企业凭借对智能化、电动化技术的深度研发和独特的用户体验设计，成功在市场中站稳脚跟，展现出强大的竞争优势。

汽车行业当下需要高度关注的问题是"卷"。"卷"在汽车行业催生了一系列棘手难题，如不正当竞争手段层出不穷、产品质量下滑、供应商付款周期不合理延长，等等。汽车行业该如何构建健康的竞争环境，产业链又该如何实现协同可持续发展，这些已成为行业发展的关键课题，值得我们高度关注。

在 2025 年中国汽车行业增长的步伐不会停歇，价格战还会继续，智能化领域无疑会成为车企竞争的战略高地。在海外市场拓展方面，尽管面临着诸多不确定性，但中国汽车出口规模仍有望稳步增长，而出口的车型将受关税影响。此外，新能源汽车市场占有率会继续提高至 60% 左右，自主品牌市场占有率还会进一步上升，多家企业有希望产销进入全球前十，行业集中度也将随之进一步提高。

天津大学教授、博士生导师、内燃机燃烧学国家重点实验室原副主任姚春德：
醇氢汽车仍有较大发展空间

2024 年中国汽车行业发展突出表现在以下方面：

一、新能源车几乎已占据了整个汽车产量的半壁江山。2024 年，新能源新车销量占汽车新车总销量的 40.9%。在新能源乘用车销量占乘用车国内销量比例连续 7 个月超 50%，新能源商用车国内销量占商用车国内销量比例也已连续 5 个月超 20%。新能源车预计在 2025 年仍会保持较快的增长速度。

- 389 -

二、我国新能源车生产已经形成完整的产业链。其中最重要的动力电池发展无论产量还是技术水平均居于全球领先水平。

三、燃油发动机与电驱正在全面融合。插电混和增程正成为新能源车发展的强力推手。在2024年的新能源汽车中，插电混和增程式已经与纯电驱平分秋色，并呈现出赶超的态势。

四、智能驾驶技术在汽车领域的应用范围和程度正在迅速拓展和加深。以华为为代表的智驾技术，在多款车型上得到应用。

五、醇氢汽车异军突起。在东北为代表的寒冷地区，新能源汽车的正常运行面临诸多挑战。吉利针对这一痛点，独立研发出以甲醇—汽油为燃料的醇氢汽车并取得较大的成功。

放眼未来，新能源汽车仍将保持较快增长态势。在地域发展格局上，南方将成为电驱的重点区域。此外，插电和增程式汽车凭借可油可电、灵活适应不同出行场景的特性，拥有更大的发展空间。醇氢汽车因其低用费和无惧低温的特点，会逐步扩大其应用范围。

尽管汽车产业在2024年取得长足发展，但在未来发展需要注意以下方面：一是业务重点放在出口方面的车企需要关注国际形势变化对国外市场的影响；二是国家在减碳方面的政策；三是电价的变化；四是国内市场的饱和度。近年来汽车产销量仍有较大的增速，很大程度是来自国外市场和国内网约车的发展。如何开辟新市场，产生新动能是摆在车企面前的一个需要重点考虑的问题。

在2025年上半年，汽车市场仍会保持2024年的发展速度，如果下半年国际形势生变，则会影响出口市场。在技术上，油电融合会继续保持，智驾技术会进一步发展。在燃料结构上，甲醇燃料会在部分地区有一定的发展。

2024 年中国乘用车市场回顾与 2025 年预测

中国汽车流通协会乘用车市场信息联席分会

一、2024 年汽车市场总体回顾

2024 年汽车内需与出口市场全面高增长，新能源车市场也取得新的突破，插混增程等技术线路的产品表现优秀。

1. 汽车产量连续 4 年走强

中国汽车生产在 2017 年达到 2994 万辆的峰值后持续下滑，到 2020 年为 2463 万辆。随后持续上升，到 2024 年，汽车生产 3156 万辆，同比增长 5%，增速保持较好状态。2024 年新能源汽车生产 1317 万辆，同比增 39%，渗透率 42%，实现了加速增长。

2. 汽车行业效益特征

2024 年汽车行业全年收入为 106470 亿元，同比增 4%；成本 93301 亿元，增长 5%；利润 4623 亿元，同比下降 8%；汽车行业利润率 4.3%，相对于下游工业企业利润率 6% 的平均水平，汽车行业仍偏低。

3. 汽车出口保持强势增长走势

根据海关统计，2024 年中国汽车出口 641 万辆，增长 23%、进口 70 万辆降低 12%。2024 年中国汽车出口 1174 亿美元，占中国出口额的 3.3%。2024 年中国汽车进口 392 亿美元，占中国整体进口额的 1.5%。

4. 2024 年乘用车市场呈现的几个特征

批发、生产、出口均创出年度历史新高，年度零售较 2017 年峰值时仍有近百万辆的差距，2025 年仍有促消费的巨大潜力。

自主品牌年度批发份额突破 65%，零售份额突破 60%，较去年增长 9 个百分点。自主品牌的全面领先，反映出 2024 年自主品牌从产品力到渠道管理上的模式创新，继续得到用户支持和认可。

价格战趋稳，8—12 月降价促销明显少于 2—4 月的频次，四季度的车市促销保持平稳水平。

乘用车出口达到 480 万，同比增长 25%，但四季度出口增速为 8%，增速放缓特征明显。

2024 年去库存特征突出，2024 年厂商库存去除 34 万辆，渠道库存去除 49 万辆，燃油车经销体系不稳带来库存大幅降低。

新能源车国内零售 1089.9 万辆，同比增量 315.4 万辆，增速 41%，高于 2023 年增速 5 个百分点，改变了增速逐步回落的前期规律。新能源车零售年渗透率达 47.6%，同比增加 12 个百分点，下半年连续 5 个月渗透率均突破 50%。

新能源车批发 1223 万辆，同比净增 335.6 万辆，增速 38%，高于 2023 年增速 2 个百分点。新能源车批发年渗透率 45.0%，同比增加 10 个百分点，由于出口的新能源渗透率 27%，新能源国际化发展还有巨大的空间。

自主车企迅速成为头部绝对主力，比亚迪汽车、吉利汽车、奇瑞汽车、长安汽车持续占据头部领先位置，厂商销量份额从上年度 32% 上升到 2024 年的 39%，说明代表传统自主企业的新能源转型成功。

二、2024 年乘用车市场走势回顾

1. 狭义乘用车市场厂家销量走势

2024 年全年累计狭义乘用车合计销量 2710 万辆，累计增速 6.1%。

2024 年初的车市价格战启动早，部分新能源热销车型近 20% 的降价力度大。从 2 月春节后延续到 4 月底的时间跨度长，参与降价的车型接近去年全年的降价车型数量。因此，形成春季消费者暂时对价格的极度观望，加之消费者的消费预期偏弱，暂时抑制了春季车市的启动；在油电不同税、不同权的背景下，新能源车高增长、燃油车负增长的趋势日益明显。随着国家以旧换新政策执行细则的出台，地方新能源补贴政策的持续偕行，社

会积蓄的消费购买力在 5—12 月有所释放，推动新能源车半年末行情走强，新能源车走势好于乘用车厂商预测团队的预期。

乘用车	11年	12年	13年	14年	15年	16年	17年	18年	19年	20年	21年	22年	23年	24年
1-11月	1107	1199	1464	1640	1766	2096	2160	2108	1887	1742	1870	2092	2282	2412
12月	114	125	167	197	239	273	261	218	218	237	240	222	271	308
全年销量	1221	1324	1630	1837	2005	2369	2422	2326	2104	1979	2110	2314	2553	2719
1-11月	9%	8%	22%	12%	8%	19%	3%	-2%	-10%	-8%	7%	12%	9%	6%
12月	3%	9%	34%	18%	21%	15%	-4%	-16%	0%	9%	1%	-7%	22%	13%
全年增速	8%	8%	23%	13%	9%	18%	2%	-4%	-10%	-6%	7%	10%	10%	7%
进度	90.7%	90.6%	89.8%	89.3%	88.1%	88.5%	89.2%	90.6%	89.7%	88.0%	88.6%	90.4%	89.4%	88.7%

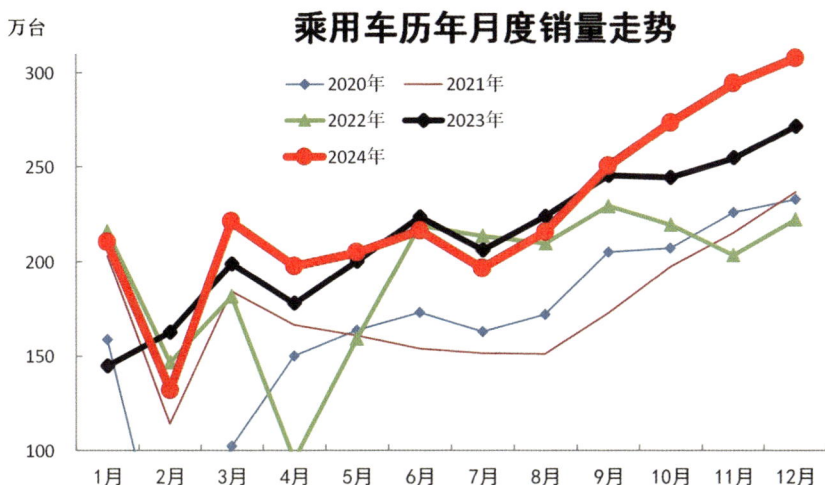

乘用车历年月度销量走势

月度	1月	2月	3月	4月	5月	6月	7月	8月	9月	10月	11月	12月	年度
2023年	145	163	199	178	200	224	206	224	245	244	255	271	2553
2024年	210	132	221	198	205	216	197	216	250	273	294	308	2719
乘用车增速	45%	-19%	11%	11%	2%	-3%	-5%	-4%	2%	12%	16%	13%	7%
汽车增速	48%	-20%	10%	9%	1%	-3%	-5%	-4%	-2%	7%	12%	11%	4%

2. 狭义乘用车市场国内零售走势

根据中国汽车流通协会乘用车市场信息联席分会（以下简称：乘联分会）统计，2024 年乘用车国内零售呈现 U 型增长态势，全国乘用车 4—12 月持续上升。2024 年总体乘用车零售 2289.4 万辆，同比增长 5.5%。其中 2024 年常规燃油车零售 1066 万辆，同比下降 15%。2024 年新能源乘用车增长至 1090 万辆，增 41% 的增长幅度十分显著。

自主品牌的 2024 年零售排名地位进一步大幅提升。比亚迪、吉利、长安和奇瑞成为国内销售的龙头。合资车企的零售持续下滑。

3. 新能源乘用车企业产销走势

新能源乘用车 2024 年全年销量 1223 万辆，增长 38%，走势较好。报废更新补贴、厂家降价、新车等因素带来了较好增长。

2024 年新能源车厂家销量排名与总体乘用车的自主排名基本一致，合资企业的新能源车地位很低，没有主力合资车企进入。而特斯拉的销量也是回落到第 2 位。

4. 2024 年新能源车零售增速强

2024 年新能源车市场零售呈现连续强势增长的良好状态，连续 5 个月创出历史各月度新高。由于北京放号，5—7 月新增需求释放的效果明显，且部分降价观望群体开始购车。8 月开始的报废更新的政策效果逐步显现，新能源中低价车型补贴较高，加大了购买新能源的热情释放。

整体年度销量趋势：从 2020 年到 2024 年，新能源乘用车年度零售销量呈现出逐年上升的态势，2020 年为 111 万辆，到 2024 年已增长至 1090 万辆，增长幅度十分显著，体现出新能源乘用车市场规模在不断扩大。

零售-总体厂家-2024年					
乘用车2024年前10		同比	去年同期前10		
比亚迪	3715971	37%	比亚迪	2706075	1
吉利汽车	1773251	26%	一汽大众	1846617	2
一汽大众	1608578	-13%	吉利汽车	1412415	3
长安汽车	1365745	-1%	长安汽车	1374357	4
奇瑞汽车	1335205	65%	上汽大众	1231433	5
上汽大众	1200000	-3%	广汽丰田	901027	6
上汽通用五菱	824680	14%	上汽通用	870011	7
一汽丰田	798087	0%	奇瑞汽车	811230	8
广汽丰田	770147	-15%	一汽丰田	802095	9
特斯拉中国	657102	9%	长城汽车	760091	10
2290	61%	5%	2170	59%	

三、2025 年汽车市场预测

1. 总体乘用车消费持续走强

从整体趋势看，2025 年中国汽车市场整体将保持稳定，实现小幅增长。乘联分会预测，2025 年中国汽车总销量为 3250 万辆，同比增长 3%。其中，乘用车预计销量为 2830 万辆，同比增长 4%。

"价格战"仍会贯穿 2025 年全年，但激烈程度会有所遏制。头部企业竞争日益激烈，车市竞争将由产品创新降本因素驱动的增长模式逐步转换为产品力和价格的双驱动增长模式，价格战从跟随到充分竞争；尾部企业仍将以存续为首要目标，销量是生存的基本保障。

主流车企表现方面，自主传统车企日益强大，合资车企将呈现日益艰难的走势，需要浴火重生，强化自主研发能力。具体到新能源车企来说，淘汰赛升级，优胜劣汰提速。自主传统车企的新能源优势明显，部分新势力头部车企仍将保持较快增长，但更多新势力品牌面临淘汰危机。2025 年走纯电路线的新势力企业会压力较大，走插混路线的企业将实现对燃油车的更多的分流效果。

2. 新能源乘用车仍保持较强增长

乘联分会预计，2025 年新能源乘用车销量估计为 1570 万辆，同比增长 28%。国内市场新能源乘用车市场的渗透率将达 57%，其中狭义插混产品仍是增长主力，其份额基本与纯电动产品相当。

从市场发展阶段看，智电化大趋势进一步明确，市场进入快速扩张后期；核心用户由早期主流转化为晚期主流。但晚期大众用户对价格较为敏感，且消费决策受周围人群影响较大，决策周期或拉长。

从产品层面看，产品的成熟度与可选择性不断增强。广大车企大量投放新产品（改款＋新动力＋新车型等）拉动需求；主流产品降价促销将促进一定销量提升。但相对燃油车，纯电车劣势仍在；补能便利性短期难以有效解决带来拖累影响。叠加电车快速发展下的品控风险也将会被放大，拖累市场发展速度。

3. 汽车出口持续增长

总体汽车出口预计在增速 10%，仍将克服困难增长。具体为，纯电汽车出口零增长，汽油车出口增 9%，插混出口增 70%。

2025 年燃油车出口仍是主力。中国国内常规燃油车市场急剧萎缩，对出口燃油车的可持续发展也有影响。尤其是中国基本没有 A0 级和 A00 级燃油车，出口市场与国内市场脱节。目前看增程的海外市场很差，尤其是高端增程的价格偏高。而中低价的插混表现好。

后　记

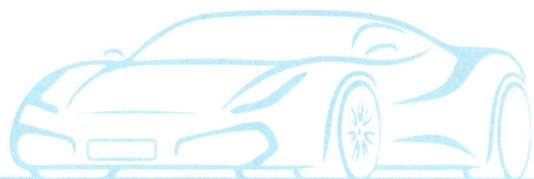

2024，中国汽车的十二个"瞬间"

当新年的钟声敲响，2025年悄然而至。对于一些人来说，这一年是解脱与释然，感叹终能跨越2024年那些波谲云诡的局面；而另一些人则依然心生忧虑，担心市场将面临更加激烈的竞争与挑战。电动化与智能化的浪潮席卷而来，内卷的漩涡依然无情翻滚，地缘政治的阴云仍笼罩全球，全球化竞争的烽烟愈演愈烈。中国汽车人的前行之路仿佛是一条迷雾笼罩的征途，处处暗藏不确定的风险与挑战，每一步都充满了未知的考验。

回望2024年，技术革新与产品迭代的激烈竞争，产业格局的深刻调整，以及全球化布局的战略重构，无不在深刻影响着中国乃至全球汽车产业的未来。从燃油车向新能源车的转型加速，到智能化技术的快速突破，再到跨国合作与资源整合的深化，每一次变革都在塑造行业的新面貌。2024年，仿佛每一个瞬间都见证了历史的转折，每一个转折都孕育着深远的变革。站在岁末的节点，回顾这一年，十大汽车"瞬间"不仅是对过去一年的深刻总结，更为行业未来的航向指引了方向。在这充满挑战与机遇的新时代，未来已来，蓄势待发。

1. 再度站上3000万辆时代，存量博弈加剧！自主 + 新能源双双突破背后，下一个市场爆发点是什么？

2024年中国汽车市场，依旧延续着强劲的增长势头。2024全年汽车产销量为3130万辆左右，新能源汽车表现尤为抢眼，产销均突破1200万辆大关。尽管整体增速有所放缓，但中国汽车市场仍然稳步前行，展现出强大的复苏韧性和持续增长的潜力。

自主品牌在乘用车市场的份额持续提升，2024 年占比超 60%；新能源汽车渗透率也突破了 40%，显示出行业加速转型的趋势。这一年，中国汽车市场再度站上了 3000 万辆时代的大台阶，但在这份成绩背后，存量博弈的激烈程度亦愈加显现。随着市场的成熟与饱和，增长的动力更多地来自产品结构的升级与技术的不断革新。自主品牌与新能源的双重突破，成为行业的关键词，彰显了中国汽车产业在全球市场的竞争力。然而，如何在全球化的激烈竞争中脱颖而出，如何在存量市场中撬动更多增长空间，已成为每一家企业亟待解决的课题。在这股变革浪潮中，新能源汽车和智能化技术成为了突破口。插电式混合动力车型（PHEV）的增幅尤为显著，预计增幅将超过 80%，纯电动车型（BEV）的增速虽有所放缓，但依然保持较为稳定的增长态势。与此同时，市场结构的优化与升级成为了支撑增长的重要力量。从老旧车辆的报废更新，到消费者对更高技术、更佳环保性能和更高安全性的需求，所有的变化都在指向一个方向：未来的中国汽车，将不再仅仅是销量的数字游戏，而是发展质量和产业规模的双重博弈。在2024 年这片充满不确定性的市场大海中，中国汽车的航向越发清晰——创新是主旋律，高质量发展是核心命题！

2. 小米现象背后：流量是汽车营销的终极法宝吗？

2024 年 3 月 28 日，小米汽车首款车型——小米 SU7 正式上市，雷军凭借其强大的品牌影响力，带领小米进军汽车领域，开启了全新篇章。随后的北京车展以及一系列的行业活动中，雷军如同行走的"流量王者"，以其独特的营销风格，给传统汽车行业的营销模式带来了前所未有的冲击，特别是"流量营销"一度成为各大车企竞相模仿的热点。尹同跃曾言，雷军给他上了一堂课；朱华荣则感叹，雷军逼着行业老一辈车企高管"卷"出了"车界四大老汉"。对许多业内人士来说，这场从未预见的营销革命颠覆了他们对传统汽车营销的理解。那些曾深耕多年的汽车行业"老炮"，甚至连自己都没想到会被雷军这样一个互联网大佬重新教育。然而，尽管口口声声说"雷军是个现象，学不来"，但没有人能够真正拒绝这场颠覆性"创新"所带来的改变。通过直播带货、社交媒体互动等方式，车企们纷纷投入流量战场，期望借此实现销量爆发。然而，理想丰满，现实却依然骨感。流量的狂潮虽然注入了新鲜活力，但也带来了一种前所未有的恐慌感：没有流量不行，但拥有流量之后，又该如何转化成实际的销量呢？如果创始人都冲了上去，有了流量，销量还是不行，又该怎么办？随着市场竞争日益激烈，流量营销是否真的成为汽车行业的终极法宝，抑或只是一时的昙花一现？这一问题仍在行业内引发广泛讨论。在 2025 年的车市舞台上，车企们能否通过精准的市场定位与创新走出一条独特的发展路径，仍将是整个行业关注的焦点。

3. 车圈大佬激辩"卷与不卷"，2024 成为中国汽车改革开放 40 年来舆论交锋最为激烈的一年

年初，长城汽车"掀桌子"，比亚迪也言辞激烈："跟不上就不要跟"；到年中，李书福、朱华荣、尹同跃、曾庆洪等车圈大佬，以及杨学良、李云飞等车企高管围绕"卷与不卷"的话题展开激烈辩论，甚至在这一过程中，曾庆洪还因"不卷"成为网暴的对象。舆论热衷于围观这些大佬的尖锐交锋，媒体更是频频建议企业高层要"更激烈、更尖锐，要出圈"。支持"内卷"的人士纷纷表态，认为这场竞争是良性"淘汰赛"，能推动中国汽车品牌迈向新高峰，最大化消费者利益，成为行业进步的"催化剂"。然而，反对者则坚决主张良性竞争，警告说，如果全行业都陷入无止境的"内卷"，将会撕开"潘多拉的魔盒"，最终摧毁整个行业的根基。深究这一辩论，核心还是在于每位行业领袖所处的不同发展阶段，导致了不同的心态反应：有些人跃跃欲试，积极投身其中；有些人则在"内卷"中焦头烂额，感到愤怒不已；更有大佬发出狠话，誓言要"掀翻牌桌"，若谁在竞争中要弄手段、不择手段。然而，内卷作为一个难以量化的概念，依然存在巨大分歧。乐观者视其为竞争，认为内卷本身是推动行业进步的动力；悲观者则认为，内卷意味着恶性竞争，可能导致整个行业的失序。站在年末回头看，当时的讨论在不同的视角下，关于"内卷"是否有错，无法得出统一答案已是现实。需要看到，这场"卷"与"不卷"的激烈辩论，实际上也暴露了一个更深层次的竞争——争夺话语权。在流量为王的时代，行业大佬们急于通过更尖锐、更极端的观点吸引眼球、获得关注。舞台的资源有限，话筒的数量有限，不抢是不行的。这种流量焦虑症，促使车圈的顶层人物纷纷亮剑，希望借此巩固自己在行业中的话语主导地位。

4. 中央定调：从防止"内卷"式竞争到整治"内卷"式竞争

2024年7月30日，中央政治局会议首次明确指出，"要强化行业自律，防止'内卷式'恶性竞争"，为市场敲响了警钟。几个月后，12月11日，中央经济工作会议再次聚焦这一问题，提出要全面整治"内卷式"竞争，特别是针对地方政府和企业行为。这一系列的动作，表明中央反对"内卷"的决心日益坚定，整治路径越发清晰，凸显了这一问题的重要性和紧迫性。

回望当前汽车行业，"内卷"现象早已如阴霾笼罩，乱象丛生。过去一年中，内卷的"火苗"迅速蔓延，甚至威胁到整个行业的健康发展。许多汽车制造商陷入了"赔本赚吆喝"的困境，利润空间被极度压缩，生存环境越来越严峻。车企的供应商面临资金链断裂的风险，一些企业摇摇欲坠，岌岌可危。与此同时，经销商们也被迫在巨大的压力下关店停业，整个行业仿佛进入了"寒冬"，萧条一片。然而，至今为止，这些问题多为行业内部人士的观察，尽管顶层政策明确要求防止"内卷式恶性竞争"，但相关部门并未清晰界定"内卷式竞争"究竟指什么。也就是说，在今天的市场中，许多看似恶性内卷的行为，依然可以被包装成正常的竞争模式，给企业和地方政府留下了操作空间。整治"内卷式竞争"的关键在于明确行业的"红线"，并通过法律法规为企业行为划定清晰界限。中国新能源汽车的使命不仅是捍卫当下的市场份额，更在于引领未来的发展方向。需要解决的问题还有很多。内卷式的恶性竞争，不仅损害的是行业，而且损害的是中国汽车企业的整体形象。

5. 华为进入赢者通吃时代，"灵魂"和"皮肤"还重要吗？

近日，华为智能汽车解决方案BU董事长余承东携手问界、智界、享界、尊界四大品牌的领导人齐聚松山湖。在直播画面中，四位高管围坐在余承东左右，画面透露出一股强烈的行业领导气场。两年前，华为在汽车领域的布局尚存质疑，如今，华为已然成为当代汽车智能化的"执牛耳者"。从赛力斯、奇瑞、北汽、江淮到长安、上汽、广汽等中国车企，华为的合作伙伴名单越来越长。从最初便紧密合作的赛力斯，到今年积极拥抱华为的广汽，几乎所有车企都难以抗拒"真香"的华为效应。三年前，"灵魂与皮肤"的说法仍在耳畔回响；三年后的今天，已无人提及"灵魂与皮肤"，取而代之的是对智能化产品的迫切需求。华为凭借行业领导者的姿态，在智能化领域纵横捭阖，深刻影响着中国智能汽车产业的市场格局，彰显了开放与合作成为中国电动与智能汽车发展的必然逻辑。毕竟，没有开放，就没有中国电动汽车的崛起，而这一崛起也得益于供应链的开放与中国供应链强大的实力。对于汽车产业来说，也期待有更多像华为这样的科技企业活跃在汽车领域，这不仅是产业发展的迫切需求，更是推动汽车行业迈向新高度、实现长期健康可持续发展的关键力量。然而，在这场智能化大潮中，也有人问出了另一个尖锐的问题：当市场上的主流车型都在使用华为不同阶段的产品与服务时，智能化似乎缺乏根本性的区分标准。那么，当未来的所有汽车都以智能化为区分维度时，华为产品的同质化是否会引发一轮新的价格竞争？这个问题，也许会随着跨年钟声的响起，继续影响着 2025 年的汽车市场。

6. 高合、哪吒、极越的险象环生，造车新势力的十年历程仍值得继续考问

2024 年，造车新势力进入了创业的第十个年头，但当许多新兴品牌刚刚站稳脚跟，另一批却已悄然倒下。哪吒汽车危机四伏，极越原地爆雷，年初的高合汽车与年中的合创汽车停摆，再一次为新能源汽车行业敲响了警钟。这些曾经备受瞩目的企业，在市场的激烈竞争中纷纷折戟。从资金链断裂到产品定位偏差，从市场策略失误到产业链整合不力，问题层出不穷。虽然每个失败的故事都有不同的背景和原因，但它们却共同揭示了这个行业的残酷现实：市场从不宽容，每一步都充满挑战和不确定性。即便是迄今为止那些依旧活跃在台前的企业，若要询问"何时盈利"这样一个基本朴素的商业逻辑，大多数人也是顾左右而言他。如果说过去的几年，造车新势力们烧掉的几千亿资金是"学费"，那么这场中国新造车运动的代价，显然是巨大的。曾几何时，人们对这些"新势力"寄予厚望，期待它们成为中国汽车产业的颠覆者和未来的领航者。然而，十年后的今天，这些"新势力"

已逐渐变成了"老势力"，它们的产品、服务甚至商业模式，都未能如预期般带来足够的创新和突破。"新"的光环逐渐褪色，曾经的激情与理想也开始面临现实的考验。新势力跌宕起伏的命运，成为2024年中国汽车行业最具戏剧性的故事之一。可以预见的是，尽管一些造车新势力在2024年跌跌撞撞地走过，但这并不意味着它们已经走向成功的终点。智能汽车的道路依然漫长，未来充满变数。那些倒下的品牌未必全部都是值得申讨的失败者，在智能汽车产业的历史长河中，它们的名字总有一笔。

7. 中国新汽车走向前列，世界汽车格局发生剧变

今年2月，梅赛德斯－奔驰在欧洲汽车产业电动化的背景下，宣布将电动化目标推迟五年。几乎同一时段，福特汽车也陷入战略反思，考虑调整其电动汽车战略。9月，沃尔沃根据全球电动化转型的大势以及复杂多变的消费者需求，对既定目标进行了细微但关键的调整。如果说跨国车企对电动化战略的反思只是"小步走"，那么当前全球汽车产业的调整已经开始进入全面而深刻的阶段。9月，大众汽车宣布将关闭部分德国本土工厂，并削减数以万计的工作岗位；10月，欧盟委员会对中国电动汽车加征反补贴关税的最终投票通过，中欧贸易谈判持续进行，贸易保护主义的阴霾弥漫；12月，本田、日产和三菱三家车企联合发布了合并计划，意图抱团求生，应对来自中国汽车的挑战；甚至，比亚迪在巴西的劳工问题也成为了中国汽车国际化过程中不可忽视的挑战。每个事件背后都有其独特的背景与各自企业的抉择，但不可忽视的是，这一系列变化的背后，都能看到中国汽车产业崛起带来的时代背景。从销量数据来看，全球前十大车企中，中国车企有望在2024年史无前例地占据两席。从欧洲到美国，从美国到日韩，世界汽车产业的重心是否正在悄然从日韩向中国转移？是否可以简单地认为，中国汽车产业的蓬勃发展，正在国内促使市场格局发生根本性和系统性的转变，并凭借持续的产品技术创新，在全球市场形成强大的推力，倒逼整个行业加速前行？在某种程度上，中国汽车的崛起如同南美蝴蝶翅膀的振动，撬动了世界汽车格局的深刻变革。然而，也必须清醒地看到，汽车产业关乎国体民生，任何国家都不会掉以轻心，任何企业都不会束手就擒。日韩车

企纷纷发力固态电池，欧洲车企在借鉴中国经验的同时，也将绿色低碳理念贯穿其中。没有人会在这场竞速赛中轻易认输。中国新能源汽车的最大优势在于先发和成熟的供应链，这一先发优势及供应链优势能否长久保持？跨国车企追赶的速度和中国企业创新的节奏是否能形成真正的差距？这将决定中国汽车产业能否继续领先，还是面临跨国车企迎头赶上的竞争。

8. 合资 3.0 时代：开启在中国，为世界的新篇章

2024 年，中国最悠久的合资企业——上汽大众迎来了 40 周年。对于未来 40 年的竞争，上汽大众给出的答案是"美美与共"，更直接地说，就是选择与中国技术同行。这一年，合资合作的新模式层出不穷：上汽奥迪发布首款使用上汽技术的概念车，大众入股小鹏，Stellantis 与零跑携手，捷豹路虎深化与奇瑞的合作重启神行者品牌……这些看似不典型的合作项目，标志着中国汽车产业的合资合作模式进入了 3.0 时代。这一时代的核心特征是，中国汽车的技术解决方案不仅深度融入全球市场，还反哺全球汽车产业，成为行业转型的关键推动力。中国车企的全球化路径不再单纯依赖市场拓展与资本输出，而是通过技术合作、产业链整合等多维度策略，积极塑造全球汽车产业的未来走向。合资企业的使命，也从"在中国为中国"转向了"在中国为世界"。这种合作不仅是技术输出，也是共同构建全球产业话语权和竞争优势。回顾合资的三个时代，第一阶段是"以市场换技术"，外方在中国的战略目标单纯是卖车赚钱；第二阶段是"在中国为中国"，随着市场竞争加剧和消费者需求多样化，合资企业必须适应中国市场的独特需求。如今，随着全球汽车产业进入新汽车时代，中国已经成为新汽车的领跑者。中国的三电技术、智能化技术（包括智舱、智驾技术）走在世界前列，而传统跨国车企面临巨大的追赶压力，许多企业因此不得不裁员、关厂。在这个背景下，合资 3.0 时代的到来意味着，中国汽车行业的领先地位将进一步巩固。可以预见的是，还将有更多的合资企业和项目，通过不同的方式，进入合资合作的 3.0 时代。合资合作不仅能为中国车企带来技术和市场的双重优势，还能助力国际车企应对全球市场的挑战。关键在于如何精准把握合作机遇，并有效应对复杂多变的国际竞争。随着合资 3.0 时代的深入，中

国车企将通过与国际品牌的深度合作，提升国际化运营能力、品牌影响力和市场竞争力。这一转变不仅标志着中国汽车产业的崛起，更是全球汽车产业格局演变中的一股不可忽视的战略力量。全球视角下，合资3.0时代为中国车企带来了前所未有的机遇，同时也推动了全球汽车产业的深刻变革。

9. 以《台州宣言》为标志，中国汽车进入稳健发展的新阶段

2024年9月，吉利正式发布《台州宣言》。作为一贯依靠国际并购和产业扩张来推动发展的企业，《台州宣言》所蕴含的战略聚焦不仅震动了整个汽车行业，也深刻反映了中国汽车稳健发展的新阶段。自改革开放40多年，尤其是中国加入WTO后的20多年，中国汽车产业经历了快速增长。从年产销不足百万辆，到如今全球第一大市场，年产销量突破3000万辆，吉利、长城、奇瑞、比亚迪等中国企业在这一过程中受益匪浅。在这个"水大鱼大"的市场环境中，扩张几乎是所有车企的共同选择。无论是民营车企还是国有车企，大家都在通过并购、合作、新建以及自主研发等方式迅速扩大规模，国内市场竞争越发激烈，国际市场布局也遍地开花。然而，随着市场的逐步成熟，扩张模式的弊端逐渐暴露出来。正如寰球汽车集团董事长兼CEO吴迎秋所言："目前，汽车行业的发展已进入一个全新阶段，既要讲速度，也要讲协同，还要讲成本。"吉利此次的战略整合，不仅符合其自身发展需求，也契合行业发展的趋势。随着市场竞争的加剧，过去依赖扩张带来的规模效应和市场份额的模式逐渐显现出诸多问题。资源浪费、重复建设和品牌内耗等困境开始困扰行业。一方面，过多的品牌导致消费者对各品牌的认知和忠诚度难以提升，市场上充斥着大量定位模糊、缺乏核心竞争力的品牌，企业资源被分散，消费者的选择也陷入困惑。另一方面，技术同质化问题日益严重，车企在核心技术领域的创新不足，导致产品性能趋同，市场竞争主要依赖价格战，企业利润空间被进一步压缩，技术进步也受到限制。此外，资源利用效率低下，特别是在生产和研发环节的浪费，已经成为行业发展的核心瓶颈。随着竞争的加剧，这些问题显得越发突出，亟待解决。吉利的战略聚焦并非个案，面对行业的共同困境，越来越多的中国车企将选择收起扩张的拳头，寻求创新和协同的突破，以避免陷入"过度竞争"和"内耗"

的死循环。至于这个过程如何发展，或许要等到 2025 年才能见分晓，但显然，吉利的战略调整为行业提供了一个新的发展方向。

10. 共建新汽车命运共同体是个历史性课题

2024 年 11 月 22 日，2024 世界互联网大会"乌镇咖荟·汽车夜话"在桐乡召开，本届大会提出的"共建新汽车命运共同体"的倡议，引起了业界的广泛关注与深思。随着中国汽车产业在全球舞台上的崭露头角，这一命题的重要性越发突出。如何在全球化竞争日益激烈的背景下，持续引领汽车产业的创新与发展，已成为行业亟待解决的核心问题。当前，中国汽车产业已步入了一个前所未有的机遇期。技术更新的步伐迅速，电动化、智能化、网联化正重塑着行业格局。然而，技术的快速迭代也带来了全球汽车行业的激烈竞争。中国汽车要想在这一波浪潮中稳步前行，不仅要保持技术领先，更需要在全球市场中寻求更多的合作与共赢机会。汽车行业是一个复杂而庞大的生态系统，无论是整车企业、零部件供应商，还是智能化技术的提供方，都彼此深度绑定、休戚与共。"中国汽车是一荣俱荣，一损俱损的整体。"行业中的每一环都不是孤岛，如果任何一环失衡或受损，都会对整个生态造成深远的影响。合作不仅是共赢的选择，更是生存的必需。新汽车不是零和博弈，而是共建共享。新汽车的未来天空足够大，容得下所有人的精彩。"共建新汽车命运共同体"，并不是为了削弱竞争，而是为了让竞争更健康、更有意义。"共建新汽车命运共同体"的核心，正是在于全球视野下的合作与共识。在新的产业发展节点上，中国汽车企业不应仅仅满足于守住现有的成绩，而要以更加开放的姿态，与世界同行一起，推动全球汽车产业的共同进步与创新。只有真正实现技术、产业、市场的全面协同，中国汽车才能在未来的十字路口上站稳脚跟，引领行业迈向新的辉煌。正如寰球汽车集团董事长兼 CEO 吴迎秋先生指出的一样：中国新汽车的使命，不是守住当下，而是定义未来！

11. 长城比亚迪争端延续，比亚迪逐渐隐忍，魏建军意难平

2023 年轰动一时的长城汽车举报比亚迪部分在售混动车型排放不合格事件，到 2024 年还在延续。上半年双方剑拔弩张，而 6 月之后火药味渐渐淡去。比亚迪逐渐隐忍，甚至在发布会上向哈弗致敬，向长城示好。魏建军则明显意难平，8月、10月先后两次呼吁公平竞争，遵守规则；10月18日还发表了一个呼吁行业坚守规则、遵循规律的海报。

从海报的内容中，可以看出长城汽车的态度和这一事件的阶段性结果。

第一是对有关国家监管部门给予了高度肯定。他们认为这是"展现了国家依法治国的理念以及对行业规范的高度重视"，同时，也"体现了政府对待重大问题时的审慎态度以及推动行业健康发展的坚定决心，为中国汽车行业的未来发展筑牢了坚实的根基"。

第二是这一事件引发了行业共鸣。他们特别提到了吉利杨学良也对这一问题进行了批评，认为，"这无疑充分体现了行业内对于规范发展以及公平竞争的共同追求。"同时，也对网络上出现的故意抹黑、网暴行为表达了愤慨。

第三是透露了这一事件的阶段性结果，即"装配常压油箱的混动车型已经停止新车销售"。但已经在用的这类混动车辆没有受到波及。

魏建军在转发这则海报时一再强调"坚守规则与规律，推动行业健康发展"，"企业须依正确轨道而前行"。

从某种意义上来说，这个海报可以视为从长城汽车方面的一个总结。

而比亚迪方面，相对去2023年的态度，今年明显表现出了低调和隐忍。据传闻，在6月的中国汽车重庆论坛上，李云飞公开反驳一些争议后，很快收到了王传福发来的一则微信，只有三个字：忍，忍，忍。尽管这一传闻尚未得到证实，但是，在7月的一次比亚迪新车上市会上，副总裁何志奇公开向哈弗致敬的举动，无疑是一个重要信号，比亚迪希望缓和与长城汽车的矛盾。

这场历时近两年的长城比亚迪争端，无疑对行业产生了巨大的震动。无论是国家监管部门、相关主管机关，还是整车企业，以及相关行业人士、媒体、用户，无疑都很震惊，综合起来主要集中在如下三点：

第一，法律法规的严肃性遭到挑战。中国的汽车产品在面市销售之前都要按照国家标准和法规进行严格检测。只有在通过后，才能上公告，准许销售。因其严肃性和科学性，行业和公众对此是高度信任的。但是这一举报事件的出现，严重影响了汽车技术法规在人们心中的严肃性。尽管从最后的结果看，有关单位采取了补救措施和处理行动。但是，这里的影响还是很深远的。

第二，家丑居然可以外扬，真有人敢"撕破脸""掀桌子"。长城汽车的举报，无疑是一种 "撕破脸"的表现。从此之后，业内所有人的认知都被刷新了，汽车行业的竞争中，谁不遵守法规，真有人敢"掀桌子"。但这种做法，伤敌一千，自损八百，对双方都产生了不小的伤害。用一些行业人士的说法，就是不利于团结。

第三，中国汽车行业的网络舆情环境已经发生很大变化，网络拉踩、水军泛滥、车黑攻击等问题比以往更严重。汽车互联网更需要"清朗行动"。长城汽车和比亚迪都遭遇了成规模的拉踩、带节奏和刻意抹黑。2024年，这种现象也是家常便饭。甚至在很多新车上市、重大产品发布、日常销售过程中，屡见不鲜。这无疑也是行业各界迫切呼唤秩序和规则的领域。

中国汽车行业要长远发展，需要一个健康、有序、有底线的环境，也需要一个和谐共生、共同发展的氛围。无论是监管部门，还是汽车行业都应该吸取教训，找到有序发展的道路。今年11月寰球汽车举办的"互联网大会乌镇咖荟·汽车夜话"上，寰球汽车集团董事长吴迎秋提出的构建"汽车命运共同体"的呼吁，正是针对近些年来发生在行业中的过度"内卷"，恶性竞争的乱象提出的。希望今后汽车行业所有参与者都能共赢共进，一起开拓全球市场，做强做大中国汽车。

12. 车展困境激化各方矛盾，上海车展争端最终对簿公堂

如果说2024年汽车行业发生的最魔幻的事情，莫过于贸促会汽车行业分会和上海贸促会等单位对于2025上海车展主办权的争执。

第一个魔幻的地方是合作了12年的三家主办方，其中两家居然抛开另一家，8月开起了新闻发布会，宣布各种事项。而另外那家不得不当天发声明。

第二个魔幻的地方是发生争执的各方中，主要的两家是同一个系统的两个单位，而且各方协商了两三个月最终居然发展到了真的对簿公堂的程度。

最魔幻的是，12月的开庭信息显示，8月还在新闻发布会上坐在主办方之一，居然最后也被同桌的合作方列为了被告。

业内外的吃瓜群众都摇头说看不懂。能够发展到对簿公堂的程度只能说明，矛盾很难调和了。

曾几何时，车展的鲜亮的光环笼罩在整个行业的头上，车企更愿意在这个舞台上发布新车、展示技术、宣传品牌、销售产品。然而，近些年来，随着用户沟通模式的变化，以及互联网企业的下场，他们带来了互联网行业的推广方式和营销打法，直面用户，营造私域，在自己的主场发布、传播和圈粉。这极大地改变了汽车行业的营销思维和方法。车展本身也遇到了很大挑战。在国外，很多历史悠久的 A 级展不是停办就是缩小规模，而中国则两极分化严重，北京、上海这样的 A 级展依靠其规模和吸引力保持着超高的人气，成为网红聚集的流量凹地。而很多地方车展则因为缺乏流量，遭遇了巨大的生存危机。两相对比，北京、上海国际车展的含金量就更大了，这个"蛋糕"就更诱人了。

2024 年，整个行业都深深地感到了来自经济下行和市场竞争的双重压力，可以想象，车展今后会越来越难，也被"卷"得难受。很多人说，汽车行业的"内卷"风，都刮到了车展领域了。享受了汽车产业高速发展红利各类车展，逐渐形成不少问题，例如一直被参展商抱怨的收费太高、服务不到位、效果不好等。这些问题在"内卷"大潮之下，无疑是车展的巨大的挑战。接下来，中国的车展该怎么办？北京、上海、成都、广州等车展该怎么办，早已引起了很多业内人士的关注。中国的车展势必会出现转型、调整、特色化等方面的尝试。可以想象，未来的车展很有可能发展得与以往不一样了。当然，最关键的，任何变化和调整，都需要回到法律和规范的轨道，才能持久。

第十一届寰球汽车年度盛典举办，给2024中国汽车画上圆满句号

——坚守"公平、公正、公开"原则，见证"世界向东"荣耀时刻

一、砥砺前行十一载，见证汽车产业变革浪潮

2025年是寰球汽车年度盛典成功举办的第十一个年头。作为行业内最具权威性和影响力的年度车型评选活动之一，寰球汽车年度盛典由寰球汽车于2014年创办，自诞生之初便秉持着"公平、公正、公开"的核心原则，致力于通过严格规范的投票机制，遴选出每一年度中最具代表性、最能引领行业发展方向的汽车产品。

在"三公"原则的指引下，寰球汽车也精心构建起一套兼具客观性与严谨性的评选流程。从车型的报名审核，到实地测评，再到最终的奖项评定，每一个环节都制定了严格且细致的标准，确保整个评选过程的公正性与透明度。这使得每一款能够入围的车型，都真正凭借自身的实力脱颖而出，充分彰显了评选活动的权威性与公信力。

在2024年12月26日至27日，组委会正式启动了年度车的测评环节，并挑选了70余款2024年上市的主流车型参与此次测评。与往届相比，本次测评将周期延长至两天，分设专家评审日和媒体评审日，旨在通过构建更加全面、细致的评估流程，确保最终入围的车型能够代表当前市场主流的技术与设计趋势。

最终在入围资格确认过程中，根据既定规则，经过北京市东方公证处的公证确认，包括领克Z10、吉利翼真L380、奇瑞风云A8L、极狐阿尔法S5、阿维塔07、全新梅赛德斯-奔驰纯电G级越野车、一汽丰田普拉多、

问界 M9、吉利银河 E5 在内的 9 款车型成功进入寰球年度车大奖的最终角逐。此外，共有 12 位专家评委、37 位媒体评委参与实际车辆测评，拥有投票资格。

二、阿维塔 07 斩获本届寰球年度车大奖

在 2025 年 1 月 14 日晚，行业内最为引人注目的年度评选活动——第十一届寰球汽车年度盛典在北京举办。

在本届盛典活动上，寰球汽车集团董事长兼 CEO 吴迎秋对于本届寰球汽车年度盛典的"世界向东"主题进行了深度阐述。他指出，"世界向东"的本质实际上就是世界汽车竞争的舞台来到了中国。汽车行业的老牌主角们如何坚守自身地位，中国企业又该如何在自己的主场崭露头角、大放异彩，都是值得研究的课题。"世界向东"已经成为一股不可阻挡的潮流。在这股潮流中，无论是跨国车企，还是中国本土企业，都理应找准自己的定位，

寰球汽车集团董事长兼 CEO 吴迎秋指出，"世界向东"的本质实际上就是世界汽车竞争的舞台来到了中国。

在中国这个巨大的汽车产业舞台上，充分展现出各自的独特风采与魅力。中国舞台需要世界汽车，世界汽车也需要中国舞台。

在此次活动中，寰球汽车集团总裁李鸿武表示，作为寰球汽车的重要品牌 IP，寰球年度车之所以能够持续十一个年头，成为业内屈指可数的行业活动，正是源于创办这一活动之初，吴迎秋就提出确立并始终坚持的原则："公平、公正、公开"。寰球汽车年度盛典坚定不移地恪守这一原则，毫不动摇。在评选的每一个环节，遵循评委们给出的专业意见，坚决维护评委独立评判的权利，绝不加以任何形式的干涉。整个评选过程中，寰球汽车特别邀请公证机构深度介入全程，确保评选流程与结果经得起各方审视，让公信力彰显于每一处细节。

本届寰球年度车大奖评选，由北京东方公证处公证人员全程监督，并通过现场直播的形式，毫无保留地向所有嘉宾公开，确保整个评选过程公开透明。从入围车型的严格筛选，到后续紧张有序的评审环节，每一个步骤都经过精心安排，做到无遗漏、无差错，让每一款入围车型都能在"公平、

寰球汽车集团总裁李鸿武再次强调寰球年度车所坚守的"公平、公正、公开"原则。

公正、公开"的程序中参与竞争。

　　值得一提的是，本届寰球年度盛典还对年度车大奖奖杯进行了再升级。沿用十余年的寰球年度车大奖奖杯——寰球"添翼杯"，由清华大学美术学院长聘教授、博士生导师、品牌授权（IP）设计研究所

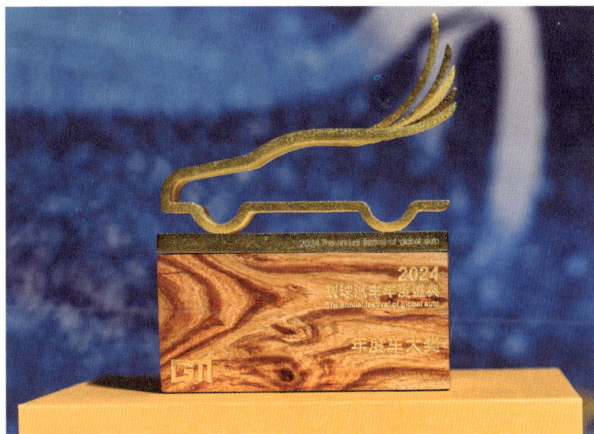

寰球年度车大奖奖杯——寰球"天翼杯"。

所长、中国古文字艺术研究中心常务副主任陈楠亲自设计。奖杯整体采用金属与木质相结合的结构，巧妙融合古典与现代的元素，既体现了中国古典建筑的韵味，又将汽车工业之美展现得淋漓尽致。本届盛典上，全场唯一寰球年度车大奖奖杯寰球"添翼杯"的木质部分特别选用了黄花梨材质，并由雕刻大师现场雕刻。黄花梨曾是明朝皇室御用的珍贵原料，它象征着坚韧向上的精神，厚重内敛的气质，也代表着不断追求卓越与创新的决心。这种独特的材质也赋予了"添翼杯"更加深刻的意义！

　　最终，历经车企高管紧张而精彩的现场拉票环节、近 50 位评委严谨细致的三轮投票以及组委会公开透明的直播唱票等多个关键环节，在北京东方公证处公证人员的全程见证下，阿维塔 07 凭借其卓越的综合实力，最终斩获寰球年度车大奖。

　　作为高端市场中唯一在"纯电＋增程"双赛道上协同发力的品牌，阿维塔凭借其独特的战略定位和卓越的产品性能，成功在新能源豪华领域占据了一席之地，展现出强大的品牌竞争力和发展潜力。回顾 2024 年，对于阿维塔而言，是具有战略意义的一年，品牌加码布局增程赛道，积极开拓新的市场领域。而阿维塔 07 作为阿维塔首款采用双动力系统的车型，在市场上一经推出便备受关注。

阿维塔07凭借卓越的综合势力，最终斩获寰球年度车大奖。阿维塔科技总裁程卓上台领奖。

第十一届寰球汽车年度车评委与阿维塔07合影。

三、踔厉奋发，见证行业锐意进取风姿

除了聚焦于年度重磅产品，本届盛典也将目光投向具有代表性的企业与企业家。以下是部分获奖情况介绍：

年度人物——淦家阅（吉利汽车集团 CEO）

他称自己为"用户的阿甘"，也带领着一群像"阿甘"一样敢想敢为、说"淦"就干的奋斗者，不仅带来了雷神 EM-i 超级电混、Flyme Auto 智能座舱以及高价值智驾技术等诸多领先的科技成果，更推动吉利银河系列与中国星系列销量节节攀升，展现出了吉利在不同细分市场的强大竞争力。

作为一个一毕业就进入吉利，由吉利培养起来的吉利人，淦家阅也曾形容，"吉利相当于我的 DNA 和血液一样"。而在这位掌舵人的引领下，吉利银河也将在 2025 年向着更高维度的"百万银河"年销量目标发起了猛攻，也将在汽车产业的变革浪潮中持续破浪前行。

寰球汽车集团董事长兼 CEO 吴迎秋（左），中国国际贸易促进委员会汽车行业分会会长王侠（右）为吉利汽车集团 CEO 淦家阅颁发第十一届寰球汽车年度盛典年度人物奖。

年度 CEO——段建军（北京梅赛德斯－奔驰销售服务有限公司总裁兼首席执行官）

"钱不是大风刮来的，但可能被大风刮走"，"买奔驰，买的不仅是标志，而是标杆"，"何以奔驰，唯有奔驰"，这一系列充满哲思的金句皆出自"段子手"段建军之口。

作为一位独具慧眼的领航者，在面临诸多不确定因素的情况下，他以非凡的洞察力与前瞻性思维，深度剖析当下消费者不断进阶的需求与审美趋势，为新时代的豪华书写出全新的定义。

正如段建军所言，"豪华"认知，绝不是一辆车，或者一两代车能构建的，而是需要长时间的积累和沉淀的。可以预见的是，始终保持自身标准、底线、定力和节奏的奔驰也将凭借着对于长期主义的坚守，实现高质量健康发展。

中国汽车流通协会会长肖政三（左），寰球年度车评委、清华大学中国经济思想与实践研究院院长李稻葵（右）为北京梅赛德斯－奔驰销售服务有限公司总裁兼首席执行官段建军颁发第十一届寰球汽车年度盛典年度 CEO 奖。

年度营销人物——俞经民（"乾梁汇"理事长、上汽乘用车常务副总经理）

作为汽车营销界的"吉祥物"，俞经民也被大家亲切地称为"胖头俞"。"胖头俞又吐泡泡了"——这句标志性的开场白，总能让人瞬间记住他。通过一次又一次的跨界营销探索，俞经民为汽车行业打开了出圈的新可能。在 2024 年新一代 MG5 的发布会，俞经民化身烧烤大师傅现身于"胖头鱼烤鱼铺"，也再一次成为互联网上热议的焦点。可以说，"胖头俞"的每一次颠覆自我，背后都是上汽乘用车 to C 营销的决心与执着，更以殚精竭虑的劲头让上汽乘用车焕发了新的生机。

在 2024 年，再度回归上汽乘用车，也让俞经民再次感慨"回到了 40 岁的状态"，这种状态是他 2014 年第一次接手上汽乘用车时的状态。他也以满满的活力和创意，成为上汽乘用车和荣威、飞凡、MG 最具活力的"代言人"。

寰球汽车集团总裁李鸿武（左），中国国际贸易促进委员会机械行业分会会长周卫东（右）为乾梁汇理事长、上汽乘用车常务副总经理俞经民颁发第十一届寰球汽车年度盛典年度营销人物奖。

年度营销团队——一汽丰田（一汽丰田汽车销售有限公司党委书记、总经理董修惠代表一汽丰田领奖）

在2024年，面对中国汽车市场的深刻变革，合资企业在现阶段面临着诸多挑战。然而，有着这样一群来自一汽丰田的营销人，用不服输的韧劲扛住了压力；在哀鸿中铸就了不退不让的80万辆。

回顾过去12年，除2022年受新冠疫情冲击外，一汽丰田在其余11年皆保持销量正增长，并且是唯一连续两年正增长的主流合资车企。这一斐然成绩，无疑是对"合资式微"论调的有力反驳，充分展现了合资企业坚韧不拔的发展韧性与蓬勃活力。

一汽丰田在喧嚣的车市中，看似低调，实则脚踏实地，用心为用户造车，与经销商携手共进，共同成长。一汽丰田营销团队也用行动书写答案，没有无法逾越的难关，只有敢于超越的团队。

寰球年度车评委、国家信息中心原副主任、正高级经济师徐长明（左），寰球年度车评委、中国电动汽车百人会副秘书长师建华（右）为一汽丰田汽车销售有限公司党委书记、总经理董修惠颁发第十一届寰球汽车年度盛典年度营销团队奖。

年度企业——奇瑞汽车（奇瑞汽车股份有限公司执行副总裁李学用代表奇瑞汽车领奖）

2024 年，中国汽车市场竞争异常激烈，价格战此起彼伏。然而，奇瑞在这样的逆境中再次交出了一份亮眼的成绩：2024 年销量达到 260.4 万辆，同比增长 38.4%，创造了年销量历史新高；年营收 4800 亿元，同比增长超过 50%；年出口超 114 万辆，同比增长 21%，连续 22 年稳居中国品牌之巅；新能源车销量超 58 万辆，同比激增 232.7%，绽放出超越预期的潜能。实现了国际、国内齐头并进，油、电双线全面开花。通过国内国际的双双发力，奇瑞将通过持续创新，实现技术、产品、品质、品牌、管理的全方位提升，从一间小草房到世界五百强，从"理工男"到"全科生"，在新能源与智能化双轮驱动的赛道上，奇瑞以"不客气"的硬核实力证明了老实人也能书写奇迹。

寰球年度车评委、中国汽车工业协会专务副秘书长许海东（左），寰球年度车评委、中国政法大学新闻传播学院原院长沈卫星（右）为奇瑞汽车股份有限公司执行副总裁李学用颁发第十一届寰球汽车年度盛典年度企业奖。

评委会特别推荐奖——吉利醇氢电混技术（吉利控股集团高级副总裁杨学良代表吉利集团领奖）

在寰球年度车专家评审团成员的联袂推荐下，吉利醇氢电混技术荣获评委会特别推荐奖。该奖项由帅石金教授提名，并代表组委会开奖。帅石金教授表示："吉利醇氢电混技术是当前中国汽车市场，乃至全球汽车市场当中，少数聚焦绿色甲醇的新能源技术路线。在践行中国'双碳'战略上，走出了一条独特的碳中和绿色能源'中国之路'，给新能源汽车多了一种全新的选择。"此外，为了鼓励中国汽车在新能源智能化技术领域的持续进步，在技术领域，本届寰球年度盛典还将年度技术大奖·年度技术创新奖授予泛越野超级电混架构Hi4-Z；年度技术大奖·年度最佳动力技术奖授予智慧新蓝鲸3.0；年度技术大奖·年度智驾技术先锋奖授予北汽新能源的"一核三环"智驾安全开发测试体系。

寰球年度车评委、清华大学教授、清华－壳牌清洁交通能源联合研究中心主任帅石金（左），寰球年度车评委、北京航空航天大学交通科学与工程学院学术委员会主任徐向阳（右）为吉利控股集团高级副总裁杨学良颁发第十一届寰球汽车年度盛典评委会特别推荐奖。

中国汽车研发人才的交流平台"乌镇荟"正式成立。

四、汽车研发人才汇聚，"乌镇荟"正式成立

寰球年度盛典上，乌镇荟正式宣布成立，并向首批成员颁发了证书。

成立"乌镇荟"，不是突发奇想，但为什么要成立这个组织？新汽车的诞生，为我们带来了无限的发展可能。它的出现，深刻地揭示了在当下时代背景中，仅依靠单一行业或者单个企业的力量，已远远无法满足汽车产业持续发展的需求，这代表着行业边界正变得日益模糊。

在这样的形势下，开放融合已成为不可阻挡的必然趋势。我们必须打破固有的壁垒，突破传统的圈子，广泛汇聚各方力量，携手并肩共同前行。新汽车已不再是某一家企业或个人独自守护的秘密成果，它需要整个行业乃至全社会齐心协力共同塑造。新汽车的诞生，的确引发了一批汽车产业的蓬勃发展。然而，若要在这条充满挑战与机遇的道路上走得更远、更稳，跨学科、跨企业的深度合作就显得至关重要。

"乌镇荟"正是顺应这一行业变化而诞生。这是一个汇聚了主机厂的CTO、研发骨干，还有众多科技公司，其中既包含业内的领军企业，也涵盖了具有创新思维的业外企业，它是一个真正意义上打破圈子、实现跨界融合的组织。在这里，大家能够充分地进行交流、深度融合，不同的思维在这里相互碰撞，进而激发出璀璨的新火花。"乌镇荟"成为继"乾梁汇"之后，寰球汽车与伙伴朋友成立的又一个服务行业的重要交流平台。

附：年度盛典奖项名单

寰球年度车大奖：阿维塔 07

年度人物、团队、企业奖：

◇年度人物：淦家阅

◇年度 CEO：段建军

◇年度营销人物：俞经民

◇年度营销团队：一汽丰田

◇年度企业：奇瑞汽车

◇年度可持续发展企业：丰田中国

◇年度企业传播奖：捷豹路虎中国

◇年度创新开放先锋企业：长安汽车

◇年度新能源产业贡献奖：蔚来汽车

◇年度创新换电品牌：睿蓝汽车

◇年度出行科技先锋企业：亿咖通

年度技术奖：

◇ 2024 寰球汽车年度盛典评委会特别推荐奖：吉利醇氢电混技术

◇年度技术大奖·年度技术创新奖：泛越野超级电混架构 Hi4-Z

◇年度技术大奖·年度最佳动力技术奖：智慧新蓝鲸 3.0

◇年度技术大奖·年度智驾技术先锋奖：北汽新能源的"一核三环"智驾安全开发测试体系

◇年度智能座舱引领奖：星纪魅族 Flyme Auto

入围车型细分品类奖：

◇年度豪华 SUV：全新梅赛德斯 - 奔驰纯电 G 级越野车

◇年度纯电 MPV：吉利翼真 L380

◇年度紧凑型轿车：奇瑞风云 A8L

◇年度智能 SUV：问界 M9

◇年度中型轿车：极狐阿尔法 S5

◇年度最佳设计车型：阿维塔 07

◇年度中大型轿车：领克 Z10

◇年度硬派 SUV：一汽丰田普拉多

◇年度紧凑型纯电 SUV：吉利银河 E5

年度产品奖：

◇年度豪华品牌 MPV：沃尔沃 EM90

◇年度豪华品牌中型 SUV：smart 精灵 #5

◇年度中国品牌智能电混 SUV：北京 BJ40 魔核电驱

◇年度合资 SUV：北京现代全新胜达

◇年度中国品牌畅销 SUV：深蓝 S05

◇年度中国品牌硬派越野 SUV：212 T01

◇年度中国品牌中大型智驾 SUV：魏牌全新蓝山

◇年度合资中大型 SUV：东风日产探陆

◇年度中国品牌畅销中型 SUV：捷途旅行者

◇中国品牌中型 SUV：极氪 7X

◇年度中国品牌智能 SUV：星途星纪元 ET

◇年度经典 SUV：东风本田 CR-V

◇年度中国品牌创新设计 SUV：iCAR V23

◇年度数智中大型轿车：长安启源 A07

◇年度畅销合资轿车：全新一代迈腾

◇年度中国品牌 GT 车型：腾势 Z9GT

◇年度超豪华纯电轿车：莲花跑车 EMEYA 繁花

◇年度豪华品牌小型轿车：全新电动 MINI COOPER

◇年度中国品牌纯电轿车：小米 SU7

◇年度合资中型轿车：广汽丰田全新第 9 代凯美瑞

◇年度豪华品牌轿车：BMW i5

◇年度畅销 A+ 级纯电家轿：埃安 RT

◇年度超豪华行政轿车：红旗金葵花国雅

◇年度家庭 SUV：乐道 L60

◇年度中国品牌畅销 SUV：零跑 C16

◇年度最"宠"爱 SUV：MG ES5

◇年度中国品牌品质 SUV：红旗天工 08

◇年度中国品牌中大型畅销 SUV：理想 L6

◇年度合资纯电轿跑 SUV：广汽本田 e:NP2 极湃 2

◇年度豪华品牌中型 SUV：凯迪拉克 XT5

◇年度家用 MPV：上汽荣威 imax8

◇年度中国品牌 MPV：广汽传祺 E9 超级快充版

参考资料

[1] 2024 年 1 月 8 日，新华社《〈国家汽车芯片标准体系建设指南〉出台》

https://www.gov.cn/lianbo/bumen/202401/content_6924891.htm

[2] 2024 年 1 月 15 日，工业和信息化部网站《工业和信息化部 公安部 自然资源部 住房和城乡建设部 交通运输部 关于开展智能网联汽车"车路云一体化"应用试点工作的通知》【工信部联通装〔2023〕268 号】

https://www.gov.cn/zhengce/zhengceku/202401/content_6926711.htm

[3] 2024 年 3 月 6 日，《每日经济新闻》《三大汽车央企新能源业务将单独考核 专家：有望带来规模化促进效应》

http://www.nbd.com.cn/articles/2024-03-06/3270240.html

[4] 2024 年 3 月 15 日，中国一汽集团官网《中国第一汽车集团有限公司总经理任职》

https://www.faw.com.cn/fawcn/373694/373706/5734540/index.html

[5] 2024 年 3 月 27 日，东风汽车官方微博周治平任总经理任职公告

https://weibo.com/5229898329/O6XnAjNNl

[6] 2024 年 3 月 27 日，北汽集团官网《北汽集团召开干部大会宣布主要领导任免决定》

https://www.baicgroup.com.cn/index.php/news/22.1765.html

[7] 2024 年 3 月 27 日，中国政府网《工业和信息化部 科学技术部 财政部 中国民用航空局关于印发《通用航空装备创新应用实施方案（2024—2030年）》的通知》【工信部联重装〔2024〕52 号】

https://www.gov.cn/zhengce/zhengceku/202403/content_6942115.htm

[8] 2024 年 3 月 27 日，中国政府网《商务部等 14 部门关于印发〈推动消费品以旧换新行动方案〉的通知》【商消费发〔2024〕58 号】

https://www.gov.cn/zhengce/zhengceku/202404/content_6945069.htm

[9] 2024 年 4 月 8 日，《中国日报》《在欧中资电动汽车企业圆桌会在法召开》

https://cn.chinadaily.com.cn/a/202404/08/WS6613a957a3109f7860dd89c1.html

[10] 2024 年 4 月 24 日，中国政府网《商务部 财政部等 7 部门关于印发〈汽车以旧换新补贴实施细则〉的通知》【商消费函〔2024〕75 号】

https://www.gov.cn/zhengce/zhengceku/202404/content_6947864.htm

[11] 2024 年 5 月 23 日，商务部网站《商务部召开例行新闻发布会（2024 年 5 月 23 日）》

http://cz.mofcom.gov.cn/tzyxw/art/2024/art_3b919be13b104893a448dbd6c36b158d.html

[12] 2024 年 5 月 14 日，商务部网站《商务部新闻发言人就美方发布对华加征 301 关税四年期复审结果发表谈话》

https://www.mofcom.gov.cn/xwfb/xwfyrth/art/2024/art_f4012646591843899280f2992aab023d.html

[13] 2024 年 5 月 27 日，工信部网站《关于调整享受车船税优惠的节能 新能源汽车产品技术要求的公告》

https://www.miit.gov.cn/jgsj/zbys/gzdt/art/2024/art_36a866b3e10b48a7b9c5689334cf8804.html

[14] 2024 年 5 月 28 日，财政部网站《关于下达 2024 年汽车以旧换新补贴中央财政预拨资金预算的通知》【财建〔2024〕129 号】

http://jx.mof.gov.cn/xxgk/tongzhitonggao/202406/t20240605_3936512.htm

[15] 2024 年 6 月 14 日，外交部网站《2024 年 6 月 14 日外交部发言人林剑主持例行记者会》

https://www.fmprc.gov.cn/web/fyrbt_673021/jzhsl_673025/202406/t20240614_11436299.shtml

[16] 2024 年 6 月 14 日，商务部网站《商务部新闻发言人就土耳其对我燃油

及混合动力乘用车征收额外关税答记者问》

https://www.mofcom.gov.cn/xwfb/xwfyrth/art/2024/art_036ee5708fa14e3abcf96a9e86eb3e64.html

[17] 2024 年 6 月 12 日，外交部网站《2024 年 6 月 12 日外交部发言人林剑主持例行记者会》

https://www.fmprc.gov.cn/wjdt_674879/fyrbt_674889/202406/t20240612_11430519.shtml

[18] 2024 年 6 月 12 日，商务部网站《商务部新闻发言人就欧盟发布关于对华电动汽车反补贴调查初裁披露答记者问》

https://www.mofcom.gov.cn/xwfb/xwfyrth/art/2024/art_f8db073cf86746168b9c0b09d9cb3275.html

[19] 2024 年 6 月 22 日，商务部网站《王文涛部长应约与欧盟委员会执行副主席兼贸易委员东布罗夫斯基斯举行视频会谈》

http://www.mofcom.gov.cn/xwfb/bldhd/art/2024/art_44957e8775274860acf7deb0d40603d8.html

[20] 2024 年 7 月 3 日，工信部网站《工业和信息化部 公安部 自然资源部 住房和城乡建设部 交通运输部关于公布智能网联汽车"车路云一体化"应用试点城市名单的通知》【工信部联通装函〔2024〕181 号】

https://www.miit.gov.cn/jgsj/zbys/wjfb/art/2024/art_3ae58c6a6c8841b2ad0ec01f8d648845.html

[21] 2024 年 7 月 26 日，工信部网站《2024 年全国工业和信息化主管部门负责同志座谈会在京召开》

https://www.miit.gov.cn/xwdt/gxdt/ldhd/art/2024/art_f31f926aadcb45a6b69cf543c0267552.html

[22] 2024 年 7 月 4 日，商务部网站《商务部召开例行新闻发布会（2024 年 7 月 4 日）》

http://www.mofcom.gov.cn/xwfbzt/2024/swbzklxxwfbh2024n7y4r/index.html

[23] 2024 年 7 月 10 日，上汽集团官网《上海汽车集团股份有限公司主要领

导调整》

https://www.saicmotor.com/chinese/xwzx/xwk/2024/59873.shtml

[24] 2024 年 7 月 11 日，一汽集团官网《中国第一汽车集团有限公司领导班子成员调整》

https://www.faw.com.cn/fawcn/373694/373706/5771535/index.html

[25] 2024 年 7 月 11 日，《中国汽车报》《北汽新能源管理层重大调整！张国富、刘观桥形成一线新组合！》

http://www.cnautonews.com/yaowen/2024/07/11/detail_20240711366414.html

[26] 2024 年 7 月 30 日，新华社《中共中央政治局召开会议 分析研究当前经济形势和经济工作 审议〈整治形式主义为基层减负若干规定〉中共中央总书记习近平主持会议》

https://www.gov.cn/yaowen/liebiao/202407/content_6965236.htm

[27] 2024 年 8 月 9 日，商务部网站《商务部新闻发言人就中方在世贸组织起诉欧盟电动汽车临时反补贴措施答记者问》

https://www.mofcom.gov.cn/xwfb/xwfyrth/art/2024/art_d90d4e65486848a1ac240db359c74d5e.html

[28] 2024 年 9 月 3 日，商务部网站《商务部新闻发言人就加拿大对华有关贸易限制措施答记者问》

https://www.mofcom.gov.cn/xwfb/xwfyrth/art/2024/art_938fd8eb4b94452cbd62f59b27fa3821.html

[29] 2024 年 9 月 6 日，商务部网站《商务部新闻发言人就中方在世贸组织起诉加拿大电动汽车、钢铝制品征税措施答记者问》

https://www.mofcom.gov.cn/xwfb/xwfyrth/art/2024/art_e752070857624403943b102b78c25a5f.html

[30] 2024 年 9 月 26 日，商务部网站《商务部关于就加拿大对华相关限制性措施进行反歧视调查的公告》

https://www.mofcom.gov.cn/zcfb/gpmy/art/2024/art_b7352cb29d2c40c68a65e923763aaa79.html

[31] 2024 年 9 月 10 日，商务部网站《商务部新闻发言人就中欧电动汽车反补贴案有关问题答记者问》

https://www.mofcom.gov.cn/xwfb/xwfyrth/art/2024/art_5419c2cd44444a899db1b52faa4bb1b2.html

[32] 2024 年 9 月 16 日，商务部网站《王文涛部长会见意大利副总理兼外交与国际合作部部长塔亚尼》

https://www.mofcom.gov.cn/xwfb/bldhd/art/2024/art_6b0f82cd88c34c0682cffa7723323816.html

[33] 2024 年 9 月 19 日，商务部网站《商务部部长王文涛与欧委会执行副主席兼贸易委员东布罗夫斯基斯举行磋商》

https://www.mofcom.gov.cn/xwfb/bldhd/art/2024/art_b7abdd4c74f147dd8d762126e115c923.html

[34] 2024 年 9 月 24 日，外交部网站《王毅会见匈牙利外长西雅尔多》

https://www.fmprc.gov.cn/web/wjdt_674879/wjbxw_674885/202409/t20240924_11495637.shtml

[35] 2024 年 9 月 10 日，澎湃新闻《2025 上海车展谁来主办？中国贸促会汽车分会出局？将与上海贸促会对簿公堂》

https://www.thepaper.cn/newsDetail_forward_28692271

[36] 2024 年 10 月 8 日，商务部网站《商务部新闻发言人就对欧盟白兰地实施临时反倾销措施等问题答记者问》

https://www.mofcom.gov.cn/xwfb/xwfyrth/art/2024/art_ef31e652106843fa8dd6ad79b3bca9d0.html

[37] 2024 年 10 月 12 日，商务部网站《商务部新闻发言人就欧盟电动汽车反补贴案中欧磋商情况答记者问》

https://www.mofcom.gov.cn/xwfb/xwfyrth/art/2024/art_2eb1d3b522b34c2d8ff11a50f108aaab.html

[38] 2024 年 10 月 25 日，商务部网站《王文涛部长应约与欧盟委员会执行副主席兼贸易委员东布罗夫斯基斯视频会谈》

https://www.mofcom.gov.cn/xwfb/bldhd/art/2024/art_7d36bbdf108c47fba2bd3fb2ea47ff75.html

[39] 2024 年 10 月 30 日，商务部网站《商务部新闻发言人就欧盟公布对华电动汽车反补贴调查终裁结果答记者问》

https://www.mofcom.gov.cn/xwfb/xwfyrth/art/2024/art_ac91ed1806c04faa9e3a3d1aeb8f24e5.html

[40] 2024 年 10 月 18 日，魏建军个人微博

https://weibo.com/u/2070182667

[41] 2024 年 11 月 8 日，商务部网站《商务部新闻发言人就欧盟电动汽车反补贴案价格承诺磋商情况答记者问》

https://www.mofcom.gov.cn/xwfb/xwfyrth/art/2024/art_2386ce2dea6b49369c4369ae7a8cb85c.html

[42] 2024 年 11 月 4 日，商务部网站《商务部新闻发言人就中方在世贸组织起诉欧盟电动汽车反补贴终裁措施答记者问》

https://www.mofcom.gov.cn/xwfb/xwfyrth/art/2024/art_ad4519d25ab142aa823795cbce989116.html

[43] 2024 年 11 月 28 日，商务部网站《商务部召开例行新闻发布会（2024 年 11 月 28 日）》

https://www.mofcom.gov.cn/xwfbzt/2024/swbzklxxwfbh2024n11y28r/index.html

[44] 2024 年 12 月 2 日，外交部网站《2024 年 12 月 2 日外交部发言人林剑主持例行记者会》

https://www.mfa.gov.cn/web/fyrbt_673021/jzhsl_673025/202412/t20241217_11495554.shtml

[45] 2024 年 12 月 2 日，商务部网站《商务部新闻发言人就美国发布半导体出口管制措施有关问题答记者问》

https://www.mofcom.gov.cn/xwfb/xwfyrth/art/2024/art_be61cee67b6340e59038896021e67453.html

[46] 2024 年 12 月 3 日，商务部网站《商务部公告 2024 年第 46 号 关于加

强相关两用物项对美国出口管制的公告》

https://aqygzj.mofcom.gov.cn/flzc/gzjgfxwj/art/2024/art_daaa02c05d8946179dcf5d1ba499ac46.html

[47] 2024 年 12 月 12 日，新华社《中央经济工作会议在北京举行 习近平发表重要讲话》

https://www.gov.cn/yaowen/liebiao/202412/content_6992258.htm

[48] 2024 年 12 月 20 日，《北京商报》《涉合同纠纷，上海车展主办权互诉案开庭》https://www.bbtnews.com.cn/2024/1220/541176.shtml

[49] 2024 年 12 月 27 日，国家发改委网站低空经济发展司　司局致辞

https://www.ndrc.gov.cn/fzggw/jgsj/dks/sjzc/202412/t20241227_1395295.html

[50] 2024 年 12 月 28 日，新华网《国家发展改革委成立低空经济发展司》

https://www.news.cn/politics/20241228/f8db70c7ad484b05830259832068b7e4/c.html

特别说明：本书所涉及相关人物的职务，均以其在事件发生时的任职信息为准。